Zulässigkeitsgrenzen der Rückwirkung von Gesetzen

Europäische Hochschulschriften
Publications Universitaires Européennes
European University Studies

Reihe II
Rechtswissenschaft

Série II Series II
Droit
Law

Bd./Vol. 3344

PETER LANG
Frankfurt am Main · Berlin · Bern · Bruxelles · New York · Oxford · Wien

Thomas Berger

Zulässigkeitsgrenzen der Rückwirkung von Gesetzen

Eine kritische Analyse der Rechtsprechung des Bundesverfassungsgerichts und des Gerichtshofs der Europäischen Gemeinschaften

PETER LANG
Europäischer Verlag der Wissenschaften

Die Deutsche Bibliothek - CIP-Einheitsaufnahme

Berger, Thomas:

Zulässigkeitsgrenzen der Rückwirkung von Gesetzen : eine kritische Analyse der Rechtsprechung des Bundesverfassungsgerichts und des Gerichtshofs der Europäischen Gemeinschaften / Thomas Berger. - Frankfurt am Main ; Berlin ; Bern ; Bruxelles ; New York ; Oxford ; Wien : Lang, 2002

(Europäische Hochschulschriften : Reihe 2, Rechtswissenschaft ; Bd. 3344)
Zugl.: Dresden, Techn. Univ., Diss., 2001
ISBN 3-631-39077-7

Gedruckt mit freundlicher Unterstützung von

KPMG Bielefeld.

88
ISSN 0531-7312
ISBN 3-631-39077-7

www.peterlang.de

Vorwort

Diese Arbeit wurde im Frühjahr 2001 an der Technischen Universität Dresden als Dissertation angenommen. Rechtsprechung und Literatur konnten bis Anfang 2001 berücksichtigt werden.

Mein besonderer Dank gilt meinem Doktorvater, Herrn Prof. Dr. Dieter Wyduckel. Seine Anregungen und Hinweise sowie die wissenschaftliche Freiheit, die er mir gewährt hat, haben zum Gelingen der Arbeit maßgeblich beigetragen. Ebenso möchte ich mich bei Herrn Prof. Dr. Hartmut Bauer und Herrn Prof. Dr. Dr. Werner Krawietz dafür bedanken, dass sie sich als Zweit- und Drittgutachter zur Verfügung gestellt haben, sowie bei Frau Sabine Ludwig für ihre organisatorische Mithilfe während des Promotionsverfahrens.

Der Druck der Arbeit wurde durch die Gewährung eines Druckkostenzuschusses von KPMG Bielefeld ermöglicht. Mein Dank gilt insoweit Herrn Heiner Schumacher, Herrn Dr. Claus Bextermöller sowie Herrn Kay Klöpping - ebenso Frau Bärbel Olschewsky, die an den Wochenenden die redaktionellen Überarbeitungen vornahm.

Bielefeld, im Herbst 2001

Inhaltsverzeichnis

Abkürzungsverzeichnis

a.a.O.	am angegebenen Ort
ABl.	Amtsblatt der Europäischen Gemeinschaften
Abs.	Absatz
a.F.	alte Fassung
a.E.	am Ende
AG	Die Aktiengesellschaft
AktG	Aktiengesetz
AnwBl	Anwaltsblatt
AöR	Archiv des öffentlichen Rechts
Art.	Artikel
AStG	Außensteuergesetz
Aufl.	Auflage
BauGB	Baugesetzbuch
BayVBl.	Bayerische Verwaltungsblätter
BB	Der Betriebs-Berater
Bd.	Band
BeamtVG	Beamtenversorgungsgesetz
BEG	Bundesentschädigungsgesetz
BErgG	Bundesergänzungsgesetz
BFH	Bundesfinanzhof
BGB	Bürgerliches Gesetzbuch
BGBl.	Bundesgesetzblatt
BImSchG	Bundes-Immissionsschutzgesetz
BVerfG	Bundesverfassungsgericht
BVerfGE	Entscheidungen des Bundesverfassungsgerichts
BVerfGG	Gesetz über das Bundesverfassungsgericht
BVerwG	Bundesverwaltungsgericht
BVerwGE	Entscheidungen des Bundesverwaltungsgerichts
bzgl.	bezüglich
bzw.	beziehungsweise
DDR	Deutsche Demokratische Republik
ders.	derselbe

d.h.	das heißt
DOG	Deutsches Obergericht
DÖV	Die Öffentliche Verwaltung
DStR	Deutsches Steuerrecht
DStZ	Deutsche Steuer-Zeitung
DVBl.	Deutsches Verwaltungsblatt
EG	Europäische Gemeinschaft(en)
EGV	Vertrag zur Gründung der Europäischen Gemeinschaft
EStG	Einkommensteuergesetz
EuGH	Gerichtshof der Europäischen Gemeinschaften
EuGRZ	Europäische Grundrechte-Zeitschrift
EuR	Europarecht
EUV	Vertrag über die Europäische Union
EuZW	Europäische Zeitschrift für Wirtschaftsrecht
EWG	Europäische Wirtschaftsgemeinschaft
EWGV	Vertrag zur Gründung der Europäischen Wirtschaftsgemeinschaft
f.	folgende (Seite)
FamRÄndG	Familienrechts-Änderungsgesetz
ff.	fortfolgende (Seiten)
Fn.	Fußnote
FR	Finanz-Rundschau
FS	Festschrift
FStrG	Bundesfernstraßengesetz
GA	Generalanwalt
GewO	Gewerbeordnung
GG	Grundgesetz
GO NW	Gemeindeordnung für das Land Nordrhein-Westfalen
GVG	Gerichtsverfassungsgesetz
GWB	Gesetz gegen Wettbewerbsbeschränkungen
HandwO	Handwerksordnung
hrsg.	herausgegeben
Hrsg.	Herausgeber
HStR	Handbuch des Staatsrechts

insb.	insbesondere
i.d.R.	in der Regel
i.S.d.	im Sinne des/der
i.V.m.	in Verbindung mit
JA	Juristische Arbeitsblätter
JR	Juristische Rundschau
Jura	Juristische Ausbildung
JuS	Juristische Schulung
JZ	Juristenzeitung
Kap.	Kapitel
KStG	Körperschaftsteuergesetz
Lfg.	Lieferung
m.w.N.	mit weiteren Nachweisen
nds. GO	Gemeindeordnung für das Land Niedersachsen
n.F.	neue Fassung
NJ	Neue Justiz
NJW	Neue Juristische Wochenschrift
Nr.	Nummer
NS	Nationalsozialismus
NVwZ	Neue Zeitschrift für Verwaltungsrecht
Rdnr.	Randnummer
RG	Reichsgericht
RGBl.	Reichsgesetzblatt
RStGB	Reichsstrafgesetzbuch
RGZ	Entscheidungen des Reichsgerichts in Zivilsachen
RIW	Recht der Internationalen Wirtschaft
RS	Rechtssache
s.	siehe
S.	Seite, Satz
SchwbG	Schwerbehindertengesetz
Slg.	Sammlung
sog.	sogenannte(r)
StbJb	Steuerberater-Jahrbuch

StPO	Strafprozeßordnung
st. Rspr.	ständige Rechtsprechung
u.a.	und andere, unter anderem
UStG	Umsatzsteuergesetz
v.	von, vom
vgl.	vergleiche
VStG	Vermögensteuergesetz
VVDStRL	Veröffentlichungen der Vereinigung der Deutschen Staatsrechtslehrer
VwVfG Bd.	Verwaltungsverfahrensgesetz des Bundes
WAB	Währungsausgleichsbeträge
WiVerw	Wirtschaft und Verwaltung
WPg	Die Wirtschaftsprüfung
WRV	Weimarer Reichsverfassung
WWU	Wirtschafts-und Währungsunion
z.B.	zum Beispiel
ZBR	Zeitschrift für Beamtenrecht
Ziff.	Ziffer
ZPO	Zivilprozeßordnung
z.T.	zum Teil

Einleitung

A. *Problemstellung*

Gesetze gelten herkömmlicherweise als auf unbestimmte Dauer angelegte und auf die Lösung unbestimmt vieler Einzelfälle ausgerichtete Sollensanordnungen, die das gesellschaftliche Zusammenleben der Menschen regeln. Die klassische Gesetzesvorstellung gipfelt in der Kodifikationsidee, die darauf zielt, ein gesamtes Rechtsgebiet ein für allemal regelnd zu erfassen. Diese Vorstellung von Gesetz und Gesellschaft brachte mit dem sog. "allgemeinen Gesetz"[1] einen besonderen Gesetzestypus hervor, der in den großen Kodifikationen des 19. Jahrhunderts seine Vollendung erfuhr.[2]

In der wissenschaftlich-technischen Industriegesellschaft hat die Wechselbezüglichkeit von Gesetz und Gesellschaft eine neue Ebene erreicht.[3] Zunehmender Wettbewerb, Globalisierung der Märkte sowie politische und soziale Veränderungen, verstärkt durch den Eintritt in die dritte Stufe der Europäischen Wirtschafts- und Währungsunion, erfordern vom Gesetzgeber rasche, mitunter tiefgreifende Reformen, die mit dem Gesetzestypus des allgemeinen Gesetzes allein nicht hinreichend verwirklicht werden können.[4] Rechtsänderungen im Wege beschleunigter Gesetzgebung sind die normative Ausprägung dieses Re-

---

1 Das Postulat der Allgemeinheit des Gesetzes wurde insbesondere erhoben von *Jean-Jacques-Rousseau*: " Quand je dis que l `objet des lois est toujours général, j`entends que la loi considère les sujets en corps et les actions comme abstraites, jamais un homme comme individu, ni une action particulière."; *Rousseau*, Du Contrat Social, Livre II, Chap.VI - De la loi. Vgl. ebenso *Kant*, Die Metaphysik der Sitten, Einleitung § B - Was ist Recht? S. auch *Hofmann*, Das Postulat der Allgemeinheit des Gesetzes, in: Die Allgemeinheit des Gesetzes, S. 9 (22 f.).

2 Man denke z.B. an das StGB vom 15.05.1871 sowie das BGB vom 01.01.1900, ferner an die Reichsjustizgesetze, die am 01.10.1879 gleichzeitig in Kraft traten und mit der ZPO, dem GVG und der StPO grundlegende Gesetzeswerke beinhalteten, die zusammen mit dem StGB und dem BGB zumindest ihrem rechtlichen Rahmen nach noch heute Gültigkeit haben.

3 S. hierzu *Biedenkopf*, Fortschritt in Freiheit, S. 33ff.

4 S. *Rensmann*, Reformdruck und Vertrauensschutz, in: JZ 1999, 168; vgl auch *Wyduckel*, Gesetzgebungslehre und Gesetzgebungstechnik, aktueller Stand und künftige Entwicklungstendenzen, in: DVBl 1982, 1175 (1178).

formdrucks.[5] Der Eindruck eines sich zunehmend schneller verändernden Rechts wird durch das Phänomen der Normenflut noch verstärkt.[6] Änderungen der Rechtsordnung, sei es durch Abänderung bestehender oder Schaffung neuer Normen, erschöpfen sich indes nicht darin, dass lediglich an die Stelle des alten Rechts neu gesetztes Recht ohne jeglichen Vergangenheitsbezug tritt. Vielfach greifen Neuregelungen auch in bereits bestehende, nach altem Recht begründete Rechtspositionen ein und führen damit zu einer Veränderung der ursprünglichen Rechtsfolgenlage. Dies geschieht gesetzgebungstechnisch in der Weise, dass der Gesetzgeber dem jeweils neuen Recht Rückwirkung beilegt. Rückwirkende Gesetze sind insoweit ein gesetzgeberisches Instrument, um bestehende Rechtsbeziehungen an das neue Recht und damit zugleich die Rechtsordnung insgesamt den sich ständig verändernden gesellschaftlichen Gegebenheiten anzupassen.

Rückwirkungsanordnungen sind durch einen Zielkonflikt zwischen fundamentalen Interessen des Normadressaten und solchen des Normsetzers gekennzeichnet. Das Anliegen des Normadressaten ist im freiheitlichen Rechtsstaat vor allem auf die Stabilität der Rechtsordnung gerichtet. Der Bürger, der sein Verhalten auf bestimmte rechtliche Regelungen eingestellt hat, hat ein Interesse daran, dass seine Dispositionen nicht durch nachträgliche Rechtsänderungen hinfällig werden. Er muss darauf vertrauen können, dass sein dem geltenden Recht entsprechendes Handeln von der Rechtsordnung mit allen ursprünglich damit verbundenen Rechtsfolgen anerkannt wird. Dieses Vertrauen auf das Gesetz ist betroffen, wenn der Gesetzgeber durch Verabschiedung neuer Gesetze die Rechtslage rückwirkend anders gestaltet, als sie der Bürger bei seinem Verhalten zugrunde legen durfte. Dem Individualinteresse an der Stabilität der Rechtsordnung steht wiederum das Interesse des Gesetzgebers gegenüber, die bestehende Rechtsordnung kontinuierlich mit der Dynamik gesellschaftlicher Veränderungen in Einklang zu bringen.[7] Der Gesetzgeber könnte die vielfältigen politischen, wirtschaftlichen und sozialen Veränderungen in der Gesellschaft nicht wirksam legislativ erfassen, wenn er an jeglicher Einwirkung auf bestehende Sachverhalte gehindert wäre. Es würde ihm insofern unmöglich gemacht, neue Tendenzen gesetzlich umzusetzen, Fehlentwicklungen entgegenzuwirken, Ungerechtigkeiten zu beseitigen und damit die bestehende Rechtsordnung im Gemeinwohlinteresse ständig neu zu gestalten und zu ordnen.

---

5 *Koller* spricht insoweit von der Gestaltungsfunktion des Rechts, s. *Koller*, Theorie des Rechts, S. 59.

6 Vgl. *Stober*, Rechtsstaatliche Übersteuerung - Der Rechtsstaat in der Rechtsetzungsfalle, in: Vier Jahre Deutsche Einheit, S. 65 ff.

7 Vgl. *Wernsmann*, Grundfälle zur verfassungsrechtlichen Zulässigkeit rückwirkender Gesetze, in: JuS 1999, 1177.

Die Grundsatzproblematik rückwirkender Gesetze ist somit eingebettet in das Spannungsverhältnis zwischen dem Interesse des Einzelnen am unveränderten Fortbestand seiner Rechte und dem gemeinwohlbezogenen Anliegen des Gesetzgebers, die Rechtsordnung der sich ständig verändernden Rechtswirklichkeit anzupassen. In diesem Spannungsverhältnis kann der Gesetzgeber sich nicht als Alleinherrscher gerieren, der - demokratisch legitimiert - die "volonté générale" zum Ausdruck bringt, indem er Gesetzen ohne weiteres rückwirkende Kraft beimisst. Er hat sich hierbei vielmehr innerhalb der durch die Verfassungsordnung gezogenen Vorgaben zu bewegen. Bei der hiermit umschriebenen Problemstellung der Zulässigkeitsgrenzen der Rückwirkung von Gesetzen korrespondieren die Grenzen des schutzwürdigen Individualvertrauens sowie die der ausnahmsweisen Zulässigkeit der Rückwirkung spiegelbildlich miteinander.[8]

Die Problemstellung der Zulässigkeitsgrenzen der Rückwirkung erhält eine zusätzliche Dimension durch die fortschreitende europäische Integration. Der Integrationsprozess führt zu einer rechtsordnungsübergreifenden Verschränkung des Rechts. Zwischen Gemeinschaftsrecht und bundesdeutschem Recht bestehen Verflechtungen; beide Rechtsordnungen sind durch eine zunehmende wechselseitige Durchdringung gekennzeichnet.[9] Daher können rückwirkende Gesetze sowohl ausschließlich nationale Problemkreise als auch solche mit europarechtlicher Implikation berühren. Bei der verfassungsrechtlichen Beurteilung der Zulässigkeitsgrenzen der Rückwirkung ist insoweit der zunehmend wichtiger werdende europarechtliche Rahmen der Rückwirkungsproblematik einzubeziehen.

B. Abgrenzung des Themas, Literaturstand und Aufbau der Untersuchung

Hinsichtlich des Untersuchungsgegenstandes der Zulässigkeitsgrenzen der Rückwirkung von Gesetzen erstreckt sich die Arbeit auf formelle Gesetze, d. h. solche, die in einem ordnungsgemäßen Gesetzgebungsverfahren zustande gekommen sind. Diejenigen verfassungsrechtlichen Maßstäbe, die für den Gesetzgeber selbst gelten, haben anerkanntermaßen grundsätzlich auch für den Verordnungs- und Satzungsgeber Bestand.[10] Rückwirkungsfragen bei Änderung der

8 S. insoweit auch *Rensmann*, Reformdruck und Vertrauensschutz, in: JZ 1999, 168 (172).

9 *Streinz*, Der Vollzug des Europäischen Gemeinschaftsrechts durch deutsche Staatsorgane, in: *Isensee/Kirchhof*, HStR VII, § 182, Rdnr. 6 ff.

10 Vgl. hierzu bereits *Achterberg*, Allgemeines Verwaltungsrecht, S. 591; *BVerfGE* 45, 142 (168).

Rechtsprechung[11] und der Verwaltungspraxis[12] bleiben demgegenüber außer Betracht.

Im Hinblick auf die zugrunde liegende Problemstellung ist eine Trennung zwischen dem Realsein, d.h. der rechtlichen Existenz einer rückwirkenden Norm und seinen verfassungsrechtlichen Zulässigkeitsgrenzen erforderlich. Das Phänomen der Rückwirkung lässt sich nur exakt erfassen, wenn zunächst klargestellt wird, welche Gesetze überhaupt als rückwirkend zu qualifizieren sind. Erst danach stellt sich die Frage der Zulässigkeitsgrenzen dieses Gesetzestypus. Rückwirkende Gesetze sind ihrem Realsein nach solche mit besonderer gesetzestechnischer Normenstruktur. Insoweit bedarf die Untersuchung einer rechtstheoretischen Fundierung, die die Struktur und Wirkungsweise dieses Normtypus auffächert. Diese rechtstheoretische Einbindung beruht auch darauf, dass keine spezialgesetzliche Regelung existiert, die die Rückwirkung insgesamt erfasst.

Die Zulässigkeitsgrenzen rückwirkender Gesetze sind aufgrund der mangelnden ausdrücklichen gesetzlichen Regelung maßgeblich von der Judikative, vor allem vom Bundesverfassungsgericht, ausgeformt worden. Insofern ist die Rückwirkungsjudikatur des Bundesverfassungsgerichts zentraler Bestandteil der Untersuchung. Hierzu besteht auch insoweit Anlass, als die Judikatur auch nach dem Rechtsprechungswandel im Jahr 1986, der zu divergierenden Beurteilungen der Rückwirkungsproblematik innerhalb der beiden Senate des Bundesverfassungsgerichts geführt hat, weiterhin im Fluss ist. So deutet eine Entscheidung in jüngster Zeit hinsichtlich der Zulässigkeitsgrenzen der Rückwirkung auf eine verstärkte Gemeinwohlorientierung hin.[13]

Im Blickpunkt der Untersuchung werden angesichts der zunehmenden Verflechtung von bundesdeutschem Recht und Europäischem Gemeinschaftsrecht schließlich die europarechtlichen Aspekte der Rückwirkung von Gesetzen stehen. Die Arbeit ist unter Berücksichtigung des Rückwirkungskonzepts des Europäischen Gerichtshofs auf Rückwirkungsaspekte fokussiert, die sich aus der wechselseitigen Durchdringung beider Rechtsordnungen ergeben.

---

11 Vgl. dazu *Burmeister*, Vertrauensschutz im Prozeßrecht, S. 25 ff. ; *Arndt*, Probleme rückwirkender Rechtsprechungsänderung, S. 22 ff. zur rückwirkenden Herabsetzung der Promillegrenze; *Selmer*, Rückwirkung von Gesetzen, Verwaltungsanweisungen und Rechtsprechung, in: Steuer-Kongress-Report 1974, 83 (107 ff.); *Bischoff*, Das Problem der Rückwirkung bei einer Änderung der Rechtsprechung, S. 7 ff.; ferner *Medicus*, Über die Rückwirkung von Rechtsprechung, in: NJW 1995, 2577, (2581 ff.); ebenso zuletzt *Lübbe*, Grenzen der Rückwirkung bei Rechtsprechungsänderungen, S. 33 ff.

12 S. *Götz*, Bundesverfassungsgericht und Vertrauensschutz, in: Bundesverfassungsgericht und Grundgesetz, S. 421 (446 ff); *Kloepfer*, Gesetzgebung im Rechtsstaat, in:VVDStRL 40 (1982), 63 (84).

13 *BVerfGE* 97, 67 (79 ff.).

Die zuvor angesprochenen Problemkreise sind im Schrifttum unter den hier interessierenden Aspekten noch nicht zusammenhängend behandelt worden. Das gilt auch für Rückwirkungsaspekte, die sich aus der Verschränkung mit dem Europäischen Gemeinschaftsrecht ergeben.[14] Man wird dies darauf zurückzuführen haben, dass europarechtliche Aspekte erst in den letzten Jahren stärker in den Blickpunkt gerückt sind. Im Vordergrund steht im Schrifttum der Aspekt, unter welchen Voraussetzungen der Gesetzgeber befugt ist, die Rechtsordnung rückwirkend zu ändern und inwieweit der gesetzgeberischen Änderungsbefugnis aufgrund des individuellen Vertrauensschutzes Grenzen gesetzt sind.[15] Der Literaturstand hierzu liefert im Hinblick auf die entwickelten Lösungsansätze ein sehr heterogenes Bild, das durch zwei Hauptströmungen charakterisiert wird. Die Rückwirkungsgrenzen werden entweder dem Rechtsstaatsprinzip oder den Grundrechten entnommen. Jüngere Literaturansätze tendieren, ebenso wie zuletzt das Bundesverfassungsgericht, zu einer verstärkten Gemeinwohlakzentuierung, derzufolge Rückwirkungsanordnungen zulässig sind, wenn sie durch zwingende Gründe des Gemeinwohls gedeckt sind.[16] Den damit aufgeworfenen Fragen wird im Rahmen der Untersuchung nachzugehen sein. Dabei wird der Gemeinwohlvorbehalt vor allem im Hinblick auf seine konkrete Ausgestaltung, insbesondere seine Eingrenzung, einer kritischen Prüfung unterzogen.

Die vorliegende Untersuchung konzentriert sich vor diesem Hintergrund in erster Linie auf drei Thesenkomplexe:

Zunächst sind die rechtstheoretischen Rahmenbedingungen der Rückwirkung von Gesetzen herauszuarbeiten, um die Existenz rückwirkender Normen in struktureller Hinsicht zu erfassen. Hierbei sind die normenontologischen sowie die normenlogischen Aspekte der Rückwirkung zu analysieren. Es wird zu zeigen sein, dass es sich hierbei um formale, die Struktur rückwirkender Gesetze bestimmende Kriterien handelt, die unabhängig von einer konkreten Rechtsordnung gelten, so dass sie auch im Hinblick auf europarechtliche Rückwirkungsimplikationen maßgeblich sind.

---

14 Erste Hinweise bei *Iliopoulos-Strangas*, Rückwirkung und Sofortwirkung von Gesetzen, S. 271 ff.und *Heukels*, Intertemporales Gemeinschaftsrecht, S. 296 ff.

15 *Pieroth*, Rückwirkung und Übergangsrecht, S. 95 ff.; *Aschke*, Übergangsregelungen als verfassungsrechtliches Problem, S. 398 ff.; *Iliopoulos-Strangas*, Rückwirkung und Sofortwirkung von Gesetzen, S. 292 ff.

16 Vgl. hierzu *Zeug*, Vertrauensschutz im Beamtenversorgungsrecht, S. 104, 140; *Compes*, Der gesetzgeberische Eingriff in nach altem Recht bestehende Rechtspositionen, S. 132 ff.; ebenso *Lang*, Verfassungsrechtliche Zulässigkeit rückwirkender Steuergesetze, in: WPg 1998, 163 (172 f.); s. auch *Brüning*, Die Rückwirkung von Legislativakten, in: NJW 1998, 1525 (1528); zuletzt insbesondere *Rensmann*, Reformdruck und Vertrauensschutz, in: JZ 1999, 168 (172 ff.).

Die Zulässigkeitsgrenzen einer dergestalt normstrukturell umrissenen Rückwirkung sind aufgrund einer Analyse der vom Bundesverfassungsgericht und der Literatur aufgestellten Maßstäbe sodann mit Hilfe einer Neugewichtung des Gemeinwohlvorbehaltes zu formulieren. Dabei wird dem Gemeinwohlvorbehalt und dem ihm immanenten Abwägungsgebot strukturierende Bedeutung für die Zulässigkeitsgrenzen der Rückwirkung zukommen.

Der fortschreitende europäische Intergrationsprozess führt schließlich dazu, dass sich die Problematik der Zulässigkeitgrenzen der Rückwirkung zureichend nicht ohne ihre europarechtlichen Verflechtungen behandeln lässt. Aus der wechselseitigen Verzahnung beider Regelsysteme ergeben sich Folgen auch für das Problem der Rückwirkung von Gesetzen, deren Relevanz darzulegen sein wird. Insoweit soll vor dem Hintergrund des gemeinschaftsrechtlichen Kohärenzgebots auch untersucht werden, inwieweit sich die deutsche Judikatur als gemeinschaftsrechtsbeeinflussend bzw. - konform erweist.

Ausgehend von diesen drei Thesenkomplexen ergibt sich folgender Aufbau der Untersuchung:

Im *ersten Kapitel* werden zunächst die rechtstheoretischen Rahmenbedingungen der Rückwirkung von Gesetzen dargelegt. In diesem Zusammenhang sollen die rechtstheoretischen Spezifika dieses Gesetzestypus in ihrer normenontologischen und normenlogischen Ausprägung herausgearbeitet werden. Das *zweite Kapitel* ist einer kritischen Analyse der Rechtsprechung des Bundesverfassungsgerichts zur Rückwirkung einschließlich ihrer Entwicklung gewidmet. Diese Rechtsprechung ist auch maßgeblicher Bestandteil des *dritten Kapitels.* Hier erfolgt eine Analyse der derzeit bestehenden, vom Bundesverfassungsgericht ausgeformten Zulässigkeitsgrenzen der Rückwirkung sowie der entsprechenden Lösungsansätze des Schrifttums. Im *vierten Kapitel* wird auf den judikativ geprägten europarechtlichen Rahmen der Rückwirkung eingegangen, um schließlich beide Konzepte unter dem Aspekt einer judikativen Kohärenz zu würdigen. Eine Zusammenfassung der Ergebnisse schließt die Arbeit ab.

Erstes Kapitel
Rechtstheoretische Rahmenbedingungen der Rückwirkung von Gesetzen

Das deutsche Verfassungsrecht enthält keine Norm, die die Rückwirkung von Gesetzen insgesamt regelt. Mit Ausnahme des Verbotes rückwirkender Strafgesetze gemäß Art. 103 II GG hat dieser Gesetzestypus keine Positivierung erfahren. Die mit ihm im Zusammenhang stehenden Aspekte der Rechtssicherheit und des Vertrauensschutzes sind ebenfalls nicht ausdrücklich im Grundgesetz normiert, sondern Ausfluss verfassungsrechtlicher Leitideen aus einer Zusammenschau der Bestimmungen des Art. 20 III GG über die Bindung der Einzelgewalten. Der Begriff "Rückwirkung" zeigt indes, dass es sich bei rückwirkenden Gesetzen um solche mit einer spezifischen Wirkungsweise handelt, die zudem aufgrund der Rückbezogenheit ihrer Wirkung eine eigene Normenstruktur aufweisen. Insoweit beinhaltet das Phänomen der Rückwirkung normenspezifische Besonderheiten, die die Existenz, Struktur und Wirkungsweise von Normen betreffen. Hiermit sind Aspekte der Rechtstheorie[1] umschrieben, anhand derer dieser Rechtserscheinung in einem ersten Zugriff Kontur verliehen werden soll.

Der rechtstheoretische Rahmen des Rückwirkungsproblems wird im Folgenden durch zwei Aspekte der Normologie, verstanden als die Lehre von den Normen, inhaltlich und terminologisch bestimmt.[2] Die Entstehung und Daseinsweise von Normen wird als *Normenontologie* bezeichnet; der logische und strukturelle Aufbau der Rechtssätze und ihre Wirkungsweise als *Normenlogik.*[3] Die Verknüpfung mit dem weiteren Untersuchungsgang erfolgt in der Weise, dass die Strukturen rückwirkender Gesetze aufgegriffen werden und die Rückwirkungsjudikatur des Bundesverfassungsgerichts auf derartige rechtstheoretische Implikationen hin untersucht wird. Dieses Vorgehen beruht auch darauf, dass in diversen Entscheidungen und der sich daran anschließenden Kritik des Schrifttums ausdrücklich auf jene normenspezifischen Verflechtungen Bezug genommen wird,

---

1 S. dazu *Maihofer*, Zum Verhältnis von Rechtssoziologie und Rechtstheorie, in: Rechtstheorie, S. 247 (260 ff.); *Weinberger*, Logische Analyse in der Jurisprudenz, S. 32.

2 Zum Begriff der Normologie vgl. *Englis'*, Kritik der Normativen Theorie, in: Die Brünner rechtstheoretische Schule, S. 176 (180 ff.); *Weinberger*, Die Bedeutung der Brünner Schule der Reinen Rechtslehre für die Entwicklung der Normenlogik, in: Die Brünner rechtstheoretische Schule, S. 33 (41).

3 Vgl. hierzu auch *Weinberger*, Recht, Institution und Rechtspolitik, S. 116 ff.; *ders*, Normentheorie als Grundlage der Jurisprudenz und Ethik, S. 74 ff.

so dass zur adäquaten Bewertung der Judikatur und der gegen sie vorgebrachten Kritik eine Vorabklärung dieser Aspekte geboten erscheint.

§ 1 Rückwirkung in normenontologischer Sicht

Ontologie ist, einer allgemeinen Definition folgend, die Lehre vom Wesen der Realität und der Existenz der Dinge.[4] Sie beschreibt grundsätzlich materielles Dasein, d.h. sie erfasst Dinge, die zeitlich-räumlich und gegenständlich wahrnehmbar sind.[5] Normen sind demgegenüber Gedankengebilde und nicht physische Gegenstände; ihnen kommt insofern kein materielles Dasein zu.[6] Sie sind jedoch als Sinngefüge erfassbar, Gedanken im objektiven Sinne, die sprachlich formulierbar, mitteilbar und befolgbar sind.[7] Normen sind mithin zumindest gedankliche Gegenstände, deren sprachlicher Ausdruck der Normsatz ist.[8] Sie sind Idealentitäten, deren Seinshaftigkeit in einer normativen Gedankenverkörperung liegt.[9] Insoweit kommt auch Normen ein Dasein zu.[10] Es kann mit *Kelsen* auch als ideelles Dasein bezeichnet werden.[11]

---

4 Vgl. *Hartmann,* Zur Grundlegung der Ontologie, S. 38; *ders.*, Der Aufbau der realen Welt, S. 15; *Kaufmann,* Rechtsphilosophie, Rechtstheorie, Rechtsdogmatik, in: Einführung in Rechtsphilosophie und Rechtstheorie der Gegenwart, S. 1 (13).

5 S. *Fechner*, Das System der ontischen Kategorien, S. 56 f.

6 Vgl. *Aarnio*, Denkweisen der Rechtswissenschaft, S. 45; *Lenk*, Normen als Interpretationskonstrukte, in: Rechtsnorm und Rechtswirklichkeit, 25 (29); *Kaufmann*, Die ontologische Begründung des Rechts, S. 481.

7 *Weinberger*, Normentheorie als Grundlage der Jurisprudenz und Ethik, S. 67.

8 Vgl. *Roellecke*, Der Begriff des positiven Gesetzes und das Grundgesetz, S. 271; *Broekman*, Zur Ontologie des juristischen Sprechaktes, in: Formalismus und Phänomenologie im Rechtsdenken der Gegenwart, 231 (240 f.); *Ross*, Theorie der Rechtsquellen, S. 278.

9 Vgl. *Weinberger*, Recht, Institution und Rechtspolitik, S. 112; *ders.* Normentheorie als Grundlage der Jurisprudenz und Ethik, S. 67; *ders.* Studien zur Normenlogik und Rechtsinformatik, S. 298. Weinberger scheint sich mit der Begriffsbildung der Idealentität an *Platon* zu orientieren, der das Dasein von Gedanken - sog. ideelle Entitäten - als primäre Existenz ansieht, die vom materiellen Sein unabhängig ist und gewissermaßen als Ursein dem materiellen Sein übergeordnet ist. Vgl. *Platon*, Der Staat, in: Platon, Hauptwerke, S. 205 ff.

10 *Maihofer* spricht hinsichtlich einer solchen Beschränkung des Seins auf den Seinsbereich des Rechtlichen von regionaler Ontologie, vgl. *Maihofer*, Recht und Sein, S. 53.

11 Vgl. *Kelsen*, Allgemeine Theorie der Normen, S. 22; s. auch *Coing*, der diesbezüglich von geistigem Sein spricht, *Coing*, Grundzüge der Rechtsphilosophie, S. 274; ebenso *Kubeš*, Die kritisch ontologischen Aufgaben der Rechtsphilosophie, in:

Das Dasein von Normen ist unter normengenetischen Gesichtspunkten zugleich formales Dasein. Normen sind insoweit gedankliche Konstrukte, die ihre Existenz nach einem streng reglementierten, formalen Gesetzgebungsverfahren erlangen.[12] Vor diesem Hintergrund lässt sich die Rückwirkung von Gesetzen in einem formal-ontologischen Sinne erfassen. Das Grundgesetz enthält diesbezüglich zwei temporale Bezugspunkte, die Verkündung nach Art. 82 I GG und das In-Kraft-Treten gemäß Art. 82 II GG, anhand derer sowohl die Entstehung von Normen als auch deren Rückwirkung darstellbar ist.

A. *Verkündung gemäß Art. 82 I GG*

Gesetze, die ein ordnungsgemäßes Verfahren in den gesetzgebenden Gremien durchlaufen haben, werden gemäß Art. 82 I GG vom Bundespräsidenten nach Gegenzeichnung ausgefertigt und im Bundesgesetzblatt verkündet. Die Verkündung ist insofern Bestandteil des Gesetzgebungsverfahrens; sie bildet ihren letzten Abschnitt.[13] Mit diesem Publikationsakt findet das Gesetzgebungsverfahren seinen Abschluss.[14]

Die Verkündung unterliegt einer strengen Formalisierung. Sie kann für Gesetze nur im Bundesgesetzblatt - bzw. den Gesetzblättern der Länder - erfolgen. Das Gesetzblatt hat diesbezüglich das Verkündungsmonopol für Gesetze.[15] Die förmliche Veröffentlichung eines Gesetzestextes in einem zentralen Publikationsblatt entspricht dem Prinzip der sog. "formellen Publikation", das nach dem Vorbild des "Bulletin" seit der Französischen Revolution in den europäischen Staaten Eingang gefunden hat.[16] Damit wird der Gesetzgeber von der Verpflichtung ent-

---

Sprache, Performanz und Ontologie des Rechts, S. 207 (212 ff.); *ders.*, Ontologie des Rechts, S. 68.

12 Die vorliegende Untersuchung beschränkt sich auf Gesetze im formellen Sinn, die durch ein ordnungsgemäßes Gesetzgebungsverfahren zustande kommen; s. hierzu auch die einleitenden Ausführungen bzgl. Abgrenzung und Aufbau der Untersuchung.

13 *Hallier*, Die Ausfertigung und Verkündung von Gesetzen und Verordnungen in der Bundesrepublik Deutschland, AöR 1960, 391 (405).

14 Vgl. *Schneider*, Gesetzgebung, S. 276; die Verkündung erfolgt in dem Zeitpunkt, in dem in Übereinstimmung mit Willen und Weisung des Bundespräsidenten das erste Stück der Nummer des Gesetzesblattes in Verkehr gebracht wird, s. *BVerfGE* 16, 6 (18).

15 *Müller*, Handbuch der Gesetzgebungstechnik, S. 218.

16 Im Zuge der Französischen Revolution entstand mit dem "Bulletin des lois de la République" erstmalig ein amtliches Verkündungsblatt, in dem neu verabschiedete Gesetze veröffentlicht wurden. In Deutschland wurde die Schaffung eines Reichsgesetzblattes während der verfassungsgebendenVersammlung in der Frankfurter

bunden, zahllose einzelne örtliche Publikationsvorgänge vorzunehmen, bevor ein Gesetz Geltung erlangen kann.[17] Die formelle Publikation garantiert insoweit einen für das gesamte Geltungsgebiet eines Gesetzes einheitlichen Zeitpunkt der Verkündung.[18] Darüber hinaus ist umfassende Publizität ein für alle Normsetzungsakte geltendes rechtsstaatliches Erfordernis.[19]

Das Prinzip der formellen Publikation hat zur Konsequenz, dass der Normadressat sich spätestens vom Verkündungszeitpunkt im Gesetzesblatt an nicht mehr auf Unkenntnis berufen kann.[20] Es obliegt ihm, sich Kenntnis des geltenden Rechts zu verschaffen. Damit wird zu Recht den Anforderungen an die heutige Gesetzgebungspraxis Rechnung getragen. Die aus tiefgreifenden gesellschaftlichen Veränderungen resultierende Normenflut der vergangenen Jahrzehnte hat eine erheblich gestiegene Anzahl von Gesetzen zur Folge.[21] Diese müssen schnell und effizient in den Tätigkeitsbereich der rechtsanwendenden Exekutive und Judikative umgesetzt werden. Die Geltung eines Gesetzes hängt insoweit nicht von der tatsächlichen Kenntnis der Normadressaten oder etwaiger materieller Kund-

---

Paulskirche im Jahr 1848 erörtert. Die Reichsverfassung von 1871 legte erstmals via Verfassung fest, daß die Verkündung von Gesetzen im Reichsgesetzblatt zu erfolgen habe. Vgl. zum Ganzen *Ebel*, Geschichte der Gesetzgebung in Deutschland, S. 78 ff.; *Wild*, Die Ausfertigung von Gesetzen und Rechtsverordnungen und die Anordnung zu ihrer Verkündung, S. 13 ff.

17 Dies wäre nach dem Prinzip der sog. materiellen Publikation erforderlich und war in früheren Epochen üblich. Als Verkündungsmedium kamen dort Ausrufe, Kanzelverkündungen, oder Anschläge in Betracht, vgl. § 11 EALR: "Es müssen daher alle gesetzlichen Verordnungen, ihrem völligen Inhalte nach, an den gewöhnlichen Orten öffentlich angeschlagen und im Auszug in den Intelligenzblättern der Provinz, für welche sie gegeben sind, bekannt gemacht werden."

18 Zum Prinzip der formellen Publikation und deren gesetzgeberischer Ratio vgl. *Aschke*, Übergangsregelungen als verfassungsrechtliches Problem, S. 4.

19 *Radbruch* betrachtete es als selbstverständlich, dass ein nicht formal ordnungsgemäß verkündetes Gesetz schon allein aufgrund dieses Mangels unter rechtsstaatlichen Gesichtspunkten keine Geltung beanspruchen kann. Er rekurrierte hierbei auf unveröffentlichte Geheimgesetze der NS-Diktatur; vgl. *Radbruch*, Die Erneuerung des Rechts, in: Rechtsphilosophie III, 107 (108).

20 S. hierzu *Aschke*, Übergangsregelungen als verfassungsrechtliches Problem, S. 4 - "ignorantia juris non nocet".

21 *Karpen*, Gesetzgebungs-, Verwaltungs-, und Rechtsprechungslehre, S. 13; *Öhlinger*, Das Gesetz als Instrument gesellschaftlicher Problemlösung und seine Alternativen, in: Methodik der Gesetzgebung, S. 21. *Pawlowski* zufolge stellt sich in diesem Zusammenhang das Gesetzgebungsverfahren als angemessenes Mittel zur Anpassung des Rechts an den Fortschritt der Erkenntnis dar, weil hierdurch neue Erkenntnisse Berücksichtigung finden, *Pawlowski*, Die drei Funktionen des staatlichen Gesetzes, in: Rechtstheorie 12 (1981), 9 (16).

machungen ab.[22] Ein Gesetz erlangt bereits dann Geltung, wenn das Gesetzgebungsverfahren mit der Verkündung abgeschlossen ist und die Normadressaten zumindest die Möglichkeit hatten, von diesem derart publizierten Regelungswerk Kenntnis zu nehmen.[23] Mit der Verkündung wird das Gesetz als Recht mit Geltungsanspruch existent.[24] Es bezieht sein reales Dasein aus dem formalen Prozess der Existenzwerdung.

B. In-Kraft-Treten gemäß Art. 82 II GG

Das verkündete, aber noch nicht in Kraft getretene Gesetz ist zwar rechtlich existent, es entfaltet jedoch i.d.R. keine Rechtswirkungen.[25] Das reale Normendasein allein schafft noch keine allgemeinverbindliche Wirkung in der Außenwelt. Erst das In-Kraft-Treten nach Art. 82 II GG verhilft einer gesetzlichen Geltungsanordnung zur Wirksamkeit und begründet Rechte und Pflichten.[26] Das Gesetz wird verbindliche Grundlage für Rechtsprechung und Verwaltung und ebenso verbindliche Norm für seine Adressaten; es wird Bestimmungsnorm für den Bürger und Bewertungsnorm für den Rechtsanwender. Unter normengenetischen Gesichtspunkten kann insoweit das In-Kraft-Treten als der Beginn der verbindlichen Geltung eines Gesetzes bewertet werden.[27]

---

22 *Noll*, Gesetzgebungslehre, S. 197; *Hallier*, Die Ausfertigung und Verkündung von Gesetzen und Verordnungen in der Bundesrepublik Deutschland, AöR 1960, 391 (407).

23 Vgl. *BVerfGE* 16, 6 (18).

24 *BVerfGE* 63, 343 (353).

25 Gesetze können allenfalls sog. *Vorwirkung* entfalten. Hierunter ist die faktische Geltung eines erst werdenden Gesetzes vor dessen In-Kraft-Treten zu verstehen. Diese Wirkungsweise ist auf Gesetzesprojekte und -entwürfe gestützt. Eine besonders intensive Form der Vorwirkung stellt die Voranwendung künftiger Gesetze dar. Ihre Zulässigkeit bemisst sich zunächst nach einer entsprechenden Anwendung der Rückwirkungslehre, d.h. sie ist nur zulässig, wenn eine entsprechende Rückwirkungsanordnung ebenfalls unbedenklich wäre. Weitere Zulässigkeitsvoraussetzung ist eine hohe Realisierungswahrscheinlichkeit des vorangewandten, werdenden Gesetzes. Bei der Vor- und Rückwirkung handelt es sich angesichts der vergleichbaren verfassungsrechtlichen Konfliktlage zwischen Rechtssicherheit und materieller Gerechtigkeit mithin um sich teilweise überlagernde Aspekte der Wirkungsweise von Gesetzen. Vgl. *Kloepfer*, Vorwirkung von Gesetzen, S. 8 ff., 94 ff.

26 *Ossenbühl*, Verfahren der Gesetzgebung, in: *Isensee/Kirchhof*, HStR III,§ 63, Rdnr. 64.

27 Vgl. hierzu auch *Schneider*, Gesetzgebung, S. 276.

Der Zeitpunkt des In-Kraft-Tretens ist nicht mehr Bestandteil des Gesetzgebungsverfahrens, sondern bereits Teil des Gesetzesinhalts.[28] Der Gesetzgeber bestimmt diesen Zeitpunkt i.d.R. im letzten Paragraphen eines Gesetzeswerkes. Das In-Kraft-Treten betrifft den zeitlichen Anwendungsbereich des neuen Gesetzes. Es normiert, von welchem Zeitpunkt an die Rechtsfolgen des Gesetzes für die Normadressaten eintreten und seine Bestimmungen von Gerichten und Behörden anzuwenden sind.[29] Ist das Gesetz in Kraft getreten, so gilt es als allgemeinverbindliche Rechtsnorm, bis es außer Kraft tritt bzw. gesetzt wird.[30] Diese Technik stellt somit eine stark formalisierte Abgrenzung des zeitlichen Anwendungsbereichs von Normen dar.

Das Datum des In-Kraft-Tretens fungiert dabei als formal-zeitlicher Bezugspunkt für die Abgrenzung derjenigen Sachverhalte, die noch nach altem Recht zu beurteilen sind, von den Sachverhalten, deren Beurteilung sich bereits nach neuem Recht bemisst.[31] Für den Fall des Fehlens einer solchen zeitpunktmäßigen Fixierung sieht Art. 82 II 2 GG vor, dass ein Gesetz mit dem vierzehnten Tag nach Ablauf des Tages in Kraft tritt, an dem das Bundesgesetzblatt ausgegeben wurde. Am häufigsten bestimmt der Gesetzgeber den Zeitpunkt des In-Kraft-Tretens in der Weise, dass ein Gesetz nach seiner Verkündung in Kraft tritt.[32] Hieraus ergibt sich, dass Verkündung und In-Kraft-Treten als Bezugspunkte der Existenzwerdung von Normen grundsätzlich in einem Zeitgefälle stattfinden; das In-Kraft-Treten folgt der Verkündung zeitlich nach.[33]

C. *Rückwirkung im formal-ontologischen Sinne*

Die datumsmäßige Bestimmung des In-Kraft-Tretens nach Art. 82 II GG ermöglicht dem Gesetzgeber auch, insofern einen Zeitpunkt festzulegen, der vor der Verkündung des Gesetzes liegt.[34] Der Wortlaut des Art. 82 II GG enthält hinsichtlich der Zulässigkeit dieser Gesetzestechnik keine Beschränkung in der Weise, dass das In-Kraft-Treten zwingend der Verkündung zeitlich zu folgen hat. Das Bundesverfassungsgericht konstatiert in diesem Zusammenhang, "dass es grundsätzlich Sache des Gesetzgebers ist, zu bestimmen, ob ein Rechtsgebiet einer No-

---

28 *BVerfGE* 34, 9 (23); 45, 297 (326); 87, 48 (60).

29 Vgl. *BVerfGE* 42, 263 (283).

30 *Röhl*, Allgemeine Rechtslehre, S. 595.

31 *Aschke*, Übergangsregelungen als verfassungsrechtliches Problem, S. 18.

32 Verkündung und In-Kraft-Treten können indes auch zeitlich zusammenfallen, wenn der Gesetzgeber festlegt, dass ein Gesetz am Tag der Verkündung in Kraft tritt.

33 *Schneider*, Gesetzgebung, S. 297.

34 *Schneider*, Gesetzgebung, S. 294.

vellierung bedarf und ab wann diese Neuregelung gelten soll. *Die Bestimmung des Zeitpunkts für das In-Kraft-Treten eines Gesetzes bedarf daher im Regelfall keiner besonderen Rechtfertigung*; diese Befugnis ergibt sich aus der Aufgabe des Gesetzgebers, Recht mit Wirkung zu einem bestimmten Zeitpunkt neu zu setzen ...".[35]

Gemäß Art. 82 II GG ist es insofern konstruktiv zulässig, das Datum des In-Kraft-Tretens zeitpunktmäßig vor das Verkündungsdatum zu legen. In diesem Fall liegt ein sog. rückdatiertes In-Kraft-Treten vor. Hierbei erfolgt eine Rückerstreckung des zeitlichen Anwendungsbereichs der Norm; das Gesetz wird auf diese Weise mit Wirkung für die Vergangenheit in Kraft gesetzt.[36] Aus dieser Gesetzestechnik ist ein streng formal-ontologischer Rückwirkungsbegriff ableitbar. Danach kommt denjenigen Gesetzen Rückwirkung zu, die einen Zeitpunkt des In-Kraft-Tretens bestimmen, der vor dem Zeitpunkt ihrer Verkündung liegt. Mit dieser Formulierung ist ein formal-ontologischer Begriff der Rückwirkung allerdings lediglich begrifflich eingegrenzt. Aussagen über seine gesetzestechnisch-konstruktiven Verflechtungen und seine Tragweite sind hiermit noch nicht getroffen.

I. Gesetzestechnisch-konstruktive Verflechtungen

Gesetze entfalten juristische Geltungskraft ab dem Zeitpunkt ihrer Verkündung, so dass ihr Geltungsbereich auf die Gegenwart und insbesondere auf die Zukunft gerichtet ist.[37] Kein Gesetz kann nachträglich Befehlswirkung für ein bereits vergangenes Verhalten des Normadressaten entfalten. Eine Bestimmung mit dem Inhalt, ein Gesetz trete vor seiner Verkündung in Kraft, kann demnach nicht bedeuten, dass das Gesetz bereits vor dem Zeitpunkt der Verkündung von den Adressaten als geltendes Recht zu beachten ist.[38] Eine solche "Rück*geltung* von Gesetzen" in dem Sinne, dass ein Gesetz bereits vor seinem Erlass zu befolgen ist, ist rechtstheoretisch mit der grundsätzlichen Zukunftsgeltung von Normen nicht vereinbar. Der Gesetzgeber kann einem neuen Gesetz demnach keine faktische Geltung in der Vergangenheit verschaffen. Diese Erkenntnis läßt sich auch durch eine Auslegung des Begriffs der Rückwirkung belegen. Das Wort "Wirkung" wird i.S.d. Kausalitätslehre allgemein zur Bezeichnung der Folge einer Ursache verwendet. Unter Wirkung eines Gesetzes ist dessen Befolgung zu verste-

---

35 *BVerfGE* 47, 85 (93), Hervorhebung TB.

36 *Compes*, Der gesetzgeberische Eingriff in nach altem Recht bestehende Rechtspositionen, S. 13 f.

37 Vgl. *Lachmayer*, Norm und Prophetie, in: Theorie der Normen, S. 557; *Kelsen*, Allgemeine Theorie der Normen, S. 22.

38 *Aschke*, Übergangsregelungen als verfassungsrechtliches Problem, S. 18.

hen.[39] Insoweit kann das Gesetz als Ursache und die Gesetzesbefolgung durch den Normadressaten als Wirkung bezeichnet werden. Die Kausalverbindung Ursache/Wirkung ist stets zeitlich gerichtet, die Wirkung folgt der Ursache. Eine Rückwirkung in dem Sinne, dass ein Gesetz rückwärtshin Ursache für seine Befolgung ist, existiert somit faktisch nicht.[40]

Ein rückdatiertes In-Kraft-Treten i.S.d. formal-ontologischen Rückwirkungsbegriffs ist deshalb gesetzestechnisch nur im Wege einer *Fiktion* möglich. Der Geltungsbeginn eines Gesetzes wird in diesem Fall für eine Zeit vor seiner Verkündung fingiert.

Die Gesetzestechnik des rückdatierten In-Kraft-Tretens garantiert hierbei eine rechtsfolgenbezogene, generelle Fiktionswirkung. Der Zeitpunkt des In-Kraft-Tretens wird allgemein in die Vergangenheit gelegt; damit ist sichergestellt, dass alle vergangenen Sachverhalte, die dem Tatbestand des neuen Gesetzes begrifflich unterfallen, die Rechtsfolgen des neuen Gesetzes auslösen. Der Gesetzgeber vermeidet mit dieser Technik, bei jeder einzelnen Rechtsfolge eines Normenwerkes eigens klarstellen zu müssen, sie solle auch dann eintreten, wenn der umschriebene Sachverhalt sich in der Vergangenheit abgespielt habe.[41] Zur gesetzestechnisch-konstruktiven Umsetzung bieten sich dem Gesetzgeber grundsätzlich zwei Rückwirkungstechniken an: Klauselgesetze und Stichtagsgesetze.[42]

Klauselgesetze sind Gesetze, die Tatbestände der Vergangenheit und solche, die in der Zukunft verwirklicht werden, mit gleichen Rechtsfolgen belegen.[43] Sie dienen dazu, vergangene und zukünftige Fälle einheitlich zu regeln.[44] Die Be-

---

39 Vgl. *Kelsen*, Hauptprobleme der Staatsrechtslehre, S. 14; ferner *Jellinek*, Gesetz und Verordnung, S. 250.

40 *Scheerbarth*, Die Anwendung von Gesetzen auf früher entstandene Sachverhalte, S. 16.

41 *Aschke* nennt diese Erscheinung den "sprachlichen Abkürzungseffekt der Rückwirkungsfiktion", *Aschke*, Übergangsregelungen als verfassungsrechtliches Problem, S. 88; zur Fiktion als Abbreviation vgl. auch *Meurer*, Die Fiktion als Gegenstand der Gesetzgebungslehre, in: Studien zu einer Theorie der Gesetzgebung, 281 (284).

42 *Scheerbarth*, Die Anwendung von Gesetzen auf früher entstandene Sachverhalte, S. 19 ff.; *Aschke*, Übergangsregelungen als verfassungsrechtliches Problem, S. 87.

43 *Scheerbarth*, Die Anwendung von Gesetzen auf früher entstandene Sachverhalte, S. 83.

44 Dieses Bedürfnis nach einheitlicher Regelung kann verschiedene gesetzgeberische Motive haben. Beispielsweise kann ein zeitlich befristetes Gesetz abgelaufen sein, ohne dass eine verlängernde Regelung getroffen wurde. Ein Verlängerungsgesetz wird darauf hin mit Verspätung verabschiedet und soll nun die bereits vergangenen Fälle der Vakanzzeit nachträglich durch eine Rückwirkungsanordnung erfassen. Ferner ist die Situation denkbar, dass plötzlich neuartige Fälle auftreten, die einer gesetzlichen Regelung bedürfen. Der Gesetzgeber erkennt diesen Handlungsbedarf

griffsbestimmung basiert darauf, dass Gesetzen Rückwirkung mit Hilfe einer sog. Rückwirkungsklausel beigelegt wird: "Das Gesetz tritt rückwirkend in Kraft am ...". Sofern ein Gesetz eine solche Bestimmung enthält, bedeutet dies, dass an vergangene Sachverhalte des Rückwirkungszeitraums für die Zukunft dieselben Rechtsfolgen geknüpft werden, wie sie für gleichartige spätere Fälle bestimmt sind. In dieser gesetzlich angeordneten Gleichbehandlung liegt bereits eine Fiktion; der vergangene Fall wird so behandelt, als ob er ein zukünftiger Normalfall wäre. Mit dieser Fiktion ist der vergangene Sachverhalt jedoch noch nicht in den Anwendungsbereich des Gesetzes übertragen worden. Die gesetzestechnische fiktive Gleichstellung vergangener und zukünftiger Fälle erfordert insoweit eine weitere Fiktion, die den vergangenen Sachverhalt zugleich dem Anwendungsbereich des neuen Gesetzes zuordnet. Mit Hilfe dieser doppelten Fiktion wird fingiert, dass der im Rückwirkungszeitraum liegende Sachverhalt bereits unter der Geltung des neuen Gesetzes geschehen ist.[45]

Eine andere Rückwirkungstechnik stellen sog. Stichtagsgesetze dar. Hierunter sind solche Gesetze zu verstehen, die diejenigen Tatbestände mit Rechtsfolgen versehen, die bereits in der Vergangenheit verwirklicht wurden.[46] Die Bezeichnung hat ihren Ursprung darin, dass diese Normen durch Festlegung eines Stichtages auf die Vergangenheit bezogen werden. Hierbei werden Sachverhalte von einem ganz bestimmten, in der Vergangenheit liegenden Stichtag an mit anderen Rechtsfolgen belegt. Stichtagsgesetze ermöglichen es somit, bezüglich vergangener Fälle rückwirkend Rechtsfolgen zu setzen.[47] Eine fingierte Gleichstellung vergangener Fälle mit zukünftig sich ereignenden Fällen kommt hierbei im Gegensatz zu Klauselgesetzen nicht in Betracht.[48] Dieser Fiktionstypus entfällt bei Stichtagsgesetzen. Es verbleibt jedoch derjenige Fiktionsteil, der fingiert, der vergangene Sachverhalt habe sich während der Geltungsdauer des Gesetzes abgespielt.

---

nicht sofort; um alle neuen Fälle gleichmäßig zu erfassen, gibt er dem Gesetz rückwirkende Kraft.

45 *Scheerbarth* spricht in diesem Zusamenhang von "technischer Fiktion" und "historischer Fiktion". Diese Namensgebung basiert darauf, dass der erste Fiktionsteil mit Mitteln der Gesetzestechnik bewirkt wird und im letzteren Fall eine Fiktion hinsichtlich des Vergangenheitsbezuges des Gesetzes vorgenommen wird. Vgl. *Scheerbarth*, Die Anwendung von Gesetzen auf früher entstandene Sachverhalte, S. 21; Zum Begriff der "historischen Fiktion" siehe auch *Esser*, Wert und Bedeutung der Rechtsfiktionen, S. 81.

46 S. hierzu *Müller*, Handbuch der Gesetzgebungstechnik, S. 87.

47 Vgl. *Niehues*, Die Zulässigkeit der Rückwirkung von Gesetzen nach dem Recht der Bundesrepublik Deutschland, S. 48.

48 *Scheerbarth*, Die Anwendung von Gesetzen auf früher entstandene Sachverhalte, S. 21.

II. Tragweite einer formal-ontologischen Begrifflichkeit

Der formal-ontologische Rückwirkungsbegriff erfasst Rückwirkung als ein Phänomen, das aufgrund zweier mit der Normengenese verbundener temporaler Bezugspunkte präzisierbar ist. Diese Begrifflichkeit erfasst in rechtstheoretischer Hinsicht indes nicht alle Aspekte, die der Rückwirkung von Gesetzen immanent sind bzw. in spezifischem Zusammenhang mit ihr stehen. Die Rückwirkung von Gesetzen ist - ebenso wie das Recht selbst[49] - ein Mehrebenenphänomen; sie kann mithin nicht allein anhand formal-ontologischer Kriterien behandelt werden.

Dies wird zunächst darin sichtbar, dass andere Rückwirkungstechniken existieren, bei denen formal zwar kein In-Kraft-Treten vor Verkündung gegeben ist, die Wirkung jedoch einem rückdatierten In-Kraft-Treten gleichkommt. Ein Gesetz kann z.B. ein Datum des In-Kraft-Tretens beinhalten, das auf einen Zeitpunkt nach der Verkündung datiert ist. Jedoch kann sich aus anderen Vorschriften eine vergangenheitsbezogene Regelung ergeben. Eine normative Beeinflussung der Vergangenheit kann in der Weise erfolgen, dass ein Gesetz ausdrücklich rückbezogene zeitpunktmäßige Fixierungen enthält, wie "für die Zeit vom" oder "mit Wirkung vom".[50] Ferner sind Konstellationen möglich, bei denen keine explizite temporale Bezugsgröße gewählt wird, sondern erst eine genaue inhaltliche Interpretation des Gesetzes ergibt, dass implizit auch bereits vergangene Rechtsbeziehungen erfasst werden sollen.[51] Bei diesen Fallkonstellationen ist durch die Einwirkung auf die Vergangenheit ebenfalls eine Rückwirkung gegeben.[52]

Die Formen der Bezugnahme auf Vergangenes wurden darüber hinaus bisher nur vom zeitlichen Anwendungsbereich einer Norm aus betrachtet. Gesetze haben jedoch auch einen sachlichen Anwendungsbereich, der die konkrete Ausgestaltung des Tatbestandes regelt und bei dem ebenfalls legislative Rückerstreckungen möglich sind. Dies geschieht in der Weise, dass auf Tatbestände in der Vergangenheit eingewirkt wird. Derartige sachliche Vergangenheitsbezüge

49 Vgl. insoweit *Wyduckel*, Normativität und Positivität des Rechts, in: Rechtsnorm und Rechtswirklichkeit, S. 437 (473 f.); *Schulte*, Recht, Staat und Gesellschaft - rechtsrealistisch betrachtet, in: Rechtsnorm und Rechtswirklichkeit, S. 317 (325 f.); ferner *Wróblewski*, The Theory of Law - Multilevel, Empirical or Sociological?, in: Pozna'n Studies in the Philosophy of the Sciences and the Humanities, S. 119 (130 ff.); *Krawietz*, Neue Sequenzierung der Theoriebildung und Kritik der Allgemeinen Teorie sozialer Systeme, in: Kritik der Theorie sozialer Systeme, S. 14 (25 ff.).

50 *Pieroth*, Rückwirkung und Übergangsrecht, S. 98.

51 S. *Pieroth*, Die neuere Rechtsprechung des Bundesverfassungsgerichts zum Grundsatz des Vertrauensschutzes, in: JZ 1984, 971 (973).

52 *Pieroth* nimmt in diesem Zusammenhang eine graduelle Einteilung vor, indem er derartige Rückerstreckungen in einem Spektrum zwischen "offener" und "verdeckter Rückwirkung" einordnet, vgl. *Pieroth*, Rückwirkung und Übergangsrecht, S. 97.

stehen ebenso wie ausschließlich temporale Rückdatierungen mit der Rückwirkung von Gesetzen in engem Zusammenhang. Schließlich sind Aspekte, die die Struktur von Normsätzen betreffen, für die rechtstheoretische Einordnung der Rückwirkung bedeutsam. Normen sind in ihrer Struktur Sollenssätze, die verhaltenssteuernd wirken sollen.[53] Bei Rückwirkungsanordnungen steht dabei die zeitliche Richtung des Sollens im Vordergrund. Die spezielle Affinität von Normsatzstruktur und Rückwirkungsanordnung sowie die Aufspaltung einer Norm in einen zeitlichen und sachlichen Anwendungsbereich betrifft normenlogische Verflechtungen der Rückwirkung.

§ 2 Rückwirkung in normenlogischer Sicht

Logik kann als die Lehre von der Folgerichtigkeit qualifiziert werden.[54] Die moderne Logik bezieht sich dabei auf Aussagesätze, deren Kennzeichen eine tatsachenbeschreibende Funktion ist.[55] Aus gegebenen Ausgangssätzen werden Folgerungen abgeleitet, die aufgrund ihrer formalen Beziehung zu den Ausgangssätzen notwendigerweise wahr oder unwahr sind.[56] Logisches Folgern ist indes nicht auf die semantische Kategorie der Aussagesätze beschränkt; auch Normsätze sind Satzkategorien, die evidente Schlussfolgerungen zulassen.[57] Sie weisen jedoch spezifische Eigenarten auf.[58] Im Gegensatz zu Aussagesätzen haben sie keine tatsachenbeschreibende, sondern regelmäßig eine präskriptive, *vor*schreibende

---

53 S. *Kubeš*, Die Rechtsnorm, in: Theorie der Normen, S. 407 f.; *Luhmann*, Positivität des Rechts als Voraussetzung einer modernen Gesellschaft, in: Jahrbuch für Rechtssoziologie und Rechtstheorie Bd. 1 (1970), 175 (179).

54 *Essler*, Grundzüge der Logik Bd. 1, S. 1.

55 Vgl. *Klug*, Juristische Logik, S. 21.

56 *Hasenjaeger*, Einführung in die Grundbegriffe und Probleme der modernen Logik, S. 52.

57 Vgl. *Wagner/Haag*, Die moderne Logik in der Rechtswissenschaft, S. 78; *Weinberger*, Rechtslogik, S. 220.

58 Das charakteristische Merkmal der Aussagesätze liegt darin, dass sie eine Satzkategorie bilden, der Wahrheit oder Unwahrheit zugesprochen werden kann, vgl. dazu *Opałek*, Normen und performative Akte, in: Formalismus und Phänomenologie im Rechtsdenken der Gegenwart, S. 243 (248 f.); *ders.*, Normen: Bedeutung und Performanz, in: Rechtsnorm und Rechtswirklichkeit, S. 41. Normsätzen kommen die Attribute "wahr" - "unwahr" grundsätzlich nicht zu; in ihnen wird stattdessen ausgedrückt und vorgeschrieben, was gesollt ist. S. hierzu *Alchourron/Bulygin*, Normative Systems, S. 173: "But truth is not a criterion for identifying the sentences that may occur in a normative system, since normative sentences are neither true nor false."

Funktion.[59] Sie stehen immer in Beziehung zu einem übergeordneten normativen System.[60] Die Geltung eines Normsatzes ist in Beziehung zur objektiven Realität insofern nicht absolut gegeben, sondern durch seine Beziehung zu einem spezifischen Normensystem bestimmt.[61]

Die Anwendung der Logik auf das rechtliche Normensystem wird als juristische Logik bzw. Rechtslogik bezeichnet.[62] Sie befasst sich mit der Struktur des Rechts und des juristischen Denkens. Hierbei werden Fragen des logischen Aufbaus des Rechts und der logischen Zusammenhänge im Rechtssystem in einer Zusammenschau gesehen mit der rationalen Erfassung eben jener Rechtsinhalte.[63] Einen Unterfall der Rechtslogik bildet die Normenlogik.[64] Sie untersucht die Struktur der einzelnen Normsätze und die Folgerungsbeziehungen, welche sich aus dieser Struktur ergeben.[65] Im Folgenden sollen im Wege einer Strukturanalyse die bislang nicht erfassten normenlogischen Verflechtungen rückwirkender Gesetze herausgearbeitet werden.

---

59 Vgl. *v. Wright*, Bedingungsnormen - ein Prüfstein für die Normenlogik, in: Theorie der Normen, 447 (448). Zur Differenzierung zwischen deskriptiven und präskriptiven Sätzen s. auch *Müller*, Strukturierende Rechtslehre, S. 331 f.

60 S. hierzu *Lachmayer*, Möglichkeit einer Verwendung normentheoretischer Analysen für die Gesetzgebung, in: Studien zu einer Theorie der Gesetzgebung, S. 494 (499), ferner *Bydlinski*, Die normativen Prämissen der Rechtsgewinnung, in: Rechtstheorie 12 (1981), 9 (18 f.).

61 Vgl. *Krawietz*, Recht als Regelsystem, S. 50 ff.; *Weyr*, Der Begriff der Norm, in: Die Brünner rechtstheoretische Schule, S. 50 (51); *Alexy*, Begriff und Geltung des Rechts, S. 149; *Fikentscher*, Methoden des Rechts Bd. III, S. 655.

62 Vgl. *Tammelo*, Möglichkeiten und Perspektiven des formalen Rechtsdenkens, in: Gesetzgebungstheorie, Juristische Logik, Zivil- und Prozeßrecht, S. 191 (192); *Weinberger*, Rechtslogik, S. 39; ebenso *Krawietz*, Juristische Logik, in: Historisches Wörterbuch der Philosophie, Bd. 5, Sp. 423 ff.

63 Vgl. dazu *Weinberger*, Logische Analyse in der Jurisprudenz, S. 61: "Die Daseinsweise und das Wesen des Rechts kann man nur dann adäquat erfassen, wenn man seine logische Struktur und Semantik kennt, sowie die gedanklichen Operationen mit dem Recht versteht, denn das Recht ist eine Idealentität und als solche nur durch Angabe der Struktur-, Bedeutungs-, und Operationsregeln bestimmbar."

64 *Weinberger*, Rechtslogik, S. 39, 218 f.

65 *Weinberger*, Logische Analyse in der Jurisprudenz, S. 31; *Hassemer*, Rechtstheorie, Methodenlehre und Rechtsreform, in: Rechtstheorie, S. 27.

A. *Normsatzstrukturen*

Rechtssätze wirken in der Weise, dass sie Rechtsfolgen an in Tatbestände gekleidete Sachverhalte knüpfen.[66] Sie lassen sich strukturell in die Bestandteile Tatbestand und Rechtsfolge aufspalten, die über den Parameter des Sollens zueinander in Beziehung gesetzt werden.[67] Der Gesetzgeber wendet sich auf Tatbestandsebene mit einem Imperativ oder der Gewährung einer Möglichkeit an einen Normadressaten, um die Befolgung des Imperativs bzw. die Realisierung der Möglichkeit zu bewirken.[68] Diese Steuerungsfunktion von Gesetzen kann nur realisiert werden, wenn der Normbefehl bereits legislativ vergegenständlicht ist, bevor das zu reglementierende Verhalten einen Außenweltserfolg herbeigeführt hat.[69] Das Verhalten, auf das eingewirkt wird, muss also zeitlich nach dem Rechtssatz liegen, der auf das Verhalten einwirken soll. Ein Rechtssatz kann deshalb nicht aktiv auf Verhaltensweisen der Vergangenheit einwirken; er kann denknotwendig nur zukünftiges Verhalten beeinflussen.[70]

Aus normenlogischer Sicht bedeutet Rückwirkung somit, dass Sachverhalte, die in der Vergangenheit liegen, *rechtlich* anders zu behandeln sind, als sie nach früherem Recht zu behandeln waren.[71] Eine verhaltensgebundene Rückwirkung ist aus Gründen der Logik nicht möglich.[72]

---

66 Vgl. *Bydlinski*, Juristische Methodenlehre und Rechtsbegriff, S. 191, ferner *Krawietz*, Juristische Methodik und ihre rechtstheoretischen Implikationen, in: Jahrbuch für Rechtssoziologie und Rechtstheorie Bd. 2 (1972), 12 (39); *Kriele*, Theorie der Rechtsgewinnung, S. 163.; *Mayer-Maly*, Rechtswissenschaft, S.32.

67 *Aarnio*, Denkweisen der Rechtswissenschaft, S. 43; *Noll*, Gesetzgebungslehre, S. 249.

68 *Niehues*, Die Zulässigkeit der Rückwirkung von Gesetzen nach dem Recht der Bundesrepublik Deutschland, S. 44; zur Funktion des Rechts im Hinblick auf Verhaltenssteuerung und Erwartungssicherung s. auch *Luhmann*, Das Recht der Gesellschaft, S. 156 ff.

69 Vgl. *Weinberger*, Rechtslogik, S. 271 f.

70 *Nawiasky*, Allgemeine Rechtslehre, S. 89; s. dazu auch *Kelsen*, Hauptprobleme der Staatsrechtslehre, S. 293, der konstatiert, dass Rückwirkung undenkbar ist, sofern man eine Rechtsnorm nach ihrem sozialen Zweck bestimmt.

71 Vgl. dazu *Zeug*, Vertrauensschutz im Beamtenversorgungsrecht, S. 93.

72 Diejenigen - mittlerweile vielfach verhallten - Stimmen in der Literatur, die die Rückwirkung von Gesetzen für unvereinbar mit den Grundsätze der Normenlogik halten, rekurrieren ausschließlich auf verhaltensgebundene Rückwirkung: *Weber* konstatiert, dass Rückwirkung gegen die Logik verstoße, sofern sie geeignet ist, "bereits gelebtes Leben mit Fiktionen zu vergewaltigen"; der Gesetzgeber könne "Geschehenes nicht ungeschehen machen"; *Weber*, Urteilsanmerkung zum DOG vom 13.04.1950, in: AöR 1951/52, S. 84. *Mondorf* argumentiert, es sei mit der Logik nicht vereinbar, heute dem Bürger die Pflicht aufzuerlegen, sich in der Vergangenheit in bestimmter Weise zu verhalten; *Mondorf*, Zur Frage der Rückwirkung von

Gesetze können danach nur *rechtlich-normativ* zurückwirken. Das Charakteristikum einer derartigen Rückwirkung liegt darin, dass einem Verhalten im Nachhinein Rechtsfolgen zugeordnet werden, die sich von denen unterscheiden, die zum Zeitpunkt der Vornahme der Handlung galten.[73] Der einmal betätigte Wille wird hierdurch nicht rückwirkend verändert, er wird stattdessen rechtlich neu bewertet. In gesetzestechnischer Hinsicht knüpft eine solche "Rückwirkung von Rechtsfolgen" an die Normsatzstruktur der in Rede stehenden Regelung an. Die verhaltensmotivierende Wirkung wird im Wege einer Fiktion erreicht, indem fingiert wird, ein bereits vergangener Sachverhalt habe sich während der Geltungsdauer des Gesetzes abgespielt.

Die normenlogische Erkenntnis der Unzulässigkeit einer verhaltensgebundenen Rückwirkung lässt sich ferner aus dem Wesen des Rechtssatzes als Sollsatz ableiten. Gesetze richten sich als Sollensanordnungen an den Willen des Normadressaten.[74] Damit ist die reale Auswirkung des Sollens im Wesentlichen eine motivatorische.[75] Durch Setzung derartiger Soll-Regulative wird in handlungslenkende Informationsverarbeitungsprozesse eingegriffen.[76] Das Sollen ist insofern eine Verhaltensvorschrift.[77] Diese allein hat Sinn und Gehalt, wenn sie auf den Willen des Normadressaten einwirken kann. Bereits vollzogene Handlungen sind für immer dem Wirkungskreis der Norm entzogen und somit aus der

---

Gesetzen und Verordnungen im Steuerrecht, in: StbJb 1951, 21 (25). *Krüger* merkt an, nur die bereits geltende Norm könne ein Verhalten des Menschen normieren; *Krüger*, Die Verfassungswidrigkeit der Lex Schörner, in: DVBl 1955, 791 (795).

73 In diesem Sinne bereits *v. Tuhr*, Der Allgemeine Teil des Deutschen Bürgerlichen Rechts, Bd. II, S. 22. Rückwirkung i.S.e. Umkehrung des Kausalitätsgesetzes könne es nicht geben; insofern habe dieses Phänomen nichts mit Wirkung in der Vergangenheit zu tun, sondern ausschließlich mit der Gestaltung der Rechtsfolge, die der Gesetzgeber an einen Tatbestand knüpfen will; s. dazu auch *Neubauer*, Die Rückwirkung von Gesetzen, in: Die Brünner rechtstheoretische Schule, S. 296 (299).

74 Vgl. *Jellinek*, Gesetz, Gesetzanwendung und Zweckmäßigkeitserwägung, S. 30 f.; *Krawietz*, Das positive Recht und seine Funktion, S. 66 f.; ebenso *Wolff*, Grundlehre des Sollens, S. 140, ferner *Tammelo*: "A rule in legal contexts is a kind of directive by which legally relevant behaviour is regulated." *Tammelo*, Logical Structure of the Legal Norm and of Legal States of Affairs, in: Engisch-Festschrift, S. 143.

75 *Maihofer*, Die gesellschaftliche Funktion des Rechts, in: Jahrbuch für Rechtssoziologie und Rechtstheorie Bd. 1 (1970), 11 (27).

76 S. *Lachmayer*, Grundzüge einer Normentheorie, S. 26.

77 Rechtsnormen laufen letztlich auf Verhaltensvorschriften hinaus. Jede Bestimmung des Rechts ist entweder unmittelbare Sollensnorm oder doch Teilstück solcher Norm, z.B. als Legaldefinition. Sie kann schließlich auch Bedingung für den Erlass verbindlicher Sollensnormen sein, z.B. als Ermächtigung. Vgl. dazu *Zippelius*, Rechtsphilosophie, S. 17.

"Welt des Sollens" ausgeschieden.[78] Bei der zeitlichen Abfolge von Sollsatz und Willensbetätigung muss der Sollsatz insoweit vor seinem Bezugspunkt, dem Willen, existieren. Diese Sequenz ist unumkehrbar, da ein Sollsatz anderenfalls nicht verhaltensmotivierend wirken könnte. Ein Gesetz kann somit nicht rückwärtshin Sollquelle sein, es kann nur einem zukünftigen menschlichen Verhalten zugeordnet werden.[79] Vor diesem Hintergrund sind damit lediglich solche Gesetze, die rechtlich zurückwirken, d.h. im Nachhinein andere Rechtsfolgen vorsehen, mit den Grundsätzen der Normenlogik vereinbar.

B. Zeitlicher und sachlicher Anwendungsbereich der Norm

Die Struktur von Normsätzen ist des Weiteren durch die Ausgestaltung ihres zeitlichen und sachlichen Anwendungsbereichs geprägt.[80] Der *zeitliche* Normanwendungsbereich regelt die temporale Reichweite einer gesetzlichen Regelung. Sein Beginn wird durch den formalen Bezugspunkt des In-Kraft-Tretens gemäß Art. 82 II GG markiert, da eine Norm von diesem Zeitpunkt an Rechtswirkungen entfaltet.[81] Zeitpunktmäßige Endfixierung ist das Außer-Kraft-Treten. Basierend auf diesem zeitlichen Rahmen erfolgt die Zuordnung der Rechtsfolgen einer Norm. Grundsätzlich werden Rechtsfolgen für einen Zeitpunkt normiert, der nach dem In-Kraft-Treten liegt. Das In-Kraft-Treten selbst ist dem der Verkündung zeitlich nachgeordnet; der zeitliche Normanwendungsbereich ist auf die Zukunft gerichtet. Die modale Ausgestaltung des In-Kraft-Tretens beeinflusst somit die temporale Reichweite des Normanwendungsbereichs.

Von der Anwendung einer Norm in zeitlicher Hinsicht ist deren *sachlicher* Anwendungsbereich abzugrenzen. Dieser regelt in sachlicher Hinsicht, auf welche Sachverhalte und Rechtsverhältnisse ein neues Regelungswerk anzuwenden ist.[82] Im Gegensatz zum zeitlichen Normanwendungsbereich ist hierbei nicht relevant, ab *wann* ein Gesetz gilt, sondern *wofür* es gilt. Es wird auf den konkreten Lebenssachverhalt abgestellt; in Rede stehen dabei das Objekt der Normgeltung, der Inhalt der Norm und ihre Adressaten. Es handelt sich insofern um die tatbe-

---

78 Zu dieser metaphorischen Formulierung vgl. *Kelsen*, Hauptprobleme der Staatsrechtslehre, S. 15.

79 Hinsichtlich des Zukunftsbezuges von Rechtsnormen s. *Luhmann*, Das Recht der Gesellschaft, S. 129 f.

80 Vgl. *Compes*, Der gesetzgeberische Eingriff in nach altem Recht bestehende Rechtspositionen, S. 14; *Hahn*, Zur Rückwirkung im Steuerrecht, S. 23.

81 *BVerfGE* 63, 343 (353 f.).

82 Vgl. *Zeug*, Vertrauensschutz im Beamtenversorgungsrecht, S. 75.

standlichen Voraussetzungen der in der Norm enthaltenen Rechtsfolgenanordnung, mithin um sachliche Bezugspunkte der Normanwendung.[83]

Beim zeitlichen und sachlichen Anwendungsbereich einer Rechtsnorm setzen die Gestaltungsmöglichkeiten des Gesetzgebers ein; hier regelt er das Verhältnis von altem zu neuem Recht. Es wird festgelegt, wo und wie die Zäsuren zwischen alter und neuer rechtlicher Regelung zu setzen sind. Ferner wird bestimmt, ob neues Recht an bestehende Regelungen anknüpft und inwieweit Rückwirkungsanordnungen zu treffen sind.[84] Im Einzelnen ist, abhängig von Anknüpfungen an den zeitlichen und sachlichen Normanwendungsbereich, zwischen einem Normalfall und zwei normenlogisch geprägten Eingriffsstufen legislativer Rückerstreckung zu differenzieren.

Charakteristikum des Normalfalles ist es, ein Rechtsgebiet in der Weise einer Neuregelung zu unterwerfen, dass der zeitliche Anwendungsbereich des neuen Rechts in der Zukunft liegt. Der Zeitpunkt des In-Kraft-Tretens datiert nach dem Abschluss des Normsetzungsverfahrens und damit nach der Verkündung. Der sachliche Anwendungsbereich erstreckt sich insoweit nicht auf bestehende Rechtsverhältnisse, sondern auf solche, die erst nach In-Kraft-Treten des neuen Rechts in der Zukunft entstehen werden.[85] Die Problematik des Eingriffs in vergangene Rechtspositionen stellt sich bei diesen Fallkonstellationen regelmäßig nicht. Einer solchen Neuregelung fehlt der Vergangenheitsbezug, so dass insoweit keine Rückwirkung vorliegt.[86] Ausgehend von dieser Normalwirkung lassen sich zwei Eingriffsstufen legislativer Rückerstreckung entwickeln.

Die erste Eingriffsstufe ist durch eine Rückerstreckung des sachlichen Normanwendungsbereichs gekennzeichnet. Dieser erstreckt sich nicht nur auf alle zukünftig entstehenden Rechtsverhältnisse, sondern auch auf solche, die bereits in der Vergangenheit begründet wurden. Eine derartige Gesetzesausgestaltung trägt insbesondere den Bedürfnissen von Reformgesetzen Rechnung, da sie dem Interesse des Gesetzgebers an einer möglichst durchgreifenden Reformierung der betreffenden Gesetzeslage entspricht.[87] Die Anpassung der Rechtsordnung an geänderte Lebensverhältnisse lässt sich effektiv nur realisieren, wenn Gesetzen auch Vergangenheitsbezug zukommt; ansonsten würden vergangene Verhältnisse für immer zementiert. Hinsichtlich des sachlichen Anwendungsbereichs ist damit eine legislative Rückerstreckung gegeben, da an Tatbestände in der Ver-

83 S. hierzu *Hahn*, Zur Rückwirkung im Steuerrecht, S. 23.

84 Vgl. zum Ganzen *Compes*, Der gesetzgeberische Eingriff in nach altem Recht bestehende Rechtspositionen, S. 15.

85 S. dazu *Götz*, Bundesverfassungsgericht und Vertrauensschutz, S. 443.

86 Vgl. *Kloepfer*, Vorwirkung von Gesetzen, S. 5.

87 *Compes*, Der gesetzgeberische Eingriff in nach altem Recht bestehende Rechtspositionen, S. 19.

gangenheit rückangeknüpft wird. Diese werden für die Zukunft mit neuen Rechtsfolgen belegt.

Bei der zweiten Eingriffsstufe werden bezüglich des zeitlichen Normanwendungsbereichs legislative Rückerstreckungen getroffen. In temporaler Hinsicht wird der Beginn des Anwendungsbereichs einer Norm auf einen Zeitraum vor der Verkündung gemäß Art. 82 I GG zurückverlegt. Damit einher geht eine Rückerstreckung auf Rechtsfolgenebene.[88] Bei dieser Konstellation wiegt der Eingriff in bestehende Rechtspositionen besonders schwer, denn wegen der temporalen Rückerstreckung wird das Vertrauen des Bürgers in den Fortbestand der Rechtsfolgenlage in erheblichem Maße betroffen. Dieser Gesetzestypus hat demzufolge eine hohe Eingriffsintensität, die von besonderer - im weiteren Untersuchungsgang darzulegender - verfassungsrechtlicher Brisanz ist.

§ 3 Zusammenfassende Bewertung der rechtstheoretischen rückwirkungsrelevanten Verflechtungen

A. Rückwirkung als Zusammenhang normenontologischer und normenlogischer Faktoren

Der rechtstheoretische Rahmen der Rückwirkung von Gesetzen lässt sich angesichts der aufgezeigten Mehrdimensionalität normenspezifischer Verflechtungen nur in einer Zusammenschau mehrerer Faktoren bestimmen. In normenontologischer Sicht ist die Rechtsfigur der Rückwirkung anhand zweier formaler Bezugspunkte aus dem Bereich der Normwerdung, der Verkündung und dem In-Kraft-Treten gemäß Art. 82 I, II GG, präzisierbar. Eine Rückwirkung ist hiernach zu bejahen, sofern der Gesetzgeber einen Zeitpunkt des In-Kraft-Tretens bestimmt, der vor dem Datum der Verkündung liegt. Hierin ist aufgrund der spezifischen gesetzestechnischen Ausprägung eine Form rechtlicher Rückwirkung zu sehen. Zugleich erfolgt mit dem rückdatierten In-Kraft-Treten eine Rückerstreckung des zeitlichen Anwendungsbereichs des jeweiligen Gesetzes. Rückbeziehungen, die den sachlichen Normanwendungsbereich betreffen, sind mit formal-ontologischen Kriterien indes nicht erfassbar, da diese lediglich temporal orientiert sind und nicht an die sachlich-inhaltliche Ausgestaltung des Tatbestandes anknüpfen. Bei legislativen Rückerstreckungen sind insoweit neben ontologischen auch normenlogische Verflechtungen zu berücksichtigen. Hierbei ist nach der Ausgrenzung der verhaltensgebundenen Rückwirkung zwischen zwei

---

88 Vgl. *BVerfGE* 72, 200 (241 f.).

Formen legislativer Rückerstreckung zu differenzieren, die sowohl den sachlichen als auch den zeitlichen Normanwendungsbereich betreffen können.

Bei legislativen Rückerstreckungen, die den zeitlichen Anwendungsbereich einer Norm betreffen, kommt dem formal-ontologischen Rückwirkungsbegriff *indizielle Wirkung* zu. Sofern bei einem Gesetz der Zeitpunkt des In-Kraft-Tretens vor dem der Verkündung datiert ist, spricht eine Vermutung dafür, dass es sich um ein rückwirkendes Gesetz handelt, da der Regelfall der Wirkungsweise von Normen dadurch gekennzeichnet ist, dass das In-Kraft-Treten der Verkündung zeitlich nachfolgt.[89] Eine Umkehr dieser zeitlichen Sequenz bildet insofern ein Indiz dafür, dass ein Abweichen vom Regelfall gegeben ist, mit dem eine Umkehr der Normenwirkung einhergeht. Diese Indizwirkung ist lediglich für den Fall widerlegt, dass der Gesetzgeber eine Rückwirkungstechnik wählt, bei der formal kein In-Kraft-Treten vor Verkündung gegeben ist und sich die Beeinflussung des zeitlichen Normanwendungsbereichs stattdessen aus anderen Vorschriften des Regelungswerkes ergibt.[90] Sonstige Gesetze, die rückdatiert in Kraft treten, sind grundsätzlich als rückwirkend zu qualifizieren.[91] Sie bilden den Grundtypus des rückwirkenden Gesetzes.

B. *Rechtsordnungsunabhängige normologische Strukturmerkmale rückwirkender Gesetze und ihre Metabegrifflichkeit*

Die Aspekte der Normenontologie und Normenlogik sind nicht auf die bundesdeutsche Rechtsordnung beschränkt. Die Entstehung, Struktur und Wirkungsweise von Normen ist auch in anderen Rechtsordnungen bedeutsam und insoweit nicht an ein spezifisches rechtliches System gebunden. So ist die Entstehung von Normen unter formalgenetischen Gesichtspunkten in rechtlichen Regelsystemen stets von einem ordnungsgemäßen Gesetzgebungsverfahren abhängig, an dessen Ende ein formeller Publikationsakt steht.[92] Der Anwendungsbereich der in diesem Verfahren zustande gekommenen Normen ist strukturell in einen zeitlichen und sachlichen Bereich aufspaltbar, wobei ersterer durch die beiden temporalen Bezugspunkte des In-Kraft-Tretens und Außer-Kraft-Tretens festgelegt wird.[93] Die Struktur von Normen ist ferner durch die beiden konstituierenden Bestandteile von Tatbestand und Rechtsfolge gekennzeichnet. Beide führen aufgrund einer spezifischen Affinität zu einer Normenwirkungsweise, die grundsätz-

89 *Schneider*, Gesetzgebung, S. 297.
90 Vgl. hierzu auch die Tragweite einer formal-ontologischen Begrifflichkeit, § 1 C II.
91 So auch *Zeug*, Vertrauensschutz im Beamtenversorgungsrecht, S. 76.
92 S. hierzu *Nawiasky*, Allgemeine Rechtslehre, S. 66.
93 Vgl. *Hahn*, Zur Rückwirkung im Steuerrecht, S. 22 f.

lich verhaltensmotivierend ist.[94] Insoweit sind Normen regelmäßig Sollensanordnungen, die auf die Beeinflussung zukünftigen menschlichen Verhaltens gerichtet sind.

Diese normprägenden Strukturspezifika sind rechtsnormologische Gemeinsamkeiten, die sowohl für nationale Rechtsordnungen als auch für überstaatliche, supranationale Ordnungen, wie z.B. das Europäische Gemeinschaftsrecht, gelten.[95] Die diese Spezifika beschreibenden Kriterien der Normenontologie und Normenlogik stellen mithin formale Kategorien dar, die unabhängig von einer konkreten Rechtsordnung von Bedeutung sind.

Die Rechtsordnungsunabhängigkeit dieser rechtstheoretischen Kriterien ist darauf zurückzuführen, dass das Recht in nahezu allen Gemeinschaften bestimmte Strukturen und Gesetzmäßigkeiten aufweist.[96] Diese strukturellen Invarianzen ermöglichen es, die in den einzelnen Rechtsordnungen auftauchenden Strukturgleichheiten auch gleichartig sprachlich zu erfassen. Die Termini der Normenontologie und der Normenlogik sind insoweit übergeordnete Kategorien, die auch in anderen rechtlichen Regelsystemen Relevanz besitzen. Aufgrund dieser Besonderheit können sie als Metabegriffe bezeichnet werden. In methodologischer Hinsicht wird indes eine konkrete Rechtsordnung als Ausgangspunkt und Untersuchungsgegenstand heranzuziehen sein[97], wobei im Rahmen der vorliegenden Untersuchung die deutsche Rechtsordnung im Zentrum steht. Die auf dieser Grundlage herausgearbeiteten Strukturmerkmale lassen allgemeine rechtstheoretische Rückschlüsse hinsichtlich der Rechtsfigur der Rückwirkung von Gesetzen zu. Sofern diese Begriffe Bestandteil anderer Rechtsordnungen sind, müssen auch die anhand dieser Begriffe herausgearbeiteten Strukturen für rückwirkende Gesetze anderen Rechtsordnungen immanent sein. Die Übereinstimmung rechtlicher Grundbegriffe und Strukturen führt insoweit zu einer Übereinstimmung der aus ihnen ermittelten Schlußfolgerungen.

---

94 *Nawiasky*, Allgemeine Rechtslehre, S. 194.

95 Die Rechtsordnungsunabhängigkeit beruht auf der Möglichkeit der Zurückführung aller Rechtsordnungen auf eine gemeinsame anthropologische Basis. Bei überstaatlichen Rechtsordnungen sind lediglich deren Strukturen mitunter komplexer als im innerstaatlichen Recht. S. hierzu *Brusiin*, Über das juristische Denken, in: Commentationes Humanarum Litterarum, Bd. 17, S. 17.

96 Vgl. *Brusiin*, Über die Rechtstheorie, in: Der Mensch und sein Recht, S. 59. Zur Selbstbindung des Rechts an die ihm immanenten systemprägenden Spezifika vgl. *Luhmann*, Positivität als Selbstbestimmtheit des Rechts, in: Rechtstheorie 1988, S. 11 (22 f.).

97 Zu diesem methodologischen Vorgehen vgl. *Kangas*, Einführung in das Rechtsdenken Otto Brusiins, in: Der Mensch und sein Recht, S. 52.

C. Fazit

Die rechtsnormologische Struktur rückwirkender Gesetze lässt sich unabhängig von einer konkreten Rechtsordnung anhand der Kriterien der Normenontologie und Normenlogik bestimmen. Die Rechtsordnungsunabhängigkeit dieser Kriterien ist auf strukturelle Invarianzen in rechtlichen Regelsystemen zurückzuführen. Losgelöst vom jeweiligen Rechtssystem kommt aus normenontologischer Sicht einem rückdatierten In-Kraft-Treten Indizwirkung für die Existenz eines rückwirkenden Gesetzes zu. Hiermit ist zugleich der Grundtypus dieses Gesetzes bezeichnet. Unter Einbeziehung der Aspekte der Normenlogik können Gesetze zulässigerweise nur *rechtlich-normativ* zurückwirken, da eine verhaltensgebundene Rückwirkung normenlogisch nicht denkbar ist. Der verhaltensmotivierende Effekt rückwirkender Gesetze wird insofern im Wege einer Fiktion erreicht. Die Formen legislativer Rückerstreckung sind des Weiteren orientiert am zeitlichen und sachlichen Anwendungsbereich der Norm und den sich hieraus ergebenden Eingriffsstufen. Diese Verflechtung normenontologischer und normenlogischer Faktoren bildet den rechtstheoretischen Rahmen der Rückwirkung von Gesetzen.

Zweites Kapitel
Die Rückwirkung von Gesetzen im Lichte der Rechtsprechung des Bundesverfassungsgerichts

Die Rechtsfigur der Rückwirkung ist wegen der fehlenden gesetzlichen Regelung maßgeblich von der bundesverfassungsgerichtlichen Judikatur geprägt worden. Diese wird im Folgenden daher einer kritischen Analyse unterzogen. Die einschlägige Rechtsprechung lässt sich in verschiedene Phasen einteilen, wobei zwei entscheidende Zäsuren zu verzeichnen sind, die in den Jahren 1961 und 1986 liegen. Innerhalb dieser Phasen sind jeweils einige Entscheidungen von besonderer Bedeutung; sie werden als Leitentscheidungen im Rahmen der Untersuchung im Einzelnen zu erörtern sein. In methodologischer Sicht erfolgt eine Differenzierung zwischen dem Realsein, d.h. der rechtlichen Existenz einer rückwirkenden Norm und den verfassungsrechtlichen Grenzen der Rückwirkung, wobei das Hauptaugenmerk zunächst auf dem erstgenannten Aspekt liegt. Erst wenn feststeht, dass begrifflich und rechtsnormologisch überhaupt ein rückwirkendes Gesetz vorliegt, stellt sich die Frage nach den im weiteren Untersuchungsgang zu behandelnden Grenzen der Rückwirkung.

§ 4 Die frühe Rechtsprechung des Bundesverfassungsgerichts

Die ersten Entscheidungen des Bundesverfassungsgerichts sehen in der Rückwirkung von Gesetzen kein besonderes verfassungsrechtliches Problem. Rückwirkung wird grundsätzlich für zulässig erachtet, da abgesehen vom Strafrecht keine Bestimmung des positiven Rechts existierte, die die Rückwirkung insgesamt ausschloss.[1] Diese insbesondere vom Ersten Senat[2] getragene Rechtsauffassung zur Rückwirkung ist als Ausdruck einer kurzzeitigen positivistisch beeinflussten Haltung zu werten, die sich in erster Linie am schriftlich fixierten Normtext orientiert.[3]

---

1 So ausdrücklich *BVerfGE* 2, 237 (265).

2 *BVerfGE* 1, 264 (280); 2, 237 (265); 3, 58 (150).

3 Vgl. insoweit auch *Scheerbarth*, Die Anwendung von Gesetzen auf früher entstandene Sachverhalte, S. 33 ff.; *Zeug*, Vertrauensschutz im Beamtenversorgungsrecht, S. 18 f.

A. *Positivistisch beeinflusste Rechtsprechung*

Nach positivistischer Auffassung sind Rechtsfragen allein aufgrund des positiven Rechts zu lösen.[4] Der Maxime "Gesetz ist Gesetz" folgend, wird die weithin unbeschränkte Souveränität des Gesetzgebers proklamiert.[5] Dieser hat als freier Schöpfer von Rechtsnormen aus sich heraus die Sinngehalte der Gesetze zu bestimmen.[6] Das Gesetz ist, dem Gesetzespositivismus folgend, insoweit ein vom Gesetzgeber konstituiertes Gedankengebäude, aus dem er Tatsachenkomplexe auswählen kann. Diese Komplexe kann er aufgrund seiner gesetzgeberischen Souveränität sowohl der Gegenwart als auch der Vergangenheit oder Zukunft entnehmen, so dass er auch befugt ist, Gesetze mit Rückwirkung in Kraft zu setzen.[7]

Die rechts- und geistesgeschichtlichen Wurzeln der Auffassung von der grundsätzlichen Zulässigkeit rückwirkender Gesetze lassen sich bis ins 19. Jahrhundert zurückverfolgen. Auch noch in der Weimarer Reichsverfassung existierte kein allgemeines Verbot rückwirkender Gesetze oder ein Verfassungsrechtssatz, der dem Gesetzgeber zwingende Grenzen der Rückwirkung auferlegte. Lediglich das Verbot rückwirkender Strafgesetze war in Art. 116 WRV normiert.[8] Aus der

---

4 S. dazu *Ott*, Der Rechtspositivismus, S. 39 ff.; ebenso *Bauer*, Geschichtliche Grundlagen der Lehre vom subjektiven öffentlichen Recht, S. 51 ff.

5 *v.Tuhr*, Der Allgemeine Teil des Deutschen Bürgerlichen Rechts, Bd.I, S. 15: "Allerdings kann der Gesetzgeber, da er souverän ist, seinem Gesetz sogenannte rückwirkende Kraft verleihen, d.h. anordnen, daß auch die bereits entstandenen Rechtsverhältnisse nach neuem Recht zu beurteilen sind."

6 Vgl. *Tietz*, Rückwirkung von Gesetzen, in: NJW 1951, 468 (470); *Coing*, Grundsätzliches zur Rückwirkung von Gesetzen, in: BB 1954, 137; *Arndt*, Zur Gültigkeit rückwirkender Gesetze, in: DVBl 1958, 120.

7 S. *Scheerbarth*, Die Anwendung von Gesetzen auf früher entstandene Sachverhalte, S. 34.

8 Art 116 WRV lautet: "Eine Handlung kann nur dann mit einer Strafe belegt werden, wenn die Strafbarkeit gesetzlich bestimmt war, bevor die Handlung begangen wurde."Die Dispensierung des verfassungsrechtlichen Verbots rückwirkender Gesetze gem. Art. 116 WRV erfolgte während der nationalsozialistischen Herrschaft mit dem Gesetz zur Behebung der Not von Volk und Reich vom 24.03.1933 (RGBl I, S. 141) - sog. Ermächtigungsgesetz. Seit diesem Zeitpunkt gab es eine beträchtliche Zahl rückwirkender Strafrechtsnormen, beginnend mit der lex van der Lubbe, sog. Gesetz über Verhängung und Vollzug der Todesstrafe vom 29.03.1933 (RGBl I, S. 151). Dieses Gesetz beinhaltete die rückwirkende Verschärfung der Strafart - Todesstrafe anstelle von Zuchthaus. Schließlich folgte die Aufhebung des § 2 I RStGB durch Gesetz zur Änderung des Strafgesetzbuchs vom 28.06.1935 (RGBl I, S. 839), s. *Naucke*, Die Mißachtung des strafrechtlichen Rückwirkungsverbots 1933 - 1945, in: Europäisches Rechtsdenken in Geschichte und Gegenwart, S. 225 (227 ff.); *Dannecker*, Das intertemporale Strafrecht, S. 162 ff. Die gesetzgeberischen Maßnahmen

fehlenden Normierung eines Rückwirkungsverbots für außerstrafrechtliche Gesetze folgerte das Reichsgericht, dass die Rückwirkung von Gesetzen grundsätzlich zulässig sei.[9] Die Entscheidungsanalyse zeigt, dass die Zulässigkeit überwiegend ohne jegliche Prüfung vorausgesetzt und apodiktisch festgestellt wurde.[10]

Auch das Bundesverfassungsgericht, das anfänglich durchaus nicht schlechthin positivistisch argumentierte, ist von dieser Auffassung zunächst beeinflusst. In seiner frühen Rechtsprechung sieht insbesondere der Erste Senat in der Rückwirkung von Gesetzen kein verfassungsrechtliches Problem.[11] Insofern bestand auch kein Anlass zur exakten Fixierung eines Rückwirkungsbegriffs. Anstelle einer begrifflichen Konkretisierung wurde allgemein von "rückwirkender Kraft"[12] oder "Rückwirkung"[13] gesprochen. Zum Teil wurde auch die "rechtsaufhebende Rückwirkung" der nur "deklaratorischen Bedeutung" einer Rückwirkungsklausel gegenübergestellt.[14] Eine einheitliche Definition der Rückwirkung existierte jedenfalls nicht.

Die mangelnde begriffliche Klärung der Rückwirkung ist somit zum einen als Fortwirken des positivistischen Dogmas von der grundsätzlichen Zulässigkeit dieser Gesetzestechnik zu würdigen. Sie ist zum anderen darauf zurückzuführen, dass die ersten Fälle, in denen sich das Bundesverfassungsgericht mit rückwirkenden Gesetzen zu befassen hatte, rechtsdogmatisch relativ einfach waren. Es standen lediglich Gesetze zur Prüfung, in denen bestimmt war, dass der Zeitpunkt des In-Kraft-Tretens vor dem der Verkündung lag.[15] Es handelt sich dabei, wie dargelegt, um eine Konstellation, bei der bereits aus normenontologischer Sicht eine Rückwirkung zu bejahen ist. Das Gericht ging demnach bei seinen anfänglichen Entscheidungen - zwar nicht per definitionem, sondern konkludent - von einem Rückwirkungsbegriff aus, der an formalen Kriterien orientiert war und als

---

führten de facto zur uneingeschränkten Zulässigkeit rückwirkender Gesetze während des Nationalsozialismus. Rückwirkungsanordnungen waren damit als gesetzgeberisches Herrschaftsinstrumentarium zu bewerten, das Ausdruck zu sein schien von der nihilistischen Perfidie des "Willens zur Macht".

9 S. *RGZ* 137, 81 (82).

10 Vgl. *RGZ* 112, 8 (11): "Nun ist anerkannt, daß der Gesetzgeber die rechtliche Macht hat, seinen Bestimmungen rückwirkende Kraft beizulegen." In *RGZ* 111, 320 (330) wird angemerkt, dass keine grundsätzlichen Bedenken dagegen bestehen, "daß ein Gesetz sich rückwirkende Kraft beilegen kann."

11 Vgl. *BVerfGE* 1, 264 (280); 2, 237 (265); 3, 58, (150).

12 *BVerfGE* 2, 237 (265).

13 *BVerfGE* 3, 4 (12).

14 Vgl. *BVerfGE* 10, 332 (340).

15 Vgl. *BVerfGE* 1, 264 (280); 2, 237 (265); 3, 58 (150); 7, 129 (151); 8, 274 (304).

formal-ontologisch verortet werden kann.[16] Die Möglichkeit, Rückwirkungsanordnungen i.S.e. rückdatierten In-Kraft-Tretens formal exakt zu erfassen, führte insoweit zusammen mit der Ansicht von der weitgehenden Souveränität des Gesetzgebers zu der Auffassung, dass die Rückwirkung von Gesetzen "an sich" zulässig sei.[17]

Bereits die frühen Entscheidungen deuten indes an, dass es für rückwirkende Gesetze Grenzen gibt. Diese Grenzen liegen dort, wo der Staatsbürger mit einer Rückwirkungsanordnung nicht rechnen kann und sie bei verständiger Voraus-schau nicht zu berücksichtigen braucht.[18] Die Formulierung dieser Zulässigkeitsgrenze markiert schon frühzeitig den Argumentationsgang des Gerichts. Die Grenzen der anfangs grundsätzlich als zulässig erachteten Rückwirkung liegen im Vertrauen, das der Bürger berechtigterweise dem Gesetzgeber entgegenbringen darf. Damit werden bereits in den anfänglichen Entscheidungen die Rechtssicherheit und der Vertrauensschutz als Bestandteile des Rechtsstaatsprinzips als Zulässigkeitsgrenzen festgelegt.[19] In seiner anfänglichen Rechtsprechung sah das Gericht diese Grenzen jedoch nicht als überschritten an. In den ersten zehn Jahren seiner Spruchtätigkeit hat es dementsprechend kein rückwirkendes Gesetz wegen Verstoßes gegen das Rechtsstaatsprinzip für verfassungswidrig erklärt.[20]

Die Gründe hierfür wird man in der schwierigen Gesetzgebungslage der Nachkriegszeit zu sehen haben. Der Gesetzgeber konnte vielfach mit den zu lösenden Problemen der Rechtswirklichkeit nicht Schritt halten. Als Folge schuf er lückenhafte, unsystematische und teilweise provisorisch unausgereifte Regelungen.[21] Diese versuchte er nachträglich durch rückwirkende Gesetze zu korrigieren. Derart motivierte Rückwirkungsanordnungen galten als zulässig.[22] Aufgrund der lückenhaften Gesetzeslage durfte der Bürger nicht auf die bestehende

---

16 Die Orientierung des Bundesverfassungsgerichts an formalen Kriterien wird deutlich in *BVerfGE* 3, 58 (150). Dort spricht das Gericht bei einem rückdatierten Inkrafttreten von einer *"formalen Rückbeziehung"*.

17 Vgl. *BVerfGE* 1, 264 (280).

18 *BVerfGE* 1, 264 (280).

19 *BVerfGE* 2, 380 (403).

20 Vgl. insoweit auch *Pieroth*, Rückwirkung und Übergangsrecht, S. 53.

21 *Aschke*, Übergangsregelungen als verfassungsrechtliches Problem, S. 232.

22 Vgl. *BVerfGE* 7, 129 (151 f.) Entscheidung zur sog. "lex Schörner" - Gewährung sachlich nicht gerechtfertigten Übergangsgeldes für Beamte infolge eines Versehens bei der Gesetzgebung: "Wenn der Gesetzgeber...ein umfangreiches und schwieriges Gesetz erläßt...so ist es nicht zu beanstanden, wenn gewisse, in der Gesamtkonzeption des Gesetzes von vornherein angelegte einschränkende Einzelregelungen, die zunächst übersehen worden sind, später nachgeholt werden, sobald der Gesetzgeber aus dem Vollzug des Gesetzes Klarheit über die Notwendigkeit solcher Regelungen erlangt hat."

Rechtslage vertrauen; er musste infolgedessen mit dem Erlass rückwirkender Bestimmungen rechnen.[23] Das Bedürfnis nach rückwirkender Korrektur lückenhafter Gesetzeslagen ging so weit, dass eine Rückwirkung aus Gründen der Gerechtigkeit z.T. als "geradezu geboten" angesehen wurde.[24]

B. Anbahnung eines Rechtsprechungswandels

Die Auffassung von der grundsätzlichen Zulässigkeit rückwirkender Gesetze formulierte das Bundesverfassungsgericht in Abkehr von seinen anfänglichen Entscheidungen in der Folgezeit zunehmend vorsichtiger. Dem liegt die Besinnung auf die sich erst allmählich herauskristallisierenden Wertentscheidungen des Grundgesetzes zugrunde. Der Glaube an die weithin unbeschränkte Souveränität des Gesetzgebers kollidierte nämlich mit den Fundamentalnormen des Grundgesetzes, insbesondere mit Art. 1 III GG und Art. 20 III GG, wonach der Gesetzgeber an die Grundrechte - Art 1III GG - und die verfassungsmäßige Ordnung i.S.v. Art. 20 III GG gebunden ist. Die Lehre von der Allmacht des Gesetzgebers erschien insoweit überholt. In den Mittelpunkt der Rückwirkungsjudikatur rückte fortan das immer deutlicher an Kontur gewinnende Rechtsstaatsprinzip mit seinen Ausprägungen der Rechtssicherheit und des Vertrauensschutzes. Darin kündigte sich insoweit ein Abrücken vom positivistisch beeinflussten Rückwirkungsverständnis an.

Die Abkehr von der grundsätzlichen Zulässigkeit der Rückwirkung hin zur Anerkennung eines grundsätzlichen Rückwirkungsverbots klang explizit in BVerfGE 7, 89 an, der Entscheidung zum sog. hamburgischen Hundesteuergesetz.[25] In dieser Entscheidung prüft das Bundesverfassungsgericht erstmalig die Zulässigkeit eines rückwirkenden Gesetzes ausschließlich anhand der rechtsstaatlichen Grundsätze der Rechtssicherheit und des Vertrauensschutzes. Dabei gelangt es zu dem leitsatzartigen Schluß: "*Das Rechtsstaatsprinzip verbietet ... nicht jede Rückwirkung*".[26] Diese am Rechtsstaatsprinzip orientierte Formulierung lässt eine Verschiebung in der Argumentationsweise erkennen. Rückwir-

---

23 Vgl. *BVerfGE* 1, 264 (280); 2, 237 (266); 3, 58 (150).

24 *BVerfGE* 7, 129 (152).

25 Das hamburgische Hundesteuergesetz sah in den §§ 27, 28 II eine rückwirkende Steuererhöhung vor. Das BVerfG hielt diese Rückwirkungsanordnung unter rechtsstaatlichen Gesichtspunkten für zulässig und führte in *BVerfGE* 7, 89 (93) aus: "Ein Abgabengesetz überschreitet durch seine Rückwirkung die rechtsstaatlichen Grenzen jedenfalls dann nicht, wenn die finanzielle Belastung voraussehbar, durch sachliche Erwägungen gerechtfertigt und im einzelnen unbedeutend ist."

26 *BVerfGE* 7, 89 (92), Hervorhebung TB.

kung soll nicht mehr als die Regel, sondern vielmehr als Ausnahme aufgefasst werden. Die Entscheidung kann somit als Beginn der Auflösung der Ansicht von der grundsätzlichen Zulässigkeit rückwirkender Gesetze gesehen werden. Sie deutet einen Wandel in der Rechtsprechung des Bundesverfassungsgerichts an.

§ 5 Genese einer Rückwirkungsjudikatur

Die Entscheidung zum hamburgischen Hundesteuergesetz ist nicht nur im Hinblick auf die Zulässigkeitsgrenzen der Rückwirkung von Bedeutung. Sie liefert erstmalig expressis verbis eine Begriffsbestimmung der Rückwirkung. Ein rückwirkendes Gesetz ist danach zu bejahen, "wenn nachträglich an einen in der Vergangenheit liegenden, abgeschlossenen Tatbestand angeknüpft wird".[27] Eine daran anschließende Entscheidung stellt klar, dass sich die Bezugnahme auf die Vergangenheit nicht als bloße rechtsneutrale Anknüpfung, sondern als Eingriff in Individualrechte darstellen muss.[28] Es folgte nunmehr die Entwicklung einer Rückwirkungsjudikatur, die ein Vierteljahrhundert lang Bestand hatte.

A. Abgeschlossenheit eines Tatbestandes als Anknüpfungspunkt

Die bis dato lediglich skizzierten Elemente eines Rückwirkungsbegriffs fasst das Bundesverfassungsgericht in BVerfGE 11, 139 geradezu formelhaft zu einer Definition der Rückwirkung zusammen.[29] Es differenziert in dieser Entscheidung erstmalig zwischen sog. echter und unechter Rückwirkung:

"Echte (retroaktive) Rückwirkung eines Gesetzes liegt nur dann vor, wenn das Gesetz nachträglich ändernd in abgewickelte, der Vergangenheit angehörende Tatbestände eingreift; wo es nur auf gegenwärtige, noch nicht abgeschlossene Sachverhalte und Rechtsbeziehungen für die Zukunft einwirkt, entsteht das Problem der Rückwirkung nicht (sog. unechte, retrospektive Rückwirkung)."[30]

---

27 *BVerfGE*, 7, 89 (92).

28 *BVerfGE* 8, 274 (304).

29 *BVerfGE* 11, 139 vom 31.05.1960 betrifft die Entscheidung zur sog. Kostenrechtsnovelle 1952. Das Gesetz über Maßnahmen auf dem Gebiet des Kostenrechts vom 07.08.1952 (BGBl.I, S. 401) erstreckte sich via Übergangsvorschrift auch auf diejenigen bürgerlichen Rechtsstreitigkeiten, die vor seinem In-Kraft-Treten anhängig geworden waren.

30 *BVerfGE* 11, 139 (145), diese Entscheidung war nach *BVerfGE* 8, 274 (305) erst die zweite Entscheidung des Zweiten Senats zur Rückwirkung.

An dieser Definition hielt es fortan in ständiger Rechtsprechung fest.[31] Mit ihr kommt zum Ausdruck, dass das Gericht als Differenzierungskriterium für die grundlegende Systembildung von echter und unechter Rückwirkung auf das Merkmal der Abgeschlossenheit eines Tatbestandes abstellt. Das Vorliegen dieses Kriteriums macht es in seiner weiteren Judikatur vom jeweils in Rede stehenden Rechtsgebiet abhängig.

B. Echte Rückwirkung

Im Bereich des *Steuerrechts* bildet der Veranlagungszeitraum den Maßstab für die Abgeschlossenheit eines Tatbestandes und damit für die echte Rückwirkung.[32] Dies trägt der Besonderheit der Systematik des Steuerrechts Rechnung, wonach die Steuerschuld grundsätzlich erst mit Ablauf desjenigen Jahres entsteht, für das die Veranlagung vorgenommen wird.[33] Ein abgeschlossener Tatbestand ist jeweils mit Ablauf eines Veranlagungszeitraums zu bejahen.[34] In der nachträglichen Änderung des Steuersatzes für einen derart abgeschlossenen Zeitraum liegt somit eine echte Rückwirkung.[35] Im *Prozessrecht* ist das Prozessrechtsverhältnis, d.h. das Verhältnis der im Rechtsstreit stehenden Parteien zueinander und zum Gericht, der Bezugspunkt für einen abgeschlossenen Tatbestand.[36] Maßgeblich ist hiernach die Feststellung, ob an ein bestehendes oder bereits beendetes Prozessrechtsverhältnis angeknüpft wird.[37] Ein abgeschlossener Tatbestand liegt bei einem beendeten Prozessrechtsverhältnis vor. Als zeitlicher Fixpunkt hierfür dient die Beendigung des Prozesses. Eine echte Rückwirkung ist gegeben, wenn ein bereits beendetes Prozessrechtsverhältnis nachträglich ande-

---

31 Vgl. *BVerfGE* 14, 288 (297); 23, 12 (32); 25, 371 (404); 30, 250 (267); 30, 367 (386); 33, 265 (293); 39,128 (143).

32 Vgl. *BVerfGE* 13, 261 (270); 13, 274 (277); 19, 187 (195); 22, 330 (347); 30, 272 (285).

33 Vgl. §§ 36 I, 25 I EStG - nach § 36 I EStG entsteht die Einkommensteuer mit Ablauf des Veranlagungszeitraums. Der Veranlagungszeitraum seinerseits wird gem. § 25 I EStG durch das Kalenderjahr bestimmt.

34 Vgl. *BVerfG* 13, 274 (277); 19, 187 (195); 22, 330 (347).

35 *BVerfGE* 13, 261 (270); 19, 187 (195); 30, 272 (285).

36 S. hierzu die Ausgangsentscheidung des Bundesverfassungsgerichts zur begrifflichen Differenzierung zwischen echter und unechter Rückwirkung, *BVerfGE* 11, 139 (145) - Entscheidung zur sog. Kostenrechtsnovelle, ferner *BVerfGE* 39, 156 (166); 45, 272 (297).

37 *BVerfGE* 11, 139 (146); 24, 33 (55); 39, 156 (166); 45, 272 (297).

ren prozessualen Regelungen unterworfen wird als denjenigen, die während des Prozesses gelten.[38]

Im *Sozialversicherungsrecht* ist der Versicherungsfall Anknüpfungspunkt für eine echte Rückwirkung. Ein abgeschlossener Tatbestand liegt mit Eintritt des Versicherungsfalles vor. Sofern nach diesem Zeitpunkt eine Rückwirkungsanordnung zum Nachteil des Versicherten ergeht, die die Voraussetzungen für die Gewährung sozialversicherungsrechtlicher Ansprüche und damit für den Eintritt des Versicherungsfalles im Nachhinein umgestaltet, ist eine echte Rückwirkung zu bejahen.[39] Bei Normen, die die *Gewährung von Leistungen* durch die öffentliche Verwaltung betreffen, ist schließlich die Verwirklichung der Anspruchsnorm maßgeblich. Ein abgeschlossener Tatbestand ist danach mit Verwirklichung der gesetzlichen Tatbestandsmerkmale anzunehmen.[40]

Die Zulässigkeitsgrenzen einer derart begrifflich erfassten Rückwirkung legt das Grundsatzurteil BVerfGE 13, 261 vom 19.12.1961 fest.[41] Nachdem in BVerfGE 11, 139 bereits die Systembildung von echter und unechter Rückwirkung vorgenommen wurde, ist dieses Urteil als ein weiterer Wegweiser in der Rückwirkungsjudikatur zu bewerten. In dieser Leitentscheidung geht das Gericht nunmehr, im Gegensatz zu der bis dato vertretenen Ansicht, von der grundsätzlichen Unzulässigkeit rückwirkender Gesetze aus und vollzieht damit endgültig die Wende in seiner Rechtsprechung.[42] Das bis dahin geltende Regel-Ausnahme-Verhältnis zur Zulässigkeit der Rückwirkung hatte sich umgekehrt.[43] Das rechtspositivistisch beeinflusste Rückwirkungsverständnis der anfänglichen Entscheidungen war damit überwunden.

Hinsichtlich des nunmehr statuierten grundsätzlichen Rückwirkungsverbots orientiert sich das Gericht in ständiger Rechtsprechung am Rechtsstaatsprinzip.[44] Dieses grundlegende Verfassungsprinzip gewährt dem Bürger insbesondere

---

38 Vgl. *BVerfGE* 11, 139 (146).

39 S. zum Ganzen *BVerfGE* 22, 241 (248).

40 *BVerfGE* 30, 367 (387).

41 In *BVerfGE* 13, 261 hatte der Gesetzgeber durch Änderungsgesetz - sog. Einkommensteuer- und Körperschaftsteuer-Ergänzungsgesetz vom 20.05.1952 (BGBl I, S. 302) - angeordnet, dass auf den Veranlagungszeitraum 1951 vor Verkündung des Änderungsgesetzes rückwirkend ein höherer Körperschaftsteuersatz anzuwenden sei. Hierin lag eine echte Rückwirkung.

42 *BVerfGE* 13, 261 (271).

43 S. hierzu auch *Zeug*, Vertrauensschutz im Beamtenversorgungsrecht, S. 26.

44 Vgl. erstmals *BVerfGE* 13, 261 (271), seither st. Rspr.: s. *BVerfGE* 14, 288 (296); 15, 167 (207); 22, 330 (347); 24, 75 (98); 30, 250 (267); 30, 367 (380); 31, 222 (225); 45, 142 (167); 50, 177 (193); 53, 115 (127).

Rechtssicherheit und Vertrauensschutz.[45] Das individuelle Vertrauen auf das Gesetz wird berührt, wenn der Gesetzgeber rückwirkend durch Änderung bestehender Gesetze die Rechtslage ungünstiger gestaltet, als es der Bürger bei seinem Verhalten zugrunde legen durfte.[46] Insoweit ist allerdings nur die belastende Rückwirkung verfassungsrechtlich problematisch.[47] Das Verbot rückwirkender Gesetze gilt zudem nur, wenn eine Norm geeignet ist, ein Vertrauen auf ihr Fortgelten zu begründen. Die Fälle nicht schutzwürdigen Vertrauens fasst das Gericht in seiner Leitentscheidung programmatisch zu einem Katalog von Ausnahmetatbeständen zusammen, die alternativ nebeneinander bestehen. Eine echte Rückwirkung ist danach ausnahmsweise zulässig, wenn

1. der Bürger für den Rückwirkungszeitraum mit der getroffenen Regelung rechnen muss,
2. die Rückwirkung der Beseitigung einer unklaren oder verworrenen Rechtslage dient,
3. der Gesetzgeber eine ungültige Norm für die Vergangenheit durch eine rechtlich nicht zu beanstandende Norm ersetzt,
4. zwingende Gründe des gemeinen Wohls eine Rückwirkungsanordnung rechtfertigen.[48]

Dieser Ausnahmekatalog ist nicht abschließend. Er wurde später ergänzt um den sog. Bagatellvorbehalt, demzufolge eine rückwirkende Gesetzesänderung zulässig ist, wenn "kein oder nur ganz unerheblicher Schaden verursacht worden ist."[49] In einigen weiteren Entscheidungen wurden weitere Ausnahmen vom Verbot rückwirkender Gesetze formuliert. Diese sind jedoch nicht als selbständige Ausnahmetatbestände zu werten, sondern jeweils als Unterfälle der vorerwähnten Ausnahmen. So ist der Fall, dass das geänderte Recht systemwidrig und unbillig

---

45 Vgl. dazu *Schmidt*, Vertrauensschutz im öffentlichen Recht, in: JuS 1973, 529 (533); *Grabitz*, Vertrauensschutz als Freiheitsschutz, in: DVBl 1973, 675 (676 ff.): *Kopp*, Um eine neue Begründung des Grundsatzes des Vertrauensschutzes im öffentlichen Recht, in: BayVBl. 1980, 38 (39); *Maunz/Zippelius*, Deutsches Staatsrecht, S. 97 f.; *Ossenbühl*, Vertrauensschutz im sozialen Rechtsstaat, in: DÖV 1972, S. 25 ff.

46 S. hierzu bereits die Leitentscheidung *BVerfGE* 13, 261 (271).

47 Belastende Gesetze sind alle, eine bestehende Rechtsposition verschlechternde Normen, vgl. *BVerfGE* 30, 367 (386). Unerheblich ist dabei grds., wieviele Normadressaten von einer Belastung betroffen sind. Das Bundesverfassungsgericht hat in diesem Zusammenhang explizit festgestellt, "daß eine nachteilige Regelung auch dann am Rechtsstaatsprinzip zu messen ist, wenn sie nur wenige Bürger betrifft."; vgl dazu *BVerfG* a.a.O., S. 390.

48 *BVerfGE* 13, 261 (271 f.).

49 *BVerfGE* 30, 367 (389).

ist, der zweiten Fallgruppe zuzuordnen.[50] Gleiches gilt für die Situation, dass das geänderte Recht lückenhaft ist.[51] De facto ist somit jeder Fall der echten Rückwirkung an den vorerwähnten Ausnahmetatbeständen zu messen.

C. *Unechte Rückwirkung*

Im Rahmen der Systembildung von echter und unechter Rückwirkung ist eine unechte Rückwirkung dann zu bejahen, wenn eine Norm zwar unmittelbar nur auf gegenwärtige, noch nicht abgeschlossene Tatbestände für die Zukunft einwirkt, damit aber zugleich die betroffenen Rechtspositionen nachträglich im Ganzen entwertet.[52] Die Konkretisierung des Abgrenzungskriteriums der Nichtabgeschlossenheit eines Tatbestandes erfolgt wie bei der echten Rückwirkung in Orientierung am jeweiligen Rechtsgebiet. Dabei ist erkennbar, dass das Gericht zur begrifflichen Abgrenzung an diejenigen Maßstäbe angeknüpft, die es hinsichtlich der echten Rückwirkung entwickelte und im Wege eines Umkehrschlusses eine Grenzziehung vornimmt.

Bei rückwirkenden Änderungen im *Steuerrecht* ist wie bei der echten Rückwirkung der Veranlagungszeitraum der maßgebliche Bezugspunkt.[53] Ein nicht abgeschlossener Tatbestand ist zu bejahen, wenn eine Neuregelung an Steuersachverhalte anknüpft, die sich auf laufende Veranlagungszeitäume beziehen.[54] Der Tatbestand ist noch nicht abgeschlossen, da die Steuerschuld noch nicht entstanden ist.[55] Im Bereich des *Prozessrechts* bildet das Prozessrechtsverhältnis das Abgrenzungskriterium.[56] Es erfolgt auch hier eine Differenzierung zwischen bereits beendetem und bestehendem Prozessrechtsverhältnis. Bei letzterem ist ein nicht abgeschlossener Tatbestand gegeben. Ein derartiges bestehendes prozessuales Verhältnis betrifft ein anhängiges Verfahren, bei dem neues Recht auf gegenwärtige und nicht bereits vergangene Beziehungen einwirkt.[57] Im *Sozialversicherungsrecht* erfolgt ein Rückgriff auf den Bezugspunkt des Eintrittts des Versicherungsfalles. Eine unechte Rückwirkung liegt vor, wenn geltendes Recht nicht für

---

50 vgl. *BVerfGE* 38, 128 (137).
51 *BVerfGE* 30, 367 (388).
52 *BVerfGE* 14, 288 (297).
53 Vgl. *BVerfGE* 18, 135 (142).
54 Vgl. *BVerfGE* 13, 279 (283).
55 *BVerfGE* 13, 274 (277).
56 Vgl. *BVerfGE* 11, 139 (146); 39, 156 (166); 45, 272 (297).
57 *BVerfGE* 39, 156 (166); 45, 272 (297); s. hierzu auch *Bauer*, Verfassungsrechtliche Grenzen rückwirkender Anwaltsgebührenerhöhungen, S. 51 ff.

bereits eingetretene, sondern lediglich für zukünftige Versicherungsfälle mit Wirkung für die Vergangenheit geändert wird.[58]

Was die Zulässigkeitsgrenzen der unechten Rückwirkung betrifft, so stellte dieser Gesetzestypus zunächst kein verfassungsrechtliches Problem dar. Als das Bundesverfassungsgericht im Jahr 1960 erstmals die Systembildung von echter und unechter Rückwirkung formulierte, erachtete es Fälle derartiger Rückwirkung uneingeschränkt für zulässig.[59] Sie wurden infolgedessen nicht auf etwaige verfassungsrechtliche Grenzen hin geprüft.[60] Hieraus lässt sich ableiten, dass diese Form der legislativen Rückerstreckung zunächst nur dazu diente, eine begriffliche Abgrenzung zur echten Rückwirkung zu ermöglichen. Dem Begriff der unechten Rückwirkung kommt somit zunächst keine eigene verfassungsrechtliche Bedeutung zu; er fungiert lediglich als Abgrenzungstopos zur verfassungsrechtlich relevanten Form der echten Rückwirkung.

Exakt an dem Tag, an dem mit BVerfGE 13, 261 die Leitentscheidung zur echten Rückwirkung ergeht, ändert das Bundesverfassungsgericht jedoch seine verfassungsrechtliche Einschätzung der unechten Rückwirkung. In zwei Entscheidungen zum Steuerrecht[61], denen ebenso wie BVerfGE 13, 261 Grundsatzcharakter zukommt, führt es zur unechten Rückwirkung aus, dass sich aus dem Gebot der Rechtssicherheit und des daraus folgenden Vertrauensschutzes auch sachliche Grenzen für solche Gesetze ergeben, die ihre Wirkung auf Steuertatbestände erstrecken, deren Verwirklichung bereits begonnen hat.[62] Diese im Bereich des Steuerrechts gewonnene Erkenntnis hinsichtlich der Grenzen unechter Rückwirkung wird daraufhin zum allgemeinen Grundsatz ausgeweitet, dass der Vertrauensschutz dann verletzt wird, wenn das Gesetz einen entwertenden Eingriff vornimmt, mit dem der Staatsbürger bei seinen Dispositionen nicht rechnen konnte.[63]

Zusammenfassend betrachtet hat das Bundesverfassungsgericht mit diesen Entscheidungen seine Bewertung der unechten Rückwirkung grundlegend revidiert. Zum einen erfolgt eine Neueinschätzung hinsichtlich der verfassungsrecht-

---

58 S. dazu *BVerfGE* 22, 241 (248).

59 Vgl. Entscheidung vom 31.05.1960, *BVerfGE* 11, 139 (146): "dort wo es (das Gesetz) nur auf gegenwärtige, noch nicht abgeschlossene Sachverhalte und Rechtsbeziehungen für die Zukunft einwirkt, *entsteht das Problem der Rückwirkung nicht (sog. unechte Rückwirkung)*" - Hervorhebung TB.

60 Vgl. *BVerfGE* 13, 45 (52): "Diese Anknüptung ist jedoch keine echte Rückwirkung und schon deshalb rechtsstaatlich unbedenklich."

61 *BVerfGE* 13, 274 und *BVerfGE* 13, 279, Entscheidungen vom 19.12.1961. Beide Entscheidungen betrafen die nachträgliche Erhöhung von Steuern für einen laufenden Veranlagungszeitraum, so dass eine unechte Rückwirkung vorlag.

62 *BVerfGE* 13, 274 (278); 13, 279 (283).

63 *BVerfGE* 14, 288 (297).

lichen Einordnung. Auch diese Rückwirkungsform ist seither am rechtsstaatlichen Prinzip des Vertrauensschutzes zu messen. Nachdem sie anfangs lediglich als begrifflicher Abgrenzungstopos ohne verfassungsrechtliche Relevanz konzipiert war, avanciert die unechte Rückwirkung damit selbst zu einer verfassungsrechtlichen Institution.[64] Vor allem wird mit diesen Entscheidungen aber die Auffassung von der uneingeschränkten Zulässigkeit der unechten Rückwirkung relativiert. Diese Rückwirkungsform ist nur noch grundsätzlich als zulässig anzusehen; es existieren Ausnahmen. Das zur echten Rückwirkung entwickelte Regel-Ausnahme-Schema erhält somit einen umgekehrten Aussagegehalt.

Die Zulässigkeit der unechten Rückwirkung ist anhand eines einzelfallbezogenen Abwägungsverfahren zu ermitteln, in dem zwischen dem gesetzlichen Anliegen in Bezug auf das Wohl der Allgemeinheit und dem Vertrauen des Einzelnen auf den Fortbestand einer gesetzlichen Regelung abgewogen wird.[65] Ergibt die Abwägung, dass das Vertrauen des Einzelnen auf die Sicherheit der bestehenden Lage den Vorrang verdient, ist eine unechte Rückwirkung unzulässig und damit verfassungswidrig.[66] In praxi läuft dieser Abwägungsvorbehalt bei einem Eingriff in einen Vertrauenstatbestand darauf hinaus, dass das Bundesverfassungsgericht die Regelungsinteressen des Gesetzgebers aufgreift und mit den Interessen des Einzelnen vergleicht, wobei erstgenannte regelmäßig überwiegen.[67] Das Überwiegen des Allgemeininteresses ergibt sich daraus, dass der Vertrauensschutz nicht soweit geht, dem Staatsbürger jegliche Enttäuschung zu ersparen oder ihm offensichtlich erkennbare Risiken abzunehmen.[68] Der Vertrauensschutz kann der gesetzgeberischen Änderungsbefugnis in derartigen Konstellationen daher nur im Einzelfall Grenzen setzen.

---

64 Pointierend dazu *Bauer*, NVwZ 1984, 221 (222): "Die unechte Rückwirkung mutierte zu einer verfassungsrechtlichen Institution."; ebenso *Pieroth*, Rückwirkung und Übergangsrecht S. 60, der konstatiert, daß die unechte Rückwirkung anfangs quasi ein "Abfallprodukt" gewesen sei.

65 *BVerfGE* 14, 288 (300), 24, 220 (230 f.).

66 Vgl.*BVerfGE* 30, 392 (404); 31, 222 (227); 39, 128 (146); 48, 403 (416).

67 Als überwiegende gesetzgeberische Anliegen werden u.a. genannt: Ordnung der Wirtschaft - *BVerfGE* 30, 250 (268 f.); Einsatzbereitschaft der Streitkräfte - *BVerfGE* 39, 128 (146 f.); Strukturreform der Universität im Interesse eines zeitgemäßen und funktionsfähigen Wirtschaftsbetriebs - *BVerfGE* 43, 242 (287 f.).

68 St. Rspr.: vgl *BVerfGE* 18, 133 (143); 24, 220 (230); 27, 231 (238); 39, 128 (144); 40, 65 (75); 48, 403 (415); 50, 386 (394); 63, 312 (329).

D. *Würdigung*

I. *Begriffsorientierte Systembildung*

Die ältere Rückwirkungsjudikatur differenziert zwischen zwei unterschiedlichen Formen legislativer Rückerstreckung.[69] Diese Unterscheidung ist als begriffsorientierte Systembildung zu werten. Die Rechtserscheinung der Rückwirkung wird zunächst in zwei Phänotypen aufgespalten, die echte und unechte Rückwirkung benannt werden. Alsdann wird als Differenzierungskriterium dieser beiden Rückwirkungstypen der Begriff der Tatbestandsabgeschlossenheit gewählt.

Die Definition der Rückwirkung erweist sich hierbei jedoch als nicht hinreichend. Entgegen der Begriffsbestimmung des Bundesverfassungsgerichts "greifen" Gesetze nicht in Tatbestände "ein". Gesetze regeln in ihren Tatbeständen vielmehr Lebenssachverhalte, die entweder Tatsachen oder Rechtsbeziehungen erfassen. Hierin kann ein Gesetz nicht nachträglich eingreifen. Dies ergibt sich bereits aus normenlogischen Erwägungen, denn eine Einwirkung oder ein Eingriff im Hinblick auf Vorgänge und Verhaltensweisen in der Vergangenheit ist - wie eingangs dargelegt[70] - denknotwendig nicht möglich, da nur zukünftiges Verhalten beeinflussbar ist. Der Gesetzgeber kann abgeschlossene Tatbestände mithin allenfalls *rechtlich* anders bewerten.

Im Bereich der Rückwirkung von Gesetzen führt der begriffsorientierte Ansatz aufgrund seiner Abstraktheit zudem zu einer nur schwer überschaubaren Einzelfallorientierung. Das Gericht formuliert abhängig vom jeweiligen Rechtsgebiet und vom in Rede stehenden Normtypus unterschiedliche Maßstäbe für das systembildende Merkmal der Abgeschlossenheit eines Tatbestandes. Aufgrund der Vielzahl der in Betracht kommenden Anknüpfungspunkte ist dieser Ansatz als zu kasuistisch zu bewerten. Zudem bleiben bei dieser Vorgehensweise die normologischen Verflechtungen der Rückwirkung weitgehend unberücksichtigt. Auch wenn man keine explizite Auseinandersetzung mit derartigen rechtstheoretischen Implikationen erwarten kann, so dürfen diese Aspekte doch nicht völlig außer Betracht bleiben. Bei einer Analyse der Entscheidungen wird allerdings deutlich, dass zumindest implizit rechtstheoretische Kriterien eine Rolle spielen.

II. *Implizite Orientierung am formal-ontologischen Rückwirkungsbegriff*

In einer Vielzahl von Entscheidungen wählt das Bundesverfassungsgericht - scheinbar beiläufig - ein Abgrenzungskriterium, das aus rechtstheoretischer

69 *BVerfGE* 11, 139 (145).
70 Vgl. § 2 A.

Sicht aufschlussreicher ist als eine auf die bloße Begrifflichkeit reduzierte Argumentation. Es geht hierbei auf die formalen Bezugspunkte des In-Kraft-Tretens und der Verkündung gemäß Art. 82 I, II GG ein. Maßgeblich für die Einordnung der Rückwirkungsformen ist dabei, in welcher Weise das In-Kraft-Treten des neuen Gesetzes geregelt ist.

In der überwiegenden Zahl der Fälle, in denen sich das Gericht mit der Frage echter Rückwirkung befasst, untersucht es die fragliche Norm nicht nur darauf, ob ein abgeschlossener Tatbestand gegeben ist. Es prüft im Weiteren, ob das In-Kraft-Treten auf einen Zeitpunkt zurückdatiert ist, der vor dem der Verkündung liegt.[71] Bei einem derart rückdatierten In-KraftTreten wird grundsätzlich eine echte Rückwirkung bejaht.[72] Insoweit liegt implizit ein formal-ontologisches Rückwirkungsverständnis zugrunde. Diese Prüfungssequenz manifestiert sich in der Weise, dass der Zeitpunkt der Verkündung und des In-Kraft-Tretens benannt und bei einem rückdatierten In-Kraft-Treten eine echte Rückwirkung angenommen wird.[73] Die implizite Orientierung am formal-ontologischen Rückwirkungsbegriff gilt ebenfalls im Bereich der unechten Rückwirkung. Eine unechte Rückwirkung liegt vor, sofern ein In-Kraft-Treten mit oder nach dem Zeitpunkt der Verkündung gegeben ist.[74]

Die - eher beiläufig genannten - Bezugspunkte der Verkündung und des In-Kraft-Tretens gemäß Art. 82 I, II GG ermöglichen in der Mehrzahl der Entscheidungen eine klare Abgrenzung zwischen echter und unechter Rückwirkung. Jedenfalls lassen sich Gesetze anhand derartiger formaler temporaler Bezugspunkte aus dem Bereich der Normwerdung eindeutig als rückwirkend qualifizieren. Die damit in den Blick genommenen normenontologischen Merkmale sind auch unabhängig vom jeweiligen Rechtsgebiet und bestimmter Normtypen. Deshalb sind sie als Anknüpfungspunkte zur Erfassung rückwirkender Gesetze besser geeignet

---

71 Hierauf weist auch *Götz* hin in: Bundesverfassungsgericht und Grundgesetz II, S. 426.

72 Vgl. bereits die Entscheidung zum hamburgischen Hundesteuergesetz, *BVerfGE* 7, 89: Verkündung 09.11.1950, In-Kraft-Treten 01.04.1950; des Weiteren *BVerfGE* 13, 206: Verkündung 09.04.1958, In-Kraft-Treten 06.05.1955; *BVerfGE* 15, 167: Verkündung 30.12.1952, In-Kraft-Treten 01.04.1951; vgl ferner *BVerfGE* 13, 139; 24, 75; 30, 367, 37, 363; 38, 128.

73 Vgl. beispielsweise *BVerfGE* 13, 206 (211). In dieser Entscheidung nennt das Gericht die Zeitpunkte von Verkündung (09.04.1958) und In-Kraft-Treten (06.05.1955) und stellt bzgl. des rückdatierten In-Kraft-Tretens fest: "Das Gesetz ist ein ... rückwirkendes Gesetz, soweit es seine Wirksamkeit auf die Zeit vom 6. Mai 1955 bis zum 9. April 1958 erstreckt." In *BVerfGE* 15, 167 (206 ff.) verfährt das Gericht nach demselben Prüfungsmuster.

74 Vgl. *BVerfGE* 13, 274 (278); 14, 288 (297); 18, 159 (166); 24, 260 (266); 27, 231 (238); 30, 392 (402); 31, 222 (226).

als eine begriffsorientierte, kasuistische Systembildung. Es soll indes nicht verkannt werden, dass die Gesetzestechnik des rückdatierten In-Kraft-Tretens nicht die ausschließliche Erscheinungsform rückwirkender Gesetze darstellt, sondern lediglich ihren Grundtypus kennzeichnet.[75] Bei Fallkonstellationen, in denen die vorbezeichnete Abgrenzung keine Zuordnung der jeweiligen Form der legislativen Rückerstreckung ermöglicht, ist - wie im weiteren Untersuchungsgang darzulegen sein wird - konstitutiv auf sonstige normenspezifische rückwirkungsrelevante Faktoren abzustellen.

E. Kritik des Schrifttums an der Rückwirkungsjudikatur

Die Judikatur des Bundesverfassungsgerichts zur Rückwirkung von Gesetzen ist bei der Rechtslehre von Anfang an auf eine geradezu reflexartige Ablehnung gestoßen.[76] Die Bedenken konzentrieren sich im Wesentlichen auf zwei im Folgenden herauszuarbeitende Ansatzpunkte: Zum einen wird die Systembildung der unterschiedlichen Rückwirkungsformen kritisiert, zum anderen die daran anknüpfenden unterschiedlichen Rechtsfolgen.

I. Differenzierung zwischen echter und unechter Rückwirkung

Im Kreuzfeuer der Kritik steht zunächst die Unterscheidung zwischen echter und unechter Rückwirkung anhand des Abgrenzungskriteriums eines abgeschlossenen bzw. nicht abgeschlossenen Tatbestandes.[77] In der Literatur wird kritisiert, dass

---

75 Zu denjenigen Ausnahmekonstellationen, die von diesem Ansatz nicht erfasst werden, vgl. die Tragweite einer formal-ontologischen Begrifflichkeit in § 1 C II.

76 Vgl. *Aschke*, Übergangsregelungen als verfassungsrechtliches Problem, S. 266 ff.; *Quack*, Die Rückwirkung belastender Gesetze, in: DVBl 1962, 289 (291); *Kisker*, Die Rückwirkung von Gesetzen, S. 28 ff.; *Kriele*, Plangewährleistungsansprüche?, in: DÖV 1967, 531 (536); *Friauf*, Gesetzesankündigung und rückwirkende Gesetzgebung im Steuer- und Wirtschaftsrecht, in: BB 1972, 669 (674); *Klein/Barbey*, BVerfG und Rückwirkung von Gesetzen, S. 46 f.; *Bauer*, Bundesverfassungsgericht und Rückwirkungsverbot, in: JuS 1984, 241 (244); *Iliopoulos-Strangas*, Rückwirkung und Sofortwirkung von Gesetzen; S. 175 ff.; *Muckel*, Kriterien des verfassungsrechtlichen Vertrauensschutzes bei Gesetzesänderungen, S. 70 f.; *Zeug*, Vertrauensschutz im Beamtenversorgungsrecht, S. 90 ff.; *Compes*, Der gesetzgeberische Eingriff in nach altem Recht bestehende Rechtspositionen, S. 96 ff.; insb. auch *Pieroth*, Rückwirkung und Übergangsrecht, S. 79 ff. m.w.N.; *Stern*, Staatsrecht I, S. 835 f.

77 Vgl. *Bauer*, Bundesverfassungsgericht und Rückwirkungsverbot, in: JuS 1984, 241 (245); *Compes*, Der gesetzgeberische Eingriff in nach altem Recht bestehende Rechtspositionen, S. 97; *Aschke*, Übergangsregelungen als verfassungsrechtliches

man der eigentlichen Rückwirkungsproblematik mit dieser Systembildung nicht näher komme.[78] So hat insbesondere *Friauf* moniert, dass es vielfach nur eine Frage der Formulierung und Gesetzestechnik sei, ob eine Regelung an bereits abgeschlossene Tatbestände anknüpfe oder an solche, die dem Bereich der Gegenwart zuzuordnen seien.[79] In der Tat besteht die Möglichkeit, durch Veränderungen des gesetzlichen Tatbestandes in bestimmtem Umfang Tatbestandsverschiebungen vorzunehmen.[80] Auf diese Weise kann der Gesetzgeber, wie noch zu zeigen sein wird, eine verfassungsrechtlich grundsätzlich unzulässige echte Rückwirkung in eine grundsätzlich zulässige Form der unechten Rückwirkung transformieren.

Die Literatur knüpft ferner kritisch an die kasuistische Anwendung des Abgrenzungskriteriums der Tatbestandsabgeschlossenheit an. So hat das Bundesverfassungsgericht - wie u.a. *Bauer* hervorhebt - für einzelne Teilbereiche der Rechtsordnung Grundsätze ausgebildet, die zwar bei ähnlichen Fallkonstellationen wiederholt als Maßstab genommen wurden, jedoch teilweise auch andere Abgrenzungskriterien gewählt.[81] Aus der Inkonsistenz der Rechtsprechung zum Abgrenzungskriterium der Tatbestandsabgeschlossenheit wird nicht ohne Grund gefolgert, dass dieses Kriterium nahezu unbrauchbar sei.[82] Einer derart uneinheitlichen Judikatur kann keine Allgemeinverbindlichkeit hinsichtlich der Behandlung des Rückwirkungsproblems zukommen.[83] Die Systembildung von echter und unechter Rückwirkung bietet insofern für die verfassungsrechtliche Klärung des Rückwirkungsproblems keinen zureichenden Lösungsansatz.

Problem, S. 275; *Pieroth*, Grundlagen und Grenzen verfassungsrechtlicher Verbote rückwirkender Gesetze, in: Jura 1983, 250.

78 *Zeug*, Vertrauensschutz im Beamtenversorgungsrecht, S. 90.

79 *Friauf*, Gesetzesankündigung und rückwirkende Gesetzgebung im Steuer- und Wirtschaftsrecht, in: BB 1972, 669 (674); vgl. in jüngster Zeit auch *Schulze-Fielitz*, in: *Dreier*, Grundgesetz-Kommentar, Art. 20 GG, Rdnr. 143.

80 S. hierzu auch *Niehues*, Die Zulässigkeit der Rückwirkung von Gesetzen nach dem Recht der Bundesrepublik Deutschland, S. 52, ferner *Kriele*, Plangewährleistungsansprüche?, in: DÖV 1967, 531 (536), der für den Bereich des Baurechts konstatiert, dass man tatbestandsmäßig sowohl an einen bereits vergangenen Grundstückserwerb, als auch an gegenwärtiges Eigentum anknüpfen könne. Dem bleibt hinzuzufügen, dass auch auf Ereignisse der Zukunft, wie z.B. zukünftige Erschließungsbeiträge, abgestellt werden könnte.

81 Vgl. *Bauer*, Bundesverfassungsgericht und Rückwirkungsverbot, in: JuS 1984, 241 (244).

82 Vgl. *Stern*, Staatsrecht I, S. 835 f.; *Leisner*, Das Gesetzesvertrauen des Bürgers, in: Berber-Festschrift, S. 273 (286).

83 *Bauer*, Bundesverfassungsgericht und Rückwirkungsverbot, in: JuS 1984, 241 (244).

II. Rechtsfolgen der Systembildung

Die Kritik an der Rückwirkungsjudikatur wird dadurch verstärkt, dass an die begrifflich unklare Systembildung unterschiedliche Rechtsfolgen hinsichtlich der Verfassungsmäßigkeit geknüpft werden.[84] Diese krasse Rechtsfolgengegenüberstellung wird danach der eigentlichen Rückwirkungsproblematik nicht gerecht, da es sich strukturell und verfassungsdogmatisch bei der echten wie der unechten Rückwirkung um das gleiche Problem handelt.[85] Das Charakteristikum beider Fallkonstellationen liegt darin, dass ein Eingriff in nach altem Recht begründete Rechtspositionen erfolgt. Im Falle der unechten Rückwirkung findet dieser Eingriff indes nur mit Wirkung für die Zukunft statt.[86] Im Ergebnis liegen damit lediglich Abstufungen der einheitlichen Streitfrage nach der gesetzgeberischen Kontinuitätsbindung vor.[87] Zwischen beiden Rückwirkungsformen besteht insofern nur ein gradueller Unterschied, der jedoch durch die unterschiedlichen Rechtsfolgen nicht adäquat umgesetzt wird.[88] Die tatbestandliche Prüfung der Rückwirkung von Gesetzen und die daraus resultierenden Konsequenzen auf Rechtsfolgenebene entsprechen sich hiernach nicht.

In diesem Zusammenhang gewinnt auch der mit der Rückwirkungsjudikatur verknüpfte Leitgedanke des Vertrauensschutzes an Bedeutung.[89] Er entspricht, wie betont wird, nicht der Systembildung der unterschiedlichen Rückwirkungsformen.[90] Vertrauensschutzkriterien würden mit dieser Systematik weder offengelegt, noch normativ begründet.[91] Die dogmatische Begrenzung des Vertrauensschutzes, basierend auf der Differenzierung zwischen echter und unechter Rückwirkung, ist insoweit als unklar und widersprüchlich anzusehen.[92] Die Kritik gipfelt schließlich in der Auffassung, dass die bisherige Rechtsprechung des Bundesverfassungsgerichts zur Rückwirkung nicht mehr berechenbar

84 *Pieroth*, Rückwirkung und Übergangsrecht, S. 84.

85 Vgl. *Grabitz*, Vertrauensschutz als Freiheitsschutz, in: DVBl 1973, 675 (678).

86 *Compes*, Der gesetzgeberische Eingriff in nach altem Recht bestehende Rechtspositionen, S. 105.

87 Vgl. *Zeug*, Vertrauensschutz im Beamtenversorgungsrecht, S. 52.

88 So ausdrücklich *Compes*, Der gesetzgeberische Eingriff in nach altem Recht bestehende Rechtspositionen, S. 105; im Ergebnis ebenso *Aschke*, Übergangsregelungen als verfassungsrechtliches Problem, S. 285.

89 Vgl. *Iliopoulos-Strangas*, Rückwirkung und Sofortwirkung von Gesetzen, S. 181.

90 *Muckel*, Kriterien des verfassungsrechtlichen Vertrauensschutzes bei Gesetzesänderungen, S. 74; *Pieroth*, Grundlagen und Grenzen verfassungsrechtlicher Verbote rückwirkender Gesetze, in: Jura 1983, 250 (251).

91 *Aschke*, Übergangsregelungen als verfassungsrechtliches Problem, S. 267.

92 Vgl. *Pieroth*, Rückwirkung und Übergangsrecht, S. 85.

und vorhersehbar sei.[93] Sie schafft demzufolge das Gegenteil der von ihr beabsichtigten Rechtssicherheit und sollte aus diesem Grunde aufgegeben werden.[94]

III. Stellungnahme

Die Literaturkritik an der älteren Rückwirkungsjudikatur ist im Wesentlichen als begründet anzusehen. Dies gilt zunächst für die Differenzierung zwischen echter und unechter Rückwirkung. Die Berechtigung des Vorwurfs von *Friauf*, es sei vielfach nur eine Frage der Gesetzestechnik, ob ein Gesetz echte oder unechte Rückwirkung entfalte, soll exemplarisch an zwei Beispielen verdeutlicht werden.

Im Bereich des Steuerrechts wählt das Bundesverfassungsgericht den Veranlagungszeitraum als Parameter für die Abgeschlossenheit eines Tatbestandes.[95] Fügt der Gesetzgeber diesem Zeitraum ein mit Sicherheit eintretendes zukünftiges Tatbestandsmerkmal an oder sieht er eine mehrjährige Veranlagungsperiode vor, deren Beginn zwar in die Vergangenheit reicht, die aber erst zu einem zukünftigen Zeitpunkt endet, kann er die Tatbestandsabgeschlossenheit zeitlich nach hinten verlagern. Auf diese Weise kann eine echte zugunsten einer unechten Rückwirkung vermieden werden, obwohl eine Änderung der getätigten schutzwürdigen Dispositionen des Normadressaten nicht vorliegt.

Vergleichbares gilt für Dauerschuldverhältnisse wie z.B. im Bereich des Sozialrechts. Sofern der Gesetzgeber bei einem rückwirkenden Eingriff in ein Dauerschuldverhältnis auf den Zeitpunkt seiner Begründung abstellt, ist wegen des Abgeschlossenseins der begründenden Handlung eine echte Rückwirkung anzunehmen. Wird indes durch eine andere gesetzestechnische Anknüpfung bei der Rückwirkungsanordnung auf die fortlaufenden Berechtigungen und Verpflichtungen aus diesem Verhalten abgestellt, ist von einem nicht abgeschlossenen Tatbestand und damit von einer grundsätzlich zulässigen unechten Rückwirkung auszugehen. Als Zwischenergebnis bleibt damit festzuhalten, dass der Gesetzgeber durch entsprechende Normengestaltungstechnik auf die Ausgestaltung einer Regelung als echt oder unecht rückwirkend und die damit verbundenen verfassungsrechtlichen Zulässigkeitsfragen Einfluss nehmen kann.

Was den weiteren u.a. von *Bauer* erhobenen Vorwurf der Inkonsistenz im Hinblick auf das Abgrenzungskriterium der Tatbestandsabgeschlossenheit betrifft, so ergibt eine Untersuchung der einschlägigen Entscheidungen, dass das

---

93 Vgl. *Battis*, Neue Rechtsprechung des Bundesverfassungsgerichts zum Beamtenrecht, in: ZBR 1985, 33 (37).

94 *Stern*, Staatsrecht I, S. 836.

95 *BVerfGE* 13, 274 (277); 30, 272 (285).

Gericht in der Tat divergierende Maßstäbe sowohl an die jeweiligen Rechtsgebiete als auch an die einzelnen Normtypen anlegt.

So ist bei staatlichen Leistungsansprüchen nur teilweise die Verwirklichung der gesetzlichen Anspruchsnorm der Maßstab. In einigen Entscheidungen wird die Abgeschlossenheit eines Tatbestandes zeitlich erheblich ausgeweitet und die bloße Erfüllung von Tatbestandsmerkmalen als nicht ausreichend angesehen. Stattdessen wird auf den anschließenden behördlichen Vollzugsakt abgestellt. Maßgeblich ist hiernach der durch Verwaltungsakt ergangene bestandskräftige Leistungsbescheid.[96] Erst diese, aufgrund der gesetzlichen Anspruchsnorm getroffene Einzelmaßnahme soll die abschließende Gestaltung der Rechtslage und demgemäß einen abgeschlossenen Tatbestand bilden.[97] In einer anderen Entscheidung schlägt das Gericht wiederum eine diametral entgegengesetzte Linie ein, indem es die Abgeschlossenheit eines Tatbestandes zeitlich vorverlagert und bereits die Stellung eines Antrages auf Leistungsgewährung ausreichen lässt.[98] Unklar bleibt bei all diesen Entscheidungen, wann im Rahmen der zeitlichen Sequenz Antragstellung - Tatbestandsverwirklichung - Leistungsbescheid noch Raum für die Nichtabgeschlossenheit eines Tatbestandes bleiben soll.

Im Sozialversicherungsrecht bildet der Eintritt des Versicherungsfalles nicht durchgehend den Bezugspunkt. In einigen Entscheidungen soll bereits die Begründung eines Versicherungsverhältnisses der Maßstab einer echten Rückwirkung sein.[99] Hierin liegt wiederum faktisch eine zeitliche Vorverlagerung der Bezugsgröße des abgeschlossenen Tatbestandes. Ebenfalls nicht diskutiert wird hierbei die Frage, wann bei derartigen Vorverlagerungen die temporale Grenze zur unechten Rückwirkung überschritten ist. Im Steuerrecht nimmt das Gericht z.T. einen abgeschlossenen Tatbestand nicht erst mit Beendigung des Veranlagungszeitraums an, sondern bereits mit Ablauf des Voranmeldungszeitraums, wenn die Steuerschuld bereits mit Ablauf jenes Zeitraumes, in dem die Entgelte vereinnahmt wurden, entstanden war.[100]

Die im Bereich der echten Rückwirkung aufgezeigten Schwankungen und Unklarheiten setzen sich hinsichtlich der unechten Rückwirkung fort. Im Prozessrecht weicht das Gericht mitunter vom Kriterium des Prozessrechtsverhältnisses ab und stellt auf Verfahrensaspekte ab, um einen nicht abgeschlossenen Tatbestand anzunehmen. Insoweit sind z.B. Feststellungsverfahren[101] und Gerichts-

96 *BVerfGE* 15, 167 (209).
97 Vgl. dazu *BVerfGE* 15, 167 (210); 34, 65 (94).
98 *BVerfGE* 37, 363 (397 f.).
99 Vgl. insoweit *BVerfGE* 37, 363 (398); 51, 356 (362).
100 *BVerfGE* 30, 392 (401 f.) für den Bereich des Umsatzsteuerrechts.
101 *BVerfGE* 25, 371 (404), betr. Feststellungsverfahren nach §§ 97, 98 AktG - gerichtliche Entscheidung über die Zusammensetzung des Aufsichtsrates.

standsvereinbarungen[102] die Bezugspunkte zur Bejahung einer unechten Rückwirkung. Im Sozialversicherungsrecht werden anstelle künftig eintretender Versicherungsfälle z.T. Beitragszahlungen für den Erwerb einer sozialversicherungsrechtlichen Anwartschaft als Maßstab genommen. Der noch nicht abgeschlossene Tatbestand, auf den für die Zukunft eingewirkt wird, ist insoweit der durch Beitragszahlungen begonnene, aber noch nicht beendete Erwerb einer Anwartschaft.[103] Offen bleibt dabei, ab welchem Zeitpunkt sich der begonnene Anwartschaftserwerb durch weitere Zahlungen zu einem abgeschlossenen Tatbestand verfestigt.

In weiteren Entscheidungen wird ein abermals divergierender Prüfungsansatz zugrunde gelegt. Zunächst stellt das Gericht auf das Vorliegen eines abgeschlossenen Tatbestandes im Sinne einer echten Rückwirkung ab. Sofern diese Form der Rückwirkung zu verneinen ist, nimmt es eo ipso eine unechte Rückwirkung an, ohne anhand des Differenzierungskriteriums des nicht abgeschlossenen Tatbestandes positiv festzustellen, dass überhaupt ein Fall unechter Rückwirkung vorliegt.[104] Die Möglichkeit, dass es sich stattdessen auch um einen Fall der Nichtrückwirkung handeln könnte, zieht es nicht in Betracht.

Diese Prüfungsfolge wirft die Frage nach der Abgrenzung zwischen unechter Rückwirkung und Nichtrückwirkung auf. Das Bundesverfassungsgericht nahm sich dieser Frage in der sog. Berlinhilfeentscheidung, BVerfGE 30, 392, an.[105] Es stellte für Fallgestaltungen, die noch unter den Begriff der unechten Rückwirkung fallen sollen, den Maßstab auf, dass der historische Geschehensablauf, in den die zur Prüfung stehende Norm eingreift, eine "hinreichend nahe Beziehung" zu dem gesetzlichen Tatbestand haben müsse, der durch das spätere Gesetz geändert werde.[106] Mit dieser Formel wird das aufgrund seiner inkonsistenten Anwendung ohnehin schon schwer erfassbare Abgrenzungskriterium der Nichtabgeschlossenheit eines Tatbestandes noch weiter verwässert. Nach allem erscheint damit die vornehmlich begriffsorientierte Judikatur, die sich zudem als kasui-

---

102 *BVerfGE* 31, 222 (226).

103 Vgl *BVerfGE* 14, 288 (298), der Gesetzgeber hatte die nach altem Recht bestehende Möglichkeit für nicht Versicherungspflichtige, durch Zahlung von Beiträgen zur Sozialversicherung eine Rentenanwartschaft zu erwerben, für die Zukunft beseitigt. Hierin lag eine unechte Rückwirkung.

104 S. hierzu *BVerfGE* 14, 76 (104); 19, 119 (127); 27, 375 (385).

105 Die Entscheidung *BVerfGE* 30, 392 betraf das sog. Berlinhilfegesetz, welches in seiner Fassung vom 25.03.1959 Berliner Unternehmern Steuervergünstigungen gewährte, die bis Ende 1964 befristet waren. Durch Änderungsgesetz vom 26.07.1962 wurden diese Steuervorteile für den Bereich der Zigarettenindustrie zwei Jahre vor Ablauf der vorgesehenen Frist gekürzt.

106 *BVerfGE* 30, 392 (403).

stisch und auch inkonsistent erweist, für die Einordnung der unterschiedlichen Formen legislativer Rückerstreckung wenig geeignet.

Was die Rechtsfolgen der Differenzierung zwischen echter und unechter Rückwirkung betrifft, so rügt die Literatur nicht ohne Grund, dass die Einordnung der jeweiligen Rückwirkungsform nur unzureichend mit der Frage der Verfassungsmäßigkeit des Gesetzes korrespondiert. Die Eingriffsstufen der echten und unechten Rückwirkung sind für sich gesehen tatsächlich nicht geeignet, sinnvolle Anhaltspunkte für schutzwürdiges Vertrauen zu liefern, da sie nicht auf Zeitpunkt, Art und Umfang einer Disposition abstellen. Stattdessen erfolgt mit der vom Bundesverfassungsgericht vorgenommenen Systembildung eine Reduzierung des Vertrauensschutzes auf formale Kriterien. Da diese formale Einteilung auch den Bereich der Begriffsbildung der Rückwirkung erfasst, kann bereits die begriffliche Einordnung der jeweiligen Rückwirkungsform präjudizielle Wirkung für ihre verfassungsrechtliche Zulässigkeit haben. Die Qualifizierung einer bestimmten gesetzlichen Regelung als echt oder unecht rückwirkend nimmt dann bereits praktisch die Frage nach deren Verfassungsmäßigkeit vorweg. Eine derartige Präjudizwirkung beinhaltet die Gefahr, dass mit der Reduzierung auf formale begriffliche Einteilungskriterien die Entscheidung über die Verfassungsmäßigkeit eines Gesetzes getroffen wird, ohne dass die eigentlich relevanten verfassungsrechtlichen Gesichtspunkte im Hinblick auf Begründung, Art, Ausmaß und Zeitpunkt des Vertrauensschutzes, bezogen auf die ursprüngliche Rechtslage, hinreichend zum Tragen kommen.

F. *Verfassungsrichterliche Rückwirkungskritik via Sondervotum*

Die Kritik an der bisherigen Rückwirkungsjudikatur beschränkt sich nicht nur auf Stimmen aus dem Schrifttum. Auch Richter des Bundesverfassungsgerichts selbst äußerten in Sondervoten zunehmend Bedenken gegenüber der bestehenden Rechtsprechung und forderten eine Korrektur.[107]

Bedenken bestehen zunächst im Hinblick auf die inhaltliche Ausgestaltung des Vertrauensschutzes.[108] Dabei wird eingewandt, dass hinsichtlich der Entstehung eines Vertrauenstatbestandes an den Staatsbürger zu hohe Anforderungen gestellt werden und die Zulässigkeitsgrenzen, insbesondere diejenigen zur echten

---

107 Vgl. das Sondervotum der Richterin *Rupp-v. Brünneck, BVerfGE* 32, 111 (129 ff.); ferner die Voten der Richter *v. Schlabrendorff, BVerfGE* 37, 363 (414 ff.); *Steinberger, BVerfGE* 48, 1 (23 ff.); *Benda* und *Katzenstein, BVerfGE* 58, 81 (129 ff.); allgemein zum Rechtsinstitut des Sondervotums *Mahrenholz*, Das richterliche Sondervotum, in: Rechtsprechungslehre II, S. 167 ff.

108 *Rupp-v. Brünneck, BVerfGE*, 32, 111 (137 f.).

Rückwirkung, vom Bürger ein Höchstmaß an juristischen Kenntnissen verlangen.[109] Dies gilt namentlich für das Merkmal der Voraussehbarkeit einer etwaigen Rechtsänderung durch den betroffenen Bürger. Aufgrund der zu hohen und verfassungswirklichkeitsfremden Anforderungen verneine das Gericht vielfach zu Unrecht das Entstehen eines Vertrauenstatbestandes und relativiere damit die engen Zulässigkeitsgrenzen der echten Rückwirkung.[110]

Des Weiteren wird Kritik hinsichtlich der zugrunde liegenden Systembildung geäußert. In einem Sondervotum zu BVerfGE 48, 1, das die Rückwirkungsjudikatur erheblich beeinflusste, moniert der Verfassungsrichter des Zweiten Senats *Steinberger* die Differenzierung zwischen echter und unechter Rückwirkung anhand des Abgrenzungskriteriums der Abgeschlossenheit eines Tatbestandes. Diese Systembildung sei hinsichtlich der Abgrenzung der unterschiedlichen Erscheinungsformen der Rückwirkung unbrauchbar und insoweit aufzugeben.[111] Steinberger formuliert demgegenüber ein neues Abgrenzungskriterium. Danach entfaltet eine Norm Rückwirkung, wenn sie "ihren zeitlichen Anwendungsbereich auf einen Zeitraum vor ... (ihrem) Erlass ... erstreckt."[112]

Bei dieser Begriffsbildung ist der systematische Ansatz charakteristisch verändert. Eine Annäherung an die Rechtsfigur der Rückwirkung erfolgt erstmalig nicht mehr im Wege der als problematisch einzustufenden begriffsorientierten Systembildung. Vielmehr orientiert sich *Steinberger* ausdrücklich an normologischen Gesichtspunkten, indem er auf den Anwendungsbereich der Norm abstellt. Im Hinblick auf die Rückwirkungsproblematik ist diese Neuorientierung von entscheidender Bedeutung. Ihr kommt Ausstrahlungswirkung für die weitere Entwicklung der Rückwirkungsjudikatur zu. Das Sondervotum hat damit zur erneuten Anbahnung eines Rechtsprechungswandels wesentlich beigetragen.

G. Erneute Anbahnung eines Rechtsprechungswandels

Die massive Kritik an der bisherigen Rechtsprechung, die auch aus den eigenen Reihen der Verfassungsrichterschaft kam, führte auf Seiten des Bundesverfas-

---

109 *V. Schlabrendorff, BVerfGE* 37, 363 (417).

110 Vgl. dazu *v.Schlabrendorff, BVerfGE* 37, 363 (417), die hohen Anforderungen hinsichtlich des Vertrauensschutzes würden diesen " im Ergebnis bis zur Bedeutungslosigkeit durchlöchern."

111 *Steinberger* moniert in seinem Sondervotum, dass mit der Systembildung von echter und unechter Rückwirkung Begriffe gewählt worden seien, "die freilich eher verwirren als klären und deshalb besser aufgegeben werden sollten." *Steinberger, BVerfGE* 48, 1 (23).

112 *Steinberger, BVerfGE* 48, 1 (23).

sungsgerichts dazu, die bestehende Judikatur neu zu überdenken. Jedoch hat diese Reflexion lediglich beim Zweiten Senat auch Niederschlag in der Entscheidungspraxis gefunden; dieser hat in neueren Entscheidungen von der bestehenden Rückwirkungsjudikatur Abstand genommen. Der Erste Senat ist der Neuorientierung nicht gefolgt. Er führt die bis dato praktizierte Rechtsprechung fort.[113]

Der Zweite Senat wich im Jahr 1983 in BVerfGE 63, 343 erstmals von der seit über zwei Jahrzehnten bestehenden Sytembildung zwischen echter und unechter Rückwirkung ab.[114] Er definiert den Begriff der Rückwirkung wie folgt neu: "Eine Rechtsnorm entfaltet dann Rückwirkung, wenn der Beginn ihres zeitlichen Anwendungsbereichs normativ auf einen Zeitpunkt festgelegt ist, der *vor* dem Zeitpunkt liegt, zu dem die Norm rechtlich existent, das heißt gültig geworden ist."[115]

Diese Definition orientiert sich an der Begriffsbildung, die *Steinberger* bereits in seinem Sondervotum zu BVerfGE 48, 1 entwickelt hatte.[116] Maßgebliches Kriterium einer Rückwirkungsanordnung ist danach die Rückdatierung des zeitlichen Anwendungsbereichs einer Norm. *Steinberger* war als Richter des Zweiten Senats auch an dieser Entscheidung beteiligt und hat demgemäß die Abkehr vom bestehenden Rückwirkungsbegriff maßgeblich mitgestaltet. Neben der begrifflichen Neuorientierung stellt der Zweite Senat darüber hinaus auf die Zulässigkeitsgrenzen rückwirkender Gesetze ab, indem er konstatiert, dass neben dem bislang hervorgehobenen Rechtsstaatsprinzip auch die Grundrechte der Regelungsbefugnis des Gesetzgebers im Hinblick auf rückwirkende Gesetze Grenzen setzen.[117]

Die Entscheidung BVerfGE 63, 343 ist in ihrer Gesamteinordnung abermals als Wendepunkt in der Rechtsprechung des Bundesverfassungsgerichts zu werten. Sie erschüttert das Fundament der bisherigen Judikatur in mehrerlei Hinsicht. Im Vordergrund stehen dabei die Veränderungen in verfassungsdogmatischer

113 Vgl. hierzu *BVerfGE* 64, 87 (104); 68, 193 (221); 68, 287 (306); 69, 272 (309); 74, 129 (155); 75, 246 (279); 79, 29 (45 f.); 81, 228 (239).

114 *BVerfGE* 63, 343 betrifft die Entscheidung zum deutsch-österreichischen Rechtshilfevertrag vom 22.03.1983. Die Bundesrepublik Deutschland und die Republik Österreich hatten am 11.09.1970 einen Vertrag über Rechts- und Amtshilfe in Zoll-Verbrauchsteuer - und Monopolangelegenheiten geschlossen. Klärungsbedürftig war, ob bzw. inwieweit dieser Vertrag von deutschen Behörden rückwirkend angewendet werden durfte.

115 *BVerfGE* 63, 343 (353), Hervorhebung im Originaltext. Das Gericht verneinte in concreto eine Rückwirkungsanordnung. Eine Rückerstreckung des zeitlichen Anwendungsbereichs der Norm war nicht gegeben, vgl. *BVerfG* a.a.O., S. 356.

116 Vgl. *Steinberger* in *BVerfGE* 48, 1 (23).

117 *BVerfGE* 63, 343 (356).

Hinsicht, die sowohl die begriffliche Erfassung der Rückwirkung als auch die verfassungsrechtlichen Grenzen betreffen.

§ 6 Neuere Tendenzen in der Rechtsprechung des Bundesverfassungsgerichts

Der Zweite Senat des Bundesverfassungsgerichts hat an die im Jahr 1983 neu entwickelten dogmatischen Ansätze in einer Reihe von Entscheidungen angeknüpft.[118] In BVerfGE 72, 200, einer Grundsatzentscheidung vom 14.05.1986, hat er diese Ansätze systematisch aufgefächert und zu einer neuen Rückwirkungsjudikatur ausgeweitet, bei der sowohl der Rückwirkungsbegriff als auch die Zulässigkeitsgrenzen neue Konturen erhalten haben.[119]

A. Zeitlicher und sachlicher Normanwendungsbereich als Anknüpfungspunkt

Mit BVerfGE 72, 200 gab der Zweite Senat die alten Unterscheidungsmerkmale der echten und unechten Rückwirkung endgültig zugunsten einer neuen Systembildung auf und differenziert nunmehr begrifflich zwischen der *Rückbewirkung von Rechtsfolgen* und *tatbestandlicher Rückanknüpfung*.[120] Ebenso wie die Systembildung selbst ist damit auch das entsprechende Abgrenzungskriterium der Abgeschlossenheit eines Tatbestandes obsolet geworden. Kriterium für die neue Systematik ist vielmehr der Anwendungsbereich einer Norm.[121]

Hiernach besteht eine Wechselbeziehung zwischen dem Anwendungsbereich einer Norm und den unterschiedlichen Formen legislativer Rückerstreckung.[122] Die Differenzierung zwischen der Rückbewirkung von Rechtsfolgen und der tatbestandlichen Rückanknüpfung ist mithin an einem normologischen Kriterium orientiert. Eine Rückbewirkung von Rechtsfolgen liegt vor, wenn der zeitliche

---

118 Vgl. *BVerfGE* 64, 367; 67, 1; 70, 69; 71, 255.

119 *BVerfGE* 72, 200 beinhaltet eine Entscheidung zum Außensteuergesetz (AStG) vom 08.09.1972. Diese Entscheidung erging auf einen Vorlagebeschluss des BFH vom 03.11.1983 gemäß Art. 100 GG. Das BVerfG hatte über die Frage zu entscheiden, ob § 20 I a) AStG insoweit mit dem Grundgesetz vereinbar war, als eine Rückwirkungsanordnung für den Zeitraum vom 01.01.1972-22.06.1972 getroffen wurde. Das Gericht nahm diesbezüglich einen Verstoß gegen das Rückwirkungsverbot an.

120 Diese Systembildung wird von dem Verfassungsrichter *Steinberger* in einem Sondervotum zu *BVerfGE* 72, 200 für zutreffend gehalten, vgl. *BVerfGE* 72, 200 (276).

121 Vgl. seit *BVerfGE* 72, 200 (240 ff.) die Entscheidungen *BVerfGE* 72, 302 (321 ff.); 76, 256 (345 ff.); 77, 370 (377); 78, 249 (283 ff.); 83, 89 (110).

122 S. *BVerfGE* 72. 200 (241 f.).

Normanwendungsbereich betroffen ist. Das Wesensmerkmal der tatbestandlichen Rückanknüpfung liegt demgegenüber darin, dass der sachliche Anwendungsbereich einer Norm berührt ist.[123]

B. *Verfassungsrechtlicher Prüfungsmaßstab*

Die neue Systembildung weist nicht nur hinsichtlich des Begriffs der Rückwirkung Veränderungen auf. Auch im Hinblick auf die Zulässigkeitsgrenzen liegt - jedenfalls in Teilbereichen - ein Rechtsprechungswandel vor. Der Tenor von der grundsätzlichen Unzulässigkeit rückwirkender Gesetze wird in diesem Zusammenhang beibehalten. Die Veränderungen lassen sich, insbesondere hinsichtlich der verfassungsrechtlichen Herleitung der Zulässigkeitsgrenzen, vor allem dem Bereich der dogmatischen Begründung zuordnen. Hierbei ist bedeutsam, dass der Zweite Senat des Bundesverfassungsgerichts als Prüfungsmaßstab der Zulässigkeitsgrenzen neben dem Rechtsstaatsprinzip nunmehr explizit auch die Grundrechte nennt.

Als Ausgangspunkt der neuen Judikatur ist die Negierung eines einheitlichen Begriffs der "Rückwirkung im weitesten Sinne" anzusehen, der bislang die Systembildung von echter und unechter Rückwirkung prägte.[124] Von Rückwirkung spricht das Gericht nunmehr ausdrücklich nur noch bei einer Rück(be)wirkung von Rechtsfolgen. Demgegenüber wirft die tatbestandliche Rückanknüpfung keine Fragen der Rückwirkung auf.[125] Insoweit kommen im Gegensatz zur alten Rechtsprechung jeweils unterschiedliche verfassungsrechtliche Maßstäbe für die Zulässigkeitsgrenzen der Rückbewirkung von Rechtsfolgen und der tatbestandlichen Rückanknüpfung zur Anwendung.

C. *Rückbewirkung von Rechtsfolgen*

Eine Rückbewirkung von Rechtsfolgen ist zu bejahen, wenn die Rechtsfolgen einer Norm für einen bestimmten, vor dem Zeitpunkt ihrer Verkündung liegenden Zeitraum eintreten sollen.[126] Die Wechselbeziehung zwischen dem Rechtsfol-

---

123 Vgl. *BVerfGE* 72, 200 (242).

124 Vgl. dazu *BVerfGE* 72, 200 (243): "Angesichts der Differenzierung in den verfassungsrechtlichen Maßstäben...ist es nicht sinnvoll, beide Bereiche unter einen einheitlichen Oberbegriff bringen zu wollen. Dieser Oberbegriff, die "Rückwirkung im weitesten Sinne" vermöchte keinerlei verfassungsrechtliche Maßstäbe aufzuzeigen."

125 *BVerfGE* 72, 200 (241).

126 *BVerfGE* 72, 200 (242).

geneintritt und dem Verkündungszeitpunkt wird durch den zeitlichen Anwendungsbereich der Norm verdeutlicht. Dieser betrifft allein die zeitliche Zuordnung der angeordneten Rechtsfolgen im Hinblick auf den Zeitpunkt der Verkündung.[127]

Um diese auf den ersten Blick schwer verständliche Affinität zwischen dem zeitlichen Anwendungsbereich der Norm und der Rückbewirkung von Rechtsfolgen zu verdeutlichen, führt der Senat unter Verweis auf BVerfGE 63, 343 aus: "Der zeitliche Anwendungsbereich einer Norm, so wie er in BVerfGE 63, 434 (353) gekennzeichnet worden ist, betrifft allein die zeitliche Zuordnung der normativ angeordneten Rechtsfolgen im Hinblick auf den Zeitpunkt der Verkündung der Norm. Gefragt wird danach, ob diese Rechtsfolgen für einen bestimmten, vor dem Zeitpunkt der Verkündung der Norm liegenden Zeitraum eintreten sollen (Rückbewirkung von Rechtsfolgen)."[128] Maßgebliches Kriterium dieser Form der legislativen Rückerstreckung ist demnach die Anordnung von Rechtsfolgen auf einen Zeitpunkt vor der Verkündung der Norm. Hiermit korrespondiert eine Rükkerstreckung des zeitlichen Normanwendungsbereichs.

Hinsichtlich der verfassungsrechtlichen Grenzen der Rückbewirkung von Rechtsfolgen orientiert sich das Gericht an den zur echten Rückwirkung entwikkelten Zulässigkeitsgrenzen.[129] Verfassungsrechtsdogmatische Grundlage ist insoweit das Rechtsstaatsprinzip und die ihm immanenten Aspekte der Rechtssicherheit und des Vertrauensschutzes, aus denen sich ein generelles Rückwirkungsverbot ergibt. Ergänzend zum Rechtsstaatsprinzip sind diejenigen Grundrechte zu berücksichtigen, die durch die nachträglich geänderte Rechtsfolge in belastender Weise betroffen sind.[130] In erster Linie erfolgt jedoch eine Orientierung an den spezifischen Ausprägungen des Rechtsstaatsprinzips.[131] Für derartige Fallgruppen werden die Ausnahmetatbestände der Judikatur zur echten Rückwirkung übernommen.[132] Demzufolge ist das Vertrauen des Normadressaten nicht schutzwürdig, wenn er mit der rückwirkenden Regelung rechnen musste, die Beseitigung einer unklaren oder systemwidrigen Rechtslage in Rede steht, ein nichtiges Gesetz rückwirkend durch ein verfassungsmäßiges substituiert wird, zwin-

127 *BVerfGE* 72, 200 (242).

128 *BVerfGE* 72, 200 (242).

129 *BVerfGE* 72, 200 (242, 257 ff).

130 S. zum Ganzen *BVerfGE* 72, 200 (242).

131 *BVerfGE* 72, 200 (257 ff.); 72, 302 (321 ff.); 87, 48 (61); vgl zuletzt auch *BVerfG* NJW 1998, 1547 (1549) - nachdem das Gericht die Zulässigkeit einer Rückbewirkung von Rechtsfolgen anhand des Ausnahmekataloges bejaht hatte, stellte es ergänzend fest, dass im Übrigen auch Grundrechte nicht verletzt sind.

132 *BVerfGE* 72, 200 (258 ff.), s. auch *Compes*, Der gesetzgeberische Eingriff in nach altem Recht bestehende Rechtspositionen, S. 131.

gende Gründe des Gemeinwohls vorliegen oder ein nur ganz unerheblicher Schaden verursacht wurde.[133]

D. *Tatbestandliche Rückanknüpfung*

Der Begriff der tatbestandlichen Rückanknüpfung umschreibt die Konstellation, dass ein Gesetz für die Zukunft bereits vorgefundene Rechtslagen regelt und damit notwendigerweise auch an in der Vergangenheit wurzelnde Tatbestände rückanknüpft.[134] Auch bei dieser legislativen Rückerstreckung besteht eine Affinität zum Anwendungsbereich der Norm. Die tatbestandliche Rückanknüpfung betrifft den sachlichen Normanwendungsbereich. Dieser wird durch die Tatbestandsmerkmale der jeweiligen Norm fixiert. Alle in einer Gesetzesregelung enthaltenen Merkmale mit Ausnahme der temporalen Kriterien der Verkündung und des In-Kraft-Tretens sind diesem Normenbereich zuzuordnen.[135]

Das Spezifikum der tatbestandlichen Rückanknüpfung besteht somit darin, dass an Tatbestandsmerkmale mit Bezug zur Vergangenheit angeknüpft wird und zugleich für die Zukunft Rechtsfolgen gesetzt werden. Eine Rückdatierung von Rechtsfolgen auf einen Zeitraum vor der Verkündung findet nicht statt. Demzufolge ist ausschließlich der sachliche Anwendungsbereich der Norm, nicht aber deren zeitlicher Anwendungsbereich betroffen.[136] Aus der Tatsache, dass bei den der tatbestandlichen Rückanknüpfung immanenten sachlichen Rückerstreckungen lediglich für die Zukunft bereits vorgefundene Rechtslagen einer Neuregelung unterworfen werden, ergibt sich, dass hierin *keine Rückwirkung* zu sehen ist.[137] Die Rechtsfigur der tatbestandlichen Rückanknüpfung ist demnach, ähnlich wie in den anfänglichen Entscheidungen des Bundesverfassungsgerichts die unechte Rückwirkung, als begrifflicher Abgrenzungstopos zu bewerten.

---

133 *BVerfGE* 72, 200 (258); vgl. ebenso bereits die Leitentscheidung *BVerfGE* 13, 261, in der auf S. 271 f. die Ausnahmetatbestände erstmalig entwickelt werden.

134 Vgl. hierzu *BVerfGE* 72, 200 (241 ff.).

135 *BVerfGE* 72, 200 (242).

136 S. dazu bereits *BVerfGE* 63, 343 (356).

137 Vgl *BVerfGE* 72 200 (241): "Demgegenüber ist es in der gesamten Entscheidung nicht als eine Frage des zeitlichen Anwendungsbereichs der Norm *und damit nicht als eine Frage der Rückwirkung angesehen worden* (HervorhebungTB)", ferner bereits *BVerfGE* 63, 343 (356): " Diese Auswirkungen beruhen jedoch nicht auf der Rückerstreckung des zeitlichen Anwendungsbereichs einer Norm, mithin nicht auf ihrer Rückwirkung."

Hinsichtlich der Zulässigkeitsgrenzen dieses Gesetzestypus stellt der Senat dogmatisch auf die Grundrechte ab.[138] Dies folgt daraus, dass mit der Tatbestandsverwirklichung einer Norm regelmäßig Grundrechte des jeweiligen Normadressaten betroffen sind, die durch Anknüpfungen an die Tatbestandsebene nachträglich berührt werden.[139] Derartige tatbestandliche Rückanknüpfungen sind grundsätzlich zulässig, da Rechtsnormen regelmäßig tatbestandlich umschriebene Sachverhalte regeln, die auch Bezug zur Vergangenheit haben.[140] Ausnahmsweise sind sie dann als unzulässig zu qualifizieren, wenn ohne verfassungsrechtliche Rechtfertigung in Grundrechte der betroffenen Normadressaten eingegriffen wird. Die grundrechtliche Würdigung erfolgt dabei nach den allgemeinen Prüfungskriterien, die im Rahmen der Grundrechtsprüfung zugrunde gelegt werden. Im Rahmen der grundrechtlichen Schrankenregelung sind auch die rechtsstaatlichen Grundsätze der Rechtssicherheit, des Vertrauensschutzes und der Verhältnismäßigkeit zu berücksichtigen.[141]

Die Einbeziehung rechtsstaatlicher Grundsätze bewegt sich im Spannungsfeld zwischen dem Individualinteresse an Fortgeltung der Rechtsordnung und dem gesetzgeberischen Anliegen an Modifikation derselben.[142] Hierbei ist eine Abwägung vorzunehmen zwischen dem Vertrauen des Einzelnen auf den Fortbestand der gesetzlichen Regelung und dem gesetzgeberischen Anliegen, für das Wohl der Allgemeinheit Sorge zu tragen. Eine tatbestandlich rückanknüpfende Norm ist nur dann ausnahmsweise unzulässig, wenn das Individualvertrauen in den Fortbestand der bisherigen Rechtslage generell schutzwürdiger ist als das öffentliche Interesse an seiner Änderung.[143] Mit der Bezugnahme auf rechtsstaatliche Grundsätze, insbesondere auf einen speziell ausgeformten Abwägungsvorbehalt,

---

138 In *BVerfGE* 72, 200 (245 ff.) wurde auf die Grundrechte der Art. 11 GG; 12 I GG; 14 I, II GG; 2 I GG und 3 I GG abgestellt; bzgl. *BVerfGE* 77, 370 (378) rekurrierte der Senat auf Art. 12 I GG und 2 I GG; in *BVerfGE* 78, 249 (284) standen die Art. 14 I GG und 2 I GG zur Prüfung an, in *BVerfGE* 76, 256 (347) war Art. 33 V GG Prüfungsmaßstab.

139 Vgl. *BVerfGE* 72, 200 (242 f.) diese Gedankenführung wird durch die Terminologie des Gerichts indes eher verdeckt als hervorgehoben. Der Senat spricht davon, dass mit der Verwirklichung des jeweiligen Tatbestandes Grundrechte "ins Werk gesetzt" werden, die von tatbestandlichen Rückanknüpfungen berührt werden. Hieraus ergibt sich das Erfordernis einer grundrechtlichen Bewertung.

140 Vgl. zu dieser Argumentationsführung bereits *BVerfGE* 63, 343 (356).

141 Diese grundrechtsorientierte Prüfungssequenz wird vom Zweiten Senat sprachlich sauber herausgearbeitet in *BVerfGE* 72, 200 (245); 76, 256 (346).

142 So bereits *BVerfGE* 63, 343 (357).

143 Zum Abwägungsvorbehalt bei einer tatbestandlichen Rückanknüpfung vgl. *Lecheler*, Vertrauensschutz bei der Beamtenbesoldung und Beamtenversorgung, in: ZBR 1990, 1 (2); ferner *Pieroth*, Die neuere Rechtsprechung des Bundesverfassungsgerichts zum Grundsatz des Vertrauensschutzes, in: JZ 1990, 279 (284).

bezieht der Zweite Senat hinsichtlich der Zulässigkeitsgrenzen einer tatbestandlichen Rückanknüpfung insoweit Maßstäbe mit ein, die bereits bei der unechten Rückwirkung Gegenstand der Prüfung waren.[144]

E. Würdigung

Die neuere Judikatur hat von einer rein begriffsorientierten Abgrenzung unterschiedlicher Formen legislativer Rückerstreckung Abstand genommen: Im Vordergrund dieses Ansatzes stehen im Folgenden zu präzisierende darüber hinausweisende rechtstheoretische Implikationen.

I. Normstrukturelle Systembildung

Die zwischen der Rückbewirkung von Rechtsfolgen und tatbestandlicher Rückanknüpfung differenzierende Systembildung basiert nicht mehr auf dem wenig konturierbaren Differenzierungskriterium der Abgeschlossenheit eines Tatbestandes; stattdessen erfolgt eine Orientierung an den rechtsnormologischen Kriterien einer gesetzlichen Regelung.[145] Mit dem ausdrücklichen Verweis auf Tatbestand und Rechtsfolge einer Norm sowie deren sachlichen und zeitlichen Anwendungsbereich wird ausdrücklich auf die Struktur von Normsätzen Bezug genommen. Dabei ist die Tatbestandsorientiertheit einer Rückerstreckung das Spezifikum der tatbestandlichen Rückanknüpfung, während eine Rückdatierung auf Rechtsfolgenebene für die Rückbewirkung von Rechtsfolgen kennzeichnend ist. Anknüpfungspunkt für diese Systembildung ist das normenlogische Kriterium des Anwendungsbereichs der Norm.[146]

Analysiert man diese Systembildung anhand der im ersten Kapitel herausgearbeiteten normenlogischen Eingriffsstufen legislativer Rückerstreckungen, so entspricht die tatbestandliche Rückankūpfung wegen der Rückverlegung des sachlichen Normanwendungsbereichs der dort näher bezeichneten ersten Eingriffsstufe. Bei der zweiten Eingriffsstufe werden demgegenüber bezüglich des zeitlichen Anwendungsbereichs einer Norm legislative Rückerstreckungen getroffen, so dass diese Stufe der Rückbewirkung von Rechtsfolgen entspricht.[147] In der bisherigen Rückwirkungsjudikatur fehlt diese normologische Bezugnahme.

144 S. hierzu *Stober*, Zur wirtschaftsverwaltungsrechtlichen Bedeutung des Rechtsstaatsprinzips, in: AöR 1988, 497 (520).

145 Vgl hierzu auch *Zeug*, Vertrauensschutz im Beamtenversorgungsrecht, S. 75.

146 Vgl. *BVerfGE* 72, 200 (241 f.).

147 Bzgl. der Eingriffsstufen legislativer Rückerstreckungen aus allgemeiner normenlogischer Sicht vgl. § 2 B.

Die damit verbundene Möglichkeit, unterschiedliche Formen legislativer Rückerstreckung aufgrund ihrer Eingriffsintensität zu kategorisieren und systematisch zu erfassen, wird erst durch die neuere Judikatur umgesetzt.

Mit dem Wandel vom begriffsorientierten Ansatz zu einer normstrukturellen Systembildung kann der Zweite Senat für sich in Anspruch nehmen, die Eigenarten rückwirkender Gesetze sachgerechter als zuvor zu erfassen. Rückwirkende Gesetze sind solche mit besonderer normenspezifischer Struktur, die sowohl normenontologische als auch normenlogische Implikationen aufweist. Die neuere Konzeption berücksichtigt anders als die bisherige Judikatur diese normstrukturellen Verflechtungen. Der jedenfalls der Sache nach begriffsorientierte Lösungsversuch der älteren Rechtsprechung vermochte dies nicht zu leisten. Darin wird deutlich, dass mit begrifflichem Deduzieren allein die strukturellen Besonderheiten rückwirkender Gesetze nicht zu erfassen sind.

II. Indizielle Wirkung des formal-ontologischen Rückwirkungsbegriffs

Nach der neueren Systembildung entfaltet eine Norm Rückwirkung i.S.e. Rückbewirkung von Rechtsfolgen, wenn der Beginn ihres zeitlichen Anwendungsbereichs auf einen Zeitpunkt festgelegt ist, der vor dem Zeitpunkt liegt, zu dem die Norm rechtlich existent wurde.[148] "Rechtlich existent", so präzisiert der Senat weiter, "wird eine Norm nach deutschem Staatsrecht mit ihrer ordnungsgemäßen Verkündung, d.h. regelmäßig im Zeitpunkt der Ausgabe des ersten Stücks des Verkündungsblattes."[149]

Für eine Rückwirkungsanordnung lassen sich danach zwei Kriterien als maßgeblich herausarbeiten: Zum einen der Zeitpunkt des Existentwerdens einer Norm, zum anderen der Beginn ihres zeitlichen Anwendungsbereichs. Mit dem Datum der rechtlichen Existenz ist, wie das Gericht selbst ausführt, der Zeitpunkt der Verkündung gemäß Art. 82 I GG gemeint. Den Beginn des zeitlichen Normanwendungsbereichs markiert der Zeitpunkt des In-Kraft-Tretens nach Art. 82 II GG.[150] Demzufolge können anstelle der vorerwähnten konstituierenden Kriterien der Rückwirkung als Äquivalente auch die Begriffe der Verkündung und des In-Kraft-Tretens verwendet werden. Sodann sind Normen als rückwirkend zu qualifizieren, wenn der Zeitpunkt ihres In-Kraft-Tretens auf einen Zeitpunkt festgelegt ist, der vor dem Zeitpunkt liegt, zu dem die Norm verkündet wurde. Diese Umschreibung entspricht der des formal-ontologischen Rückwirkungsbegriffs. Beide Definitionen knüpfen an die normenontologischen Bezugspunkte der Ver-

---

148 *BVerfGE* 72, 200 (241).
149 *BVerfGE* 72, 200 (241) mit ausdrücklicher Verweisung auf *BVerfGE* 63, 343 (353).
150 Vgl. *BVerfGE* 63, 343 (353 f.).

kündung und des In-Kraft-Tretens an. Im Unterschied zur älteren Rückwirkungsjudikatur ergibt sich dieser innere Zusammenhang nunmehr ausdrücklich aus der normstrukturellen Systembildung des Zweiten Senats.[151] Sie orientiert sich nicht mehr nur implizit an den genannten Kriterien, sondern stellt konkret darauf ab.

Der Orientierung am formal-ontologischen Rückwirkungsbegriff kommt jedoch lediglich Indizwirkung zu, die in Ausnahmekonstellationen widerlegbar ist. Derartige Konstellationen sind dadurch gekennzeichnet, dass de jure kein rückdatiertes In-Kraft-Treten vorliegt, der Gesetzgeber jedoch eine Rückwirkungstechnik anwendet, die diesem Ergebnis de facto gleichsteht. Ein Gesetz kann z.B. einen Zeitpunkt des In-Kraft-Tretens beinhalten, der nach dem der Verkündung liegt; indes kann sich aus anderen Vorschriften eine normative Beeinflussung des zeitlichen Anwendungsbereichs und damit eine Einwirkung auf die Vergangenheit ergeben.[152] Bei diesen Ausnahmefällen ist, wie das Gericht zu Recht klarstellt, auf die Art und Weise der normativen Rechtsfolgengestaltung abzustellen.[153]

Entscheidendes Kriterium aller denkbaren Rückwirkungstechniken ist insofern die Rückerstreckung des zeitlichen Normanwendungsbereichs und damit korrespondierend die nachteilige Veränderung der ursprünglichen Rechtsfolgenlage. Nur wenn eine Regelung für einen Zeitraum vor ihrer Verkündung andere Rechtsfolgen normiert als diejenigen, die zuvor gegolten haben, liegt eine Rückwirkung vor.[154] Der Grundtypus des rückwirkenden Gesetzes ist demgegenüber bereits anhand der beiden Bezugspunkte der Verkündung und des In-Kraft-Tretens erkennbar.[155]

Die Indizwirkung des formal-ontologischen Rückwirkungsbegriffs setzt sich im Bereich der tatbestandlichen Rückanknüpfung fort.[156] Bei dieser Form der

---

151 Vgl. *BVerfGE* 72, 200 (241), ferner 72, 302 (328).

152 Derartige Rückerstreckungen sind ohne weiteres erkennbar, wenn das Gesetz zeitlich fixierte Datierungen enthält, wie z.B. "mit Wirkung vom", "für die Zeit vom" oder "ab dem Soundsovielten". Verdeckt sind derartige Rückwirkungsanordnungen, wenn erst eine genaue Interpretation des Gesetzes eine solche Rückerstreckung ergibt. Vgl. zum Ganzen *Pieroth*, Die neuere Rechtsprechung des Bundesverfassungsgerichts zum Grundsatz des Vertrauensschutzes, in: JZ 1984, 971 (973), der Anmerkungen zu *BVerfGE* 63, 343 macht, s. auch § 1 C II.

153 *BVerfGE* 72, 200 (242).

154 S. hierzu auch *Zeug*, Vertrauensschutz im Beamtenversorgungsrecht, S. 74, der auf *BVerfGE* 72. 200 (250) verweist.

155 In diese Richtung tendierend auch *Zeug*, Vertrauensschutz im Beamtenversorgungsrecht, S. 74 f., der terminologisch bei einem rückdatierten In-Kraft-Treten vom "engen Rückwirkungsbegriff" spricht.

156 S. *BVerfGE* 76, 256 (345 f.); 77, 370 (378).

Bezugnahme auf Vergangenes liegt lediglich in sachlicher Hinsicht eine Rückerstreckung vor. Eine normative Vorverlegung des Zeitpunktes des In-Kraft-Tretens existiert nicht. Insoweit ist auch keine Rechtsfolgenrückerstreckung gegeben. Es findet lediglich auf Tatbestandsebene eine Bezugnahme auf Vergangenes statt. Sofern in zeitlicher Hinsicht ein In-Kraft-Treten mit oder nach dem Zeitpunkt der Verkündung gegeben ist, liegt somit eine tatbestandliche Rückanknüpfung vor.[157]

F. Kritik des Schrifttums

Die neuere Rückwirkungsjudikatur ist ebenso wie die ältere Rechtsprechung seitens des Schrifttums auf Kritik gestoßen.[158] Allerdings wird dem jetzigen Ansatz bei weitem nicht soviel Ablehnung zuteil wie der älteren Konzeption.[159] Die Kritik basiert im Wesentlichen auf zwei Gesichtspunkten: Zum einen wird moniert, dass die neue Rückwirkungsjudikatur mit den Grundsätzen der Normenlogik unvereinbar ist.[160] Daneben wird eingewandt, dass gegenüber der alten Systembildung kein nennenswerter Unterschied bestehe, so dass letztlich diejenige Kritik, die hinsichtlich der bisherigen Rechtsprechung vorgebracht wurde, auch für die neuere Judikatur Bestand hat.

---

157 Vgl. dazu *BVerfGE* 72, 200 (241 f.).

158 Vgl. *Hahn*, Zur Rückwirkung im Steuerrecht, S. 24 ff.; *Pieroth*, Die neuere Rechtsprechung des Bundesverfassungsgerichts zum Grundsatz des Vertrauensschutzes, in: JZ 1990, 279 (280 ff.); *Vogel*, Rechtssicherheit und Rückwirkung zwischen Vernunftrecht und Verfassungsrecht, in: JZ 1988, 832 (838); *Muckel*, Kriterien des verfassungsrechtlichen Vertrauensschutzes bei Gesetzesänderungen, S. 73 f.

159 Zustimmend zur neueren Rückwirkungsjudikatur insbesondere *Fiedler*, Neuorientierung der Verfassungsrechtsprechung zum Rückwirkungsverbot und zum Vertrauensschutz?, in: NJW 1988, 1624 (1631); *Friauf*, Steuerrechtsänderungen und Altinvestitionen, in: StbJb 1986/87, 279 (292 f.); *Compes*, Der gesetzgeberische Eingriff in nach altem Recht bestehende Rechtspositionen, S. 126 ff; *Zeug*, Vertrauensschutz im Beamtenversorgungsrecht, S. 73 f.; zustimmend bereits zu *BVerfGE* 63, 343 *Bauer*, Bundesverfassungsgericht und Rückwirkungsverbot, in: JuS 1984, 241 (245), *ders.*, Neue Tendenzen in der bundesverfassungsrichterlichen Rechtsprechung zum Rückwirkungsverbot, in: NVwZ 1984, 220 (222).

160 Vgl. hierzu insb. *Hahn*, Zur Rückwirkung im Steuerrecht, S. 24 ff, der sich in dieser Abhandlung schwerpunktmäßig mit der Leitentscheidung *BVerfGE* 72, 200 auseinandersetzt.

I. *Unvereinbarkeit mit den Grundsätzen der Normenlogik*

Gegen die neuere Systembildung haben sich in erster Linie *Hahn* - und ihm folgend *Muckel* und *Vogel* - mit der Begründung gewendet, sie verstoße gegen die Normenlogik.[161] Die zugrunde liegende Differenzierung zwischen zeitlichem und sachlichem Anwendungsbereich einer Norm wird aus logischen Gründen als nicht haltbar angesehen.[162]

Rechtssätze richten sich danach an den Willen des Normverpflichteten und schreiben ein Tun oder Unterlassen vor. Aufgrund dieses willensmotivierenden, verhaltenssteuernden Moments können Normen in ihrer Funktion als Imperative nur für die Zukunft wirken. Diese zeitliche Grenze wird als absolute Grenze, mithin als eine solche der Logik betrachtet, die auch der Gesetzgeber nicht überschreiten könne. Eine temporale Rückverlegung der Geltung von Normen ist danach nicht möglich. Der Gesetzgeber könne nicht nachträglich auf den in der Vergangenheit bereits betätigten Willen des Normadressaten einwirken. Eine zeitliche Zuordnung von Rechtsfolgen soll dementsprechend nur für die Zukunft erfolgen können.[163] Der normstrukturelle Ansatz der neuen Systembildung des Zweiten Senates geht danach fehl.

Die Fixierung des zeitlichen Anwendungsbereichs der Norm hat dieser Kritik zufolge in anderer Weise zu erfolgen. Dieser Normbereich betreffe ausschließlich den Umfang der vom Gesetz zu erfassenden Sachverhalte.[164] Das ergebe sich aus der Unmöglichkeit eines auf ein Verhalten in der Vergangenheit gerichteten Rechtsbefehls.[165] Sofern in der Vergangenheit liegende Sachverhalte in den An-

---

161 *Hahn*, Zur Rückwirkung im Steuerrecht, S. 24 ff; ebenso *Muckel*, Kriterien des verfassungsrechtlichen Vertrauensschutzes bei Gesetzesänderungen, S. 73; *ders.*, Die Rückwirkung von Gesetzen in der neueren Rechtsprechung des Bundesverfassungsgerichts, in: JA 1994, S. 13 (14); des Weiteren *Vogel*, Rechtssicherheit und Rückwirkung zwischen Vernunftrecht und Verfassungsrecht, in: JZ 1988, 832 (838).

162 *Muckel*, Die Rückwirkung von Gesetzen in der neueren Rechtsprechung des Bundesverfassungsgerichts, in: JA 1994, 13 (14).

163 Zu dieser Argumentationsführung vgl. *Hahn*, Zur Rückwirkung im Steuerrecht, S. 24; s. auch *Vogel*, Rechtssicherheit und Rückwirkung zwischen Vernunftrecht und Verfassungsrecht, S. 838: "Das Gericht übersieht, dass auch eine rückwirkende gesetzliche Regelung sich faktisch doch immer nur in der Gegenwart oder Zukunft auswirken kann; sie kann nicht die Vergangenheit ändern." Diese Argumentationsführung wurde bereits aufgegriffen von *Scheerbarth*, Die Anwendung von Gesetzen auf früher entstandene Sachverhalte, S. 18; s. auch *Niehues*, Die Zulässigkeit der Rückwirkung von Gesetzen nach dem Recht der Bundesrepublik Deutschland, S. 44.

164 *Muckel*, Kriterien des verfassungsrechtlichen Vertrauensschutzes bei Gesetzesänderungen, S. 73.

165 *Hahn*, Zur Rückwirkung im Steuerrecht, S. 25.

wendungsbereich einer Norm einbezogen werden sollen, wäre hiernach lediglich der Tatbestand der Norm zeitlich zu erweitern.[166] Eine Rückverlegung von Rechtsfolgen zur Erfassung derartiger Sachverhalte soll danach nicht möglich sein. Sämtliche den Anwendungsbereich einer Norm betreffende Komponenten, sowohl in zeitlicher als auch in sachlicher Hinsicht, sind insoweit, wie insbesondere *Hahn* hervorhebt, auf der Tatbestandsseite der Norm abschließend umschrieben.[167] Demgemäß kann es keine Rückwirkungen auf Rechtsfolgenebene geben. Insgesamt wird damit die Differenzierung zwischen Rückbewirkung von Rechtsfolgen und Rückanknüpfungen auf der Tatbestandsseite aus normenlogischer Sicht als nicht haltbar angesehen.[168]

II. Beschränkung auf begriffliche Modifikationen

Der neueren Systembildung wird ferner entgegengehalten, dass gegenüber der Differenzierung von echter und unechter Rückwirkung im Ergebnis kein gravierender Unterschied bestehe.[169] Sie beschränkt sich insoweit, wie insbesondere *Pieroth* moniert, lediglich auf begriffliche Modifikationen.[170] Statt von echter Rückwirkung spreche der Zweite Senat nunmehr von Rückbewirkung von Rechtsfolgen; anstelle von unechter Rückwirkung werde der Begriff der tatbestandlichen Rückanknüpfung verwendet. Mit der Maßgabe, dass abgeschlossene

166 *Hahn*, Zur Rückwirkung im Steuerrecht, S. 26.

167 *Hahn*, Zur Rückwirkung im Steuerrecht, S. 26.

168 *Hahn*, Zur Rückwirkung im Steuerrecht, S. 27.

169 *Pieroth*, Die neuere Rechtsprechung des Bundesverfassungsgerichts zum Grundsatz des Vertrauensschutzes, in: JZ 1990, 279 (281); *Katz*, Staatsrecht, S. 100; *Vogel*, Rechtssicherheit und Rückwirkung zwischen Vernunftrecht und Verfassungsrecht, in: JZ 1988, 832 (838); *Iliopoulos-Strangas*, Rückwirkung und Sofortwirkung von Gesetzen, S. 47, 69 mit Bezug auf *BVerfGE* 63, 343; vgl. in jüngster Zeit auch *Brüning*, Die Rückwirkung von Legislativakten, in: NJW 1998, 1525 (1526); *Mittermaier*, Rückwirkung in der Rechtsprechung des Bundesverfassungsgerichts, in: DStZ 1998, 549 (550).

170 *Pieroth*, Die neuere Rechtsprechung des Bundesverfassungsgerichts zum Grundsatz des Vertrauensschutzes, in: JZ 1990, 279 (281); abschwächender *Vogel*, Rechtssicherheit und Rückwirkung zwischen Vernunftrecht und Verfassungsrecht, in: JZ 1988, 832 (838), der explizit die Frage nach dem Sinn der neuen Begriffsbildung stellt: "Was bringt diese neue Begrifflichkeit dem Bürger an zusätzlicher verfassungsrechtlicher Klarheit? Den neuen Begriff der "Rückbewirkung von Rechtsfolgen"; er ist zwar sprachlich sperrig aber klar. Sonst aber leider nicht viel; man hat den Eindruck, ein großer und vielleicht überzeugender Entwurf sei in den Beratungen des Senats stark verwässert worden." Hinsichtlich des "Entwurfs rekurriert Vogel auf das Sondervotum des Verfassungsrichters *Steinberger* in *BVerfGE* 48,1 (23), s. in jüngster Zeit auch *Wernsmann*, JuS 1999, 1177.

Tatbestände sich nicht auf Sachverhaltselemente, sondern auf entstandene Rechtsfolgen beziehen, soll die bisherige Rechtsprechung danach weiterhin Bestand haben.[171] Der Vorwurf des mangelnden begrifflichen Fortschritts ist in der Literatur auch von *Lang* erhoben worden. Dem normstrukturellen Ansatz des Bundesverfassungsgerichts stellt er einen tätigkeitsbezogenen Rückwirkungsbegriff entgegen, der das Handeln des Normadressaten als Grundlage der Auslösung von Rechtsfolgen in den Mittelpunkt stellt.[172]

Die Beschränkung auf begriffliche Modifikationen hat nach dieser Auffassung zur Folge, dass die Zulässigkeitsgrenzen für rückwirkende Gesetze kaum Änderungen erfahren haben. Die scharfe Rechtsfolgengegenüberstellung der alten Systembildung hat insoweit nach wie vor Bestand. Eine Rückbewirkung von Rechtsfolgen ist grundsätzlich unzulässig, wohingegen eine tatbestandliche Rückanknüpfung i.d.R. für zulässig erachtet wird.[173] Zusammenfassend wird festgestellt, dass sich die Entscheidung BVerfGE 72, 200 trotz verbaler Distanzierung in die Rechtsprechungstradition des Bundesverfassungsgerichts einfüge. Die neue Systembildung des Zweiten Senats ist danach nicht die Zauberformel, die sämtliche Rückwirkungsprobleme lösen kann. Sie wird im Wesentlichen nur als eine Umetikettierung angesehen.[174]

III. Stellungnahme

Die Kritik des Schrifttums an der neueren Rechtsprechung zur Rückwirkung kann in weiten Bereichen nicht geteilt werden. Der von *Hahn*[175] und anderen Kritikern[176] erhobene Einwand, die neue Systembildung sei mit den Grundsätzen der

---

171 Vgl. *Schwenke*, Rückwirkung von Gesetzen und Vertrauensschutz im Lichte der aktuellen Steuerreformdiskussion, in: FR 1997, 45 (46); *Brüning*, Die Rückwirkung von Legislativakten, in: NJW 1998, S.1525; *Schön*, Zur Verfassungsmäßigkeit der rückwirkenden Wertaufholung von Teilwertabschreibungen, in: BB 1997, 1333 (1336).

172 *Lang*, Verfassungsrechtliche Zulässigkeit rückwirkender Steuergesetze, in: WPg 1998, 163 (168 ff.).

173 Vgl. zum Ganzen *Pieroth*, Die neuere Rechtsprechung des Bundesverfassungsgerichts zum Grundsatz des Vertrauensschutzes, in: JZ 1990, 279 (283 ff.), ferner *Iliopoulos-Strangas*, Rückwirkung und Sofortwirkung von Gesetzen, S. 69.

174 *Pieroth*, Die neuere Rechtsprechung des Bundesverfassungsgerichts zum Grundsatz des Vertrauensschutzes, in: JZ 1990, 279 (281).

175 S. hierzu *Hahn*, Zur Rückwirkung im Steuerrecht, S. 24 ff.

176 *Muckel*, Die Rückwirkung von Gesetzen in der neueren Rechtsprechung des Bundesverfassungsgerichts, in; JA 1994, 13 (14); *ders.*, Kriterien des verfassungsrechtlichen Vertrauensschutzes bei Gesetzesänderungen, S. 73; *Vogel*, Rechtssicherheit und Rückwirkung zwischen Vernunftrecht und Verfassungsrecht, in: JZ 1988, 832 (838).

Normenlogik unvereinbar, ist nicht nachvollziehbar. Bereits der Ausgangspunkt der Argumentation, wonach die zeitliche Zuordnung von Rechtsfolgen nur für die Zukunft erfolgen könne, da ein in der Vergangenheit liegendes Verhalten nicht mehr beeinflussbar sei, überzeugt nicht. Wäre diese Ansicht richtig, könnte es eine Rückwirkung von Gesetzen überhaupt nicht geben.

Der Kritik ist lediglich insoweit zuzustimmen, als auf vergangene Verhaltensweisen eines Normadressaten nachträglich nicht mehr eingewirkt werden kann. Die Unzulässigkeit einer derartigen verhaltensgebundenen Rückwirkung wurde im Zusammenhang mit den rechtstheoretischen Rahmenbedingungen der Rückwirkung dargelegt.[177]

Daraus kann indes nicht der Schluss gezogen werden, jede Rückbewirkung von Rechtsfolgen verstoße gegen die Grundsätze der Normenlogik. Einem Verhalten können im Nachhinein nämlich andere Rechtsfolgen zugeordnet werden als diejenigen, die zum Zeitpunkt der Vornahme der Handlung galten. In gesetzestechnischer Hinsicht wird die verhaltensmotivierende Wirkung des Gesetzes im Wege einer Fiktion erreicht, indem fingiert wird, der in der Vergangenheit liegende Sachverhalt habe sich während der Geltungsdauer des Gesetzes abgespielt. Vor diesem Hintergrund kann auch dem von *Lang* vorgeschlagenen tätigkeitsbezogenen Rückwirkungsbegriff nicht gefolgt werden. Die Besonderheit der Rückwirkung liegt gerade nicht in einer spezifischen Verhaltensbezogenheit. Der bereits betätigte Wille wird nicht verändert, er wird stattdessen *rechtlich* neu bewertet. Hierin liegt das Wesen der Rückwirkung von Gesetzen.[178]

Was den insbesondere von *Pieroth* erhobenen Vorwurf der Beschränkung auf begriffliche Modifikationen betrifft, so verkennt diese Kritik, dass bei der neuen Systembildung die Eingrenzung des Problemfeldes von einem anderen Ansatzpunkt aus erfolgt. Die bisherige Rückwirkungsjudikatur versuchte eine Abgrenzung vom Tatbestand einer Norm her, indem sie auf dessen Abgeschlossenheit bzw. Nichtabgeschlossenheit abstellte. Bei der neuen Konzeption steht jedoch nicht mehr der Begriff des abgeschlossenen Tatbestandes im Vordergrund, sondern die Normsatzstruktur der konkreten Regelung. Zwar wird auch hier auf den Tatbestand der Norm abgestellt, dieser wird jedoch nur in seiner spezifischen Korrelation zur jeweiligen Rechtsfolge und zum Anwendungsbereich der Norm als Parameter herangezogen. Davon ausgehend werden sodann unterschiedliche Formen legislativer Rückerstreckung gegenübergestellt. Die neuere Rechtsprechung beinhaltet insofern nicht bloß begriffliche Modifi-

177 Zur normenlogischen Unzulässigkeit einer verhaltensgebundenen Rückwirkung vgl. bereits § 2 A.

178 Dies wird auch durch den neuen Terminus der "Rückbewirkung von Rechtsfolgen" verdeutlicht.

kationen, sondern einen neuen systematischen Ansatz, der bei der begrifflichen Erfassung der Rückwirkung die rechtsnormologischen Besonderheiten dieses Gesetzestypus in den Vordergrund stellt.

§ 7 Bundesverfassungsgerichtliche Rückwirkungsrechtsprechung und Wiedervereinigung

A. Dichotomes Nebeneinander zweier Rückwirkungskonzepte

Die seit 1986 bestehende divergierende Judikatur zur Rückwirkung von Gesetzen hat das Bundesverfassungsgericht auch nach der Wiedervereinigung fortgesetzt. Der Erste Senat differenziert zwischen echter und unechter Rückwirkung[179], während der Zweite Senat an der Systembildung von tatbestandlicher Rückanknüpfung und Rückbewirkung von Rechtsfolgen festhält.[180]

Hinsichtlich der Qualifizierung eines Gesetzes als rückwirkend stellt der Erste Senat auf die Abgeschlossenheit eines Tatbestandes ab und folgt damit nach wie vor einer begriffsorientierten Abgrenzung. Bei der rückwirkenden Verlängerung des familienrechtlichen Versorgungsausgleichs ist insofern der Eintritt des Versorgungsfalles Maßstab für die Tatbestandsabgeschlossenheit. Soweit dieser bei der Gesetzesänderung noch nicht eingetreten ist, liegt eine unechte Rückwirkung vor.[181]

Gesetzesänderungen im Bereich des sozialen Wohnungsbaus haben spezifischen Anforderungen hinsichtlich der Ausgestaltung des Wohnungsbindungsgesetzes Rechnung zu tragen. Eigentümer von Sozialwohnungen können die soziale Bindungswirkung durch freiwillige vorzeitige Rückzahlung der Förderungsmittel beenden. Die Zweckbestimmung bleibt jedoch nach der Rückzahlung aufgrund einer sog. Nachwirkungsfrist noch mehrere Jahre bestehen, um einem plötzlich auftretenden Fehlbestand von Sozialwohnungen entgegenzuwirken.[182] Unter Berücksichtigung dieser gesetzestechnischen Besonderheit bildet der Tatbestand der Rückzahlung den rückwirkungsrelevanten Anknüpfungspunkt. Mit der Rückzahlung haben die Eigentümer geförderten Wohnraums zwar alles ihrerseits Notwendige getan, um das Förderverhältnis zum Erlöschen zu bringen. Dennoch ist der Tatbestand nicht abgeschlossen, da die Rechtsbeziehungen in Gestalt der Wohnungsbindungen nachwirkungsfristbedingt noch fortbestehen. Die nachträg-

---

179 *BVerfGE* 89, 48 (66 f.); 94, 241 (258 f.); 95, 64 (86 ff.); 96, 330 (340 f.); 97, 271 (289); 97, 378 (389 f.); 98, 17 (39).

180 *BVerfGE* 83, 89 (110 f.); 87, 48 (59 ff.).

181 *BVerfGE* 89, 48 (66).

182 S. hierzu § 16 WoBindG.

liche Verlängerung des Wohnungsbindungsverhältnisses durch Erweiterung des Zeitraums der Nachwirkungsfrist ist danach als unechte Rückwirkung zu werten.[183]

Der Zweite Senat bejaht demgegenüber in Fortführung der neueren Rechtsprechung eine Rückwirkung, sofern sich der zeitliche Anwendungsbereich der Norm vor den Verkündungszeitpunkt erstreckt. Es erfolgt insoweit eine explizite Orientierung an rechtsnormologischen Rückwirkungskriterien, indem die Zeitpunkte der Verkündung und des In-Kraft-Tretens bestimmt und sodann in Beziehung zueinander gesetzt werden. Bei einem rückdatierten In-Kraft-Treten und einer damit korrespondierenden Rückerstreckung des zeitlichen Normanwendungsbereichs liegt eine Rückbewirkung von Rechtsfolgen vor.[184] Diese normstrukturelle Abgrenzung besteht auch im Bereich der tatbestandlichen Rückanknüpfung fort. Sie ist zu bejahen, wenn das Datum des In-Kraft-Tretens nach dem der Verkündung liegt und zugleich der sachliche Anwendungsbereich des Gesetzes vorverlagert wird.[185]

In einer neueren Entscheidung - BVerfGE 97, 67 - hat der Zweite Senat die beiden Begriffspaare nunmehr parallel verwendet.[186] Gegenstand dieses Verfahrens ist ein steuerrechtlicher Sachverhalt, bei dem die Abschaffung von Sonderabschreibungen für Schiffsbeteiligungen in Rede stand. Die Besonderheit der Konstellation besteht darin, dass für eine Investitionsentscheidung nachträglich Rechtsfolgen geändert werden, die davon abhängige Steuervergünstigung für Kapitalanlagen aber erst für zukünftige Anlageentscheidungen neu geregelt wird. Der Senat lässt offen, ob darin eine Rückbewirkung von Rechtsfolgen (echte Rückwirkung) oder eine tatbestandliche Rückanknüpfung (unechte Rückwirkung) zu sehen ist, da auch nach den strengeren Maßstäben der Rückbewirkung von Rechtsfolgen die Regelung als zulässig zu erachten sei.[187]

Diese Entscheidung ist hinsichtlich der Erfassung des Realseins einer rückwirkenden Norm als Fortführung der aktuellen Judikatur zu betrachten. Im Ergebnis wird man bei dem vorerwähnten mehrstufigen Subventionstatbestand aufgrund der nachträglichen Rechtsfolgenänderung von einer Rückbewirkung von Rechtsfolgen auszugehen haben. Die parallele Verwendung der Begriffspaare durch das Gericht hat lediglich deklaratorischen Charakter und stellt klar, welche Form der legislativen Rückersteckung jeweils miteinander korrespondiert.

---

183 Vgl. *BVerfGE* 95, 64 (87).
184 *BVerfGE* 87, 48 (60).
185 *BVerfGE* 83, 89 (91, 110).
186 *BVerfGE* 97, 67 (78 f.) - NJW 1998, 1547 (1548).
187 *BVerfGE* 97, 67 (81).

Ein Überschwenken zur begriffsorientierten Systembildung des Ersten Senats ist hierin entgegen anderslautender Stimmen in der Literatur[188], die dies mit der parallelen Begriffsverwendung begründen, nicht zu sehen, denn die normstrukturelle Systembildung der jüngeren Rechtsprechung wird unter ausdrücklichem Hinweis auf BVerfGE 72, 200 beibehalten.[189] Der deklaratorische Charakter der Begriffsverwendung zeigt sich ferner darin, dass der Zweite Senat auch in der Vergangenheit beide Begriffspaare - deklaratorisch - parallel gebraucht hat, um sodann in anschließenden Entscheidungen erneut ausschließlich auf die normsturturelle Begriffsbildung zurückzukommen - dort übrigens ohne Nachhall in der Literatur.[190]

Hinsichtlich der Zulässigkeitsgrenzen ist jedoch insoweit eine Neuakzentuierung erkennbar, als der Senat hinsichtlich der Durchbrechung des grundsätzlichen Rückwirkungsverbots in erster Linie auf zwingende Gründe des gemeinen Wohls abstellt und damit den Gemeinwohlvorbehalt stärker berücksichtigt.[191] Die Konsequenzen dieser verstärkten Akzentuierung des Gemeinwohlvorbehaltes werden im weiteren Untersuchungsgang bei der Analyse der Zulässigkeitsgrenzen noch eingehend zu erörtern sein.[192]

B. *Wiedervereinigungsspezifische Rückwirkungsaspekte*

Die Zweispurigkeit der Rückwirkungsjudikatur manifestiert sich in weiteren Entscheidungen, die Rückwirkungsfragen in spezifischem Zusammenhang mit der Wiedervereinigung betreffen. Was das Realsein rückwirkender Normen betrifft, so sind die Entscheidungen unter begrifflichen und rechtstheoretischen Aspekten als Fortführung der bisherigen Judikatur zu bewerten. Die Qualifizierung eines Gesetzes als rückwirkend erfolgt im Nebeneinander der durch die beiden Senate geprägten Rückwirkungskonzepte unter Bezugnahme auf den Begriff des gesetzlichen Tatbestandes bzw. die Normstruktur der jeweiligen Regelung. Im Vordergrund stehen hier verfassungsrechtliche Aspekte der Zulässigkeitsgrenzen der Rückwirkung.

---

188 *Möller/Rührmair*, Die Bedeutung der Grundrechte für die verfassungsrechtlichen Anforderungen an rückwirkende Gesetze, in: NJW 1999, 908 (909); *Rensmann*, Reformdruck und Vertrauensschutz, in: JZ 1999, 168.

189 *BVerfGE* 97, 67 (78).

190 S. hierzu *BVerfGE* 76, 256 (345 ff.) einerseits und sodann *BVerfGE* 77, 370 (377 ff.); 78, 249 (283 ff.).

191 Dies wird mit Recht auch von *Rensmann* hervorgehoben, s. *Rensmann*, Reformdruck und Vertrauensschutz, in: JZ 1999, 168 (172 ff.).

192 Vgl. § 11 B.

Der Erste Senat hatte sich in seiner Entscheidung zum sog. *Zinsanpassungsgesetz* mit wiedervereinigungsbedingten Zinsänderungen zu befassen.[193] Mit diesem Gesetz werden zu DDR-Zeiten gewährte zinsgünstige Baukredite nachträglich durch Erhöhung des Zinssätze an die Marktbedingungen nach der Wiedervereinigung angepasst. Das Besondere der hiermit verbundenen Rückwirkungsanordnungen liegt darin, dass sie bereits durch das vorangehende Gesetz zum Vertrag über die Schaffung einer Währungs-, Wirtschafts-, und Sozialunion und dessen Rahmenregelungen vorgegeben waren, da sich die DDR hierin verpflichtet hatte, ihre Kredit- und Zinsvorschriften im Zuge der Wiedervereinigung zu ändern und die Zinssätze freizugeben.

Für die unterschiedlichen Zeiträume der Zinsanpassung liegt sowohl eine echte als auch eine unechte Rückwirkung vor.[194] Die nachträgliche Zinsanpassung von der Herstellung der deutschen Einheit am 03.10.1990 bis zur Verkündung des Gesetzes am 01.07.1991 stellt eine echte Rückwirkung dar, da ein Eingriff in Rechtsbeziehungen erfolgte, die in der Vergangenheit bereits abgeschlossen waren.[195] Zinsanpassungen, die bestehende Schuldverhältnisse lediglich für die Zukunft abänderten, sind demgegenüber unecht rückwirkend.[196] Beide Rückwirkungsanordnungen sind als verfassungsrechtlich zulässig zu bewerten, da insoweit die betroffenen Bürger mit der Übernahme des in der Bundesrepublik Deutschland geltenden Wirtschaftssystems rechnen mussten und zudem das Interesse der Allgemeinheit an einem funktionsfähigen, marktorientierten Kreditwesen gegenüber dem Individualinteresse an der für ihn günstigen Zinsbindung vorrangig ist.

Der Zweite Senat hatte demgegenüber die geheimdienstliche Tätigkeit von DDR-Agenten zu beurteilen. Der Aspekt der Rückwirkung erscheint auch in dieser Entscheidung zur *Spionagetätigkeit* in spezifischer Ausprägung, denn erst die durch die Wiedervereinigung bedingte Erstreckung des Rechtssystems der Bundesrepublik auf das Gebiet der DDR wirft überhaupt Fragen der Rückwirkung auf.[197] Nach dem Gesetz vom 23.09.1990 zum Einigungsvertrag trat mit dem Beitritt im Gebiet der DDR Bundesrecht in Kraft. Für Spione, die ihre Lebensgrundlage in der DDR hatten, wurde hiermit die Strafverfolgung nach bundesdeutschem Strafrecht möglich. Diese konnten - obwohl sie nach DDR-Recht kei-

193 *BVerfGE* 88, 384 ff.; s. hierzu auch die Urteilsanmerkung von *Muckel*, in: JA 1993, 343 (344f.).

194 Vgl. *BVerfGE* 88, 384 (403, 406).

195 *BVerfGE* 88, 384 (403) - s. § 1 I 1 ZinsanpassungsG; die Zinsanpassung erfolgt durch einseitige Erklärung der Kreditinstitute gegenüber den Kreditnehmern.

196 *BVerfGE* 88, 384 (406).

197 Vgl. *Amelung*, Die strafrechtliche Bewältigung des DDR-Unrechts durch die deutsche Justiz, S. 29 f.

nen Straftatbestand verwirklicht hatten - nunmehr wegen ihrer Spionagetätigkeit in der Bundesrepublik unter dem Gesichtspunkt des Landesverrats und der geheimdienstlichen Agententätigkeit gemäß §§ 94, 99 StGB angeklagt werden.

Darin liegt insoweit kein spezielles strafrechtliches Rückwirkungsproblem, als die Beachtung des Verbots rückwirkender Strafgesetze gemäß Art. 103 II GG sich nach innerdeutschem Recht und nicht in Orientierung an einer fremden Rechtsordnung beurteilt.[198] Die einschlägigen bundesdeutschen Straftatbestände besaßen so gesehen bereits zur Tatzeit Geltung und wurden demgemäß nicht rückwirkend angewandt. Die Erstreckung des bundesdeutschen Rechts auf das ehemalige DDR-Gebiet bewirkt gleichwohl eine Anknüpfung an Spionagestraftatbestände, die bereits in der Vergangenheit verwirklicht wurden. Das Einigungsvertragsgesetz entfaltet insofern eine Rückerstreckung seines sachlichen Normanwendungsbereichs, die als tatbestandliche Rückanknüpfung anzusehen ist.[199]

Die verfassungsrechtlichen Zulässigkeitsgrenzen einer derartigen tatbestandlichen Rückanknüpfung sind jedoch überschritten, da der Vertrauensschutz der Agenten in die Straflosigkeit ihres von der DDR lancierten Verhaltens als verfassungsrechtliches Verfolgungshindernis anzusehen ist.[200] In nahezu allen Staaten der Welt ist Spionage nur insoweit strafbares Unrecht, als sie sich *gegen* den eigenen Staat richtet; *für* den Staat wird sie hingegen als rechtmäßiges Mittel zur Erlangung von Kenntnissen im politischen Bereich angesehen.[201] Der hiermit verbundene Schutz vor Strafverfolgung ist für DDR-Spione durch die Wiedervereinigung und die gleichzeitige Ablösung der sie schützenden DDR-Rechtsordnung weggefallen, so dass es der Grundsatz der Verhältnismäßigkeit in der Tat gebietet, dass das Interesse der Bundesrepubik an der Verfolgung jener Taten zurücktritt.[202]

In der Entscheidung zur Strafbarkeit von *Mauerschützen* bot sich die Rückwirkungsproblematik für den Zweiten Senat abermals in einer neuen Facette dar.[203] Anknüpfungspunkt ist wiederum das Gesetz zum Einigungsvertrag. Aus dem hierdurch eingeführten Art. 315 EGStGB ergibt sich, dass für die Beurteilung von Straftaten, die in der DDR begangen worden sind, DDR-Recht anzuwenden ist, sofern die Tat in der DDR nicht strafbar war oder milder bestraft

198 *BVerfGE* 92, 277 (323 ff.).
199 Der Zweite Senat ließ diese Frage ausnahmsweise offen und stellte stattdessen auf die verfassungsrechtlichen Grenzen einer derartigen tatbestandlichen Rückanknüpfung ab, s. *BVerfGE* 92, 277 (325).
200 *BVerfGE* 92, 277 (326 ff.).
201 *BVerfGE* 92, 277 (328 f.).
202 *BVerfGE* 92, 277 (334 f.).
203 *BVerfGE* 95, 96 ff.

wurde als in der Bundesrepublik. Tötungen an der DDR-Grenze verwirklichten nach damaligem DDR-Strafrecht den Tatbestand der Tötung. Sie waren indes gemäß § 27 DDR-Grenzgesetz gerechtfertigt, soweit das Verbrechen des ungesetzlichen Grenzübertritts gemäß § 213 III DDR-StGB in Rede stand. Der Senat spricht derartigen Tötungen die Rechtfertigung ab.[204] Dies wird nicht als verfassungsrechtlicher Verstoß gegen das spezielle strafrechtliche Rückwirkungsverbot des Art. 103 II GG angesehen, mit der Begründung, dass die Erwartung, ein menschenrechtswidriger Rechtfertigungsgrund werde auch in Zukunft angewandt, nicht von diesem Verfassungsgrundsatz erfasst sei.[205]

Der Zweite Senat hat die hierin zum Ausdruck kommende Wertentscheidung, dass das Vertrauen in den Bestand von Strafrechtsnormen nicht durch Art. 103 II GG gedeckt ist, wenn hierdurch anerkannte Menschenrechte missachtet werden, in einer neuen Entscheidung aufgegriffen. Unter Hinweis auf die Mauerschützenentscheidung nahm er eine Verfassungsbeschwerde, die sich gegen die Strafbarkeit wegen *Rechtsbeugung durch DDR-Juristen* richtet, nicht zur Entscheidung an.[206] Die Verurteilung von DDR-Bürgern zu massiven Freiheitsstrafen wegen bloßer Meinungsäußerung ist danach als Rechtsbeugung i.S.v. § 244 DDR-StGB anzusehen, der Art. 103 II GG nicht entgegensteht.[207]

Diese - strafrechtlich geprägten - Entscheidungen sind im Ergebnis als sachgerecht zu bewerten, wenn auch in ihrer Argumentation im Einzelnen nicht bedenkenfrei. Insbesondere bei der Mauerschützenentscheidung hätte die strikte Anwendung des Art. 315 EGStGB, der DDR-Strafrecht für anwendbar erklärt, im Zweifel zur Straflosigkeit der Mauerschützen geführt, da ihr Verhalten, jedenfalls nach der zum Tatzeitpunkt maßgeblichen DDR-Auslegung, durch § 27 DDR-Grenzgesetz gerechtfertigt war.[208] Sofern diese Handlungen nach DDR-Recht nicht strafbar waren, können sie im Hinblick auf den lex-mitior-Grundsatz prin-

---

204 Vgl. *BVerfGE* 95, 96 (130 ff.). Dies betrifft neben der Rechtfertigung für täterschaftlich begangene Tötungshandlungen durch Grenzsoldaten auch den als mittelbare Täterschaft einzuordnenden Befehl zum Schusswaffengebrauch durch Mitglieder des Nationalen Verteidigungsrates. Die Aberkennung von Rechtfertigungsgründen gilt sowohl für § 27 DDR-GrenzG, als auch für einen etwaigen ungeschriebenen "auf staatlicher Anordnung und Praxis beruhenden Rechtfertigungsgrund" im Sinne eines Handelns auf Befehl. Vgl. *BVerfG*, a.a.O. S, 132.

205 *BVerfGE* 95, 96 (136), zum Verbot rückwirkender Strafgesetze im Allgemeinen vgl. *Degenhart*, in: *Sachs*, Grundgesetzkommentar, Art. 103 GG, Rdnr. 72.

206 *BVerfG*, NJ 1998, S. 314 ff.

207 *BVerfG*, NJ 1998, 314 (315).

208 Vgl. *Amelung*, Die strafrechtliche Bewältigung des DDR-Unrechts durch die deutsche Justiz, S. 12; ebenso *Alexy*, Mauerschützen, S. 22; ferner *Schlink*, Rechtsstaat und revolutionäre Gerechtigkeit, in: NJ 1994, 433 (434).

zipiell auch nicht strafrechtlich verfolgt werden.[209] Zu berücksichtigen ist jedoch, dass die Festlegung und Anwendung des vorerwähnten Rechtfertigungsgrundes durch die DDR-Staatspraxis extremes staatliches Unrecht bedeutet, da sie das Lebensrecht des Einzelnen dem staatlichen Interesse an der Verhinderung von Grenzübertritten unterordnet. Insoweit ist die Anerkennung seiner Rechtsgeltung sehr bedenklich.

Zwar verlagert sich die Diskussion damit von der rein straf*rechtlichen* auf eine strafrechts*politische* Ebene, so dass die Kritik, es handele sich bei der Mauerschützenentscheidung um "politisch funktionalisiertes Strafrecht" nicht unberechtigt ist.[210] Dennoch darf nicht verkannt werden, dass sowohl die Rechtfertigung von Tötungshandlungen an der DDR-Grenze als auch Rechtsbeugungen, die zu langjährigen Freiheitsstrafen führen, einen staatlich unterstützten offensichtlichen und unerträglichen Verstoß gegen elementare Grundsätze der Menschlichkeit und der Gerechtigkeit darstellen.[211] Sie missachten in der Völkerrechtsgemeinschaft allgemein anerkannte Menschenrechte in schwerwiegender Weise. Vor diesem Hintergrund erscheint es legitim, derartigen Rechtsnormen die Geltung abzusprechen.[212]

Letztlich erfolgt auf diese Weise, wie schon bei der Beurteilung des NS-Unrechts, ein Rückgriff auf naturrechtliche Wertungen. Diejenigen Normen, die - im Sinne der Radbruch`schen Formel - zu unerträglichen Gerechtigkeitsverstößen führen, können keine Geltung beanspruchen, wenn und insoweit der Widerspruch des positiven Gesetzes zur Gerechtigkeit ein so unerträgliches Maß erreicht hat, dass das Gesetz als "unrichtiges Recht" der Gerechtigkeit zu weichen hat.[213]

Hinsichtlich der Beurteilung nationalsozialistischen Unrechts hat der Zweite Senat des Bundesverfassungsgerichts im sog. Staatsangehörigkeitsbeschluss[214] aus dem Jahr 1968 eine Verordnung zum Reichsbürgergesetz, die emigrierten Juden aus rassischen Gründen die deutsche Staatsangehörigkeit entzog, als von Anfang an nichtig erachtet. Das Gericht kam zu Recht unter Berufung auf seine

---

209 Hierauf weist *Arnold* hin, *Arnold*, Bundesverfassungsgericht contra Einigungsvertrag, in: NJ 1997, 115 (115 f.).

210 Zu dieser Kritik vgl. *Arnold*, Bundesverfassungsgericht contra Einigungsvertrag, in: NJ 1997, 115 (120).

211 Vgl. insoweit *Starck*, Urteilsanmerkung zu *BVerfGE* 95, 96, in: JZ 1997, 147 (149); *Sachs*, Strafbarkeit des sog. Regierungskriminalität während des SED-Regimes - Tötung von Flüchtlingen an innerdeutscher Grenze, in: JuS 1997, 749 (750).

212 Vgl. insoweit auch *Alexy*, Mauerschützen, S. 30.

213 *Radbruch*, Gesetzliches Unrecht und übergesetzliches Recht, in: Kleine Schriften, S. 15 f., sowie in: *Dreier/Paulson*, Rechtsphilosophie, Anhang 3, S. 211 (216).

214 *BVerfGE* 23, 98.

frühe, an der Radbruch`schen Formel orientierte Judikatur[215] und unter ausdrücklicher Ablehnung eines wertungsfreien Gesetzespositivismus zu dem Ergebnis, dass der Inhalt der Verordnung einen unerträglichen Widerspruch zur Gerechtigkeit darstelle.[216] Die systematische Vertreibung und Vernichtung eines Volkes stellt extremes staatliches Unrecht dar. Gesetze, die diesen Holocaust formaljuristisch legitimieren, verletzen allgemeine Menschenrechtsprinzipien derart eklatant, dass ihnen richtigerweise keine Geltung zukommen kann.

Ein Menschenrechtsverstoß lag auch in der Mauerschützenentscheidung vor. Zwar kann die Tötung von Menschen an der innerdeutschen Grenze nicht einfach mit dem nationalsozialistischen Massenmord gleichgesetzt werden.[217] Letzterer entsprach einer systematischen Vernichtungsmaschinerie. Dennoch wird in beiden Konstellationen durch staatliche Vorgaben gezielt das Recht auf Leben missachtet. Sieht man das Schicksal der DDR-Flüchtlinge, wie insbesondere *Alexy* hervorhebt, im Gesamtkontext, so wurde ihnen zunächst das Recht auf ein selbstbestimmtes Leben verweigert, ferner das Verbot auferlegt, sich mit Argumenten dagegen zu wehren und sodann denjenigen, die dies nicht hinnahmen und der Situation entfliehen wollten, der Todesschuss versetzt. Diese Kumulation einer Vielzahl von Faktoren bis hin zur endgültigen Negation des Rechts auf Leben verstößt letztlich in einem solchen Ausmaß gegen elementare Menschenrechtsgrundsätze, dass es als extremes staatliches Unrecht zu qualifizieren ist.[218]

Unter Rückwirkungsaspekten ist damit solchen Normen, die der Gerechtigkeit in eklatanter Weise widersprechen, die Geltung abzusprechen. Die Radbruch`sche Formel begrenzt so das Vertrauen in die Geltung des positiv gesetzten Rechts, sofern dessen Geltung in Ausnahmekonstellationen wertungsmäßig unerträglich wäre. Auf diese Weise wird die inhaltliche Richtigkeit des Rechts als limitierendes überpositives Kriterium in die juristische Argumentation aufgenommen. Im Übrigen wird hiermit erneut verdeutlicht, dass die anfänglichen positivistisch beeinflussten Rückwirkungsentscheidungen, die insbesondere vom Ersten Senat getragen wurden, in der Tat nur eine kurze Übergangsphase in der bundesverfassungsgerichtlichen Rückwirkungsjudikatur beschreiben.[219]

Ein Verstoß gegen das Rückwirkungsverbot, insbesondere gegen Art. 103 II GG, ist darin aber nicht zwingend zu sehen. So wäre § 27 DDR-GrenzG, da er extremes Unrecht erlaubte, nach den obigen Ausführungen bereits zur Zeit der Tat kein Recht gewesen. Mit der Anwendung der Radbruch`schen Formel wird deshalb nicht rückwirkend die Rechtslage geändert, sondern nur festgestellt, wie

215 *BVerfGE* 3, 58 (119); 6 132 (198).
216 *BVerfGE* 23, 98 (106).
217 So auch *Alexy*, Mauerschützen, S. 23.
218 S. auch *Alexy*, Mauerschützen, S. 29 f.
219 Vgl. § 4.

sich die Rechtslage im Zeitpunkt der Tat darstellte.[220] Würde man andererseits das Rückwirkungsverbot des Art. 103 II GG auf spezielle in Unrechtsstaaten geschaffene Normen, die extremes Unrecht decken, anwenden, würde aus Sicht der Opfer negiert, dass an ihnen Verbrechen begangen wurden. Letztlich könnten sich dann die Machthaber politischer Unrechtssysteme für alle Zeit auf das von ihnen einmal gesetzte Recht berufen.

Die wiedervereinigungsspezifische Rückwirkungsproblematik verdeutlicht nach allem, dass die hierbei auftretenden Rechtsfragen mit Vergangenheitsbezug sich im Spannungsverhältnis bewegen zwischen zwei rechtlichen Regelsystemen, von denen das eine ersichtlich nicht rechtsstaatlich war. Angesichts der Besonderheit dieser Konstellation, insbesondere der Singularität der Ersetzung der Rechtsordnung eines Staates durch die eines anderen Staates, hat die Rechtsprechung dieses Spannungsverhältnis bislang - z.T. unter Rückgriff auf naturrechtliche Maßstäbe - jedenfalls im Ergebnis angemessen aufzulösen verstanden.

§ 8 Der Rechtsprechungswandel - ein Résumé

Die ältere Rückwirkungsjudikatur des Bundesverfassungsgerichts und die seit 1986 bestehende und auch nach der Wiedervereinigung bis dato fortgeführte Rechtsprechung des Zweiten Senats gehen von unterschiedlichen systematischen Ansätzen aus, die im Folgenden unter Berücksichtigung der zuvor herausgearbeiteten systembildenden Spezifika einer zusammenfassenden Bewertung unterzogen werden sollen.

A. Begriffsorientierte Abgrenzung versus normstrukturelle Systembildung

I. Tatbestandsbegriff als Abgrenzungstopos der bisherigen Judikatur

Maßgebliches Kriterium der älteren Judikatur für die Unterscheidung zwischen echter und unechter Rückwirkung ist das Vorliegen eines abgeschlossenen bzw. nicht abgeschlossenen Tatbestandes.[221] Diese Differenzierung ist zugleich entscheidend für die Festlegung der Zulässigkeitsgrenzen rückwirkender Gesetze.

---

220 So ausdrücklich auch *Alexy*, Mauerschützen, S. 33. Einer Suspendierung des Rückwirkungsverbots durch Verfassungsänderung für die Bewältigung der kommunistischen Vergangenheit, wie dies von *Schlink* vorgeschlagen wird, bedarf es insoweit nicht. Vgl. hierzu *Schlink*, Rechtsstaat und revolutionäre Gerechtigkeit, in: NJ 1994, 433 (437).

221 *BVerfGE* 11, 139 (145).

Dem Begriff des *Tatbestandes* kommt insoweit zentrale Bedeutung als Abgrenzungstopos zu. Ein Tatbestand ist, unabhängig vom jeweiligen Normtypus, ein vom Gesetzgeber gedanklich fixierter Bestand an Sachverhalten. Sachverhalte sind tatsächliche Lebensvorgänge bzw. Rechtsverhältnisse, die abstrakt zunächst keine äußere Begrenzung aufweisen. Da der Rechtssetzer aus rein technischen Gründen nur an ein zeitlich begrenztes Aktionsphänomen Rechtsfolgen knüpfen kann, transponiert er zeitlich an sich unbegrenzte Sachverhalte aus dem Bereich des Tatsächlichen in den Bereich des Gedanklichen. Dieser im gedanklichen Bereich fixierte Bestand an Sachverhalten bildet den Tatbestand, an den Rechtsfolgen geknüpft werden.

Tatbestände sind insoweit vom Gesetzgeber entwickelte Gedankengebilde, deren Begrenztheit und Abgeschlossenheit in gewissem Umfang von ihm selbst bestimmt werden können. Fügt er dem Gedankengebilde bestimmte Tatbestandsmerkmale, z.B. zeitpunktmäßige Fixierungen, hinzu, so erweitert sich der Bereich des Tatbestandes. Der Gesetzgeber kann somit durch mehr oder weniger willkürlich eingeschobene zeitliche Endbegrenzungen für ein bestimmtes rückwirkendes Gesetz sowohl einen abgeschlossenen, als auch einen nicht abgeschlossenen Tatbestand bilden. Dieser Befund, der bei der vorangehenden Analyse lediglich für die Bereiche des Steuer- und Sozialrechts anklang[222], lässt sich mithin auch losgelöst vom jeweiligen Rechtsgebiet untermauern, sofern man abstrakt auf die Struktur des Tatbestandes abstellt. Das Kriterium der Tatbestandsabgeschlossenheit besitzt als Abgrenzungstopos insoweit nur geringen Aussagewert.

II. Zirkelhaftigkeit eines begrifflich-deduktiven Lösungsansatzes

Die ältere Judikatur ist durch eine begriffsorientierte Systembildung geprägt. Diese Vorgehensweise trägt methodologisch begriffsjuristische Züge. Rechtliche Gegebenheiten werden danach sprachlich erfasst und definiert, um anschließend Entscheidungen mittels Deduktion daraus abzuleiten.[223] Hinsichtlich des Problems der Rückwirkung differenziert das Gericht begrifflich zunächst zwischen zwei legislativen Erscheinungsformen, der echten und unechten Rückwirkung. Dieses abstrakte Begriffspaar wird alsdann definiert, wobei als Definitionsbestandteil das Abgrenzungskriterium der Abgeschlossenheit eines Tatbestandes gewählt wird. Hiermit ist begrifflich bereits eine neue Ebene der Deduktion beschritten. Der Abgrenzungsterminus der Tatbestandsabgeschlossenheit ist aller-

222 Vgl. § 5 E III.

223 Vgl. auch *Krawietz*, Begriffsjurisprudenz, in: Historisches Wörterbuch der Philosophie, Bd. 1, Sp. 809 ff.

dings selbst derart abstrakt, dass er seinerseits anhand von Begriffen wie Veranlagungszeitraum oder Prozessrechtsverhältnis umschrieben werden muss. Insoweit wird eine weitere begriffliche Deduktion vorgenommen, die auf rechtsgebietsspezifische Termini abstellt.

Letztlich liegt hierin eine begrifflich-deduktive Systembildung, die sich über mehrere Deduktionsebenen erstreckt. Hierbei werden auf jeder Ebene neue Rechtsbegriffe in Beziehung zueinander gesetzt. Es erfolgt jedoch keine zureichende Eingrenzung des Problems der Rückwirkung. Es werden lediglich unterschiedliche Umschreibungen gewählt, die nahezu ebenso abstrakt sind, wie der zu definierende Problemkreis selbst. Eine derartige begriffliche Deduktion lässt sich über mehrere Ebenen fortführen, ohne eine maßgebliche Verringerung des Abstraktionsgrades zu erreichen. Sie bildet letztlich einen hermeneutischen Zirkelschluss, der nicht problemaufschließend ist.[224] Der begrifflich-deduktive Lösungsansatz erweist sich damit als wenig hilfreich.

III. Normsatzstruktur als Maßstab der neueren Rückwirkungsjudikatur

Die neuere Rückwirkungsjudikatur des Zweiten Senats hat von einer begrifflich-deduktiven Lösung Abstand genommen. Sie stellt stattdessen die Normsatzstruktur einer Regelung in den Vordergrund. Aus rechtsnormologischer Sicht ist eine Rückwirkung gegeben, sofern sich der Beginn des zeitlichen Normanwendungsbereichs auf einen Zeitpunkt vor der Verkündung des Gesetzes zurückerstreckt. Hiermit geht eine Rückerstreckung auf Rechtsfolgenebene einher.[225]

Diese normstrukturelle Begriffsbildung beinhaltet sowohl normenontologische als auch normenlogische Kriterien. Das Datum der Verkündung betrifft einen normenontologischen Bezugspunkt, der den Abschluss des Normsetzungsverfahrens und damit den Beginn der rechtlichen Existenz des betreffenden Gesetzes markiert. Der zeitliche Anwendungsbereich der Norm ist demgegenüber ein normenlogischer Parameter, der die temporale Reichweite der gesetzlichen Regelung bestimmt und an deren Ausgestaltung die Zuordnung von Rechtsfolgen

224 Zum Begriff des hermeneutischen Zirkels als Verwiesenheit von Bezeichnung und Bezeichnetem vgl. *Kaufmann*, Über den Zirkelschluß in der Rechtsfindung, in: Festschrift für Wilhelm Gallas, S. 7 (17); *ders.*, Gedanken zu einer ontologischen Grundlegung der juristischen Hermeneutik, in: Europäisches Rechtsdenken in Geschichte und Gegenwart, S. 537 (542); s. ferner *Heidegger*, Sein und Zeit, S. 152 ff., 314 ff.; *Gadamer*, Wahrheit und Methode, S. 250 ff.; *Habermas*, Erkenntnis und Interesse, S. 215 ff.

225 Vgl. *BVerfGE* 63, 343 (353); 72, 200 (242).

orientiert ist.[226] Das Vorhandensein eines rückwirkenden Gesetzes hängt vom Verhältnis dieser beiden normologischen Faktoren zueinander ab. Dem formalontologischen Rückwirkungsbegriff kommt hierbei indizielle Wirkung zu. Sofern bei einem Gesetz der Zeitpunkt des In-Kraft-Tretens vor den der Verkündung datiert ist, spricht eine Vermutung dafür, dass ein rückwirkendes Gesetz vorliegt.

B. Präferenz einer normstrukturellen Systembildung

Die neuere Systembildung, die auf die Normsatzstruktur der jeweiligen Regelung abstellt, ist gegenüber der alten Rückwirkungsjudikatur vorzuziehen. Sie trifft das Wesen der Rückwirkung, das in der Veränderung der zeitlichen Wirkungsweise von Normen liegt, besser. Der normstrukturelle Ansatz liefert diesbezüglich explizit zeitliche Fixpunkte, anhand derer ein rückwirkendes Gesetz identifizierbar ist. Ein solcher Bezugspunkt ist der Zeitpunkt der Verkündung, der als Publikationsakt zeitlich konkret festgelegt ist. Das hierzu in Beziehung gesetzte Kriterium des zeitlichen Normanwendungsbereichs reicht vom In-Kraft-Treten bis zum Außer-Kraft-Treten und enthält neben sonstigen den Anwendungsbereich betreffenden Datierungen konkrete zeitpunktmäßige Festlegungen, die sich aus dem Gesetzesinhalt ergeben.[227]

Dies gilt nicht nur für den Grundtypus des rückwirkenden Gesetzes, dessen Kennzeichen ein rückdatiertes In-Kraft-Treten ist, sondern aufgrund der Formalisierung des Gesetzgebungsverfahrens auch für sonstige Rückwirkungsanordnungen. Ein rückwirkendes Gesetz weist insofern hinreichende zeitpunktmäßige Merkmale auf, um von anderen Gesetzestypen abgegrenzt werden zu können.

Ein weiteres temporales Abgrenzungsmerkmal ist neben der datumsbezogenen Abgrenzung die zeitliche Ausgestaltung der Rechtsfolgenebene. Die durch die rückwirkende Norm erfolgte Änderung der ursprünglichen Rechtsfolgenlage bedeutet, dass für den Zeitraum vor der Verkündung der Norm andere Rechtsfolgen eintreten, als diejenigen, die ursprünglich gegolten haben. Das Vorliegen einer Rückwirkung ist insofern durch einen Vergleich der vor der Verkündung bestehenden Rechtsfolgensituation ex ante und ex post zu ermitteln. Die neuere normstrukturelle Systematik bietet nach allem eindeutigere Abgrenzungsmöglichkeiten, als die begriffsorientierte ältere Rechtsprechung.

226 S. hierzu die Ausführungen im ersten Kapitel in §§ 1A und 2 B.
227 Bzgl. des zeitlichen Normanwendungsbereichs vgl. *BVerfGE* 63, 343 (353).

C. *Rückbewirkung von Rechtsfolgen als einzige Rückwirkungsform*

Nach der neueren Rechtsprechung wird ein Oberbegrifff der Rückwirkung im weitesten Sinne mangels verfassungsrechtlicher Maßstäblichkeit abgelehnt.[228] Damit sieht das Gericht die Rückbewirkung von Rechtsfolgen letztlich als die einzige Form der Rückwirkung an. Diese Konzeption ist gegenüber der älteren Rückwirkungslehre vorzugswürdig. Maßgebliches Kennzeichen eines rückwirkenden Gesetze ist die nachträgliche Negation des Vertrauens in die bestehende Gesetzeslage. Der Normadressat muss darauf vertrauen können, dass sein im Einklang mit dem geltenden Recht stehendes Verhalten von der Rechtsordnung mit allen ursprünglich damit verbundenen Rechtsfolgen grundsätzlich anerkannt bleibt. In diesen Vertrauenstatbestand wird eingegriffen, wenn der Gesetzgeber nachträglich ungünstigere Rechtsfolgen normiert, als der Normverpflichtete bei der Ausrichtung seines Verhaltens erwarten durfte. In dogmatischer Hinsicht ist somit die Vertrauensnegation hinsichtlich der ursprünglichen *Rechtsfolgen*lage für eine Rückwirkung prägend.

Die tatbestandliche Rückanknüpfung ist demgegenüber zu Recht lediglich als Abgrenzungstopos zur verfassungsrechtlich problematischen Rückbewirkung auf Rechtsfolgenebene zu werten.[229] Kennzeichen dieser Form der legislativen Rückerstreckung ist es, dass an Tatbestände angeknüpft wird, die Bezugspunkte zur Vergangenheit aufweisen. Hierdurch wird der sachliche Anwendungsbereich einer Norm berührt. Dies ist ein Erscheinungsbild, das vielen Gesetzestypen immanent ist. Der Gesetzgeber wird regelmäßig veranlasst, auf eine Veränderung gesellschaftlicher Verhältnisse mit einer entsprechenden Änderung des Regelwerks zu reagieren. Dabei kann es aufgrund eines vergangenheitsbezogenen Umfeldes der zu regelnden Lebenssachverhalte erforderlich sein, bei der Ausformung des gesetzlichen Tatbestandes Gegebenheiten aus der Vergangenheit mit einzubeziehen. Die Anknüpfung an vergangenheitsbezogene Tatbestände ist insofern kein Spezifikum der Rückwirkung; sie macht eine gesetzliche Regelung nicht eo ipso zu einem rückwirkenden Gesetz.[230] Die Rückbewirkung von Rechtsfolgen stellt insofern die einzige Rückwirkungsform dar.

---

228 S. dazu *BVerfGE* 72, 200 (243): "Dieser Oberbegriff, die Rückwirkung im weitesten Sinne, vermöchte keinerlei verfassungsrechtliche Maßstäbe aufzuzeigen."

229 Vgl. *BVerfGE* 72, 200 (241) mit ausdrücklichem Verweis auf *BVerfGE* 63, 343 (356).

230 S. hierzu *BVerfGE* 63, 343 (356).

D. *Fazit*

Die derzeitige Judikatur des Bundesverfassungsgerichts ist durch ein dichotomes Nebeneinander zweier Rückwirkungskonzeptionen gekennzeichnet, seitdem der Zweite Senat im Jahr 1986 die Unterscheidung von echter und unechter Rückwirkung zugunsten einer neuen Systembildung aufgab, während der Erste Senat nach wie vor hieran festhält.

Die - auch in der jüngsten Rechtsprechung aufrechterhaltene[231] - Differenzierung zwischen Rückbewirkung von Rechtsfolgen und tatbestandlicher Rückanknüpfung beschränkt sich nicht auf begriffliche Modifikationen. Sie geht hinsichtlich des Realseins einer rückwirkenden Norm von einem neuen systematischen Ansatz aus, der den rechtsnormologischen Aspekten dieses Gesetzestypus Rechnung trägt. Insoweit kommt lediglich solchen Gesetzen Rückwirkung zu, bei denen eine Rückbewirkung von Rechtsfolgen vorliegt, während die tatbestandliche Rückanknüpfung lediglich als begrifflicher Abgrenzungstopos fungiert. Diese Konzeption ist gegenüber der Unterscheidung von echter und unechter Rückwirkung vorzugswürdig, da sie nicht mehr auf das gesetzestechnisch manipulierbare Differenzierungskriterium der Abgeschlossenheit eines Tatbestandes und dessen inkonsistente und kasuistische Anwendung abstellt. Stattdessen wird mit der Bezugnahme auf normenontologische und normenlogische Kriterien eine Systembildung gewählt, die die Veränderung der zeitlichen Wirkungsweise von Normen als Wesensmerkmal der Rückwirkung erfasst. Das Realsein eines rückwirkenden Gesetzes ist anhand dieses normologischen Ansatzes besser als zuvor erfassbar.

231 *BVerfGE* 97, 67 (78 ff.).

Drittes Kapitel
Verfassungsrechtliche Zulässigkeitsgrenzen legislativer Rückerstreckungen

In den bisherigen Ausführungen wurde eine begrifflich-systematische Einordnung der Rückwirkung von Gesetzen vorgenommen; dem folgt nunmehr eine Analyse der Zulässigkeitsgrenzen dieses Gesetzestypus.[1] Hierbei sind sowohl die vom Bundesverfassungsgericht statuierten Rückwirkungsgrenzen als auch deren prägende Spezifika kritisch herauszuarbeiten. Daran anknüpfend werden konkurrierende Rückwirkungskonzepte des Schrifttums erörtert und die unterschiedlichen Ansätze sodann einer zusammenfassenden Bewertung unterzogen.

§ 9 Sichtweise des Bundesverfassungsgerichts

A. Zulässigkeitsgrenzen der Rückbewirkung von Rechtsfolgen

Die verfassungsrechtliche Problematik der Zulässigkeitsgrenzen der Rückbewirkung von Rechtsfolgen sieht das Bundesverfassungsgericht im Rechtsstaatsprinzip verankert, da die nachträgliche Veränderung von Rechtsfolgen hinsichtlich eines bereits der Vergangenheit zugehörigen Verhaltens die Frage nach dem Schutz des Vertrauens in den Bestand der ursprünglich geltenden Rechtsfolgenlage aufwirft.[2] Dieser Gesetzestypus ist grundsätzlich als unzulässig zu qualifizieren, denn das Individualvertrauen in das Gesetz wird beeinträchtigt, sofern der Normgeber rückwirkend durch Änderung der bestehenden Gesetze die Rechtslage ungünstiger gestaltet als es der Normadressat bei seinen Dispositionen zugrunde legen durfte. Es existieren jedoch Grenzen des schutzwürdigen Vertrauens, d.h. es sind Konstellationen denkbar, bei denen der Vertrauensschutz des Normadressaten nicht verletzt wird, so dass die Rückbewirkung von Rechtsfolgen ausnahmsweise zulässig ist. Die Grenzen des schutzwürdigen Vertrauens sowie die ausnahmsweise Zulässigkeit der Rückwirkung korrespondieren insoweit spiegelbildlich miteinander.[3] Das Gericht hat derartige Konstellationen fall-

---

1 Zu diesem methodologischen Vorgehen vgl. bereits die Ausführungen zu Beginn des Zweiten Kapitels.

2 Vgl. insoweit *BVerfGE* 72, 200 (242).

3 S. hierzu auch *Rensmann*, Reformdruck und Vertrauensschutz, in: JZ 1999, 168 (172).

typisch anhand eines im Folgenden zu analysierenden Kataloges von Ausnahmetatbeständen festgelegt.

I. Normadressat muss mit rückwirkender Regelung rechnen

Eine Rückbewirkung von Rechtsfolgen ist zunächst verfassungsgemäß, wenn der Bürger für den Rückwirkungszeitraum mit der getroffenen Regelung rechnen musste und aus diesem Grund kein schutzwürdiger Vertrauenstatbestand geschaffen wurde.[4] Das Vorliegen dieser Ausnahmeregel lässt sich in drei Fallgruppen untergliedern.

1. Bundestagsbeschluss für Neuregelung bereits existent

Nach der ersten Fallgruppe ist ein rückwirkendes Gesetz von dem Zeitpunkt an als zulässig zu qualifizieren, in dem es für den Bürger voraussehbar ist. In diesem Moment fällt das schutzwürdige Vertrauen in die bis dato geltende Rechtsfolgenlage weg, und der Bürger muss mit einer Rückwirkung rechnen.[5] Als maßgeblichen Zeitpunkt hierfür sieht das Gericht grundsätzlich den Gesetzesbeschluss einer rückwirkenden Regelung im Bundestag gemäß Art. 77 I GG an.[6] Die Festlegung auf diesen Zeitpunkt ergibt sich aus der Notwendigkeit eines Ausgleichs zwischen staatlichen Interessen und denen des Einzelnen.[7] Im Interesse des Bürgers liegt es, sich eine Neuregelung erst dann entgegenhalten lassen zu müssen, wenn sie endgültig verbindlich geworden ist und er sich über ihren genauen Inhalt vollständig unterrichten konnte. Adäquater zeitlicher Bezugspunkt ist aus dieser Sicht das Fortbestehen des Vertrauensschutzes bis zur Verkündung einer neuen Regelung gemäß Art. 82 I GG.[8] Diesem Anliegen steht wiederum das staatliche Interesse gegenüber, dass eine vom Gesetzgeber für geboten erachtete Neuregelung alsbald effektiv "greift" und insoweit die zeitlichen Möglichkeiten weitgehend eingeschränkt werden, sie zu umgehen.[9] Dem diente es am besten,

---

4 *BVerfGE* 13, 261 (272); 31, 363 (397 f.); 45, 142 (173); 72, 200 (260 ff.).

5 S. hierzu insb. die Leitentscheidungen *BVerfGE* 13, 261 (273) und *BVerfGE* 72, 200 (261).

6 *BVerfGE* 8, 274 (304), 13, 261 (273); 14, 288 (298); 23, 12 (33); 27, 167 (174); 30, 272 (287); 37, 363 (398); 72, 200 (260 ff.); 72, 302 (326); 76, 256 (351); 89, 48 (67); 95, 64 (87).

7 Instruktiv hierzu *BVerfGE* 72, 200 (261).

8 *BVerfGE* 72, 200 (261).

9 Zu dieser Formulierung vgl. *BVerfGE* 72, 200 (261).

den Vertrauensschutz bereits mit der Einbringung des Gesetzesentwurfs gemäß Art. 76 I GG entfallen zu lassen.[10]

In diesem Spannungsfeld wird der Zeitpunkt des endgültigen Gesetzesbeschlusses durch den Bundestag für maßgeblich gehalten.[11] Mit diesem Beschluss ist der wesentliche Unsicherheitsfaktor beseitigt, der das "Ob" und "Wie" einer Neuregelung betrifft, so dass der Einzelne nicht mehr auf das künftige Fortbestehen der bisherigen Rechtslage vertrauen darf. Er kann nicht mehr davon ausgehen, dass das derzeit noch in Kraft befindliche Recht entgegen dem vom Bundestag nunmehr ausdrücklich bekundeten Willen weiterhin die bisherigen Rechtsfolgen auslöst.[12] Demzufolge muss er mit einer etwaigen rückwirkenden Neuregelung rechnen. Im Hinblick auf die Voraussehbarkeit der Neuregelung für den Bürger bestehen in diesem Zusammenhang erhebliche Anforderungen. Der hohe Vorhersehbarkeitsmaßstab findet seine Begründung darin, dass vom Zeitpunkt des Bundestagsbeschlusses an das Zwischenergebnis des Gesetzgebungsverfahrens öffentlich ist und die Möglichkeit der Kenntnisnahme besteht. Insoweit wird vom Idealbild einer interessierten Öffentlichkeit ausgegangen, die sich mit den Berichten über die Beratungen und Beschlüsse der Gesetzgebungsorgane auseinandersetzt.[13]

Diese Ausnahmeregel stellt hinsichtlich der Zulässigkeit einer Rückwirkungsanordnung auf normenontologische Aspekte ab. Der Zeitpunkt des Wegfalls schutzwürdigen Vertrauens ist dabei auf der Grundlage der Akte desjenigen Organs zu beurteilen, das für die Ausgestaltung einer vertrauensschaffenden Rechtsordnung zuständig ist. Ausgangspunkt ist damit das Handeln des parlamentarischen Gesetzgebers. Hierbei ist auf den Bereich der Gesetzwerdung, d.h. der Entstehung eines neuen Gesetzes, Bezug zu nehmen. Als Zeitpunkt des Vertrauenswegfalls kommen die jeweiligen Abschnitte des Gesetzgebungsverfahrens in ihrer zeitlichen Abfolge in Betracht. Innerhalb dieses Spektrums ist der Zeitpunkt der Voraussehbarkeit einer rückwirkenden Regelung zu fixieren. Mit der Festlegung auf den Gesetzesbeschluss im Bundestag beschreitet das Gericht insoweit einen Mittelweg zwischen frühestem und spätestem Bezugspunkt der

---

10 *BVerfGE* 72, 200 (261).

11 Eine Einschränkung kann sich lediglich für den Fall ergeben, dass Ankündigungseffekte vermieden werden sollen, bei denen nach frühzeitiger Ankündigung einer Gesetzesänderung Dispositionen der Normadressaten noch vor dem Gesetzesbeschluss vorgenommen werden, um die beabsichtigte Wirkung der Gesetzesänderung leerlaufen zu lassen. In derartigen Konstellationen kann bereits der Zeitpunkt der Gesetzesänderung maßgeblich sein. Vgl hierzu *BVerfGE* 97, 67 (82).

12 *BVerfGE* 27, 167 (174).

13 S. hierzu bereits *BVerfGE* 8, 274 (304). Auf dieses Urteil wurde in einigen weiteren Entscheidungen abgestellt; dies betrifft insb. die Leitentscheidung *BVerfGE* 13, 261. Dort erfolgt auf S. 273 eine Bezugnahme.

Normwerdung, der sich daraus erklärt, dass der Gesetzgeber zu diesem Zeitpunkt deutlich gemacht hat, für welche Lösung im Rahmen einer Neuregelung er sich entschieden hat. Dies ist allerdings, wie im Weiteren noch darzulegen sein wird, nicht unproblematisch, da ein Gesetzesvorhaben auch nach diesem Zeitpunkt noch erhebliche Veränderungen erfahren kann und insoweit noch nicht feststeht, ob das rückwirkende Gesetz auch tatsächlich mit gleichem Inhalt zustande kommt.

2. *Ersetzung einer vorläufigen durch eine endgültige Regelung*

Nach der zweiten Fallgruppe ist eine Rückbewirkung von Rechtsfolgen unter dem Gesichtspunkt der Vorläufigkeit einer gesetzlichen Regelung ausnahmsweise zulässig.[14] Eine Entscheidungsanalyse zeigt, dass der Gesetzgeber hiervon zunächst im Bereich der Entschädigungsgesetzgebung Gebrauch gemacht hat.[15] Die Wiedergutmachung nationalsozialistischen Unrechts gehörte neben den Kriegs- und Kriegsfolgelasten zu den großen Aufgabenbereichen, die die Bundesrepublik in ihren Anfangsjahren einer gesetzlichen Regelung unterziehen musste. Die Entschädigungsgesetzgebung zielte zentral darauf ab, verwerfliche Maßnahmen des totalitären Systems des Nationalsozialismus wiedergutzumachen.[16]

Im Jahr 1953 hatte der Gesetzgeber im Interesse der Verfolgten und auf Drängen ihrer Verbände durch das sog. Bundesergänzungsgesetz (BErgG) diesen Bereich in Eile erstmals einheitlich geregelt. Aufgrund der Kompliziertheit der Materie und des durch den Handlungsbedarf bestimmten engen zeitlichen Rahmens stand bei den Gesetzesberatungen von Anfang an fest, dass es sich lediglich um eine vorläufige Regelung in Form eines "Mindestprogramms" handeln würde, das nachträglicher Korrekturen bedurfte.[17] Die Vorläufigkeit des Gesetzes ergab sich u. a. daraus, dass nach dem Zusammenbruch des NS-Regimes das Ausmaß der allgemein eingetretenen Schäden und die Anzahl der zu entschädigenden Verfolgten noch nicht in vollem Maße absehbar war. Der Gesetzgeber konnte erst später den Kreis derjenigen eingrenzen, die von der Bundesrepublik zu entschädigen waren.[18] Insofern war nach einer derartigen Neueinschätzung ebenso eine Neuregelung der Gesetzesmaterie erforderlich. Der Interimscharakter des BErgG beruhte ferner darauf, dass die nationalsozialistischen Unrechtsmaßnah-

---

14 Vgl. *BVerfGE* 13, 39 (43); 15, 167 (207); 16, 254 (275); 18, 196 (203); 23, 85 (99); 30, 367 (383); 38, 128 (136); s. auch *Kirchhof*, Die Rückwirkung steuerkonkurrenzlösender Rechtssätze, in: DStR 1979, 275 (281).

15 *BVerfGE* 13, 39 (43); 18, 196 (203); 23, 85 (99); 30, 367 (383); 38, 128 (133 ff.).

16 *BVerfGE* 13, 39 (42).

17 Zu dieser Terminologie s. *BVerfGE* 30, 367 (383).

18 *BVerfGE* 38, 128 (133).

men mit dem herkömmlichen Haftungsrecht des Staates nur unzureichend zu erfassen waren.[19] Der Normgeber hatte insoweit neue Ansprüche sui generis zu gewähren, die aufgrund der Kompliziertheit der zu regelnden Gesetzesmaterie jedoch nicht im Wege einer Ad-hoc-Gesetzgebung geschaffen werden konnten.

Angesichts dieser legislativen Probleme löste der Gesetzgeber die vorläufige Regelung des BErgG im Jahr 1956 durch das Bundesentschädigungsgesetz (BEG) ab. Dabei wurden zum Teil rückwirkende Korrekturen des ursprünglichen Gesetzeswerkes vorgenommen.[20] Dies beruht darauf, dass wegen des bekanntermaßen vorläufigen Charakters des BErgG kein Vertrauenstatbestand geschaffen worden war, so dass die Normadressaten insoweit mit einer Rückwirkung rechnen mussten.[21]

Das Beamtenrecht stellt einen weiteren Bereich dar, in dem basierend auf der nationalsozialistischen Gesetzgebung vorläufige Regelungen rückwirkend durch endgültige Normen ersetzt wurden.[22] Dies gilt insbesondere für die Gewährleistung beamtenrechtlicher Fürsorgemaßnahmen, z.B. in Form von Versorgungsbezügen.[23]

Probleme ergaben sich, sofern das zugrundeliegende Beamtenverhältnis erst unter dem Unrechtsregime der nationalsozialistischen Herrschaft begründet worden war. In einem solchen Fall konnten die beamtenrechtlichen Fürsorgemaßnahmen zunächst nur Vorläufigkeitscharakter haben.[24] Der neu geschaffene demokratische Staat, der sich die Beseitigung des Nationalsozialismus und seines Staatsdenkens als Ziel gesetzt hatte, konnte nicht uneingeschränkt beamtenrechtliche Regelungen eben dieses Regimes übernehmen. Die Unsicherheit über den Fortbestand der betreffenden Rechtsverhältnisse schloss insofern die An-

---

19 Ansprüche unter dem Gesichtspunkt etwaiger Amtspflichtverletzungen - sofern die Verfolgungsmaßnahmen von staatlichen Stellen ausgingen - waren kaum geeignet, das zugefügte Unrecht wiedergutzumachen. Es handelte sich nicht um rechtswidrige und schuldhafte Abweichungen von einem intakten Rechtssystem, wie sie für einen Amtshaftungsanpruch erforderlich gewesen wären. Die Verfolgungsmaßnahmen standen im Einklang mit den politischen Zielen der nationalsozialistischen Machthaber. Zudem war gegenüber Ausländern die Staatshaftung weitgehend ausgeschlossen. Schließlich bestanden bzgl. der einzelnen Ansprüche erhebliche Beweisschwierigkeiten hinsichtlich des Grundes und der Höhe der Ansprüche. Vgl. zum Ganzen *BVerfGE* 13, 39 (42 f.).

20 *BVerfGE* 13, 39 (46).

21 Vgl. *BVerfGE* 38, 128 (136).

22 Vgl. hierzu *BVerfGE* 15, 167 (207); 16, 254 (275).

23 S. *BVerfGE* 16, 254 (274); in Rede standen durch Versorgungsbezüge erhaltene Sondervorteile, die der nationalsozialistische Staat einzelnen Beamten gerade wegen ihrer engen Verbindung zum Nationalsozialismus gewährt hatte. Derartige Versorgungsbezüge wurden nach dem demokratischen Neubeginn rückwirkend entzogen.

24 *BVerfGE* 16, 254 (275).

nahme aus, die Versorgungsempfänger hätten unantastbare Rechtspositionen erlangt.[25] Die rückwirkende Änderung nationalsozialistisch geprägter Normen durch endgültige demokratische Neuregelungen ist insoweit als zulässige Rückwirkung anzusehen, mit der die Betroffenen zu rechnen hatten.[26]

Die Formulierung dieses Ausnahmetatbestandes ist als Reaktion auf die Besonderheiten und Schwierigkeiten der Gesetzgebung in der Nachkriegszeit zu sehen. Mit dem Ende des Zweiten Weltkrieges bestand in legislativer Hinsicht das Dilemma, dass vielfach Gesetze existierten, die durch das nationalsozialistische Unrechtsregime geschaffen oder zumindest gesetzgeberisch geprägt wurden. Der demokratische Neubeginn in Deutschland erforderte jedoch - forciert durch die Präsenz der Alliierten - eine sofortige und nicht bloß sukzessive Lossagung von der nationalsozialistischen Ideologie und ihrem Gedankengut. Diese Abkehr musste nach Gründung der Bundesrepublik auch in legislativer Hinsicht zum Ausdruck kommen. Insofern wurden in Eile und zur Regelung dringender Probleme neue Gesetze mit zum Teil rudimentärem Charakter geschaffen. Bei diesen Gesetzen stellte sich später teilweise heraus, dass nicht alle Eventualitäten und zu regelnden Lebenssachverhalte Berücksichtigung gefunden hatten, es sich also insoweit um unausgereifte, noch vorläufige Regelwerke handelte.

Bei diesem legislativen Umfeld ist es als sachgerecht zu betrachten, wenn derartige Gesetze später durch ausgereiftere, endgültige Regelungen rückwirkend ersetzt wurden. Darin wird, auch unabhängig von den spezifischen Gegebenheiten der Nachkriegszeit, die Wechselbezüglichkeit zwischen gesellschaftlichen Veränderungen und dem gesetzgeberischen Anliegen, hierauf seinerseits mit Veränderungen des Normenwerkes zu reagieren, deutlich.

Dieser Fallgruppe wird man auch die bereits erwähnte Entscheidung zum *Zinsanpassungsgesetz* zuzuordnen haben.[27] Obwohl es hierbei nicht um die Aufarbeitung legislativen Unrechts ging, sind unter Vertrauensschutzgesichtspunkten Parallelen erkennbar. Das Gericht selbst ließ offen, ob eine unklare oder vorläufige Rechtslage vorlag, da die Normadressaten jedenfalls nicht auf das Bestehen der existierenden Kreditbestimmungen hätten vertrauen können.[28] Der Entscheidung ist im Ergebnis zuzustimmen, wenngleich sie in Einzelfällen zu finan-

---

25 Die Regelung des Art. 131 GG beließ es zunächst bei dieser rechtlich ungeklärten Lage. Diese Vorschrift ordnete lediglich eine künftige Regelung zur Beseitigung der zweifelhaften Rechtslage durch den Bund an. Die Verhältnisse in den Ländern standen unter dem Vorbehalt dieser Bundesregelung, d.h. unter dem Vorbehalt der endgültigen Ordnung durch das zu erwartende Bundesgesetz, vgl. dazu *BVerfGE* 15, 167 (207).

26 Vgl. *BVerfGE* 16, 254 (275).

27 *BVerfGE* 88, 384 ff., vgl. hierzu bereits § 7 B.

28 *BVerfGE* 88, 384 (404).

ziellen Mehrbelastungen führen musste. Mit dem Beitritt der DDR zum Geltungsbereich des Grundgesetzes war erkennbar, dass im ehemaligen DDR-Gebiet eine neue Rechts- und Wirtschaftsordnung übernommen werden würde.[29] Zwar kann dieser Befund als solcher nicht automatisch dazu führen, dass die DDR-Bürger nunmehr überhaupt keiner Regelung mehr vertrauen durften, die irgendwie mit der Wiedervereinigung in Zusammenhang zu bringen ist.[30] Im Falle der nachträglichen Zinsanpassung beinhaltete der Vertrag über die Währungs-, Wirtschafts- und Sozialunion vom 18. Mai 1990 jedoch explizit die DDR-Verpflichtung zur Änderung von Zins- und Kreditvorschriften. Insoweit konnte der neuen Wirtschaftsordnung entgegenstehendes DDR-Recht nur noch vorläufigen Charakter haben, so dass mit der rückwirkenden Ersetzung dieser Normen zu rechnen war.

Schließlich ist zu berücksichtigen, dass die von der rückwirkenden Zinsanpassung betroffenen Kreditnehmer staatliche Zinszuschüsse gemäß § 3 ZinsanpassungsG beantragen konnten. Insoweit wurden die Folgen der Rückwirkung für sie erheblich abgemildert. Der Wechsel von früher planwirtschaftlichen zu nunmehr marktwirtschaftlichen Kreditbedingungen erfolgte demzufolge nicht ausschließlich auf Kosten der Kreditnehmer, sondern wurde durch staatliche finanzielle Unterstützung begleitet. Letztlich hat der Gesetzgeber - wie insbesondere *Scholz* hervorhebt[31] - durch diese staatliche Ausgleichsmaßnahme eine dem Grundsatz der Verhältnismäßigkeit entsprechende Gesamtlösung gefunden.

3. Rückwirkende Regelung durch national überlagerndes Recht vorgegeben

Normadressaten müssen schließlich mit einer rückwirkenden Norm rechnen, wenn sie rechtlich vorgegeben ist. Diese Situation liegt vor, sofern sich eine Rückwirkung bereits aus einer Rechtsordnung ergibt, die nationales Recht überlagert. In dieser Konstellation sind innerstaatlich Rückwirkungsanordnungen nicht nur möglich, sondern auch absehbar. Die Fallgruppe betrifft das Europäische Gemeinschaftsrecht, das aufgrund seines überstaatlichen, supranationalen Charakters zu einer Verschränkung mit bundesdeutschem Recht führt.[32] Bei den

---

29 So auch *Muckel*, Urteilsanmerkung zu *BVerfGE* 88, 384, in: JA 1993, 343 (344 f.).

30 Darauf weist zu Recht *Huntemann* hin, vgl. *Huntemann*, Urteilsanmerkung zu *BVerfGE* 88, 384, in: DZWir 1994, 104 (111).

31 *Scholz*, Zur Problematik der Altkreditschulden in den neuen Bundesländern, in: BB 1993, 1952 (1957 f.).

32 S. hierzu *BVerfGE* 45, 142 (173 ff.). In dem dieser Entscheidung zugrundeliegenden Sachverhalt ermächtigte die Kommission, beruhend auf einer Verordnung, die Bundesrepublik Deutschland zur Ergreifung von marktregulierenden Maßnahmen auf dem Agrarsektor. Fünf Wochen später ergingen derartige bundesdeutsche Maßnah-

gemeinschaftlichen Rechtsquellen kommt neben den drei Gründungsverträgen, EGKSV, EAGV und insbesondere dem EGV, den Verordnungen besondere Bedeutung zu. Sie entfalten gemäß Art. 249 II EG[33] allgemeine und unmittelbare Geltung in allen Mitgliedsstaaten, ohne dass es eines spezifischen Transformationsaktes bedürfte.[34] Aufgrund dieser Durchgriffswirkung sind gemeinschaftsrechtliche Regelungsinhalte, die nationales Recht betreffen, regelmäßig bei Verordnungen bedeutsam.[35]

Die Verflechtung des nationalen Rechts mit einer konkreten, der Gemeinschaftsrechtsordnung zugehörigen Regelung hat Auswirkungen auch auf Rückwirkung und Vertrauensschutz.[36] Sofern das Gemeinschaftsrecht den bundesdeutschen Gesetzgeber ermächtigt, legislative Maßnahmen im Hinblick auf Marktregulierungen zu ergreifen, ist das Vertrauen der von der Regelung betroffenen nationalen Kreise vom Zeitpunkt der Ermächtigung an nicht mehr schutzwürdig.[37] Es muss damit gerechnet werden, dass der deutsche Gesetzgeber die entsprechenden Maßnahmen für seinen Hoheitsbereich ergreift.[38] Dabei steht dem Gesetzgeber das Recht zu, den zeitlichen Anwendungsbereich der Norm, der ihm vom Gemeinschaftsrecht her eröffnet wird, voll auszuschöpfen.[39] Insofern sind auch Rückwirkungsanordnungen zulässig, bei denen die Norm auf den Zeitpunkt der Ermächtigung zurückwirkt. Derartige legislative Rückerstreckungen sind aufgrund des national überlagernden Gemeinschaftsrechts grundsätzlich voraussehbar.[40] Hinsichtlich der Voraussehbarkeit ist Kenntnis des jeweiligen Marktes und dessen Beobachtung erforderlich, z.B. durch Erlangung von Informationen aus der Tages- und Fachpresse.[41]

---

men via Rechtsverordnung i.S.d. Art. 80 I GG. Diese Rechtsverordnung wirkte auf den Zeitpunkt der Kommissionsermächtigung zurück. Das BVerfG hielt diese Rückwirkungsanordnung für zulässig, da bereits durch die gemeinschaftsrechtliche Ermächtigung eine Rückwirkung national vorprogrammiert war.

33 Art. 189 II EGV a.F. - Zitierweise seit Abschluss des *Vertrages von Amsterdam* vom 02.07.1997. Die Ratifizierung dieses Vertrages zog eine Umnumerierung der Vertragsartikel des EGV nach sich, die insbesondere auf den neu eingefügten Titel IV (Visa, Asyl, Einwanderung und andere Politiken betreffend den freien Personenverkehr) zurückzuführen ist.

34 Die Verordnung wird aus diesem Grund auch als das "Europäische Gesetz" bezeichnet, vgl. *Oppermann*, Europarecht, S. 174.

35 S. *Fastenrath/Müller-Gerbes*, Europarecht, S. 110.

36 *BVerfGE* 45, 142 (175).

37 *BVerfGE* 45, 142 (176); die Ermächtigung zum Erlass der rückwirkenden Regelung ergab sich aus Art. 226 EGV.

38 *BVerfGE* 45, 142 (175).

39 Vgl. insoweit *BVerfGE* 45, 142 (175).

40 *BVerfGE* 45, 142 (176).

41 *BVerfGE* 45, 142 (176).

Diese Fallgruppe verdeutlicht, dass sich die Thematik der Zulässigkeitsgrenzen rückwirkender Gesetze nicht auf das bundesdeutsche Verfassungsrecht beschränken lässt. Das Bundesverfassungsgericht hat mit der Formulierung dieser Ausnahmeregel zu Recht hervorgehoben, dass der Problemkreis der Rückwirkung von Gesetzen eine zusätzliche Dimension durch die wechselseitige Verflechtung von bundesdeutschem Recht und europäischem Gemeinschaftsrecht erhält.[42]

Für den weiteren verfassungsrechtlichen Untersuchungsgang bedeutet dies, dass die Rückwirkungsproblematik nicht auf eine nationale verfassungsrechtliche Sichtweise zu begrenzen ist, sondern dass es im Wege einer Gesamtschau der Ergänzung durch die europarechtlichen Berührungspunkte bedarf.[43]

II. Beseitigung einer unklaren oder systemwidrigen Rechtslage

Eine Rückbewirkung von Rechtsfolgen ist zweitens ausnahmsweise dann zulässig, wenn sie der Beseitigung einer unklaren oder systemwidrigen Rechtslage dient, wobei letztgenannte Fallgruppe den Hauptanwendungsbereich dieser Ausnahmeregel bildet.[44]

1. Rückwirkende Korrektur unklarer und verworrener Rechtssätze

Das Bundesverfassungsgericht erachtet die nachträgliche Korrektur unklarer, bzw. verworrener Rechtssätze grundsätzlich als zulässig. Dabei erfüllen dieses Kriterium solche Normen, deren Ausgestaltung von vornherein Anlass zu Auslegungsproblemen gibt.[45] Insoweit genügt es nicht, dass eine Norm sprachliche und wortlautbedingte Unklarheiten aufweist.[46] Die durch die Vorschrift hervorgerufenen Unklarheiten und Zweifel müssen so erheblich sein, dass sie selbst durch alternative Anwendung der klassischen Auslegungsmethoden nicht beseitigt werden können, sondern allenfalls in deren kumulativer Gesamtwürdigung.[47] Normen sind danach als unklar und verworren zu qualifizieren, wenn sie Auslegungsprobleme beinhalten, "deren Lösung nicht allein aus dem Wortlaut, sondern nur in einer Zusammenschau von Wortlaut, Entstehungsgeschichte, System und gesetzgeberischer Zielsetzung" möglich ist.[48]

---

42 S. hierzu *BVerfGE* 45, 142 (173 ff.).
43 Vgl. Viertes Kapitel.
44 S. *BVerfGE*, 30, 367 (388).
45 Vgl. dazu *BVerfGE* 24, 75 (101); 50, 177 (194).
46 Vgl. *BVerfGE* 24, 75 (101).
47 *BVerfGE* 50, 177 (194).
48 *BVerfGE* 50, 177 (194).

Sofern eine derartige Rechtslage geschaffen wird, deren Klärung erst durch kumulative Anwendung des Auslegungsinstrumentariums erfolgen kann, ist es dem Gesetzgeber gestattet, nachträglich im Wege von Rückwirkungsanordnungen einzugreifen.[49] Die Rechtfertigung für einen solchen korrektiven rückwirkenden Eingriff ergibt sich wiederum aus dem Rechtsstaatsprinzip. Soweit ein unklarer, verworrener Rechtssatz geschaffen wird, erfordert das Rechtsstaatsprinzip selbst, dass Rechtssicherheit und Gerechtigkeit rückwirkend wiederhergestellt werden.[50] Probleme des Normanwenders hinsichtlich der Auslegung von Gesetzen können demnach auf die Regelungsbefugnisse des Normsetzers Ausstrahlungswirkung haben. Dieser kann zur Korrektur einer unklaren Gesetzeslage klärend eingreifen und Neuregelungen schaffen, um insoweit die gebotene Rechtsklarheit wiederherzustellen.

2. *Rückwirkende Korrektur von Systemwidrigkeiten*

Eine Rückbewirkung von Rechtsfolgen ist auch dann zulässig, wenn sie der nachträglichen Korrektur von Systemwidrigkeiten in einem Gesetz dient.[51] Die Qualifikation einer Norm als systemwidrig ist dabei verknüpft mit der Eigenart des jeweiligen Rechtsgebietes und der zu regelnden Materie.[52] In diesem Zusammenhang ergibt die Untersuchung der einschlägigen Entscheidungen, dass der Komplexität des Normenkontextes erhebliche Bedeutung zukommt. Je komplexer die Regelungsmaterie ist, desto eher besteht die Gefahr, dass der Gesetzgeber im Gesetzgebungsverfahren eine Vorschrift schafft, die im Nachhinein als systemwidrig einzustufen ist. Dieser Ausnahmetatbestand wird demzufolge überwiegend in Regelungsbereichen wie beispielsweise dem Steuerrecht zur Rechtfertigung einer Rückwirkung herangezogen.[53] Das Steuerrecht umfasst eine vielschichtige Rechtsmaterie, die dadurch gekennzeichnet ist, dass sie häufig und kurzfristig neue Regelungen erfordert. Dies kann zur Folge haben, dass im Gesetzgebungsverfahren Normen geschaffen werden, die ex post betrachtet nicht in den gesetzlichen Regelungszusammenhang passen und damit systemwidrig

---

49 Vgl. *BVerfGE* 24, 75 (101), in dieser Entscheidung wurde jedoch das Vorliegen einer unklaren Rechtslage verneint, da keine Regelung existierte, die so undurchsichtig war, dass der Gesetzgeber hätte klärend eingreifen müssen.

50 *BVerfGE* 30, 367 (388).

51 *BVerfGE* 19, 187 (197); 30, 250 (270); 30, 367 (388); s. hierzu auch bereits *BVerfGE* 7, 129 (151 f.); 13, 215 (224); ebenso *Degenhart*, Systemgerechtigkeit und Selbstbindung des Gesetzgebers als Verfassungspostulat, S. 70 ff.

52 Vgl. *BVerfGE* 30, 367 (388).

53 *BVerfGE* 13, 215 (223); 19, 187 (197); 30, 250 (270).

sind.[54] Eine solche Gefahr besteht in anderen, weniger komplexen Rechtsbereichen ebenfalls, jedoch nicht in diesem Ausmaß. Maßgebliches Kriterium ist auch hier die Kollision einer Norm mit dem normativen Regelungszusammenhang.

Eine Korrektur von Systemwidrigkeiten kann auch darin bestehen, dass nachträglich Lücken im System einer gesetzlichen Regelung geschlossen werden.[55] Bei dieser Fallgestaltung besteht die Besonderheit darin, dass nicht eine bereits existierende, aber systemwidrige Vorschrift aufgehoben, sondern lediglich eine neue, systemgerechte Norm zur Schließung von Gesetzeslücken geschaffen wird. Diese Situation betrifft den Fall, dass regelungsbedürftige Bereiche in der Gesamtkonzeption eines Gesetzes zunächst übersehen werden. Diese Regelungen werden dann später mit Rückwirkung eingefügt, nachdem der Gesetzgeber aufgrund der Anwendungserfahrungen mit dem betreffenden Gesetz Klarheit über die Notwendigkeit der Schließung der systemwidrigen Lücken erlangt hat. Ergänzende gesetzliche Regelungen, die derartige Irrtümer bei der Gesetzgebung nachträglich beseitigen und gesetzliche Lücken schließen, sind grundsätzlich nicht zu beanstanden, sofern sie sich ohne Bruch in das ursprüngliche System des Gesetzes einfügen. Sie sind indes unzulässig, wenn sie eine wesensfremde Gesetzesänderung herbeiführen.[56]

Die Formulierung dieser Zulässigkeitsgrenze trägt primär gesetzestechnischen Aspekten Rechnung, die sich im Zusammenhang mit dem Gesetzgebungsverfahren ergeben. Sofern der Gesetzgeber ein umfangreiches und schwieriges Gesetz generell im Gesetzgebungsverfahren schafft, kann aufgrund der Vielschichtigkeit und Komplexität der Regelungsmaterie nicht immer bereits ex ante geklärt werden, ob die Gesamtkonzeption des Gesetzes die zu regelnden Lebenssachverhalte angemessen erfasst. Insofern besteht die Möglichkeit, dass sich nachträglich bestimmte Vorschriften als nicht systemkonform herausstellen oder bestimmte regelungsbedürftige Bereiche übersehen werden, deren Korrektur nur rückwirkend erfolgen kann, da anderenfalls bereits erfolgte systemwidrige Gesetzesanwendungen dauerhaft Bestand hätten.

Eine Zusammenschau der beiden vorerwähnten Fallgruppen ergibt ferner, dass eine unklare oder systemwidrige Rechtslage auf verschiedene Gegebenheiten zurückführbar ist. Im Zusammenhang mit Auslegungsfragen kann die einzel-

---

54 Vgl. *BVerfGE* 13, 215 (220).

55 S. hierzu bereits *BVerfGE* 7, 129 (151), Entscheidung zum sog. "lex Schörner"; ferner *BVerfGE* 72, 200 (262).

56 *BVerfGE* 7, 129 (152); in jener Entscheidung wird die Schließung systemwidriger Lücken allerdings dann für unzulässig gehalten, wenn "der Gesetzgeber unter dem Anschein einer nachträglichen Ergänzung in Wahrheit eine wesensfremde Gesetzesänderung lediglich für den Rest der nachträglich noch zu regelnden Fälle vornehmen will." S. *BVerfG*, a.a.O., S. 152.

ne Rechtsnorm als solche berührt sein; in der Vielzahl der Fälle wird hingegen der Rechtssatz in Relation zum gesamten Normenkontext betroffen sein. Legislative Korrekturmöglichkeiten einer derartigen Rechtslage bestehen danach sowohl intra- als auch internormativ. Sie können zum Teil bereits durch rückwirkende Änderung der rechtsnormimmanenten Unklarheiten vorgenommen oder durch übergreifende rückwirkende Korrektur der im Gesamtzusammenhang eines Regelungswerkes als unklar oder systemwidrig erkannten Normen bereinigt werden.

III. Substituierung eines nichtigen Gesetzes

Die Rückbewirkung von Rechtsfolgen ist des Weiteren dann zulässig, wenn sie sich auf ein nichtiges Gesetz bezieht. Die Formulierung dieses Ausnahmetatbestandes basiert auf der Entscheidung zum sog. *hamburgischen Hundesteuergesetz*.[57] Diese Entscheidung betrifft eine Situation, in der über Jahre Abgaben erhoben wurden, ohne dass dafür eine wirksame Rechtsgrundlage bestand.[58] Die nachträgliche Schaffung einer derartigen Grundlage für die Erhebung von Abgaben auch für zurückliegende Jahre gilt als verfassungskonform.[59] Die gesetzgeberische Befugnis zur rückwirkenden Ersetzung nichtiger Gesetze beruht auf einer Binnenkollision innerhalb der einzelnen Ausprägungen des Rechtsstaatsprinzips.[60] Dabei stoßen Individualinteressen und staatliche Interessen aufeinander.[61] Bei der rückwirkenden Ersetzung einer nichtigen Norm durch eine verfassungsgemäße Regelung muss danach eine Güterabwägung zwischen den Ausprägungen des Rechtsstaatsprinzips erfolgen.[62]

Der Staatsbürger muss sich insbesondere auf die Verfassungsmäßigkeit geltender Gesetze verlassen können, um auf längere Zeit zu planen und zu dispo-

57 *BVerfGE* 7, 89; die Leitentscheidung *BVerfGE* 13, 261, die die Ausnahmetatbestände erstmalig katalogartig zusamenfasste, stellte ausdrücklich auf dieses Urteil ab, vgl. *BVerfGE* 13, 261 (272).

58 Zur Entscheidung bzgl. des hamburgischen Hundesteuergesetzes vgl. auch bereits § 4 B.

59 Vgl. *BVerfGE* 7, 89 (93): "Die Rückwirkung ist auch in der Sache begründet. Es handelt sich darum, daß die vergangenen Lebensverhältnisse selbst einer gesetzlichen Regelung bedurften..."

60 *BVerfGE* 7, 89 (92).

61 Vgl. *BVerfGE* 53, 115 (128, 130).

62 Das Erfordernis einer derartigen Abwägung klingt erstmals an in *BVerfGE* 7, 89 (92): "Zur Rechtsstaatlichkeit gehört nicht nur die Voraussehbarkeit, sondern auch die Rechtssicherheit und die materielle Richtigkeit oder Gerechtigkeit. Schon diese verschiedenen Seiten des Rechtsstaatsprinzips selbst können in der Gesetzgebung nicht immer gleichmäßig berücksichtigt werden." Explizite Ausführungen zur Güterabwägung finden sich in *BVerfGE* 53, 115 (128, 130).

nieren.[63] Dies gilt prinzipiell auch für den Fall der Unvereinbarkeit einer Norm mit dem Grundgesetz. Der Pflicht des Bürgers, geltende Gesetze zu beachten, entspricht die Schutzwürdigkeit seines Vertrauens in die Verfassungsmäßigkeit der vom Gesetzgeber verabschiedeten Gesetze.[64] Anderenfalls müsste der Bürger bei seinem Handeln stets - zumindest unterschwellig - davon ausgehen, das derzeit geltende Gesetz sei möglicherweise nichtig. Dies würde darauf hinauslaufen, letztlich ein Vertrauen in die Verfassungswidrigkeit von Gesetzen zu verlangen.[65] Dem Individualinteresse am Vertrauensschutz steht das staatliche Interesse an einer verfassungskonformen Gesetzeslage gegenüber.[66] Der Staat hat ein berechtigtes Interesse daran, Gesetze, die sich im Nachhinein als verfassungswidrig herausstellen, durch verfassungsgemäße Normen zu ersetzen. Nur diejenigen Gesetze, die mit dem Grundgesetz in Einklang stehen und bei denen nicht die Gefahr einer Nichtigerklärung durch das Bundesverfassungsgericht besteht, können dauerhaft Rechtssicherheit gewährleisten.

In diesem Widerstreit unterschiedlicher Interessenlagen stößt das Prinzip des individuellen Vertrauensschutzes allerdings an seine Grenzen.[67] Bei der Beurteilung der Auswirkung der Nichtigkeit von Gesetzen gebührt der Forderung nach Verfassungsgemäßheit der Gesetze regelmäßig Vorrang vor der Berücksichtigung von Einzelinteressen. Die grundsätzliche Entscheidung zugunsten staatlicher Interessen ergibt sich aus den unabsehbaren Folgen nichtiger Gesetze für den Rechtsverkehr.[68] Grenzen bestehen indes für den Fall, dass das Handeln des Gesetzgebers nicht durch sachliche Erwägungen gerechtfertigt ist und eine Rückwirkungsanordnung mithin willkürlich erfolgen würde.[69]

Diesem Ausnahmetatbestand liegt die verfassungsgerichtliche Auffassung zugrunde, dass der Staatsbürger sich nicht auf den durch eine ungültige Norm erzeugten Rechtsschein verlassen darf, wenn hierdurch das staatliche Interesse an materieller Richtigkeit der Gesetzeslage beeinträchtigt würde. Die Möglichkeit, nichtige Gesetze durch verfassungskonforme Normen zu ersetzen, kann ihrem Grundsatz nach als Wertentscheidung des Grundgesetzes selbst gewürdigt werden. Das aus dem Rechtsstaatsprinzip resultierende Gebot effektiven Rechts-

---

63 *BVerfGE* 22, 330 (347).

64 *BVerfGE* 53, 115 (128) mit Verweis auf *BVerfGE* 20, 230 (235).

65 Zu dieser Argumentationsführung vgl. *BVerfGE* 53, 115 (130).

66 So bereits *BVerfGE* 7, 89 (92).

67 Die Begrenzung individuellen Vertrauensschutzes wird angesprochen in *BVerfGE* 53, 115 (130): "Allerdings findet auch der Grundsatz des Vertrauensschutzes Grenzen, die sich namentlich aus einem Widerstreit zwischen Rechtssicherheit und materieller Gerechtigkeit ergeben können..."

68 Vgl. *BVerfGE* 32, 387 (389 f.); 53, 115 (130).

69 *BVerfGE* 7, 89 (94).

schutzes ermöglicht in bestimmtem Umfang die rechtsstaatliche Überprüfbarkeit der Verfassungsmäßigkeit von Gesetzen, z.B. im Wege der abstrakten und konkreten Normenkontrolle gemäß Art. 93 I Nr. 2 GG, bzw. Art. 100 GG oder durch eine Rechtssatz-Verfassungsbeschwerde nach Art. 93 I Nr. 4 a GG.[70] Die Gesetzesüberprüfung auf verfassungsprozessualem Wege führt insoweit gegebenenfalls zur Nichtigerklärung eines Gesetzes durch das Bundesverfassungsgericht gemäß § 78 S. 1 BVerfGG.[71]

Die Kassation wirkt ex tunc.[72] Sie führt in diesem Fall zur rückwirkenden Beseitigung der Vorschriften und ihrer Rechtswirkungen.[73] Dem Gesetzgeber obliegt es, aufgrund derartiger gerichtlicher Entscheidungen betroffene Lebenssachverhalte, die nachträglich ohne Rechtsgrundlage gestellt werden, neu zu regeln.[74] Dies kann zur Vermeidung eines Rechtsvakuums nach der Nichtigerklärung auch rückwirkend geschehen.[75] Der Normsetzer kann insoweit gehalten sein, den Anforderungen des Grundgesetzes hinsichtlich der Verfassungsmäßigkeit der Gesetzeslage auch für die Vergangenheit Rechnung zu tragen.

IV. Vorliegen zwingender Gründe des Gemeinwohls

Eine Rückbewirkung von Rechtsfolgen kann schließlich aufgrund zwingender Gründe des Gemeinwohls zulässig sein. Die Formulierung dieses Ausnahmetat-

---

70 Die Entscheidung zum sog. hamburgischen Hundesteuergesetz erging aufgrund eines konkreten Normenkontrollverfahrens gem. Art. 100 I GG, vgl. *BVerfGE* 7, 89 (91). Dasselbe Verfahren lag der sog. *Einheitswertentscheidung* zugrunde. Dort erklärte das BVerfG den § 10 VStG für verfassungswidrig und postulierte eine Neuregelung ab dem 01.01.1997. Das Gericht ließ indes offen, ob die Substituierung der verfassungswidrigen Vorschrift auch rückwirkend erfolgen kann, es verwies lediglich auf die Möglichkeit von Übergangsregelungen, vgl. zum Ganzen *BVerfG*, NJW 1995, 2615 (2620).

71 § 78 S. 1 BVerfGG gilt für die abstrakte und konkrete Normenkontrolle. § 95 III 1 BVerfGG enthält für die Rechtssatz-Verfassungsbeschwerde denselben Regelungsgehalt.

72 Vgl. *BVerfGE* 14, 174 (190); 21, 292 (305); 29, 11 (17). Anders z.B. das österreichische Verfassungsrecht, bei der die Aufhebung gemäß Art. 140 III B-VG ex nunc wirkt. Für die betroffenen Normadressaten führt dies letztlich zur Gewährleistung eines höheren Vertrauensschutzes.

73 *Stuth*, in: *Umbach/Clemens*, Bundesverfassungsgerichtsgesetz, § 79, Rdnr. 17.

74 *Pestalozza* spricht insoweit von einem *Reformgebot*; vgl. *Pestalozza*, Verfassungsprozeßrecht, S. 354 ff.

75 *Pestalozza*, Verfassungsprozeßrecht, S. 354 ff.; *Schlaich*, Das Bundesverfassungsgericht, S. 303.

bestandes klang erstmals in einer Entscheidung aus dem Jahre 1953 an.[76] Seine Legitimation ergibt sich daraus, dass derartige Gründe der durch rückwirkende Gesetze berührten Rechtssicherheit des Individuums im Einzelfall übergeordnet sein können.[77] Die Bejahung zwingender Gründe des Gemeinwohls erfolgt im Wege einer Güterabwägung, bei der Gemeinwohl- und Individualinteressen gegenübergestellt werden.[78] Hierbei ist ein Überwiegen der Interessen des gemeinen Wohls erforderlich; diese müssen sich aus der rechtlichen Gesamtsituation zwingend ergeben.[79]

Das Bundesverfassungsgericht hat im Laufe seiner Judikatur Abwägungskriterien entwickelt und damit eine inhaltliche Konkretisierung des Begriffs der zwingenden Gemeinwohlgründe vorgenommen. So können Aspekte des Rechtsmissbrauchs ein solcher Grund sein. In diesem Zusammenhang sind Rückwirkungsanordnungen zulässig, wenn sie missbräuchlich erlangte Rechtspositionen beseitigen.[80] Das Individualinteresse ist hier nicht schutzwürdig, da eine durch Missbrauch erwirkte Rechtslage nicht den Schutz der Rechtsordnung verdient. Das staatliche Anliegen der rückwirkenden Beseitigung illegitimer Individualpositionen geht in diesem Fall vor.[81] Zwingende Gemeinwohlinteressen können sich ferner unter dem Gesichtspunkt der Gleichbehandlung ergeben.[82] Bestehende Gesetzeslagen sind teilweise dadurch gekennzeichnet, dass Ungleichheiten in der Behandlung einzelner Normadressaten bestehen.[83] Manche Adressaten werden sachwidrig benachteiligt, andere wiederum erlangen ungerechtfertigte Vorteile, so dass die verschiedenartige Behandlung insgesamt als willkürlich erscheint.[84] In derartigen Konstellationen kann es dem Gesetzgeber gestattet sein, rückwirkend sachgerechtere Lösungen zu ermöglichen. Das staatliche Interesse an einer gerechten, dem Rechtsfrieden dienenden Gesetzeslage überwiegt hierbei

76 *BVerfGE* 2, 380; die Leitentscheidung *BVerfGE* 13, 261 verweist auf S. 272 ausdrücklich auf diese Entscheidung.
77 vgl. *BVerfGE* 2, 380 (405).
78 *Niehues*, Die Zulässigkeit der Rückwirkung von Gesetzen nach dem Recht der Bundesrepublik Deutschland, S. 136; *Aschke*, Übergangsregelungen als verfassungsrechtliches Problem, S. 251; *Compes*, Der gesetzgeberische Eingriff in nach altem Recht bestehende Rechtspositionen, S. 132; *Zeug*, Vertrauensschutz im Beamtenversorgungsrecht, S. 104.
79 Vgl. hierzu *BVerfGE* 13, 261 (273); 24, 75 (101 ff.); 30, 367 (391); 88, 384 (404).
80 *BVerfGE* 24, 75 (102).
81 Vgl. zum Ganzen *BVerfGE* 24, 75 (102 f.).
82 *BVerfGE* 13, 215 (224 f.); 13, 261 (273).
83 *BVerfGE* 13, 261 (273).
84 Vgl. *BVerfGE* 13, 215 (224).

gegenüber solchen Individualinteressen, die sich auf sachwidrige Bevorzugung gründen.[85]

Die Präzisierung des Gemeinwohlvorbehaltes erfolgt teilweise auch im Wege einer Negativabgrenzung. Ein Wandel in der Rechtsauffassung, insbesondere in der Auslegung unbestimmter Rechtsbegriffe, stellt noch keinen zwingenden Gemeinwohlgrund dar.[86] Aus der Sicht des Staatsbürgers verlangt der Grundsatz der Rechtssicherheit, die Rechtsfolgen verwirklichter Tatbestände endgültig klarzustellen und damit Rechtsbeständigkeit zu sichern.[87] Eine solche Klarstellung besteht zu einem wesentlichen Teil in der Interpretation unbestimmter Rechtsbegriffe und in der Subsumtion von Grenz- und Zweifelsfällen. Da es sich hierbei um ein allgemeines juristisches Problem handelt, ist es sachgerecht, darin keine spezifische Rückwirkungsgrenze zu sehen. Sofern man eine Rückwirkung bereits unter dem Gesichtspunkt eines Wandels in der Rechtsauffassung zuließe, würde eine unerträgliche Rechtsunsicherheit eintreten und das Vertrauen in staatliches Handeln erschüttert.

Fiskalische Gründe sind ebenfalls grundsätzlich nicht als zwingende Gründe des Gemeinwohls zu qualifizieren. Dies basiert auf einer Abwägung zwischen staatlichen Haushaltsinteressen einerseits und dem hiermit im Einzelfall kollidierenden individuellen Vertrauensschutz andererseits. Vorrangiges Abwägungskriterium ist dabei das Ausmaß der finanziellen Belastung. Belastungen des Haushaltes, die durch die Nichtbeseitigung der ursprünglichen Gesetzeslage entstehen, sind verglichen mit dem Gesamthaushaltsvolumen i.d.R. begrenzt und relativ gering. Insofern geht der rechtsstaatlich geschützte individuelle Vertrauensschutz hinsichtlich der Beibehaltung der ursprünglichen Rechtslage vor. Ausnahmsweise kann jedoch für Rückwirkungsanordnungen aus fiskalischen Gründen ein zwingendes Gemeinwohlinteresse zu bejahen sein, wenn hohe Betragssummen in Rede stehen.[88]

In seiner neueren Entscheidung BVerfGE 97, 67 hat das Bundesverfassungsgericht diese fiskalbezogene Rechtsprechung relativiert. Danach ist die Abschaffung von Sonderabschreibungen durch zwingende Gemeinwohlgründe gerechtfertigt, wenn diese Abschreibungsmöglichkeiten wirtschaftlich unsinnig sind. Bei der in Rede stehenden Beteiligung an Handelsschiffbauten ergibt sich

---

85 S. hierzu *BVerfGE* 13, 215 (225).

86 Vgl dazu bereits *BVerfGE* 2, 380 (395 f., 405). Das Gericht hält jedoch eine Ausnahme von dieser Regel für denkbar, wenn "besonders zwingende und schwerwiegende" Gründe vorliegen. Es nennt jedoch keine Maßstäbe für eine derartige Ausnahmekonstellation, s. *BVerfGE* 2, 380 (405).

87 S. dazu auch *BVerfGE* 2, 380 (403).

88 *BVerfGE* 22, 330 (349); eine zahlenmäßige Konkretisierung, ab wann ein solches Gemeinwohlinteresse anzunehmen ist, erfolgt indes nicht.

die Unwirtschaftlichkeit daraus, dass angesichts bereits vorhandener Überkapazitäten von Handelsschiffen derartige Subventionen volkswirtschaftlich fehlgehen würden. Insoweit überwiegen die fiskalischen Lenkungsinteressen gegenüber dem Vertrauen des Einzelnen auf den Fortbestand staatlicher Subventionen.[89]

Einen fiskalbezogenen Hintergrund hat auch die rückdatierte Änderung der Spekulationsfristen durch das am 31.03.1999 verkündete und am 01.01.1999 in Kraft getretene Steuerentlastungsgesetz 1999/2000/2002. Danach werden die Fristen des § 23 EStG für alle nach dem 31.12.1998 erfolgten Veräußerungen von Wirtschaftsgütern des Privatvermögens von 6 Monaten auf 1 Jahr, bzw. bei Grundstücken von 2 Jahren auf 10 Jahre verlängert. Das Rückwirkungsproblem stellt sich hier nicht nur für den Zeitraum des rückdatierten In-Kraft-Tretens vom 31.03. bis 01.01.1999. Vielmehr sind auch Konstellationen erfasst, bei denen die Spekulationsfrist bereits abgelaufen und das Wirtschaftsgut somit aus der Steuerverstrickung ausgeschieden war. Der Steuerpflichtige hatte lediglich den steuerfreien Gewinn noch nicht im Wege der Veräußerung realisiert. Je nachdem, ob man an das Ende der Spekulationsfrist oder an den Veräußerungsvorgang anknüpft, liegt entweder eine Rückbewirkung von Rechtsfolgen oder eine tatbestandliche Rückanknüpfung vor.

Der BFH jedenfalls hat an der Verfassungsmäßigkeit der zu Grunde liegenden Regelung - mit Recht - ernstliche Zweifel, da selbst bei Annahme einer tatbestandlichen Rückanknüpfung bzw. unechten Rückwirkung der Vertrauensschutz des Einzelnen betroffen sei. Zwar sei der dem Gemeinwohl verpflichtete Gesetzgeber grundsätzlich nicht gehindert, bestehende steuerrechtliche Freiräume zu schließen. Gleichwohl sei er aufgrund der rechtsstaatlichen Kontinuität gehalten, Sachverhalte, die bereits aus der Steuerverstrickung ausgeschieden seien, nicht durch eine abrupte Kursänderung erneut der Steuerpflicht zu unterwerfen.[90] Es bleibt abzuwarten, ob auch dieser Themenkomplex durch Vorlage des BFH Gegenstand einer bundesverfassungsgerichtlichen Entscheidung wird und ob das Gericht sodann die Steuergesetzgebung abermals aus fiskalischen gemeinwohlbezogenen Gründen für verfassungsmäßig hält.

Zurück zur konkreten Ausprägung des Gemeinwohlvorbehalts: Dieser weist die Besonderheit auf, dass das Bundesverfassungsgericht ihn als Ausnahmetatbestand grundsätzlich nicht allein zur Rechtfertigung einer Rückwirkungsanordnung

---

89 Vgl. hierzu *BVerfGE* 97, 67 (81 f.).

90 Vgl. zum Ganzen *BFH*, NJW 2001, 1671 f.; diese vorzugswürdige Auffassung wurde unmittelbar nach In-Kraft-Treten des Steuerentlastungsgesetzes 1999/2000/2002 bereits von *Pleyer* vertreten, vgl. dazu *Pleyer*, Verfassungswidrige Verlängerung der "Spekulationsfristen" durch das Steuerentlastungsgesetz 1999/2000/2002, in: NJW 1999, 3156 (3159 f.)

heranzieht.[91] Obwohl die einzelnen Tatbestände an sich nicht kumulativ vorliegen müssen, sondern ihre alternative Anwendbarkeit genügt, so dass jeder für sich allein bereits die ausnahmsweise Zulässigkeit einer Rückwirkung rechtfertigt, wird die Ausnahmeregel der zwingenden Gründe des Gemeinwohls bislang nicht allein als Zulässigkeitsgrenze benannt.[92] Das Gericht tendiert stattdessen zu einer Art Gesamtschau, in der das Gemeinwohl zur Unterstützung und Bejahung der anderen Ausnahmetatbestände herangezogen wird.[93]

Diese Prüfungssequenz hat dem Grundsatz nach auch in jüngster Zeit Bestand. Es ist jedoch insoweit eine verstärkte Akzentuierung des Gemeinwohlvorbehaltes erkennbar, als dieser im Gegensatz zu früheren Entscheidungen unter stärkerer Berücksichtigung zur Rechtfertigung einer Rückwirkungsanordnung herangezogen wird.

In BVerfGE 97, 67 wird die Abschaffung der vorerwähnten Sonderabschreibungen zunächst aus zwingenden Gründen des Gemeinwohls gerechtfertigt, wobei der wirtschaftliche Nutzen von Abschreibungen im Vordergrund steht.[94] Darüber hinaus hätten die Normadressaten mit einer rückwirkenden Regelung rechnen müssen, da den Anbietern des Abschreibungsmodells die Änderungsabsichten des Gesetzgebers bekannt gewesen seien und die Kapitalanleger über den Abschreibungstatbestand erst nach dem Bundestagsbeschluss über die Gesetzesänderung disponierten.[95] Gemeinwohlerwägungen werden danach zuerst - quasi auf einer ersten Stufe - geprüft. Danach werden weitere Ausnahmetatbestände kumulativ benannt und zur Rechtfertigung herangezogen.

Letztlich ist der Gemeinwohlvorbehalt als die abstrakteste Rückwirkungsgrenze anzusehen. Im Unterschied zu den anderen Tatbeständen stehen keine rückwirkungsspezifischen Fragen aus dem Bereich des Gesetzgebungsverfahrens, der Gesetzestechnik oder der Verfassungskonformität der Gesetzesausgestaltung im Vordergrund. Stattdessen wird hier die Entscheidung über die Zulässigkeit eines rückwirkenden Gesetzes ausdrücklich im Wege einer Güterabwägung zwischen Individual- und Gemeinwohlinteressen getroffen. Der Normadressat mag ein derartiges Abwägungsergebnis eher nachvollziehen können, als spezifisch legislative rückwirkungsrelevante Aspekte. Jedoch wirft gerade die Abstraktheit des Gemeinwohlvorbehaltes Probleme auf, die insbesondere seine inhaltliche Eingrenzung und die Formulierung von Abwägungskriterien betreffen. Die Zulässigkeit einer Rückwirkung aus Gründen des Gemeinwohls weist so eine ver-

91 *BVerfGE* 13, 215 (224 f.); 22, 330 (349).
92 Vgl. hierzu auch *Iliopoulos-Strangas*, Rückwirkung und Sofortwirkung von Gesetzen, S. 56 f.; *Pieroth*, Rückwirkung und Übergangsrecht, S. 59.
93 S. *BVerfGE* 13, 215 (225); 22, 330 (349).
94 *BVerfGE* 97, 67 (81 f.).
95 *BVerfGE* 97, 67 (82).

fassungsrechtliche Ambivalenz auf, auf die im weiteren Untersuchungsgang noch näher einzugehen sein wird.

V. *Nichtausschließlichkeit des Ausnahmekatalogs*

Der obige Ausnahmekatalog ist bereits in der Leitentscheidung BVerfGE 13, 261 als nicht abschließend betrachtet worden. In dieser Entscheidung stellt das Gericht fest, dass die vier genannten Fälle eine Rückwirkungsanordnung "unter anderem" ausnahmsweise rechtfertigen können.[96] Seit BVerfGE 30, 367 werden die Ausnahmetatbestände um einen weiteren Tatbestand, den sog. Bagatellvorbehalt, ergänzt.[97] Dieser Vorbehalt ist ausdrücklich auch von der neuen Rückwirkungsjudikatur übernommen worden.[98] Danach ist eine Rückwirkung von Gesetzen ausnahmsweise zulässig, wenn kein oder nur ganz unerheblicher Schaden verursacht wurde.[99] Die Andeutung einer derartigen Zulässigkeitsgrenze erfolgte bereits in der Entscheidung zum hamburgischen Hundesteuergesetz. Dort wurde für die Zulässigkeit einer Rückwirkungsanordnung neben der Nichtigkeit der gesetzlichen Regelung zusätzlich angeführt, dass es sich lediglich um eine Vielzahl kleinerer finanzieller Beträge handelte.[100]

Die verfassungsrechtliche Rechtfertigung für einen solchen in praxi nur selten zur Anwendung gelangenden Bagatellvorbehalt ist darin zu sehen, dass das Rechtsstaatsprinzip nicht vor jeglicher Enttäuschung schützt, sondern nur vor nicht unerheblichen Verschlechterungen einer Rechtslage.[101] Maßgebliches Kriterium für das Vorliegen dieses Vorbehaltes und die damit verbundene Zulässigkeit einer Rückwirkung ist demnach die Geringfügigkeit einer Belastung. Letztlich sind damit materiellrechtliche Zumutbarkeitserwägungen maßgeblich. Die Geringfügigkeit kann sich sowohl direkt aus der Höhe eines zu entrichtenden Betrages ergeben[102] als auch in einer Zusammenschau mit anderen Faktoren, wie

96 *BVerfGE* 13, 261 (271).

97 Die begrifflich-terminologische Einordnung dieses Ausnahmetatbestandes als "Bagatellvorbehalt" geht zurück auf *Götz*, Bundesverfassungsgericht und Vertrauensschutz, in: Bundesverfassungsgericht und Grundgesetz Bd. 2, S. 421 (433).

98 In *BVerfGE* 72, 200 (258) wird die Ausnahmeregel des Bagatellvorbehaltes bei der Frage der Zulässigkeit einer Rückwirkungsanordnung zuerst geprüft.

99 *BVerfGE* 30, 367 (389).

100 *BVerfGE* 7, 89 (94).

101 *BVerfGE* 30, 367 (389 f.); sie ist neben *BVerfGE* 72, 200 (258) eine der wenigen Entscheidungen, in denen ausdrücklich auf einen Bagatellvorbehalt abgestellt wird.

102 Vgl. *BVerfGE* 7, 89 (94); dort konstatierte das Gericht, dass "die in Frage stehenden Summen für den einzelnen Betroffenen weder absolut noch im Hinblick auf die mit einer Hundehaltung im übrigen verbundenen Kosten relativ ins Gewicht fielen."

z.B. der Länge eines Rückwirkungszeitraums.[103] Die Anzahl der belasteten Normadressaten ist indes nicht als Indikator für das Vorliegen eines Bagatellvorbehalts zu werten.[104]

Mit diesen klassischen, bereits seit BVerfGE 13, 261 geltenden vier Ausnahmetatbeständen und dem später formulierten Bagatellvorbehalt sind die Fallgruppen für die ausnahmsweise Zulässigkeit einer Rückbewirkung von Rechtsfolgen konturiert.

Liegt hiernach ein Ausnahmetatbestand vor, der es rechtfertigt, das rechtsstaatliche Rückwirkungsverbot zu durchbrechen, so darf diese Durchbrechung gleichwohl nicht dazu führen, dass durch die nachträglich geänderte Rechtsfolgenlage der grundrechtlich geschützte Bereich der Normadressaten verletzt wird.[105] Bislang hat der Senat allerdings diejenigen Rückwirkungsanordnungen, die einem der Ausnahmetatbestände unterfielen, niemals wegen eines im Anschluss daran zu prüfenden etwaigen Verstoßes gegen Grundrechte als verfassungswidrig erklärt.[106]

B. Zulässigkeitsgrenzen tatbestandlicher Rückanknüpfung

Die tatbestandliche Rückanknüpfung unterliegt einer anderen verfassungsrechtlichen Bewertung als die Rückbewirkung von Rechtsfolgen. Sie gilt grundsätzlich als zulässig, da Rechtsnormen regelmäßig an Tatbestände mit Bezugspunkten zur Vergangenheit rückanknüpfen.[107] Die Zulässigkeit dieser Rechtsfigur gelangt jedoch dort an ihre Grenzen, wo in Grundrechte von Normadressaten eingegriffen wird, ohne dass hierfür eine verfassungsrechtliche Rechtfertigung existiert.[108] Bei der Prüfung dieser grundrechtlichen Zulässigkeitsgrenze sind die allgemeinen rechtsstaatlichen Prinzipien des Vertrauensschutzes, der Rechtssicherheit und der Verhältnismäßigkeit einzubeziehen.[109]

I. Grundrechte als Zulässigkeitsgrenze

Mit der Tatbestandsverwirklichung einer Norm sind vielfach Grundrechte des betroffenen Normadressaten betroffen, in die durch Rückanknüpfungen an die

---

103 Vgl. dazu bereits *BVerfGE* 4, 193 (202 ff.).
104 S. hierzu *BVerfGE* 30, 367 (390).
105 *BVerfGE* 72, 200 (242).
106 Vgl. hierzu zuletzt *BVerfGE* 97, 67 (83).
107 *BVerfGE* 72, 200 (254); 76, 256 (347).
108 *BVerfGE* 72, 200 (242); 76, 256 (347); 77, 370 (378).
109 Vgl. *BVerfGE* 72, 200 (242 f.); 76, 256 (347).

Tatbestandsebene nachträglich eingegriffen wird. Insofern sind die Grundrechte verfassungsrechtlicher Prüfungsmaßstab.[110] Die grundrechtliche Bewertung erfolgt dabei nach der allgemein üblichen Prüfungsfolge.[111] Anfangs ist die materielle Substanz des in Rede stehenden Grundrechts, d.h. der Schutzbereich, festzulegen. Sofern ein Eingriff in den Schutzbereich gegeben ist, ist zu prüfen, ob dieser durch die Schrankenregelung des Grundrechts gedeckt ist.

Die Bezugnahme auf Grundrechte als Zulässigkeitsgrenze tatbestandlicher Rückanknüpfungen erfolgt konkret bereits in der Leitentscheidung BVerfGE 72, 200.[112] Dieser Entscheidung zum Steuerrecht liegt der Fall zugrunde, dass ein deutscher Staatsbürger seinen Wohnsitz aus steuerlichen Gründen in die Schweiz verlegt hatte, um dort lediglich einer Pauschalbesteuerung seines Einkommens zu unterliegen. Der bundesdeutsche Gesetzgeber wirkte derartigen Fällen von Steuerflucht entgegen, indem er Steuerpflichtige, die bis zur Wohnsitzverlegung als Deutsche einkommensteuerpflichtig waren, gem. § 2 I Außensteuergesetz (AStG) nachträglich einer erweiterten Steuerpflicht unterzog.[113] Diese legislative Rückerstreckung ist als tatbestandliche Rückanknüpfung zu bewerten, da das Merkmal der Wohnsitzverlegung Bezugspunkt auf Tatbestandsebene ist. Der Senat hat in diesem Fall eine Grundrechtsprüfung vorgenommen, einen Verstoß gegen Grundrechte - Art. 11 I GG, 2 I GG, 14 I GG und Art. 3 I GG - allerdings im Ergebnis verneint.[114]

Seit BVerfGE 72, 200 sind auch in den folgenden Entscheidungen die Grundrechte als Zulässigkeitsgrenze tatbestandlicher Rückanknüpfungen herangezogen worden. In BVerfGE 76, 256, einer Entscheidung zum Beamtenrecht, stand die nachträgliche Anrechnung von Renten aus gesetzlicher Rentenversicherung auf

---

110 S. *BVerfGE* 72, 200 (242 f.), die spezifische Tatbestandsbezogenheit von Grundrechten formuliert das BVerfG in der Weise, dass mit der Verwirklichung eines jeweiligen Tatbestandes vorrangig Grundrechte "ins Werk gesetzt" werden.

111 Zur Prüfung der Grundrechtskonformität staatlichen Handelns s. *Bleckmann*, Staatsrecht II, S. 428 ff.

112 *BVerfGE* 72, 200 (245).

113 *BVerfGE* 72, 200 (245).

114 Die Wohnsitzverlegung eines Deutschen ins Ausland fällt nicht unter den Schutzbereich des Art. 11 I GG; sie wird stattdessen von Art. 2 I GG erfasst. Indes ist die aus der Wohnsitzverlegung resultierende veränderte Inlandsbesteuerung gemäß. § 2 I AStG von der Schrankentrias des Art. 2 I GG gedeckt, denn sie hält sich angesichts der intendierten Unterbindung der Steuerflucht im Rahmen der verfassungsmäßigen Ordnung. Im Hinblick auf Art. 14 I GG ist bereits ein Eingriff in den Schutzbereich zu verneinen, da es sich bei der Erweiterung der Einkommensteuerpflicht nicht um eine Abgabe mit erdrosselnder Wirkung handelt. Ebensowenig ist Art. 3 I GG verletzt, da eine Ungleichbehandlung gegenüber nichtdeutschen Steuerpflichtigen unter dem Gesichtspunkt der Steuerflucht sachlich gerechtfertigt ist. Vgl. zum Ganzen *BVerfGE* 72, 200 (245 ff.).

beamtenrechtliche Versorgungsbezüge in Frage.[115] Die damit verbundene Kürzung der Versorgungsbezüge wurde nicht als Verstoß gegen Art. 33 V GG gewertet, da das "Wie" der Alimentation nicht unantastbar ist.[116] BVerfGE 77, 370 betrifft ebenfalls die Anrechnung von Rentenbezügen. Die spätere Anrechnung einer Schwerbehindertenrente auf die Bemessung von Übergangsgeld ist danach im Fall der selbst vorgenommenen Kündigung als verfassungskonforme tatbestandliche Rückanknüpfung anzusehen.[117] Der Fortbestand einer dem Kündigenden günstigen Gesetzeslage, z.B. die Gewährung von Übergangsgeld, sei nicht von Art. 12 I GG erfasst, da die Betätigung der Berufsfreiheit selbst hierdurch nicht eingeschränkt werde.[118] In BVerfGE 78, 249 schließlich stand die nachträgliche Erhebung einer Fehlbelegungsabgabe für selbstnutzende Bauherren von Sozialwohnungen zur verfassungsrechtlichen Überprüfung an.[119] Hierin ist

---

115 Ziel dieser Regelung war die Vermeidung der Doppelversorgung von Beamten, um so einen angemessenen Abstand zwischen aktiven Bezügen und Versorgungseinkommen zu gewährleisten. Die Anrechnung betraf nicht nur zukünftige, sondern auch bestehende Beamtenverhältnisse, so dass die Anknüpfung an das Beamtenverhältnis als tatbestandliche Rückanknüpfung zu bewerten ist.

116 Die hergebrachten Grundsätze des Berufsbeamtentums garantieren lediglich, *dass* Ruhestandsbeamte angemessen zu alimentieren sind. Hieraus ist jedoch nicht abzuleiten, dass günstige Gesetzesvorschriften für alle Zukunft unverändert weitergelten und gewährte Leistungen auf Dauer konstant bleiben. Es existiert kein hergebrachter Grundsatz des Berufsbeamtentums, wonach Renten auf Versorgungsbezüge schlechthin nicht angerechnet werden dürfen. Vgl. *BVerfGE* 76, 256 (347 ff.).

117 Nach § 42 SchwbG a.F. durften derartige Renten nicht angerechnet werden, so dass Schwerbehinderte nach einer von ihnen vorgenommenen Kündigung einen Anspruch auf Zahlung des vollen Übergangsgeldes hatten. Seit der Neufassung von § 42 SchwbG dürfen Schwerbehindertenrenten jedoch auf die Zahlung von Übergangsgeld angerechnet werden, mit der Konsequenz, dass nur anteiliges Übergangsgeld gewährt wird. Hierin liegt eine tatbestandliche Rückanknüpfung, die an das Tatbestandsmerkmal der Beendigung des Beschäftigungsverhältnisses anknüpft.

118 *BVerfGE* 77, 370 (378 f.). In der Einschränkung der Zahlung von Übergangsgeld ist lediglich eine Beeinträchtigung des Arbeitsverhältnisses und damit der Vertragsfreiheit i.S.v. Art. 2 I GG zu sehen, die jedoch von der Schrankenregelung der verfassungsmäßigen Ordnung gedeckt ist, da sie der Beseitigung von Doppelleistungen dient. Der Sinn und Zweck der Auszahlung von Übergangsgeld liegt darin, in materieller Sicht den status quo eines Arbeitnehmers aufrechtzuerhalten. Diese Funktion wird durch die Neuregelung des § 42 SchwbG nicht angetastet, da diese Regelung lediglich zur Beseitigung von Doppelleistungen führt und damit einer nicht gerechtfertigten Überversorgung des Arbeitnehmers entgegensteht.

119 Fehlbelegungsabgaben sind grundsätzlich von denjenigen Mietern von Sozialwohnungen zu leisten, bei denen aufgrund veränderter wirtschaftlicher Verhältnisse die Voraussetzungen für eine Wohnberechtigung weggefallen sind. Die Fehlbelegungsabgabe erstreckt sich auf Bauherren, die eine ihnen gehörende Wohnung selbst nutzen. Tatbestandlicher Bezugspunkt für die nachträgliche Erhebung einer derartigen

kein Verstoß gegen Art. 14 I GG zu sehen, da faktisch nur eine Subventionskürzung vorliegt, die verfassungsrechtlich geschützte Eigentumspositionen nicht berührt. Die Änderung der Rahmenbedingungen der Förderung stellt danach lediglich einen durch zunehmenden staatlichen Finanzmangel gerechtfertigten Eingriff in Art. 2 I GG dar.[120]

Die vorerwähnten Entscheidungen belegen, dass der Zweite Senat mit der Formulierung des grundrechtlichen Ansatzes in BVerfGE 72, 200 nicht lediglich ein verfassungstheoretisches Postulat aufstellt. Vielmehr sind die dort festgelegten Grundsätze in den nachfolgenden Entscheidungen aufgegriffen und bestätigt worden, so dass eine Verfestigung der Judikatur zu verzeichnen ist. Sofern die von einer tatbestandlichen Rückanknüpfung betroffene Rechtsposition grundrechtlich geschützt ist, sind die Grundrechte verfassungsrechtlicher Prüfungsmaßstab. Ein Rückgriff auf die Lehre von der unechten Rückwirkung erfolgt nicht mehr.

II. Einbeziehung allgemein rechtsstaatlicher Grundsätze

Bei der Prüfung der Grundrechtskonformität tatbestandlicher Rückanknüpfungen finden die allgemeinen rechtsstaatlichen Grundsätze der Verhältnismäßigkeit sowie des Vertrauensschutzes und der Rechtssicherheit ebenfalls Berücksichtigung; sie sind ergänzend einzubeziehen.[121]

Das Verhältnismäßigkeitsprinzip ist hierbei unter dem temporalen Aspekt der Ausgestaltung der Vergangenheitsanknüpfung relevant. Diesbezüglich sind sowohl zeitliche Grenzen als auch die etwaige Verpflichtung zum Erlass von Übergangsregelungen unter Verhältnismäßigkeitsaspekten zu prüfen.[122] Die zeitlichen Grenzen tatbestandlicher Rückanknüpfungen sind nicht pauschal, sondern abhängig von den Eigenarten der betroffenen Regelungsmaterie unter Berücksichtigung

---

Abgabe ist die Wohnberechtigung, so dass eine tatbestandliche Rückanknüpfung vorliegt.

120 *BVerfGE* 78, 249 (284).

121 *BVerfGE* 72, 200 (242 f.); 77, 370 (379); 78, 249 (284). Eine Ausnahme von dieser Prüfungsfolge besteht beim grundrechtsgleichen Recht des Art. 33 V GG. Hier kommt dem rechtsstaatlichen Grundsatz des Vertrauensschutzes keine selbständige Bedeutung zu, da dieser Grundsatz bereits durch Art. 33 V GG selbst seine besondere Ausprägung erfahren hat. Insoweit spielen allgemeine rechtsstaatliche Grundsätze bereits in den Schutzbereich des Grundrechts mit ein. Vgl. hierzu *BVerfGE* 76, 256 (347).

122 Vgl. *BVerfGE* 72, 200 (247 f.) hinsichtlich zeitlicher Grenzen und *BVerfGE* 78, 249 (285 f.) bzgl. Übergangsregelungen. Hinsichtlich der gesetzgeberischen und individuellen Interessenlage beim Erlass von Übergangsregelungen s. *Heiderich*, Übergangsvorschriften in der neueren Gesetzgebungspraxis, S. 45 ff.

der gesetzgeberischen Ziele und Lenkungsabsichten zu bestimmen.[123] Was den Erlass von Übergangsregelungen betrifft, so steht dem Gesetzgeber ein weiter Gestaltungsspielraum zur Verfügung.[124] Er hat in diesem Zusammenhang jedoch die Schwere des Eingriffs tatbestandlicher Rückanknüpfungen zu beachten. Eine Pflicht zum Erlass von Übergangsregelungen kann sich für den Fall ergeben, dass für die Normadressaten ein beträchtliches Anpassungsbedürfnis an die neue Rechtslage besteht. Dies ist zu bejahen, wenn es erforderlich ist, sich auf die neue rückanknüpfende Regelung einzustellen und dementsprechend neu zu disponieren.[125]

Die zusätzliche Einbeziehung der rechtsstaatlichen Prinzipien von Rechtssicherheit und Vertrauensschutz erfolgt im Wege einer Abwägung. Hierbei stehen das Individualinteresse am Fortbestand der bisherigen Rechtslage und das gesetzgeberische Anliegen, den Wandel der Lebensverhältnisse adäquat in gesetzliche Neuregelungen zu fassen, gegenüber.[126] Das Gericht hat im Rahmen seiner neueren Rückwirkungsjudikatur hierzu spezifische Abwägungskriterien herausgearbeitet. Hinsichtlich des Individualinteresses zählen dazu die Schutzwürdigkeit des beeinträchtigten Besitzstandes, die Schwere des Eingriffs, das Ausmaß des Vertrauensschadens, der Grund für enttäuschtes Vertrauen sowie die Art und

123 In dem BVerfGE 72, 200 zugrundeliegenden steuerrechtlichen Sachverhalt erstreckt sich eine tatbestandliche Rückanknüpfung über den Zeitraum von zehn Jahren. Die erhebliche Dauer dieses Zeitraums rechtfertigt sich aus der Lenkungsabsicht, die mit der tatbestandlichen Rückanknüpfung verbunden war. Sie soll einer Steuerflucht durch Wohnsitzverlegung ins Ausland entgegenwirken. Ein derart weit gezogener zeitlicher Rahmen ist zulässig, denn es ist nicht ausgeschlossen, daß ein Steuerpflichtiger die nunmehr geänderte erhöhte Steuerpflicht, die durch die Wohnsitzverlegung ins Ausland entsteht, zum Anlass nimmt, auch nach längerer Einlebungsphase im neuen Aufenthaltsstaat den Wohnsitz ins Inland zurückzuverlegen. Insoweit besteht unter steuerrechtlchen Aspekten eine verfassungsrechtliche Berechtigung zu einem derart langfristigen Steuerungsimpuls. Vgl. *BVerfGE* 72, 200 (247).

124 In *BVerfGE* 78, 249, der Entscheidung zur Erhebung von Fehlbelegungsabgaben im Wohnungsbauwesen, wurde die Verpflichtung zum Erlass einer Übergangsregelung abgelehnt. Diese Entscheidung wurde indes mit Stimmengleichheit - vier gegen vier Stimmen - getroffen. Die Nichterforderlichkeit einer Übergangsregelung ergab sich daraus, dass den abgabepflichtigen Bauherren die Vorteile der ihnen gewährten Subvention während eines langen Zeitraums von z.T. über zwanzig Jahren ungekürzt zugute gekommen war. Im Vergleich zum Umfang dieser Vorteile erreicht die den Bauherren mit der Fehlbelegungsabgabe auferlegte Belastung nicht ein solches Ausmaß, daß eine spezifische Übergangsregelung verfassungsrechtlich geboten ist. Vgl. hierzu *BVerfGE* 78, 249 (285).

125 Vgl. *BVerfGE* 78, 249 (285 f.); s. auch *Karpen*, Urteilsanmerkung zu BVerfGE 78, 249, in: JZ 1989, 395 (396).

126 *BVerfGE* 76, 256 (347 f.).

Weise, auf die Vertrauen enttäuscht wurde.[127] Aus staatlicher Sicht sind die Bedeutung des gesetzgeberischen Anliegens für das allgemeine Wohl[128], die Gewichtigkeit des öffentlichen Interesses[129], Gründe finanzieller Vernunft[130] und die Anpassungsfähigkeit der Rechtsordnung an eine veränderte Rechtswirklichkeit[131] abwägungsrelevant.

Bei der Abwägung der gegenläufigen Interessen ist die Grenze zur Verfassungswidrigkeit einer tatbestandlichen Rückanknüpfung weit gefasst.[132] Sofern das Individualvertrauen in den Fortbestand einer Regelung nicht generell schutzwürdiger ist als das gesetzgeberische Anliegen einer Änderung, ist eine tatbestandliche Rückanknüpfung mit der Verfassung vereinbar.[133] In diesem Abwägungsverfahren wird zugleich die unterschiedliche verfassungsrechtliche Einschätzung von tatbestandlicher Rückanknüpfung und Rückbewirkung von Rechtsfolgen deutlich. Im ersten Fall wird die Schwelle der Verfassungswidrigkeit hoch angesetzt, im letzteren die der Verfassungsmäßigkeit.

C. Würdigung

I. Präferenz der Grundrechtsbezogenheit tatbestandlicher Rückanknüpfungen

Die rechtsnormologische Analyse im vorangegangenen Kapitel hat bereits ergeben, dass Gesetze, die tatbestandliche Rückanknüpfungen enthalten, ihrem Realsein nach nicht als rückwirkend zu qualifizieren sind, da das Wesen der Rückwirkung in der Rückerstreckung des zeitlichen Normanwendungsbereichs und der korrespondierenden nachteiligen Veränderung der ursprünglichen Rechtsfolgen-

---

127 Zusammenfassend hierzu *BVerfGE* 76, 256 (356).
128 *BVerfGE* 76, 256 (356).
129 *BVerfGE* 78, 249 (284).
130 *BVerfGE* 77, 370 (380) In diesen Bereich einzuordnen ist auch das in der Leitentscheidung *BVerfGE* 72, 200 genannte Abwägungskriterium der Steuergerechtigkeit. Die dort gewählte tatbestandliche Rückanknüpfung sollte eine Steuerflucht durch Wohnsitzverlegung ins Ausland verhindern. Es ist nicht hinnehmbar, dass ein Steuerflüchtiger wesentliche wirtschaftliche Tätigkeiten im Inland aufrechterhält, sich aber gleichzeitig einer angemessenen Besteuerung dieser Tätigkeiten durch Wohnsitzverlegung ins Ausland entziehen will. Bei der gesetzgeberischen Unterbindung eines derartigen "Doppelspiels" überwiegt das staatliche Interesse an der Aufrechterhaltung gerechter Besteuerungsverhältnisse im Inland gegenüber dem Individualinteresse an niedriger Besteuerung. Vgl *BVerfGE* 72, 200 (244 ff.).
131 *BVerfGE* 76, 256 (348).
132 S. hierzu *Pieroth*, Die neuere Rechtsprechung des Bundesverfassungsgerichts zum Grundsatz des Vertrauensschutzes, in: JZ 1990, 279 (285).
133 *BVerfGE* 76, 256 (356).

lage zu sehen ist. Dieser Befund hat Folgen für die Bestimmung der verfassungsrechtlichen Grenzen dieses Gesetzestypus. Sofern tatbestandlich rückanknüpfende Gesetze keine Rückwirkung entfalten, führt dies konsequenterweise dazu, dass derartige Gesetze nicht an rückwirkungsspezifischen Zulässigkeitsgrenzen zu messen sind. Vielmehr hat entsprechend der allgemeinen Rechtsnatur dieser Normen eine materielle Gesetzesprüfung am Maßstab allgemein verfassungsrechtlicher Rechtmäßigkeitsvoraussetzungen zu erfolgen. Prüfungsgegenstand sind danach primär die Grundrechte. Der grundrechtliche Ansatz des Zweiten Senats ist insoweit unter verfassungsdogmatischen Gesichtspunkten als sachgerecht anzusehen.

Als ebenso sachgerecht zu bewerten ist die ergänzende Einbeziehung rechtsstaatlicher Grundsätze. Diese Grundsätze beschränken ihrerseits die Befugnisse des Gesetzgebers zum Eingriff in Grundrechtsschutzbereiche und sind insofern dem Bereich der Schranken-Schranken zuzuordnen.[134] Die vom Gericht im Rahmen der Interessenabwägung angelegten Maßstäbe hinsichtlich der Verfassungswidrigkeit der tatbestandlichen Rückanknüpfung sind ungeachtet der hiermit im Einzelfall verbundenen Einschränkung von Individualrechten angemessen. Dies gilt jedenfalls dann, wenn eine verfassungskonforme Ausbalancierung von Interessenantagonismen im Spannungsfeld zwischen Fortgeltung und Modifikation der Rechtsordnung erfolgt. Gesetzgeberische Neuregelungen weisen angesichts der Zeitgebundenheit des Rechts bei der Ausgestaltung des gesetzlichen Tatbestandes regelmäßig auch Anknüpfungspunkte zur Vergangenheit auf. Allein dieser Aspekt macht sie jedoch nicht bereits verfassungswidrig. Ein uneingeschränkter Individualschutz zugunsten des Fortbestandes der bisherigen Rechtslage würde den Gesetzgeber gegenüber den Einzelinteressen lähmen und damit zur Versteinerung der Rechtsordnung führen. Die Abwägung würde in diesem Fall regelmäßig zu Lasten der Anpassungsfähigkeit der Rechtsordnung ausfallen. Zur Vermeidung derartiger Missstände muss es dem Gesetzgeber möglich sein, Normen auch mit tatbestandlicher Rückanknüpfung zu erlassen.

II. Strukturelle Gemeinsamkeiten der Zulässigkeitsgrenzen einer Rückbewirkung von Rechtsfolgen

1. Gemeinwohlvorbehalt als inhärente Grundlage bestehender Zulässigkeitsgrenzen

Die Ausgestaltung der Zulässigkeitsgrenzen der Rückbewirkung von Rechtsfolgen trägt - wie die bisherige Analyse gezeigt hat - rückwirkungsspezifischen Pro-

134 Vgl. *Stern*, Das Staatsrecht der Bundesrepublik Deutschland, Bd. III/2, S. 711.

blemen des Gesetzgebungsverfahrens, der inhaltlichen Gesetzesausgestaltung, der Gesetzgebungstechnik sowie legislativen Korrekturerfordernissen Rechnung. Diese Grenzen bestehen nicht isoliert voneinander, sondern weisen eine strukturelle Affinität auf. Der Gemeinwohlvorbehalt hat im Rahmen der Zulässigkeitsgrenzen rückwirkender Gesetze insoweit strukturierende Wirkung. Das Bundesverfassungsgericht stellt diesbezüglich in seiner Leitentscheidung BVerfGE 72, 200 fest, die Ausnahmetatbestände seien Ausprägungen des Grundgedankens, dass allein zwingende Gründe des gemeinen Wohls bzw. ein nicht vorhandenes schutzbedürftiges Vertrauen des Einzelnen eine Durchbrechung des rechtsstaatlichen Rückwirkungsverbots zugunsten der Gestaltungsfreiheit des Gesetzgebers rechtfertigen oder gar erfordern können.[135] Dies hebt das Gericht in jüngster Zeit unter verstärkter Akzentuierung des Gemeinwohlvorbehaltes ausdrücklich auch in BVerfGE 97, 67 hervor.[136]

Damit wird deutlich, dass sich der Gemeinwohlvorbehalt nicht nur als einer von vier alternativ in Betracht kommenden Ausnahmetatbeständen darstellt, sondern inhärente Grundlage der bestehenden Zulässigkeitsgrenzen ist.[137] Das ihm immanente Verfassungsverständnis, wonach zwingende Gründe des Gemeinwohls eine Rückwirkungsanordnung im Einzelfall rechtfertigen können, spiegelt sich auch in den anderen Ausnahmetatbeständen wider.[138] Demgemäß stellt sich der Gemeinwohlvorbehalt als allgemeine Zulässigkeitsgrenze dar, die die übrigen Ausnahmetatbestände als spezifische Ausprägungen dieses Vorbehaltes umfasst.[139] Praktisch kommt ihm damit die Funktion einer verfassungsrechtlichen

---

135 *BVerfGE* 72, 200 (258).

136 *BVerfGE* 97, 67 (79 f.).

137 S. hierzu in jüngster Zeit *Rensmann*, Reformdruck und Vertrauensschutz, in: JZ 1999, 168 (172 ff.); *Brüning*, Die Rückwirkung von Legislativakten, in: NJW 1998, 1525 (1528).

138 Vgl auch *Hahn*, Zur Rückwirkung im Steuerrecht, S. 68; *Zeug*, Vertrauensschutz im Beamtenversorgungsrecht, S. 104; in diesem Sinne auch *Fiedler*, Neuorientierung der Verfassungsrechtsprechung zum Rückwirkungsverbot und zum Vertrauensschutz?, in: NJW 1988, 1624 (1630); *Brockmeyer*, in: *Schmidt-Bleibtreu/Klein*, Grundgesetz-Kommentar, Art. 20, Rdnr. 32; *Katz*, Staatsrecht, S. 98; *Stern*, Das Staatsrecht der Bundesrepublik Deutschland, Bd. I, S. 836.

139 Das BVerfG führt lediglich den sog. Bagatellvorbehalt nicht auf die Grundkonzeption des Gemeinwohlvorbehaltes zurück, vgl *BVerfGE* 72, 200 (258). Diese Auffassung ist sachgerecht, denn der Ausnahmetatbestand hat seine Berechtigung darin, dass eine Rückwirkungsanordnung lediglich dann als verfassungsrechtlich problematisch angesehen wird, wenn sie eine nicht unerhebliche Belastung zur Folge hat. Bei einer geringfügigen, nahezu unerheblichen Eingriffswirkung gewährt das grundsätzliche Rückwirkungsverbot keinen Schutz. Insoweit steht bei diesem Ausnahmetatbestand die Geringfügigkeit des Eingriffs im Vordergrund, die unabhängig von einer Interessenabwägung Bestand hat.

Untergrenze zu, die als Evidenzkontrolle für die Zulässigkeit rückwirkender Gesetze dient.

2. *Güterabwägung als übergreifendes Prinzip*

Der grundkonzeptionelle Charakter des Gemeinwohlvorbehaltes hat des Weiteren zur Folge, dass die Ausnahmetatbestände der Rückbewirkung von Rechtsfolgen implizit auf dem Prinzip der Güterabwägung beruhen.[140] Rückwirkungsanordnungen sind danach ausnahmsweise zulässig, sofern das öffentliche Interesse an einer rückwirkenden Neugestaltung der Rechtslage zum Schutz wichtiger Gemeinschaftsgüter das Interesse des Einzelnen am Erhalt der bestehenden Rechtsfolgenlage überwiegt.

Beim ersten Ausnahmetatbestand, demzufolge eine Rückwirkung zulässig ist, wenn die Normadressaten mit einer derartigen Regelung rechnen müssen, bestimmt das Bundesverfassungsgericht das Abwägungserfordernis dahingehend, dass jede Festlegung eines für das Ende des schutzwürdigen Vertrauens in die bisherige Rechtslage maßgeblichen Zeitpunkts notwendigerweise einen Ausgleich zwischen gegenläufigen Interessen darstellt.[141] Die zeitliche Fixierung des Wegfalls schutzwürdigen Vertrauens erfolgt insofern nach dem Grundsatz der Güterabwägung.

Der zweite Ausnahmetatbestand enthält ebenfalls Abwägungselemente. Die Rechtfertigung für die Korrektur von Systemwidrigkeiten liegt u.a. darin, dass die Gefahr einer nicht systemgerechten und damit verfassungswidrigen Behandlung einzelner Normadressaten gegeben ist.[142] Hierbei kollidiert das staatliche Anliegen der Wiederherstellung von Rechtssicherheit und Gerechtigkeit mit dem Individualinteresse der Normbegünstigten am Bestand der Rechtslage.[143] Bei dieser Interessenkollision wird dem staatlichen Interesse an der Durchsetzung der Rechtsstaatlichkeit im Rahmen der Abwägung grundsätzlich der Vorrang einzuräumen sein, denn der Einzelne ist aus rechtsstaatlicher Sicht nicht schutzwürdig, sofern er aufgrund einer systemwidrigen Norm eine Rechtsposition erlangt, die ihm nicht zusteht.[144]

Bei der rückwirkenden Substituierung eines nichtigen Gesetzes besteht ein Zielkonflikt zwischen dem staatlichen Interesse an der materiellen Rechtmäßigkeit einer Gesetzeslage und dem Individualinteresse am Fortbestand des jewei-

140 Vgl. auch *Rensmann*, Reformdruck und Vertrauensschutz, in: JZ 1999, 168 (173).
141 *BVerfGE* 72, 200 (261).
142 Vgl. *BVerfGE* 13, 215 (223 ff.).
143 *BVerfGE* 19, 187 (197).
144 S. hierzu bereits *BVerfGE* 7, 129 (152).

ligen Gesetzes.[145] Für die Lösung dieses Konfliktes sind einerseits der Grundsatz der Rechtssicherheit, andererseits die Einzelfallgerechtigkeit maßgebend, wobei die Abwägung je nach Sachlage eine Zuordnung dieser rechtsstaatlichen Erfordernisse verlangt.[146] Tendenziell wird hier eine Entscheidung zugunsten des staatlichen Anliegens erfolgen. Diese Abwägungstendenz lässt sich damit rechtfertigen, dass bei der Nichtigerklärung von Normen dem Gedanken der Rechtssicherheit wegen der unabsehbaren Folgen für den Rechtsverkehr regelmäßig der Vorrang vor der Berücksichtigung der Einzelfallgerechtigkeit gebührt.

Schließlich ist die Bejahung zwingender Gründe des Gemeinwohls das Ergebnis eines Abwägungsvorgangs, bei dem sich Individual- und Gemeinwohlinteressen gegenüberstehen.[147] Ergibt eine Gegenüberstellung des individuellen Interesses an Rechtssicherheit und des staatlichen Anliegens an einer rückwirkenden Neuregelung der Rechtslage, dass zwingende Gründe des gemeinen Wohl eine Rückwirkungsanordnung erfordern, so sind diese dem Gebot der Rechtssicherheit regelmäßig übergeordnet.[148]

D. Kritik der Literatur

Die vom Bundesverfassungsgericht aufgestellten Zulässigkeitsgrenzen legislativer Rückerstreckungen sind vom Schrifttum in ambivalenter Weise beurteilt worden.

I. Tendenzielle Akzeptanz der Zulässigkeitsgrenzen tatbestandlicher Rückanknüpfungen

Die Zulässigkeitsgrenzen tatbestandlicher Rückanknüpfungen, die ein Novum in der Rückwirkungsjudikatur bedeuten, werden der Tendenz nach befürwortet. Dies beruht auf verfassungsdogmatischen Überlegungen: Gesetze, die tatbestandliche Rückanknüpfungen aufweisen, berühren das Vertrauen des Bürgers auf die unveränderte Fortgeltung des gesetzten Rechts, das insoweit nicht nur die bisher verwirklichten sondern auch künftig sich realisierende Tatbestandsmerkmale umfasst. Hinter diesem Vertrauen steht letztlich die durch die Grundrechte gewährleistete Möglichkeit individueller Lebensgestaltung. Tatbestandliche Rückanknüpfungen greifen regelmäßig in diese bislang innegehabten Befugnisse der

145 Vgl dazu *BVerfGE* 7, 89 (92); 53, 115 (130).
146 *BVerfGE* 53, 115 (128).
147 Vgl. *BVerfGE* 24, 75 (101 ff.); 30, 367 (391).
148 *BVerfGE* 13, 261 (272).

Normadressaten und damit auch in den Grundrechtsschutzbereich ein. Derartige legislative Rückerstreckungen sind danach an den Grundrechten zu messen.[149] In der Grundrechtsorientierung wird zudem mit Recht eine sachgerechte und umfassende Gewährleistung des Individualschutzes gesehen, da diese Rechte eine konkrete Ausformung durch das Grundgesetz erfahren haben.[150]

Dass für die Beurteilung der verfassungsrechtlichen Zulässigkeit einer tatbestandlichen Rückanknüpfung vorrangig Grundrechte heranzuziehen sind, wird lediglich vereinzelt bezweifelt.[151] Hiernach beschränkt der Schutz gegen legislative Rückerstreckungen sich nicht auf grundrechtlich gewährleistete Bereiche. Vertrauen in die Beständigkeit des Rechts werde in allen Fällen enttäuscht, in denen sich das Verhalten des Normadressaten infolge einer Gesetzesänderung nachträglich als nachteilig erweise. Das primäre Verfassungsgebot besteht danach in allen Fällen darin, den Vorteil der neuen Regelung, ihre utilité sociale, gegenüber den enttäuschten Individualerwartungen abzuwägen.[152] Insoweit rückt der zur unechten Rückwirkung entwickelte Abwägungsvorbehalt - und mit ihm zwangsläufig die damit verbundene Kritik der mangelnden Offenlegung von Vertrauensschutzkriterien - erneut in den Vordergrund der Argumentation.[153]

II. Kritik an den bestehenden Zulässigkeitsgrenzen der Rückbewirkung von Rechtsfolgen

Die Zulässigkeitsgrenzen bei der Rückbewirkung von Rechtsfolgen werden, anders als die der tatbestandlichen Rückanknüpfung, erheblich kritisiert. Diese in Fortführung der bisherigen Judikatur rezipierten Grenzen sieht das Schrifttum seit jeher kritisch.

Als Hauptkritikpunkt wird angeführt, dass vom Staatsbürger im Hinblick auf die Voraussehbarkeit einer Rückwirkungsanordnung juristische Kenntnisse gefordert würden, über die er de facto nicht verfüge.[154] Er soll unklare Rechtslagen

149 Vgl. hierzu *Zeug*, Vertrauensschutz im Beamtenversorgungsrecht, S. 111, *Iliopoulos-Strangas*, Rückwirkung und Sofortwirkung von Gesetzen, S. 81.

150 Vgl. *Zeug*, Vertrauensschutz im Beamtenversorgungsrecht, S. 107; *Compes*, Der gesetzgeberische Eingriff in nach altem Recht bestehende Rechtspositionen, S. 111 ff.

151 Vgl. *Vogel*, Rechtssicherheit und Rückwirkung zwischen Vernunftrecht und Verfassungsrecht, in: JZ 1988, 833 (838); *Lecheler*, Vertrauensschutz bei der Beamtenbesoldung und Beamtenversorgung, in: ZBR 1990, 1 (2).

152 *Vogel*, Rechtssicherheit und Rückwirkung zwischen Vernunftrecht und Verfassungsrecht, in: JZ 1988, 833 (838).

153 *Lecheler*, Vertrauensschutz bei der Beamtenbesoldung und Beamtenversorgung, in: ZBR 1990, 1 (2).

154 Vgl. *Iliopoulos-Strangas*, Rückwirkung und Sofortwirkung von Gesetzen, S. 78 f.; *Schlink*, Abwägung im Verfassungsrecht, S. 114 ff.; *Roth-Stielow*, Die verfassungs-

analysieren können, die Fähigkeit besitzen, vorläufige von endgültigen Regelungen zu unterscheiden, die rechtliche Vorprogrammierung einer Rückwirkungsanordnung antizipieren und schließlich systemwidrige oder sogar nichtige Vorschriften erkennen können. Dieser vom Bundesverfassungsgericht aufgestellte Maßstab des perfekten Normadressaten bleibt in der Tat lediglich eine Fiktion, die angesichts der überspannten Vorhersehbarkeitsanforderungen den Vertrauensschutz des Bürgers in die bestehende Gesetzeslage leerlaufen lässt.[155] Die Kritik zielt insbesondere auf die ersten drei Ausnahmetatbestände, da sie vom Staatsbürger profunde Kenntnisse im Bereich der Rechtsetzung verlangen. Bei der Zulässigkeitsgrenze des Gemeinwohlvorbehaltes werden hingegen weniger detaillierte legislative Kenntnisse vorausgesetzt. Stattdessen steht die im weiteren Untersuchungsgang noch näher zu analysierende Wertungsfrage nach dem Vorhandensein zwingender Gründe des Gemeinwohls im Vordergrund.[156]

Hinsichtlich des ersten Ausnahmetatbestandes, demzufolge eine Rückwirkung unter zeitlichen Aspekten bereits zulässig ist, wenn der Bundestag das Gesetz beschlossen hat, kritisieren die verfassungsrichterlichen Sondervoten von *Rupp-v. Brünneck* und *v. Schlabrendorff* mit Recht, dass die Öffentlichkeit aufgrund der Vielzahl der verabschiedeten Gesetze längst nicht von allen Bundestagsbeschlüssen informiert werde. Für den Normadressaten ist es kaum möglich, sämtliche Gesetzesbeschlüsse zur Kenntnis zu nehmen.[157] Mit der Fixierung auf den Bundestagsbeschluss als Bezugspunkt für den Wegfall schutzwürdigen Vertrauens ist insoweit der falsche Zeitpunkt gewählt.[158]

Hinsichtlich der Zulässigkeit einer Rückwirkung zur Beseitigung einer unklaren oder systemwidrigen Rechtslage monieren *Bauer* und *Pieroth*, dass das Bundesverfassungsgericht in seinen Entscheidungen nicht deutlich genug definiert,

---

widrige Rückwirkung des § 1708 Abs. 1 Satz 1 BGB n.F. durch Art. 9 II Ziff. 2 FamRÄndG, NJW 1963, 571 (572); *Pieroth*, Rückwirkung und Übergangsrecht,, S. 87 ff.; vgl auch die Sondervoten von *Rupp-v. Brünneck*, in *BVerfGE* 32, 111 (129 ff.) und *v. Schlabrendorff*, in *BVerfGE* 37, 363 (414 ff.). Die Kritik wird ausdrücklich auch bzgl. der neuen Rückwirkungsdogmatik aufrechterhalten, vgl. *Zeug*, Vertrauensschutz im Beamtenversorgungsrecht, S. 102 ff.

155 S. dazu auch *Aschke*, Übergangsregelungen als verfassungsrechtliches Problem, S. 268 ff.

156 Vgl. unten § 11.

157 S. hierzu *Rupp-v. Brünneck*, in *BVerfGE* 32, 111 (138); *v. Schlabrendorff*, in: *BVerfGE* 37, 363 (419); allgemein zu dieser Problematik auch *Jørgensen*, Recht und Gesellschaft, S. 49 f.

158 So auch *Zeug*, Vertrauensschutz im Beamtenversorgungsrecht, S. 103; in diese Richtung tendierend auch *Grabitz*, Vertrauensschutz als Freiheitsschutz, DVBl 1973, 675 (684).

wann ein Rechtssatz "unklar", "verworren" oder gar "systemwidrig" ist.[159] Sofern das Gericht selbst diesen Begriffen keine hinreichende Kontur verleihe, könne dies vom Bürger erst recht nicht erwartet werden.[160] Für den Bürger, selbst für den Juristen, erscheint die Rechtsordnung in steigendem Maße als unklar bzw. systemwidrig. Dies wird beinahe schon als Regelfall abgetan und auf das bestehende hochkomplizierte Staats- und Gesellschaftssystem zurückgeführt. Hierin wird nicht ohne Grund eine Unvereinbarkeit mit dem Leitgedanken des Vertrauensschutzes gesehen, da der Normadressat letztlich eine exakte Einschätzung der Gesetzessituation nicht vornehmen kann.[161]

Die dritte Ausnahmeregel, die sich auf die Ersetzung eines nichtigen Gesetzes bezieht, verlangt dem Normadressaten die juristische Fähigkeit ab, verfassungsgemäße von nichtigen Gesetzen zu unterscheiden. Dies setzt nach Auffassung der Kritiker beim Bürger erhebliche Rechtskenntnis voraus, die er indes nicht besitzt.[162] Die Kritik wird dadurch verstärkt, dass hinsichtlich der Vorhersehbarkeit der Rückwirkung und des hiermit korrespondierenden Vertrauensschutzes unterschiedliche Anknüpfungspunkte gewählt werden.[163] In einigen Entscheidungen soll der Staatsbürger sich nicht auf den Rechtsschein einer nichtigen Norm verlassen dürfen, in anderen Entscheidungen wiederum wird völlig entgegengesetzt ein Vertrauen in eben eine solche Norm verlangt.

Dieser u.a. von *Aschke* erhobenen Kritik liegt folgende Spruchpraxis zugrunde: Der Normalfall, an dem sich das Gericht bei der Formulierung dieses Ausnahmetatbestandes orientiert, ist dadurch gekennzeichnet, dass eine Norm als nichtig erkannt ist und aus diesem Grund rückwirkend durch eine gültige Norm ersetzt wird. Der Bürger geht indes von der Verfassungsmäßigkeit der ursprünglichen Regelung aus. In dieser Situation darf er nicht auf den Rechtsschein der verfassungsgerichtlich als nichtig erkannten Norm vertrauen.[164] Später ging das

---

159 Vgl. *Bauer*, Bundesverfassungsgericht und Rückwirkungsverbot, JuS 1984, 241 (247); *Pieroth*, Rückwirkung und Übergangsrecht, S. 88.

160 *Aschke*, Übergangsregelungen als verfassungsrechtliches Problem, S. 271; in dieselbe Richtung tendierend auch *Niehues*, Die Zulässigkeit der Rückwirkung von Gesetzen nach dem Recht der Bundesrepublik Deutschland, S. 135.

161 S. hierzu *Pieroth*, Rückwirkung und Übergangsrecht, S. 88; ebenso bereits *Niehues*, Die Zulässigkeit der Rückwirkung von Gesetzen nach dem Recht der Bundesrepublik Deutschland, S. 135; *Leisner*, Das Gesetzesvertrauen des Bürgers, in: Berber-Festschrift, S. 287 f.

162 Vgl. dazu *Zeug*, Vertrauensschutz im Beamtenversorgungsrecht, S. 103.

163 Vgl. *Aschke*, Übergangsregelungen als verfassungsrechtliches Problem, S. 271 f.; s. auch *Schlink*, Abwägung im Verfassungsrecht, S. 115.

164 In seiner Ausgangsentscheidung *BVerfGE* 13, 261 (272), in der zum ersten Mal die Ausnahmetatbestände katalogartig aufgefächert wurden, formulierte das Gericht diesen Normalfall wie folgt: "Der Staatsbürger kann sich nicht immer auf den durch ei-

Gericht hinsichtlich des Wegfalls schutzwürdigen Vertrauens dann teilweise von einem anderen, diametral entgegengesetzten Ansatzpunkt aus. Die Ausgangssituation entsprach der oben geschilderten. Im Unterschied zur ersten Fallgestaltung war der Normadressat jedoch nicht von der Verfassungsmäßigkeit der Regelung, sondern, wie vom Gericht im ersten Fall gefordert, von deren Verfassungswidrigkeit ausgegangen. Im Widerspruch zur vorangegangenen Spruchpraxis konstatierte das Gericht nunmehr, dass es ein Vertrauen auf die Nichtigkeit einer Norm nicht gebe.[165] Diese Entscheidungspraxis verdeutlicht, dass die Bezugspunkte für den Vertrauensschutz teilweise widersprüchlich gewählt werden.[166] Die tatsächliche Rechtslage bildet insoweit einmal einen Vertrauenstatbestand, ein anderes Mal hingegen nicht. Der in beiden Fallvarianten herangezogene Rechtsschein macht die Vorhersehbarkeit einer derart motivierten Rückwirkung für den Normadressaten unmöglich.[167]

III. Stellungnahme

Der Kritik an der Rückwirkungsjudikatur ist, insbesondere was die Ausprägung der Zulässigkeitsgrenzen der Rückbewirkung von Rechtsfolgen angeht, ihrem Grundtenor nach zuzustimmen. Der Vorwurf der Überspannung des individuellen Voraussehbarkeitsmaßstabes ist berechtigt.

Bereits die Festlegung des Vorhersehbarkeitszeitpunktes auf den Gesetzesbeschluss des Bundestages unterstellt als Normalfall einen Bürger, der sich umfassend und schnellstmöglich über sämtliche Gesetzgebungsvorhaben informiert, die nachträglich zu einer anderen rechtlichen Bewertung seiner bereits getätigten Dispositionen führen können. Hiergegen ist im Einklang mit den verfassungsrichterlichen Sondervoten von *Rupp-v. Brünneck* und *v. Schlabrendorff* zunächst einzuwenden, dass die Normenflut dem Bürger schon faktisch nicht die Möglich-

ne ungültige Norm erzeugten Rechtsschein verlassen. Der Gesetzgeber kann daher unter Umständen eine nichtige Bestimmung rückwirkend durch eine nicht zu beanstandende Norm ersetzen."

165 S. hierzu *BVerfGE* 22, 330 (348): "Bei dieser Sachlage können sich die Betroffenen also keinesfalls darauf berufen, auf die Ungültigkeit der Verordnung ... vertraut zu haben. Ein solches Vertrauen ... auf die Ungültigkeit der fraglich gewordenen Norm kann schon durch den Rechtsschein der Gültigkeit, den die noch nicht ausdrücklich aufgehobene Norm erzeugt, ausgeschlossen werden."

166 Dies wird auch von *Bauer* hervorgehoben: "Angesichts solch widersprüchlicher Begründungszusammenhänge drängt sich die Frage auf, ob das Recht überhaupt geeignet ist, eine Grundlage für eigenverantwortliche Planungen, Dispositionen und Entscheidungen abzugeben." Vgl. *Bauer*, Bundesverfassungsgericht und Rückwirkungsverbot, in: JuS 1984, 241 (247).

167 *Pieroth*, Rückwirkung und Übergangsrecht, S. 89.

keit belässt, sämtliche für ihn möglicherweise relevanten Gesetzesbeschlüsse zu registrieren.[168] Abgesehen von diesem tatsächlichen Problem der jeweils aktuellsten Informationsbeschaffung stellt der gewählte Maßstab an den Normadressaten höhere Anforderungen als an den Normanwender in Justiz und Verwaltung, der trotz der täglichen Anwendungspraxis von Gesetzesänderungen vielfach erst durch die Gesetzesblätter erfährt.

Die Rechtfertigung anderer Ausnahmetatbestände mit dem Argument der Voraussehbarkeit der jeweiligen Rückwirkungsanordnung geht ebenfalls an der Rechtswirklichkeit vorbei.

Die Erkennbarkeit der Systemwidrigkeit einer Rechtslage erfordert Kenntnisse hinsichtlich der gesetzgeberischen Gesamtkonzeption des Gesetzes sowie des gesetzesimmanenten normativen Regelungszusammenhangs. Der Normadressat wird aufgrund der Vielschichtigkeit der gesetzlichen Regelungsmaterie über derartige Kenntnisse in der Regel nicht verfügen. Das Fehlgehen dieses Maßstabs offenbart sich nicht zuletzt in der rückwirkenden Korrektur einer unklaren und verworrenen Rechtslage. Zum einen besteht angesichts der Konkretisierungsbedürftigkeit dieser Voraussetzungen die von *Bauer* und *Pieroth* angesprochene Gefahr einer begrifflichen Dezision.[169] Zum anderen werden die Fähigkeit zur Auslegung von Rechtsnormen und damit Kenntnisse der juristischen Methodenlehre vorausgesetzt. Hierbei beschränkt sich das Gericht nicht darauf, lediglich die Erkennbarkeit sprachlicher und wortlautbedingter Unklarheiten zu verlangen, sondern geht in wirklichkeitsfremder Weise davon aus, dass der Normadressat unklare und verworrene Rechtssätze durch kumulative Anwendung der vier Auslegungsmethoden erkennt.

Der Normadressat wird ebensowenig in der Lage sein, die Nichtigkeit eines Gesetzes, auf dessen Grundlage er Dispositionen trifft, zu erkennen. Anderenfalls müsste er bereits mit Verwirklichung des gesetzlichen Tatbestandes die Richtigkeit der Gesetzeslage in einer Parallelwertung überprüfen können. Hierfür wären Kenntnisse bezüglich der formellen und materiellen Verfassungsmäßigkeit von Normen erforderlich. Zudem besteht aufgrund der zu Recht vom Schrifttum kritisierten widersprüchlichen Anwendung dieses Ausnahmetatbestandes kein einheitlicher, verlässlicher Maßstab bezüglich der Voraussehbarkeit einer etwaigen Nichtigkeit.

Insgesamt baut der vom Bundesverfassungsgericht aufgestellte Maßstab der Voraussehbarkeit einer Rückwirkung angesichts der Komplexität rechtlicher Re-

---

168 S. *Rupp-v. Brünneck*, in *BVerfGE* 32, 111 (138); *v. Schlabrendorff*, in *BVerfGE* 37, 363 (419).

169 S. *Bauer*, Bundesverfassungsgericht und Rückwirkungsverbot, in: JuS 1984, 241 (247); *Pieroth*, Rückwirkung und Übergangsrecht, S. 88.

gelungszusammenhänge sowie der Kompliziertheit des Gesetzgebungsverfahrens auf kaum haltbaren Fiktionen auf. Faktisch wird so dem Gesetzgeber aufgrund des überspannten Vorhersehbarkeitsmaßstabes ein allgemeines Vorbehaltsrecht für rückwirkende Gesetze zuerkannt. Hiermit wird das Verfassungspostulat von der grundsätzlichen Unzulässigkeit rückwirkender Gesetze erheblich relativiert.

Die weitgehende Akzeptanz des grundrechtlichen Ansatzes im Bereich der tatbestandlichen Rückanknüpfung durch die Literatur ist zu begrüßen. Die Grundrechte sind unter zweierlei Aspekten als Prüfungsmaßstab dieser Form der legislativen Rückerstreckung anzusehen: Zum einen trifft der Gesetzgeber, wie *Zeug*[170] zutreffend hervorhebt, durch die Art und Weise der Tatbestandsausgestaltung einer Norm bereits eine Entscheidung darüber, ob grundrechtsrelevante Bereiche berührt sind, so dass durch tatbestandliche Rückanknüpfungen eben diese Bereiche betroffen sein können. Des Weiteren führt die Tatsache, dass derartige Rückanknüpfungen keine Rückwirkung entfalten, notwendigerweise zu einer *allgemeinen* verfassungsrechtlichen Rechtmäßigkeitsprüfung des Gesetzes, bei der typischerweise das Hauptaugenmerk auf etwaigen Grundrechtsverstößen liegt.

Die u.a. von *Compes*[171] hervorgehobene größere Sachgerechtigkeit des grundrechtlichen Ansatzes manifestiert sich insbesondere bei einer synoptischen Gegenüberstellung der tatbestandlichen Rückanknüpfung und der älteren Rechtsfigur der unechten Rückwirkung. Mit dem neueren Ansatz wird die der unechten Rückwirkung immanente Präjudizwirkung weitgehend vermieden. Bislang hatte die Qualifizierung einer gesetzlichen Regelung als unecht rückwirkend de facto deren Verfassungsmäßigkeit zur Folge. Die Abkehr von der Differenzierung zwischen abgeschlossenen und nicht abgeschlossenen Tatbeständen reduziert Zulässigkeitsfragen nicht mehr auf diese formale, präjudizielle Einteilung, sondern eröffnet die Möglichkeit, die Zulässigkeitsgrenzen tatbestandlicher Rückanknüpfungen jeweils unter Berücksichtigung der Umstände des Einzelfalls zu ermitteln.

Der Möglichkeit der Einzelfallwürdigung wird dadurch Rechnung getragen, dass das Individualinteresse am Erhalt von Rechtspositionen nicht mehr allein unter dem Gesichtspunkt des Vertrauensschutzes bewertet wird, sondern darüber hinaus durch eine Orientierung an etwa betroffenen Grundrechten. In Grundrechte darf nicht grundsätzlich, sondern nur unter Beachtung der Grundrechtsschranken eingegriffen werden. Die zusätzliche Einbeziehung von Vertrauensschutzaspekten im Bereich der Schranken-Schranken ermöglicht es, auf einer weiteren Ebene das Ausmaß der legislativen Beeinträchtigung und die Bedeutung

170 Vgl. *Zeug*, Vertrauensschutz im Beamtenversorgungsrecht, S. 111.
171 *Compes*, Der gesetzgeberische Eingriff in nach altem Recht bestehende Rechtspositionen, S. 111 ff.

der individuellen Rechtsposition mit dem gesetzgeberischen Interesse an der Neuregelung abzuwägen und auf diese Weise die Verfassungsmäßigkeit oder -widrigkeit der tatbestandlichen Rückanknüpfung festzustellen. Der Individualschutz wird hierdurch differenzierter und zugleich effektiver berücksichtigt.

Dies wird dann verkannt, wenn auch im Bereich der tatbestandlichen Rückanknüpfung primär auf das Verfassungsgebot der Interessenabwägung abgestellt wird.[172] Für Fallkonstellationen, bei denen in Rechtspositionen eingegriffen wird, die nicht dem Schutzbereich eines Grundrechts unterfallen, wird man eine derartige Abwägung als durchaus sachgerecht bewerten können. Dem Gesetzgeber steht es auch hier nicht frei, Rechtspositionen beliebig zu entziehen. Insoweit setzen die allgemeinen rechtsstaatlichen Prinzipien des Vertrauensschutzes und der Verhältnismäßigkeit und die hiermit korrespondierende Interessenabwägung die verfassungsrechtlichen Grenzen. Sofern jedoch die Rechtsposition, in die durch die gesetzliche Neuregelung eingegriffen wird, grundrechtlich geschützt ist, wäre es zu kurz gegriffen, in erster Linie auf den Gesichtspunkt des Vertrauensschutzes abzustellen. Dies gilt vor allem deshalb, weil die Schrankenregelung des jeweils betroffenen Grundrechts insofern ein höheres Schutzniveau gewährt.

§ 10 Analyse der konkurrierenden Rückwirkungskonzepte des Schrifttums

Die vom Bundesverfassungsgericht entwickelte Systematik der verfassungsrechtlichen Grenzen für rückwirkende Gesetze, d.h. derjenigen Normen, die eine Rückbewirkung von Rechtsfolgen entfalten, ist seitens des Schrifttums von Anfang an auf Kritik gestoßen. Der Vielzahl divergierender Ansätze sind zwei im Folgenden näher zu analysierende Hauptströmungen immanent. Zum einen erfolgt die Ableitung von Rückwirkungsgrenzen aus dem Rechtsstaatsprinzip; andere Konzepte stellen demgegenüber auf die Grundrechte als verfassungsrechtlichen Bewertungsmaßstab für rückwirkende Gesetze ab.[173]

---

172 So *Vogel*, Rechtssicherheit und Rückwirkung zwischen Vernunftrecht und Verfassungsrecht, in: JZ 1988, 833 (838); *Lecheler*, Vertrauensschutz bei der Beamtenbesoldung und Beamtenversorgung, in: ZBR 1990, 1 (2).

173 Daneben existieren in der älteren Literatur einige Ansätze, die Rückwirkungsgrenzen zunächst aus allgemeinen Rechtsgrundsätzen ableiten, jene Grundsätze aber letztlich als Konkretisierungselemente des Rechtsstaatsprinzips ansehen. Vgl. dazu *Klein/Barbey*, Bundesverfassungsgericht und Rückwirkung von Gesetzen, S. 83 ff.: Grundsatz der Unverbrüchlichkeit des Gesetzes als Konkretisierung des Prinzips der Rechtsstaatlichkeit; *Kisker*, Die Rückwirkung von Gesetzen, S. 14 ff.: Zeitgebundenheit des Rechts als Ausfluss des Rechtsstaatsprinzips; *Coing*, Grundsätzliches zur Rückwirkung von Gesetzen, in: BB 1954, 137 (138): Grundsatz von Treu und Glauben, dem konstitutionell der Gedanke der Rechtsstaatlichkeit zu Grunde liegt;

Das Schrifttum leitet Rückwirkungsgrenzen z.T. ebenso wie die Rechtsprechung des Bundesverfassungsgerichts aus dem Rechtsstaatsprinzip her. Die Art und Weise der dogmatischen Herleitung ist jedoch, wie zu zeigen sein wird, unterschiedlich. Ebenso werden hinsichtlich der konkreten Ausformung der Zulässigkeitsgrenzen rückwirkender Gesetze in Teilbereichen konzeptionell unterschiedliche Wege beschritten.

Hinsichtlich der verfassungsdogmatischen Herleitung von Rückwirkungsgrenzen wählt *Götz*[174] einen am Gesetzgebungsverfahren orientierten prozeduralen Ansatz, der auch in der neueren Literatur Zustimmung gefunden hat.[175] Die Problematik rückwirkender Gesetze findet danach ihre verfassungsrechtliche Verortung im Verfahren der Rechtsetzung. Ein rechtsstaatliches Gesetzgebungsverfahren setzt die Offenlegung neuen Rechts voraus. Diese durch das Institut der Verkündung gewährleistete Publizität ist danach das rechtsstaatliche Essentiale jeglicher Rechtsetzung.[176] Unter diesem Gesichtspunkt bedeutet rückwirkende Gesetzgebung ein prinzipiell unfaires Gesetzgebungsverfahren, da rückwirkendes Recht für den Zeitpunkt, für den es Geltung beansprucht, weder offengelegt wird noch existent gewesen ist.[177] Diesem prinzipiellen Verstoß gegen das Wesen der Rechtsetzung entnimmt *Götz* indes kein absolutes Rückwirkungsverbot. Ein rückwirkendes Gesetz kann hiernach ausnahmsweise zulässig sein, wenn der Bürger von dem Zeitpunkt des parlamentarischen Gesetzesbeschlusses an mit einer rückwirkenden Regelung rechnen musste oder wenn durch das Gesetzgebungsverfahren unklare, verworrene oder nichtige Normen geschaffen wurden.[178] Mit der Formulierung dieser Zulässigkeitsgrenzen werden faktisch die ersten drei Ausnahmetatbestände des Bundesverfassungsgerichts übernommen.

---

in diese Richtung tendierend später auch *Ossenbühl*, Vertrauensschutz im sozialen Rechtsstaat, in: DÖV 1972, 25 (27).

174 *Götz*, Bundesverfassungsgericht und Vertrauensschutz, in: Bundesverfassungsgericht und Grundgesetz, S. 421 (432 f.).

175 Vgl. *Iliopoulos-Strangas*, Rückwirkung und Sofortwirkung von Gesetzen, S. 169; die Zustimmung zum dogmatischen Ansatz von Götz erfolgt jedoch ohne weitere Begründung.

176 Zu den rechtsstaatlichen Implikationen der Verkündung und dem hiermit korrespondierenden Prinzip der sog. formellen Publikation s. auch § 1 A.

177 *Götz*, Bundesverfassungsgericht und Vertrauensschutz, in: Bundesverfassungsgericht und Grundgesetz, S. 421 (433).

178 Vgl. hierzu *Götz*, Bundesverfassungsgericht und Vertrauensschutz, in: Bundesverfassungsgericht und Grundgesetz, S. 421 (433).

Diese Konzeption ist bereits hinsichtlich ihrer verfassungsrechtsdogmatischen Herleitung nicht bedenkenfrei. Die These, dass die Verabschiedung rückwirkender Gesetze ein grundsätzlich unfaires Gesetzgebungsverfahren darstellt, ist grundgesetzlich kaum belegbar. Zutreffend ist, dass die Offenlegung der Rechtsetzung gegenüber dem Normadressaten ein maßgebliches rechtsstaatliches Kriterium des Gesetzgebungsverfahrens darstellt. Diesem Bedürfnis nach formeller Publizität wird mit dem Verkündungserfordernis gemäß Art. 82 I GG Rechnung getragen. Daraus kann jedoch nicht gefolgert werden, dass mit der verkündungsbedingten Offenlegung neuen Rechts jegliche vergangenheitsbezogenen Regelungen verfassungsrechtlich unzulässig - bzw. im Sinne von *Götz* "unfair" - sind. Die zeitliche Abfolge der Existenzwerdung von Normen wird durch die beiden normenontologischen Bezugspunkte der Verkündung und des In-Kraft-Tretens gemäß Art. 82 I, II GG festgelegt. Diese Vorschriften enthalten - wie bereits eingangs dargelegt - keine Einschränkungen, wonach das In-Kraft-Treten der Verkündung kategorisch zeitlich nachzufolgen hat.[179] Die Vorverlagerung des Datums des In-Kraft-Tretens vor den Verkündungszeitpunkt im Wege des rückdatierten In-Kraft-Tretens ist insoweit eine Gesetzestechnik, die dem Grundgesetz nicht grundsätzlich widerspricht. Sie bedeutet insbesondere keinen Verstoß gegen den rechtsstaatlichen Grundsatz der Offenlegung des Rechts.

Abgesehen von der dogmatischen Herleitung der Rückwirkung sind die im Übrigen weitgehend der bundesverfassungsgerichtlichen Judikatur entnommenen Zulässigkeitsgrenzen zu kritisieren. Auf diese Weise werden im Ergebnis die überhöhten Maßstäbe hinsichtlich der Voraussehbarkeit einer Rückwirkungsanordnung übernommen. Gerade die Kompliziertheit des Gesetzgebungsverfahrens stellt jedoch, wie dargelegt, an den juristischen Kenntnisstand des Normadressaten erhebliche Anforderungen, so dass er die Zulässigkeit einer Rückwirkung unter gesetzgebungsverfahrensspezifischen Aspekten kaum wird erkennen können. Zudem verbleibt ein Wertungswiderspruch, wenn Rückwirkung einerseits als prinzipiell unfaire Gesetzgebung qualifiziert wird, sie andererseits aber durch derart relativierte Ausnahmetatbestände gerechtfertigt wird.

Ein weiterer, von *Burmeister* vertretener Ansatz der "Theorie vom Dispositionsschutz des Bürgers bei Änderung des Staatshandelns" stellt hinsichtlich der dogmatischen Herleitung von Rückwirkungsgrenzen ebenso wie das Bundesverfassungsgericht auf das Vertrauensschutzprinzip ab; jedoch werden unterschiedliche Akzente gesetzt.[180] Die Akzentverschiebung begründet *Burmeister* damit, dass eine einheitliche und systemgerechte Einordnung des Vertrauensschutzes in das institutionelle rechtsstaatliche Verfassungsgefüge nicht existiert. Dem wird

179 Vgl. § 1 C.

180 *Burmeister*, Vertrauensschutz im Prozeßrecht, S. 7 ff.

eine Auffassung entgegengestellt, die den Vertrauensschutz aus der "verfassungsbildenden Kraft des Faktischen" ableitet und dessen Ursprung in der Selbstbindung der staatlichen Kompetenzträger aufgrund vorangegangenen Tuns sieht.[181] Die individualrechtliche Anerkennung des Vertrauensschutzes bedeutet danach für den Gesetzgeber eine Eingrenzung seiner Gestaltungsfreiheit. Diese kompetenzreduzierende Funktion des Vertrauensschutzes zieht legislative Handlungsschranken nach sich.[182] Die Selbstbindung des als staatlicher Kompetenzträger fungierenden Gesetzgebers führt so zu einer rigiden Formulierung der Zulässigkeitsgrenzen rückwirkender Gesetze. Dieser Konzeption zufolge besteht ein absolutes Rückwirkungsverbot von Belastungsgesetzen.[183]

Eine Akzentverschiebung im Bereich der dogmatischen Herleitung von Rückwirkungsgrenzen ist auch für den Ansatz von *Leisner* kennzeichnend, der das Gesetzesvertrauen des Bürgers in den Mittelpunkt der rechtsstaatlichen Überlegungen stellt.[184] Die herkömmliche bundesverfassungsgerichtliche Konkretisierung des Rechtsstaatsprinzips durch Begriffe wie "Messbarkeit" und "Vorhersehbarkeit" bezüglich staatlichen Handelns lehnt er ab. Der Begriff der Messbarkeit setze ein Maß voraus, das Gesetzen jedoch nicht eigen sei. Gesetze seien punktuellen, ins Unjustiziable reichenden Schranken durch die Verfassung unterworfen, für die der Begriff der Messbarkeit fehlgehe. Daraus wird gefolgert, dass es im Bereich der Gesetzgebung keine Vorhersehbarkeit geben könne.[185]

An die Stelle der Vorhersehbarkeit setzt *Leisner* die Formel der Verlässlichkeit des Gesetzesrechts. Rechtsstaatlichkeit bedeutet danach Vertrauen des Bürgers in die bestehende Gesetzeslage. Im Gegensatz zur Messbarkeit und Vorhersehbarkeit geht es bei dieser Verlässlichkeit nicht um eine Form staatsorganisatorischer Transparenztechnik, sondern um eine vertrauensbildende Wechselbeziehung zwischen Staat und Bürger, die aus zwei Komponenten besteht, dem Geltungs- und dem Kontinuitätsvertrauen.[186] Das Geltungsvertrauen bezieht sich grundsätzlich auf abgeschlossene Sachverhalte und umschreibt damit die Fallgruppe, die die echte Rückwirkung bzw. Rückbewirkung von Rechtsfolgen umfasst.[187] Soweit Geltungsvertrauen vorliegt, ist es absolut und ausnahmslos zu

181 *Burmeister*, Vertrauensschutz im Prozeßrecht, S. 19 f.

182 S. dazu *Burmeister*, Vertrauensschutz im Prozeßrecht, S. 22.

183 Vgl. *Burmeister*, Vertrauensschutz im Prozeßrecht, S. 15, FN 10.

184 *Leisner*, Das Gesetzesvertrauen des Bürgers, in: Berber-Festschrift, S. 273 ff.

185 Zu dieser Argumentation s.*Leisner*, Das Gesetzesvertrauen des Bürgers, in: Berber-Festschrift, S. 273 (274 ff.).

186 *Leisner*, Das Gesetzesvertrauen des Bürgers, in: Berber-Festschrift, S. 273 (280).

187 Hierfür werden Fallgruppen von Abgeschlossenheitskriterien gebildet, die unabhängig von konkreten Rechtsgebieten an formellen und materiellen Kriterien orientiert sind, vgl. *Leisner*, Das Gesetzesvertrauen des Bürgers, in: Berber-Festschrift, S. 273 (282 f.).

schützen, da sich der Bürger auf den festen Ordnungswillen des Gesetzgebers verlassen können muss. Dieses schützenswerte Geltungsvertrauen des Bürgers führt zur Rechtskraft der Gesetzgebung.[188] Insoweit hält auch *Leisner* Rückwirkungsanordnungen ausnahmslos für unzulässig.[189] Das Kontinuitätsvertrauen verdient demgegenüber keinen lückenlosen Schutz. Es handelt sich hierbei um eine Vertrauenskategorie, die zukunftsbezogen ist und die nicht abgeschlossenen Sachverhalte umfasst.[190] In diesem Bereich kann vom Bürger verlangt werden, dass er sich für die Zukunft so rasch wie möglich umstellt. Das Kontinuitätsvertrauen ist nur insoweit schützenswert, als sich der Gesetzesunterworfene konkret auf die Fortdauer des Gesetzgebungszustands eingestellt hat und dies dem Verhalten eines besonnenen Bürgers entspricht. Ist dies nicht der Fall, sind legislative Rückerstreckungen zulässig.[191]

Die beiden vorerwähnten Auffassungen sind, soweit aus dem Rechtsstaatsprinzip ein absolutes Verbot für rückwirkende Gesetze gefolgert wird, verfassungsrechtlich problematisch. Bei *Burmeister* ist bereits die dogmatische Ableitung des Vertrauensschutzes aus der "verfassungsbildenden Kraft des *Faktischen*" bedenklich. Auf diese Weise wird ein Vertrauensschutzprinzip jenseits der bestehenden Verfassungsnormen statuiert und insofern der durch das Grundgesetz vorgegebene verfassungsrechtliche Rahmen verlassen. Verfassungsbildend ist in erster Linie das positive Verfassungsrecht und damit die Kraft des Rechtlichen. *Burmeister* ist zwar insoweit beizupflichten, als auch tatsächliche Geschehen auf die Verfassungsentwicklung Einfluss haben. Sie können auf einer rechtspolitischen Ebene verfassungsweiterbildend sein und auf zukünftige Gestaltungsmöglichkeiten des Gesetzgebers Einfluss haben. Die verfassungsrechtlichen Grenzen für gesetzgeberisches Handeln werden jedoch durch das Grundgesetz selbst vorgegeben. Anderenfalls wäre den rechtsstaatlichen Anforderungen im Hinblick auf die Gesetzgebung nicht hinreichend Genüge getan.

Die Konzeption von *Leisner* verdient insoweit Zustimmung, als das Vertrauen des Bürgers in die Gesetzeslage unterschiedlich ausgeprägt sein kann, je nach dem, ob es vergangenheits- oder zukunftsbezogen ist. Eine Einschränkung des zukunftsbezogenen Kontinuitätsvertrauens ergibt sich bereits aus der verfassungsrechtlichen Befugnis des Gesetzgebers, Recht für die Zukunft neu zu setzen. Darüber hinausgehende Folgerungen, insbesondere im Hinblick auf ein un-

---

188 *Leisner*, Das Gesetzesvertrauen des Bürgers, in: Berber-Festschrift, S 273 (280).

189 Für den Fall, dass dennoch eine Rückwirkungsanordnung getroffen wird, ist Schutz durch Übergangs- oder Entschädigungsregelungen zu gewähren, vgl. *Leisner*, Das Gesetzesvertrauen des Bürgers, in Berber-Festschrift, S. 273 (295).

190 *Leisner*, Das Gesetzesvertrauen des Bürgers, in: Berber-Festschrift, S. 273 (281).

191 Vgl. *Leisner*, Das Gesetzesvertrauen des Bürgers, in: Berber-Festschrift, S. 273 (296).

eingeschränktes Geltungsvertrauen, können indes nicht geteilt werden. Insoweit ist bereits die verfassungstheoretische Ausgangsthese, dass staatliches Handeln nicht messbar sei, fraglich. Für den hier maßgeblichen Bereich der Gesetzgebung existieren sehr wohl Messbarkeitskategorien. Die formelle und materielle Verfassungsmäßigkeit eines Gesetzes unterliegt konkreten, durch das Grundgesetz vorgegebenen Rechtmäßigkeitsanforderungen. Diese sind zudem in vollem Umfang im Wege des Normenkontrollverfahrens bzw. der Rechtssatzverfassungsbeschwerde justiziabel. Sofern die Überprüfung ergibt, dass ein Gesetz mit dem Grundgesetz nicht in Einklang steht, kann es, wie die bisherige Untersuchung ergeben hat, rückwirkend durch eine neue Regelung ersetzt werden.[192] Insoweit geht auch die These von der Rechtskraft der Gesetzgebung fehl. Berücksichtigt man diese verfassungsrechtlich vorgegebenen Wertentscheidungen, so kann es ein absolutes Geltungsvertrauen des Bürgers in die bestehende Gesetzeslage - das *Leisner* übrigens lediglich postuliert, ohne es normengebunden abzusichern - nicht geben. Demzufolge kann auch ein hierauf gestütztes absolutes Verbot rückwirkender Gesetze keinen Bestand haben. Auch bei *Burmeister* wird ein derartiges Verbot ohne weitere Begründung lediglich gefordert.[193] Ein absolutes Rückwirkungsverbot, abgeleitet aus dem Vertrauensschutz in seiner Ausprägung als "verfassungsbildende Kraft des Faktischen", erscheint jedenfalls nicht tragfähig.

Bei der Ableitung von Zulässigkeitsgrenzen aus dem Rechtsstaatsprinzip besteht im Übrigen die Tendenz, Grenzen im Sinne einer übergreifenden Betrachtung von Strukturprinzipien festzulegen, wobei das Gebot der Rechtsstaatlichkeit als dogmatischer Ausgangspunkt dient. Dieser von *Iliopoulos-Strangas* vertretenen Konzeption zufolge verletzen rückwirkende Gesetze regelmäßig die durch das gesetzte Recht gewährleistete Sicherheit. Sie sind geeignet, das Vertrauen der Bürger in die Verbindlichkeit und Geltungskraft des Rechts zu erschüttern. Das grundsätzliche Verbot rückwirkender Gesetze hat seinen Ursprung insoweit im Rechtsstaatsprinzip.[194] Für die Lösung der Rückwirkungsfrage ist aber auch das Demokratieprinzip maßgeblich. Rückwirkungsanordnungen entwerten danach nachträglich die auf eine bestimmte zeitliche Situation bezogenen Entscheidungen des demokratisch legitimierten Gesetzgebers. Die Entwertung ergibt sich daraus, dass der Gesetzgeber für den Rückwirkungszeitraum nicht notwendigerweise demokratisch legitimiert ist.[195] Insoweit impliziert jede rechtsstaatlich be-

---

192 S. hierzu *Pestalozza*, Verfassungsprozeßrecht, S. 354 ff., ebenso § 9 A III.

193 *Burmeister*, Vertrauensschutz im Prozeßrecht, S. 15, FN 10.

194 *Iliopoulos-Strangas*, Rückwirkung und Sofortwirkung von Gesetzen, S. 292 ff.

195 In diesem Zusammenhang wird herausgestellt, dass Legislaturperioden nicht die demokratische Legitimierung eines Gesetzgebers für Rückwirkungsanordnungen begründen können. Zum einen sind Gesetze z.T. das Produkt von Tagesmehrheiten.

denkliche Rückwirkung tendenziell zugleich einen Verstoß gegen das Demokratieprinzip.[196]

Diesem dogmatischen Ansatz entsprechend formuliert *Iliopoulos-Strangas* die Zulässigkeitsgrenzen für rückwirkende Gesetze. Sie sind durch eine vierstufige verfassungsrechtliche Prüfung gekennzeichnet, bei der die einzelnen Voraussetzungen kumulativ vorliegen müssen, um die ausnahmsweise Zulässigkeit einer Rückwirkung zu begründen. Die unterste Grenze ist am Demokratieprinzip orientiert. Danach ist eine Rückwirkungsanordnung als zulässig zu qualifizieren, wenn die zu ändernde Rechtslage auf der Entscheidung eines demokratisch nicht legitimierten Gesetzgebers beruht oder ihr ein sonstiger Verstoß gegen eine demokratisch-rechtsstaatliche Verfassung immanent ist.[197] Sofern eine Rückwirkungsanordnung gemessen am Demokratieprinzip zulässig ist, ergeben sich die weiteren Zulässigkeitsschranken aus dem Rechtsstaatsprinzip. Eine Rückwirkung ist des Weiteren nur zulässig, wenn sie zur Herstellung der rechtsstaatlich verbürgten materiellen Gerechtigkeit zwingend geboten ist.[198] Neben dieser Zulässigkeitsgrenze sind ferner zeitliche Schranken der Rückwirkung zu berücksichtigen. Legislative Rückerstreckungen dürfen sich nur auf einen angemessenen, dem Einzelfall gerecht werdenden Zeitraum erstrecken.[199] Als letzte Voraussetzung müssen alle materiellen Rechtmäßigkeitsvoraussetzungen erfüllt sein; hierzu zählt insbesondere die Wahrung des Verhältnismäßigkeitsprinzips.[200] Letztlich halten damit nur diejenigen rückwirkenden Gesetze einer verfassungsrechtlichen Überprüfung stand, die diese vier Zulässigkeitsgrenzen erfüllen.

Andererseits spricht gegen die uneingeschränkte, demokratisch legitimierte Rückwirkung innerhalb einer Legislaturperiode - etwa mit dem Argument, der Gesetzgeber sei derselbe - dass sich die zur Verabschiedung von Gesetzen notwendigen Mehrheitsverhältnisse auch innerhalb einer Legislaturperiode ändern können. S. *Iliopoulos-Strangas*, Rückwirkung und Sofortwirkung von Gesetzen, S. 296.

196 *Iliopoulos-Strangas*, Rückwirkung und Sofortwirkung von Gesetzen, S. 296.

197 *Iliopoulos-Strangas*, Rückwirkung und Sofortwirkung von Gesetzen, S. 297. Sie scheint sich bei der Formulierung dieser Zulässigkeitsgrenze an *Klein/Barbey* zu orientieren, die eine Rückwirkungsanordnung ausnahmsweise für zulässig halten, wenn die zu ersetzende gesetzliche Regelung Emanation einer Unrechts-Ordnung ist. Vgl *Klein/Barbey*, Bundesverfassungsgericht und Rückwirkung von Gesetzen, S. 86.

198 *Iliopoulos-Strangas*, Rückwirkung und Sofortwirkung von Gesetzen, S. 300.

199 Vgl. hierzu *Iliopoulos-Strangas*, Rückwirkung und Sofortwirkung von Gesetzen, S. 301.

200 Bei der Formulierung dieser Voraussetzung wird ausdrücklich der kumulative Charakter der einzelnen Zulässigkeitsgrenzen herausgestellt und angemerkt, dass erst auf dieser letzten Prüfungsstufe über die Zulässigkeit einer rückwirkenden Norm definitiv entschieden werden kann, vgl. *Iliopoulos-Strangas*, Rückwirkung und Sofortwirkung von Gesetzen, S. 301.

Der von *Iliopoulos-Strangas* vorgeschlagenen mehrstufigen Prüfungsfolge hinsichtlich der Zulässigkeit eines rückwirkenden Gesetzes ist dem Grundsatz nach zuzustimmen. Dieser Ansatz eröffnet die Möglichkeit, Vertrauensschutzaspekte auf mehreren Ebenen und damit zugleich differenzierter zu berücksichtigen. Die Binnenstruktur des Konzepts wirft jedoch Fragen auf. Bereits die aus dem Demokratieprinzip hergeleitete erste Prüfungsstufe legt der Verabschiedung rückwirkender Gesetze kaum vertretbar hohe Hürden auf. Sofern Rückwirkungsanordnungen nur dann für ausnahmsweise zulässig erklärt werden, wenn die zu ändernde Rechtslage auf der Entscheidung eines demokratisch nicht legitimierten Gesetzgebers beruht bzw. Verstöße gegen eine demokratische Verfassung vorliegen, sind verfassungskonforme Rückwirkungsanordnungen schwerlich vorstellbar. Sie wären nur dann zulässig, wenn die rückwirkende Beseitigung von Normen eines Unrechtsregimes in Rede steht. Dies ist bei der Bundesrepublik offenkundig nicht der Fall.

Unter Zugrundelegung der bisherigen Analyse der Rückwirkungsjudikatur erfasst diese Rückwirkungsgrenze nur einen Teilausschnitt der Rückwirkungsproblematik. Sie betrifft zum einen diejenigen Fälle, die die Aufarbeitung von NS-Unrecht und die damit verbundene rückwirkende Änderung nationalsozialistisch geprägter Normen zum Gegenstand haben.[201] Ferner sind wiedervereinigungsspezifische Rückwirkungsaspekte erfasst, bei denen die nachträgliche Aufhebung von Normen, die allgemeinen Vorstellungen der Völkerrechtsgemeinschaft widersprechen, in Rede steht.[202] In anderen Fallkonstellationen erscheint es fraglich, ob das Demokratieprinzip als verfassungstheoretische Grundlage von Rückwirkungsgrenzen zwingend herangezogen werden muss.

Die eigenständige Bedeutung der dritten Prüfungsstufe, bei der zeitliche Schranken der Rückwirkung zu berücksichtigen sind, ist ebenfalls in Zweifel zu ziehen. Das Postulat, dass Rückwirkungsanordnungen sich nur über einen angemessenen Zeitraum erstrecken dürfen und nicht beliebig weit in die Vergangenheit zurückreichen sollen, umschreibt letztlich allgemeine Verhältnismäßigkeitsanforderungen. Bereits das Verhältnismäßigkeitsprinzip als solches verlangt, dass vergangenheitsbezogene Regelungen stets in der Weise auszugestalten sind, dass sie für die betreffenden Normadressaten die geringstmögliche Beeinträchtigung bereits erlangter Rechtspositionen nach sich ziehen. Insofern geht die dritte Prüfungsstufe in der letzten Stufe - Beachtung allgemeiner Rechtmäßigkeitsvoraussetzungen - auf. Faktisch verbleibt damit ein zweistufiges und insoweit sinnvolles System verfassungsrechtlicher Rückwirkungsgrenzen, in dem die rechtsstaatlich verbürgte materielle Gerechtigkeit im Ergebnis eine verfassungsrechtliche Unter-

---

201 S. § 9 A I 2.

202 S. § 7 B.

grenze darstellt, während die Erfüllung der materiellen Rechtmäßigkeitsvoraussetzungen den Prüfungsschwerpunkt bildet.

B. Grundrechte als Zulässigkeitsgrenze: Dogmatische Herleitung und konkrete Ausformung

Neben dem Rechtsstaatsprinzip sind im Schrifttum zunehmend die Grundrechte herangezogen worden, um die Zulässigkeitsgrenzen rückwirkender Gesetze zu bestimmen. Diese Grundrechtsorientierung bezieht sich sowohl auf die dogmatische Herleitung als auch auf die konkrete Ausformung von Rückwirkungsgrenzen.

I. Dogmatische Herleitung eines grundrechtlichen Rückwirkungsansatzes aus dem Spezialitätsgrundsatz

Der grundrechtliche Lösungsansatz hat seinen dogmatischen Ursprung im Spezialitätsgrundsatz. Danach ergeben sich die verfassungsrechtlichen Grenzen des Gesetzgebers bei der Setzung von Normen ausschließlich aus den Wertentscheidungen des Grundgesetzes selbst. Insofern ist von den geschriebenen Verfassungsnormen auszugehen, da sie spezieller sind als allgemeine ungeschriebene Verfassungsgrundsätze.[203] Diese Prüfungsfolge setzt sich im Rahmen des geschriebenen Verfassungsrechts fort. Bei der Prüfung spezifischer Verfassungsproblemlagen finden unter Hinweis auf die Spezialität der Einzelgrundrechte zunächst die Grundrechte selbst Berücksichtigung. Erst dann werden allgemeine Strukturprinzipien der Verfassung, wie sie insbesondere in Art. 20 GG normiert sind, in Ansatz gebracht.[204]

Dieser Ansatz hat hinsichtlich des Problemfeldes der Rückwirkung zur Konsequenz, dass rückwirkende Gesetze gemäß dem Grundsatz "lex specialis derogat legi generali" an den Grundrechten zu messen sind.[205] Ein Rückgriff auf das herkömmlicherweise herangezogene Prinzip der Rechtsstaatlichkeit kommt allenfalls

203 Vgl. hierzu insb. *Pieroth*, Rückwirkung und Übergangsrecht, S. 96; *Pieroth* bezeichnet diese Vorgehensweise als *Verfassungsnormorientierung*. Sie bildet in ihrer konkreten Orientierung am Spezialitätsgrundsatz einen Hauptaspekt des von ihm entwickelten und im weiteren Untersuchungsgang näher zu analysierenden Lösungsansatzes.

204 Vgl. *Pieroth*, Die neuere Rechtsprechung des Bundesverfassungsgerichts zum Grundsatz des Vertrauensschutzes, in: JZ 1990, 279 (283).

205 *Pieroth*, Grundlagen und Grenzen verfassungsrechtlicher Verbote rückwirkender Gesetze, in: Jura 1983, 250 (251).

subsidiär in Betracht. Dieser grundrechtsorientierten dogmatischen Herleitung entsprechend erfolgt die im Folgenden zu konkretisierende Ausgestaltung der grundrechtlichen Rückwirkungsgrenzen. Sie beruht überwiegend auf der allgemeinen Schrankensystematik der Grundrechte.

II. Herleitung von Zulässigkeitsgrenzen aus einzelnen Grundrechten

Die grundrechtsspezifischen Lösungsansätze sind im Einzelnen in ihrer jeweiligen Ausprägung heterogen. Rückwirkungsgrenzen werden aus den unterschiedlichsten Grundrechten hergeleitet, wobei die Besonderheit besteht, dass die meisten Konzeptionen jeweils einen monokausalen Ansatz wählen, der sich auf ein einzelnes Grundrecht beschränkt. Überwiegend werden Freiheitsgrundrechte in ihrer speziellen und allgemeinen Ausprägung herangezogen, z.T. unter ideengeschichtlichem Rückgriff auf *Lassalle*, der die Rückwirkung als grundsätzlich unzulässigen Eingriff in die Freiheit des Menschen ansah.[206]

Grenzen für die Rückwirkung von Gesetzen sind zunächst dem Recht auf freie Entfaltung der Persönlichkeit gemäß Art. 2 I GG zu entnehmen. Die Wurzeln dieser insbesondere von *Meyer-Cording* vertretenen Auffassung gehen zurück in die Zeit nach In-Kraft-Treten des Grundgesetzes.[207] Ihre Verortung in Art. 2 I GG wird man verfassungshistorisch darauf zurückführen können, dass gerade in dieser Zeit die Freiheit des Individuums angesichts der vorangegangenen Erfahrungen des Nationalsozialismus im Vordergrund stand. Art. 2 I GG schützt die Selbstverwirklichung des Menschen nach seinen eigenen Vorstellungen.[208] Er gewährleistet, dass sich der Einzelne innerhalb der verfassungsmäßigen Rechtsordnung frei betätigen kann.[209] Durch rückwirkende Gesetze wird die

206 Vgl. *Lassalle*, Das System der erworbenen Rechte, Erster Teil, S. 56: "Der Begriff der Rückwirkung ist nämlich kein anderer als der - eines Eingriffs in die Freiheit und Zurechnungsfähigkeit des Menschen."

207 Grundlegend *Meyer-Cording*, Die Rückwirkung von Gesetzen, in: JZ 1952, 161 (164 ff.); des Weiteren *Köster*, Verfassungsrechtliche Schranken rückwirkender Gesetzgebung, in: BB 1952, 93 (95); *Doehring*, Das Staatsrecht der Bundesrepublik Deutschland, S. 191; *Gross*, Gesetze haben keine rückwirkende Kraft, in: BB 1953, S. 93; *Giese*, Können Verfassungsgesetze sich rückwirkende Kraft beilegen?, in: DÖV 1954, S. 321; s. auch *Gegerle*, Die Verfassungsproblematik belastender Rückwirkungsgesetze, S. 51 ff.

208 Vgl. *Jarass*, in: *Jarass/Pieroth*, Grundgesetz-Kommentar, Art. 2 I GG, Rdnr. 3; *ders.*, Das allgemeine Persönlichkeitsrecht im Grundgesetz, in: NJW 1989, S. 857; *Degenhart*, Das allgemeine Persönlichkeitsrecht, Art. 2 I i.V. mit Art. 1 I GG, in: JuS 1992, S. 361.

209 *Kannengießer*, in: *Schmidt-Bleibtreu/Klein*, Grundgesetz-Kommentar, Art. 2 I GG, Rdnr. 2; *Kunig*, in: *v. Münch/Kunig*, Grundgesetz-Kommentar, Art. 2 I GG, Rdnr. 22 ff.

freie Persönlichkeitsentfaltung beeinträchtigt, da diese durch ihre vergangenheitsbezogenen Auswirkungen das frei bestimmte Verhalten des Einzelnen nachträglich entwerten.[210] Der Bürger erfährt im Allgemeinen erst im Nachhinein von derartigen Regelungen, nachdem er seine Verhaltensdispositionen für den Rückwirkungszeitraum bereits getroffen hat. Die Gewährleistung einer freien Entfaltungssphäre ist insofern kaum möglich, wenn der Gesetzgeber ohne weiteres rückwirkend in die vom Einzelnen für frei gehaltenen Lebensbereiche eingreifen kann.[211]

Ausnahmsweise sind Rückwirkungsanordnungen jedoch zulässig, wenn sie durch die Schrankenregelung des Art. 2 I GG gedeckt werden. Hier kommt insbesondere der Schrankenregelung der verfassungsmäßigen Rechtsordnung Bedeutung zu, wobei zu Beginn der fünziger Jahre und damit noch vor der die Auslegung des Art. 2 I GG maßgeblich beeinflussenden *Elfes-Entscheidung*[212] darunter zunächst nur die tragenden Grundsätze des Verfassungsrechts - und nicht im Sinne der Elfes-Entscheidung die Gesamtheit aller formell und materiell verfassungsmäßigen Normen - verstanden wurden. Ein rückwirkendes Gesetz ist zulässig, wenn ein Eingriff in die freie Entfaltung der Persönlichkeit vorliegt, der verfassungsrechtlich gerechtfertigt ist.[213]

Die dogmatische Verortung von Rückwirkungsgrenzen im Recht auf freie Entfaltung der Persönlichkeit ist später von *Denninger* mit unterschiedlicher Akzentuierung aufgegriffen worden.[214] Das Grundgesetz stellt danach die Würde des Menschen als einer eigenverantwortlichen, sich frei entfaltenden Persönlichkeit in den Mittelpunkt seiner wertgebundenen Ordnung. Der Mensch ist in diesem Sinne ein durch Rechtsnormen geleitetes, regelorientiertes Wesen, das frei und vernunftorientiert handelt. Rückwirkende Gesetze geben dem Individuum indes nicht die Möglichkeit, sich frei an ihnen zu orientieren, da sie erst erlassen werden, nachdem das Individuum bereits gehandelt hat. Dieser Gesetzestypus negiert danach grundsätzlich die eigenverantwortliche Verhaltenssteuerung des Einzelnen und damit zugleich einen zentralen Grundsatz einer freiheitlichen rechtsstaatlichen Verfassung. Art. 2 I GG wird insoweit zusammen mit Art. 1 I GG als Ausprägung des Rechtsstaatsgedankens gesehen.[215] Die verfassungs-

---

210 *Giese*, Können Verfassungsgesetze sich rückwirkende Kraft beilegen?, in: DÖV 1954, S. 321.

211 *Meyer-Cording*, Die Rückwirkung von Gesetzen, in: JZ 1952, 161 (164).

212 Hinsichtlich der *Elfes-Entscheidung* vgl. *BVerfGE* 6, 32 (37 ff.).

213 Vgl. *Meyer-Cording*, Die Rückwirkung von Gesetzen, in: JZ 1952, 161 (165).

214 *Denninger*, Rückwirkungsverbot und Eigentumsgarantie bei der erbersatzsteuerlichen Behandlung von Familienstiftungen, in: AG 1978, 29 (33 f.).

215 Vgl. zum Ganzen *Denninger*, Rückwirkungsverbot und Eigentumsgarantie bei der erbersatzsteuerlichen Behandlung von Familienstiftungen, in: AG 1978, 29 (34).

rechtliche Überprüfung erfolgt sodann anhand der vom Bundesverfassungsgericht aufgestellten Maßstäbe für rückwirkende Gesetze.[216]

Denninger ist insoweit zu folgen, als die freie Entfaltung der Persönlichkeit gemäß Art. 2 I GG eine der zentralen Wertentscheidungen des Grundgesetzes zugunsten der Ausgestaltung von Individualrechten ist. Die Verknüpfung dieses Grundrechts mit der Frage der Grenzen der Rückwirkung vermag indes nicht zu überzeugen. Es ist nur schwer nachvollziehbar, weshalb *Denninger* das Rückwirkungsproblem einerseits als Aspekt des Rechtsstaatsgedankens ansieht, es aber andererseits zugleich in den Art. 2 I GG i.V.m. Art. 1 I GG verankert sehen will. Wenn das grundsätzliche Verbot rückwirkender Gesetze als Teilprinzip des Rechtsstaats qualifiziert wird, dann sollte seine verfassungstheoretische Verortung auch anhand dieses Prinzips erfolgen. Eines Rückgriffs auf die Aspekte der Menschenwürde und der freien Entfaltung der Persönlichkeit bedarf es dann nicht mehr. Der Rückgriff ist zudem sinnwidrig, wenn ungeachtet der verfassungsdogmatischen Erwägungen die Überprüfung rückwirkender Gesetze letztlich doch anhand der aus dem Rechtsstaatsprinzip abgeleiteten Maßstäbe des Bundesverfassungsgerichts erfolgen soll.

Bezüglich der übrigen an Art 2 I GG orientierten Rückwirkungskonzepte ist zunächst zu berücksichtigen, dass diese - wie dargelegt - ihren Ursprung noch vor der *Elfes-Entscheidung* haben. Die Beschränkung des Vorbehalts der verfassungsmäßigen Ordnung auf tragende Grundsätze des Verfassungsrechts, wie sie in jüngerer Zeit vereinzelt auch seitens der Verfassungsrichterschaft[217] erneut diskutiert wird, steht insofern im Widerspruch zu der seit Elfes vertretenen Wertentscheidung, wonach hierunter die Gesamtheit aller formell und materiell verfassungsmäßigen Normen fällt.[218] Keine der beiden Auslegungsmöglichkeiten der Schrankenregelung des Art. 2 I GG vermag indes die verfassungsrechtliche Rückwirkungsproblematik zufriedenstellend zu lösen.

Mit der Begrenzung auf tragende Verfassungsgrundsätze ist eine Einengung des Schrankenbereichs verbunden, die angesichts der Weite des Schutzbereichs von Art. 2 I GG - die im Übrigen auch von der die Begrenzung befürwortetenden Literaturmeinung anerkannt wird[219] - nur schwer hinnehmbar ist. Fasst man unter den Begriff der verfassungsmäßigen Ordnung i.S.d. Verfassungsrechtsprechung alle formell und materiell verfassungskonformen Rechtssätze, so entspricht diese Schrankenregelung faktisch einem einfachen Gesetzesvorbehalt. Die gesamte

216 *Denninger*, Rückwirkungsverbot und Eigentumsgarantie bei der erbersatzsteuerlichen Behandlung von Familienstiftungen, in: AG 1978, 29 (38).

217 S. hierzu das Sondervotum des Verfassungsrichters *Grimm* zu der *Reiten im Walde-Entscheidung, BVerfGE* 80, 137; *Grimm*, in: *BVerfGE* 80, 164 (168 ff.).

218 *BVerfGE* 6, 32 (37 ff.).

219 Vgl. *Meyer-Cording*, Die Rückwirkung von Gesetzen, in: JZ 1952, 161 (164).

Rückwirkungsproblematik würde auf die Frage der Gesetzmäßigkeit staatlichen Handelns reduziert und insoweit keinerlei rückwirkungsspezifische Maßstäblichkeit mehr aufweisen. Letztlich würde so wiederum ein Rückgriff auf das Rechtsstaatsprinzip erfolgen, so dass die Argumentation zirkelschlussartigen Charakter annimmt.

Losgelöst von der Frage der Ausgestaltung der Schrankenregelung erscheint Art. 2 I GG auch aus einem systematischen Grund nicht als zutreffende Norm für die Ausgestaltung von Rückwirkungsgrenzen. Das Recht auf freie Entfaltung der Persönlichkeit ist als Auffangrecht konzipiert, so dass es allenfalls subsidiär gegenüber speziellen Grundrechten als Rückwirkungsgrenze zur Anwendung gelangen kann. Die Fokussierung auf Art. 2 I GG blendet damit rückwirkungsrelevante Fragen, die im Zusammenhang mit speziellen Grundrechten bestehen können, aus und reduziert das Problem des Vertrauensschutzes gegenüber rückwirkenden Gesetzen auf den Aspekt des Schutzes der freien Entfaltung der Persönlichkeit.[220] Darüber hinaus ist diese Problemverengung auch aus materiellrechtlichen Gründen fragwürdig. Die Behauptung, dass rückwirkende Gesetze der individuellen Verhaltenssteuerung zuwider laufen, und damit zwangsläufig in den Schutzbereich des Art. 2 I GG eingreifen, verkennt den rechtstheoretischen Aspekt, dass eine verhaltensgebundene Rückwirkung nicht existiert. Wie bereits eingangs dargelegt, können Gesetze nur *rechtlich-normativ* zurückwirken, d.h. einem Verhalten werden nachträglich andere Rechtsfolgen zugeordnet. Das bereits verwirklichte Verhalten soll und kann hierdurch nicht rückwirkend geändert werden, es wird lediglich rechtlich neu bewertet. Ein verhaltenssteuernder Eingriff kann auf diese Weise nicht vorgenommen werden.

Eine Herleitung von Rückwirkungsgrenzen erfolgt vereinzelt auch aus dem Gleichheitssatz des Art. 3 I GG.[221] Diesem von *Dürig* vertretenen und in jüngerer Zeit von *Winkler* aufgegriffenen Ansatz zufolge ist es ein Teilaspekt des Gleichheitssatzes, das Recht zeitlich zu strukturieren.[222] Angesichts der Kompetenz des Gesetzgebers, Normsätze abzuändern, kommt hiernach Art. 3 I GG die Aufgabe zu, zeitliche Flexibilität und Stabilität so miteinander zu verbinden, dass kein Rechtsgenosse vom Recht überrascht wird.[223] Damit verhindert der Gleichheits-

220 In diese Richtung tendierend auch *Pieroth*, Rückwirkung und Übergangsrecht, S. 142 f.

221 Vgl. dazu *Dürig*, in: *Maunz/Dürig*,Grundgesetz-Kommentar, Art. 3 I GG, Rdnr. 213, 221; *ders.*, Zeit und Rechtsgleichheit, in: Tradition und Fortschritt im Recht, S. 21 (28 ff.); *ders.*, Diskussionsbeitrag, in: VVDStRL 1974, 228 (247 ff.).

222 *Dürig*, Diskussionsbeitrag, in: VVDStRL 32 (1974), 228 (247), *ders.*, in: Zeit und Rechtsgleichheit, S. 21 (29); *Winkler*, Zeit und Recht, S. 199, 238 ff.

223 *Dürig*, Zeit und Rechtsgleichheit, S. 21 (29).

satz zugleich ständigen temporalen Wechsel.[224] Er sorgt für eine "Entzeitung" des Rechts, indem er eine Entzerrung der harten Bruchstellen von altem und neuem Recht schafft.[225] Hieraus entsteht aus Sicht des Gleichheitssatzes Vertrauensschutz.[226]

Der vertrauensschutzbildenden Funktion des Art. 3 I GG widersprechen in diesem Sinne rückwirkende Gesetze.[227] Jede rückwirkende Rechtsänderung erzeugt hiernach vom Zeitpunkt ihres In-Kraft-Tretens an Rechtsungleichheit, da sie gleiche Sachverhalte vor und nach der Rechtsänderung rechtlich verschieden bewertet. Hierin sieht *Dürig* einen Verstoß gegen das Gleichheitsgebot und dessen temporale Ordnungsfunktion. Rückwirkende Belastungsgesetze sind danach ausnahmslos unzulässig. Eine ausnahmsweise Zulässigkeit rückwirkender Gesetze, die ihre Grenze im Willkürverbot hat, wird insoweit ausgeschlossen.[228]

Dieser Verfassungsnormauslegung kann nicht gefolgt werden. Der Gleichheitssatz des Art. 3 I GG verbietet primär die grundlose, willkürliche Ungleichbehandlung von Normadressaten und verlangt rechtfertigende Gründe für Ungleichbehandlungen.[229] Aus diesem Normgehalt lässt sich aber keine subjektive Berechtigung auf legislatorische Kontinuität entnehmen. *Dürig* selbst erkennt das Recht des Gesetzgebers zur Abänderbarkeit von Normsätzen an. Insoweit bewahrt auch Art. 3 I GG nicht vor regelmäßiger Neubewertung von Lebenssachverhalten und daraus resultierender temporaler Umgestaltung des Rechts, sondern nur davor, dass verfassungsrechtlich unzulässige, willkürliche Bewertungskriterien herangezogen werden. Art. 3 I GG garantiert lediglich, dass gesetzgeberische Gestaltungsziele ihrerseits im Rahmen der Verfassung liegen und sich hieraus ergebende Ungleichbehandlungen in einer sachgerechten Relation zu den gewählten Umgestaltungs- und Differenzierungskriterien stehen. Eine *absolute* Zulässigkeitsgrenze für rückwirkende Gesetze kann hieraus jedenfalls nicht entnom-

---

224 Vgl. *Winkler*, Zeit und Recht, S. 238; *Dürig*, in: *Maunz/Dürig*, Grundgesetz-Kommentar, Art. 3 I GG, Rdnr. 213.

225 *Dürig*, Zeit und Rechtsgleichheit, S. 21 (28).

226 *Dürig*, Zeit und Rechtsgleichheit, S. 21 (30). Für eine verfassungsrechtliche Verortung des Vertrauensschutzes im Gleichheitssatz gem Art. 3 I GG spricht sich auch *Achterberg* aus, vgl. *Achterberg*, Diskussionsbeitrag, in: VVDStRL 32 (1974), 228 (234).

227 Vgl. dazu *Dürig*, in: *Maunz/Dürig*, Grundgesetz-Kommentar, Art. 3 I GG, Rdnr. 221; *Winkler*, Zeit und Recht, S. 199.

228 S. *Dürig*, Diskussionsbeitrag, in: VVDStRL 32 (1974), 228 (249), *ders.* in: *Maunz/Dürig*, Grundgesetz-Kommentar, Art. 3 I GG, Rdnr. 221: "Die Rückwirkungsrechtsprechung ist immer noch viel zu großzügig. Sie sollte bei Belastungsgesetzen Rückwirkung ausnahmslos verhindern..."

229 S. *Osterloh*, in: Sachs, Art. 3 I GG, Rdnr. 3 ff.; *Starck*, in: v. *Mangoldt/Klein/Starck*, Grundgesetz-Kommentar, Art. 3 I GG, Rdnr. 10 ff.

men werden. Denkbar wäre es im Sinne der zuvor dargelegten Argumentation allenfalls, lediglich ein relatives Verbot für rückwirkende Gesetzesänderungen zu formulieren und die Zulässigkeitsgrenze im Willkürverbot zu sehen, wie dies bei *Winkler* anklingt.[230]

Nach einer insbesondere von *Preuß* vertretenen Auffassung enthält Art. 12 I GG spezielle Rückwirkungsgrenzen.[231] Die Rückwirkung von Gesetzen wird als Problem des Vertrauensschutzes des Bürgers angesehen.[232] Vertrauen ist hiernach ein sozialer Mechanismus, der soziale Beziehungen auf der Grundlage persönlicher Leistungen und Bewährungen organisiert. Eine dogmatische Herleitung aus dem Rechtsstaatsprinzip wird abgelehnt.[233] Im Vordergrund stehen stattdessen vertrauensbildende persönliche Leistungen des Einzelnen, die seine soziale Funktion und Position festlegen und damit einen Status begründen.[234] Vertrauensschutz stellt sich insoweit als Statusschutz dar. Bei der Bewertung der Grenzen des individuellen Status- und Vertrauensschutzes zieht *Preuß* die Berufsfreiheit als diejenige Grundrechtsnorm heran, die den wichtigsten sozialen Status schützt. In der heutigen Gesellschaft begründet der Beruf den maßgeblichen Bestimmungsfaktor für den sozialen Status des Individuums, so dass verfassungsrechtliche Grundlage für den Vertrauens- und Statusschutz Art. 12 I GG ist.[235] Die Rückwirkung von Gesetzen als Problem des Vertrauensschutzes ist deshalb an diesem Grundrecht zu messen. Rückwirkungsanordnungen können jedoch ausnahmsweise zulässig sein, wenn sie durch die Schrankenregelung des Art. 12 I GG gedeckt sind. Letztlich ist damit die Vermeidung konkreter Gefahren für ein wichtiges Gemeinschaftsgut der - abgestufte - Maßstab für die Zulässigkeit rückwirkender Gesetze.[236]

---

230 *Winkler*, Zeit und Recht, S. 238 f.

231 *Preuß*, Vertrauensschutz als Statusschutz, in JA 1977, S. 265 ff. und 313 ff. In die gleiche Richtung tendieren auch *Sendler*, Vertrauensschutz im Wirtschaftsrecht, in: WiVerw 1979, S. 63 ff. und *Heiderich*, Übergangsvorschriften in der neueren Gesetzgebungspraxis, S. 86 ff.

232 Vgl. *Sendler*, Vertrauensschutz im Wirtschaftsrecht, in: WiVerw 1979, S. 63 ff.

233 Vgl. insoweit *Preuß*, Vertrauensschutz als Statusschutz, in: JA 1979, 265 (268).

234 Zu diesem Verständnis des Begriffs "Status" s. *Preuß*, Vertrauensschutz als Statusschutz, in: JA 1979, 313 (317).

235 *Preuß*,Vertrauensschutz als Statusschutz, in: JA 1977, 313 (318).

236 Vgl hierzu *Sendler*, Vertrauensschutz im Wirtschaftsrecht, in: WiVerw 1979, S. 63 und *Heiderich*, Übergangsvorschriften in der neueren Gesetzgebungspraxis, S. 86; ebenso konstatiert *Preuß*, Vertrauensschutz als Statusschutz, in: JA 1977, 313 (319): "Dies bedeutet, daß er (der Gesetzgeber) den Vertrauensschutz auch einschränken kann, allerdings nur bis zu der hier entwickelten Grenze: erworbene Status genießen verstärkten rechtlichen Schutz und dürfen nur nach den für Art. 12 Abs. 1 GG entwickelten Grundsätzen beeinträchtigt oder gar beseitigt werden - Letzteres also nur zur Vermeidung konkreter Gefahren für ein wichtiges Gemeinschaftsgut."

Preuß ist insoweit zuzustimmen, als in einer modernen, mit dem Problem der Massenarbeitslosigkeit konfrontierten Gesellschaft der Beruf ein maßgeblicher Faktor für die Festlegung des sozialen Status des Individuums ist. Der Beruf bestimmt die Position des Einzelnen im gesellschaftlichen Gefüge insoweit, als er auf Lebensgewohnheiten, persönliche Beziehungen, kulturelle Standards und Zukunftserwartungen Einfluss hat. Die Verknüpfung dieses im Zusammenhang mit Art. 12 I GG stehenden Aussagegehaltes mit dem Problemkreis der Rückwirkung von Gesetzen führt indes zu einer Verengung der Rückwirkungsdiskussion.

Mit der Formel "Vertrauensschutz als Statusschutz" wird die Rückwirkung auf das Problem des Statusschutzes reduziert. Vertrauensschutz besteht jedoch nicht nur im Hinblick auf berufliche Funktionen und Positionen, die die soziale Stellung des Individuums in der Gesellschaft bestimmen und damit statusbildend sind. Auch unterhalb der Schwelle des beruflichen Status gibt es individuelle Rechtspositionen, denen Schutz vor rückwirkender Beeinträchtigung zukommt. So können beispielsweise im Wege der Erbfolge erlangte Positionen statusbegründend oder- verändernd wirken; ein spezifischer Berufsbezug ist hierbei nicht gegeben. Der Begriff des Vertrauensschutzes impliziert indes allgemeines Vertrauen in die bestehende Rechtslage und Schutz vor rückwirkenden Änderungen. Dieser Schutz bezieht sich grundsätzlich auf alle bestehenden Rechtspositionen, mithin auch auf solche, die nicht berufsprägend sind. Der Schutz des Status "Beruf" ist somit lediglich ein Teilaspekt der Rückwirkungsfrage, da nicht alle Rückwirkungsanordnungen eo ipso eine Berufsbezogenheit aufweisen.

Als Verfassungsnorm zur Konkretisierung der Grenzen rückwirkender Gesetze wird schließlich von *Schmidt* und *Aschke* auch Art. 14 GG genannt.[237] Begründet wird der Rekurs auf dieses Grundrecht damit, dass rückwirkenden Gesetzen eine gemeinsame Grundkonstellation immanent ist, die vermögensrechtliche Aspekte berührt. Rückwirkungsanordnungen mit ausschließlich immateriellen Nachteilen sind danach nahezu ausgeschlossen.[238] Der Grund hierfür wird im

---

237 Vgl zu dieser Konzeption *Schmidt*, "Vertrauensschutz" im öffentlichen Recht, in: JuS 1973, S. 529 ff., ferner *Aschke*, Übergangsregelungen als verfassungsrechtliches Problem, S. 398 ff. Der Ansatz, rückwirkende Gesetze am Eigentum zu messen, hat einen historischen Vorläufer in der sog. Lehre von wohlerworbenen Rechten, an deren Stelle später das Eigentumsrecht i.S.d. Art. 14 GG trat. Danach durfte eine Rechtslage, soweit sie ein wohlerworbenes Recht tangierte, nicht nachträglich beeinträchtigt werden. S. hierzu *v. Savigny*, System des heutigen Römischen Rechts, Achter Band, S. 384. *V. Savigny* stellte für den Gesetzgeber das Postulat auf, "daß er neue Gesetze nicht mit rückwirkender Kraft, nicht mit Gefährdung erworbener Rechte, erlassen soll." S. *v. Savigny*, a.a.O., S. 388.

238 *Aschke*, Übergangsregelungen als verfassungsrechtliches Problem, S. 401, 423 ; *Schmidt*, "Vertrauensschutz" im öffentlichen Recht, in: JuS 1973, 529 (535).

weiten verfassungsrechtlichen Eigentumsbegriff des Art. 14 GG gesehen.[239] Der Schutz des Vertrauens gegen rückwirkende Gesetze bezieht sich insofern ausschließlich auf bestehende vermögensrechtliche Positionen und ist am Grundrecht des Art. 14 GG zu messen.[240]

Diesem Maßstab entsprechend erfolgt die konkrete Ausgestaltung der Rückwirkungsgrenzen. Sie beruht auf einer Verknüpfung von Vertrauensschutzgedanken und Eigentumsgarantie. Auf der Grundlage des Art. 14 GG lässt sich danach eine Differenzierung vornehmen zwischen zulässigen Eingriffen in erworbene Rechtspositionen und solchen, die grundsätzlich unzulässig sind. Es ist dies die Alternative von Sozialbindung des Eigentums einerseits und Enteignung bzw. enteignendem Eingriff andererseits.[241] Bei Anpassungen von noch nicht abgeschlossenen Sachverhalten und Rechtsbeziehungen an veränderte wirtschaftliche und gesellschaftliche Verhältnisse handelt es sich regelmäßig um typische Fälle der Sozialbindung.[242] Eine solche Form der legislativen Anpassung betrifft tatbestandliche Rückanknüpfungen; derartige Rückerstreckungen sind als Sozialbindung des Eigentums grundsätzlich zulässig.[243] Die Rückbewirkung von Rechtsfolgen als die eigentlich problematische Form legislativer Rückerstreckungen lässt sich stattdessen über die Kategorie der Enteignung bzw. des enteignenden Eingriffs erfassen. Im Bereich der rückwirkenden Gesetzgebung bildet diese jedoch die Ausnahme. Rückwirkende Gesetze mit Enteignungswirkung sind nur zum Wohl der Allgemeinheit zulässig. Damit bildet letztlich wiederum das Gemeinwohl die Zulässigkeitsgrenze derartiger Rückwirkungen.[244]

---

239 *Schmidt*, "Vertrauensschutz" im öffentlichen Recht, in: JuS 1973, 529 (535); *Aschke* plädiert darüber hinaus für eine Fortbildung des Eigentumsbegriffs, um die Fälle der denkbaren Rückwirkungskonstellationen durch Art. 14 GG zu erfassen und damit eine normativ begründete Problemlösung zu ermöglichen. Vgl. *Aschke*, Übergangsregelungen als verfassungsrechtliches Problem, S. 401, 447 ff.

240 *Schmidt* verwendet hierfür die plakative Formulierung "Vertrauensschutz als Vermögensschutz"; vgl. *Schmidt*, "Vertrauensschutz" im öffentlichen Recht, in: JuS 1973, 529 (533).

241 *Schmidt*, "Vertrauensschutz" im öffentlichen Recht, in: JuS 1973, 529 (532, 536); *Schmidt* differenziert rückwirkende Gesetze mit enteignender Wirkung implizit nach der Zielgerichtetheit eines Eingriffs und legt damit den herkömmlichen Differenzierungsmaßstab des Art. 14 GG zugrunde. Sofern dieses Merkmal gegeben ist, wird eine Enteignung bejaht, andernfalls ein enteignender Eingriff.

242 *Schmidt*, "Vertrauensschutz" im öffentlichen Recht, in: JuS 1973, 529 (536).

243 Die Konzeption von *Schmidt* beruht noch auf der älteren Rückwirkungsjudikatur des BVerfG. Demzufolge wird die unechte Rückwirkung typischerweise als Fall der Sozialbindung des Eigentums qualifiziert, vgl. *Schmidt*, "Vertrauensschutz" im öffentlichen Recht, in: JuS 1973, 529 (535, 536).

244 Vgl. *Schmidt*, "Vertrauensschutz" im öffentlichen Recht, in: JuS 1973, 529 (533, 536). Offengelassen ist dabei, ob bzw. inwieweit bei derartigen Rückwirkungsan-

Die dem vorerwähnten Ansatz immanente These "Vertrauensschutz ist gleich Vermögensschutz" erfasst ähnlich wie die an Art. 12 I GG orientierte Argumentation nur Teilaspekte der Rückwirkung, so dass auch hier eine Verengung der Rückwirkungsproblematik vorliegt. Zum einen wird ein Bereich, in dem regelmäßig rückwirkende Gesetzesänderungen in Rede stehen - nämlich der des Steuerrechts - nicht hinreichend erfasst. Nach verfassungsgerichtlicher Rechtsprechung gewährt Art. 14 GG grundsätzlich keinen Schutz gegen die Erhebung von Steuern, sofern diesen keine erdrosselnde Wirkung zukommt.[245] Insoweit wären rückwirkende Steuergesetze i.d.R. als verfassungsrechtlich zulässig zu qualifizieren. Auch der Versuch, den Schutzbereich des Art. 14 GG für derartige Fälle mit dem Argument auszuweiten, Steuern seien grundsätzlich Eigentumssteuern, muss fehlgehen.[246] Auch Steuern haben nicht notwendig primären Eigentumsbezug, wie der weitgefasste Bereich der Verbrauch- und Verkehrsteuern zeigt.

Rückwirkende Gesetze führen ferner nicht stets zur Beschränkung von Vermögensgütern. Auch in einer materiell geprägten Gesellschaftsordnung kann es zur Beeinträchtigung immaterieller Güter kommen. Insofern existiert ebenfalls ein Vertrauen auf immaterielle Rechtspositionen.[247] Dies wird z.B. deutlich bei Rückwirkungsanordnungen im Bereich des Staatsangehörigkeitsrechts[248] oder bei der rückwirkenden Änderung von Prüfungsordnungen.[249] Derartige legislative Eingriffe mögen zwar auch Vermögensinteressen berühren, primär sind indes nichtmaterielle Interessen betroffen. Der Gesetzestypus des rückwirkenden Gesetzes kann demnach sowohl materielle als auch immaterielle Rechtspositionen treffen. Eine ausschließliche Orientierung an Art. 14 GG als Grenze rückwirkender Gesetze ist mithin nicht tragfähig.

---

ordnungen eine Entschädigung zu leisten ist. Damit wird eine Spezifität des Art. 14 GG, nämlich die Möglichkeit der Vermeidung eines verfassungswidrigen Eingriffs durch Leistung einer Entschädigung, ausgeblendet.

245 *BVerfGE* 70, 219 (230); 77, 308 (339 f.); 78, 232 (243); 81, 108 (122). Dieser Grundtenor ist auch in jüngsten Entscheidungen beibehalten worden, s. hierzu *BVerfGE* 87, 153 (169); *BVerfG* NJW 1995, 2615.

246 Vgl. dazu *Aschke*, Übergangsregelungen als verfassungsrechtliches Problem, S. 447 ff.

247 *Pieroth*, Rückwirkung und Übergangsrecht, S. 137.

248 S. hierzu *Achterberg*, Diskussionsbeitrag, in: VVDStRL 32 (1974), 228 (233).

249 Vgl. *Preuß*, Vertrauensschutz als Statusschutz, in: JA 1977, 265 (271).

III. Entwicklung eines umfassenden Grundrechtskonzepts durch Gesetzesnormdifferenzierung und Verfassungsnormorientierung

Die umfassendste grundrechtlich geprägte Konzeption wurde von *Pieroth* entwickelt.[250] Dieser Ansatz ist eine Reaktion auf die ältere Systembildung von echter und unechter Rückwirkung und ihre konzeptionellen Schwächen. Er wurde bereits einige Jahre vor der jetzigen Rückwirkungsjudikatur des Zweiten Senats entwickelt und basiert auf zwei Aspekten, der Gesetzesnormdifferenzierung und der Verfassungsnormorientierung.[251] *Pieroth* kritisiert zunächst die begriffliche Unterscheidung von echter und unechter Rückwirkung und die inkonsistente Anwendung dieser Begriffe innerhalb der einzelnen Rechtsgebiete.[252] Die hieraus resultierenden Anwendungsprobleme sieht er als Zeichen dafür, dass die vielfältigen Formen der Verknüpfung von Gegenwart und Vergangenheit und ihre Widerspiegelung in den Normstrukturen der einzelnen Rechtsgebiete mit der Begriffsbildung abgeschlossener bzw. nicht abgeschlossener Tatbestand nicht sinnvoll erfasst werden können. Die Komplexität der einfach-gesetzlichen Normen sei einfach zu groß, um im Falle einer Rückwirkungsanordnung verzerrungs- und widerspruchsfrei auf die Formel echte bzw. unechte Rückwirkung reduziert werden zu können.[253]

Die begriffliche Erfassung rückwirkender Gesetze erfolgt stattdessen im Wege einer Differenzierung zwischen den unterschiedlichen Gesetzestypen der jeweiligen Rechtsgebiete. *Pieroth* bezeichnet diesen systematischen Ansatz als *Gesetzesnormdifferenzierung.*[254] Konkrete Fassungen des Begriffs "Rückwirkung" müssen hiernach die unterschiedlichen Normstrukturen, die rechtlichen Mechanismen temporaler Verknüpfung und die sonstigen Eigenarten der jeweiligen Rechtsgebiete mitberücksichtigen. Durch diese Vorgehensweise wird nicht ein einheitlicher Begriff der Rückwirkung gebildet, sondern es werden verschiedene Arten, Stufen und Grade von Rückwirkung in den Blick genommen.[255] Das Kon-

---

250 *Pieroth*, Rückwirkung und Übergangsrecht, S. 95 ff.; *Pieroth`s* Ansatz wurde später von *Kunig* übernommen, vgl. insoweit *Kunig*, Das Rechtsstaatsprinzip S. 418 ff.

251 Zu einer thesenartigen Darstellung dieses Ansatzes vgl. *Pieroth*, Rückwirkung und Übergangsrecht, S. 95 ff.; vgl. auch *ders.*, Grundlagen und Grenzen verfassungsrechtlicher Verbote rückwirkender Gesetze, in: Jura 1983, 250 (253 ff.); *ders.*, Die neuere Rechtsprechung des Bundesverfassungsgerichts zum Grundsatz des Vertrauensschutzes, in: JZ 1990, 279 (280 ff.).

252 S. hierzu *Pieroth*, Rückwirkung und Übergangsrecht, S.79 ff; zur Inkonsistenz der alten Begriffsbildung von echter und unechter Rückwirkung vgl. auch § 5 E III.

253 *Pieroth*, Rückwirkung und Übergangsrecht, S. 95.

254 *Pieroth*, Rückwirkung und Übergangsrecht, S. 96.; *ders*, Grundlagen und Grenzen verfassungsrechtlicher Verbote rückwirkender Gesetze, in: Jura 1983, 250 (254).

255 *Pieroth*, Rückwirkung und Übergangsrecht, S. 96, 161.

zept der Gesetzesnormdifferenzierung wird anschließend anhand von sieben Normtypen, wie z.B. Abgabennormen, sozialrechtlichen Normen und Verfahrensnormen, präzisiert.[256] So werden jeweils die grundlegenden Strukturen des einzelnen Normtypus, seine Normwirkungen und seine Formen des möglichen Vergangenheitsbezugs herausgearbeitet. Schließlich erfolgen für einzelne Normenbereiche Terminologievorschläge, bei denen festlegt wird, in welchen spezifischen Fällen des jeweiligen Rechtsgebietes von Rückwirkung gesprochen werden kann. Dem rückdatierten In-Kraft-Treten, d.h. dem In-Kraft-Treten vor Verkündung, wird dabei eine zumindest indizielle Wirkung für das Vorliegen einer Rückwirkung beigemessen.[257]

Hinsichtlich der Zulässigkeitsgrenzen rückwirkender Gesetze verfolgt *Pieroth* das Konzept einer *Verfassungsnormorientierung*.[258] Danach sind rückwirkende Gesetze nur dann als zulässig anzusehen, wenn sich dies konkret aus einer Verfassungsnorm ergibt. Bei der Orientierung an Verfassungsnormen wird der Spezialitätsgrundsatz zugrunde gelegt und - unter Hervorhebung der Spezialität der Einzelgrundrechte gegenüber dem Rechtsstaatsprinzip - von den Grundrechten als speziellen Normen des geschriebenen Verfassungsrechts ausgegangen. Dieses Prinzip verdeutlicht *Pieroth* am Beispiel des Vermögensbereichs, für den Art. 14 GG die zentrale verfassungsrechtliche Norm bildet. Der Zentralcharakter dieses Grundrechts wird im Wege einer Ausweitung des Eigentumsbegriffs verfestigt, um so die Bandbreite rückwirkungsrelevanter Fälle adäquat zu erfassen.[259] Hinsichtlich der Tatbestandsabgrenzung des Art. 14 GG wird insoweit auch das Vermögen als Ganzes, verstanden als die Gesamtheit der vermögenswerten Rechte, in den Eigentumsbegriff mit einbezogen. Demzufolge wäre auch die Auferlegung öffentlich-rechtlicher Geldleistungspflichten an Art. 14 GG zu messen.[260]

Die konkreten Zulässigkeitsgrenzen der Rückwirkung bestimmt *Pieroth* entsprechend der Schrankenregelung des Art. 14 GG. Maßstab ist danach, ob eine

---

256 Vgl. insoweit *Pieroth*, Rückwirkung und Übergangsrecht, S. 162 ff.

257 S. hierzu *Pieroth*, Rückwirkung und Übergangsrecht, S. 172 für Abgabennormen, S. 181 für sozialrechtliche Normen.

258 *Pieroth*, Rückwirkung und Übergangsrecht, S. 96.; *ders*., Grundlagen und Grenzen verfassungsrechtlicher Verbote rückwirkender Gesetze, in: Jura 1983, 250 (254), *ders*., Die neuere Rechtsprechung des Bundesverfassungsgerichts zum Grundsatz des Vertrauensschutzes, in: JZ 1990, 279 (284).

259 Vgl. dazu *Pieroth*, Rückwirkung und Übergangsrecht, S. 291; einen ähnlichen Ansatz beinhaltet die Konzeption von *Aschke*, die einige Zeit nach Pieroth`s Prinzip der Verfassungsnormorientierung entwickelt wurde. Zu diesem Ansatz vgl. *Aschke*, Übergangsregelungen als verfassungsrechtliches Problem, S. 401.

260 *Pieroth*, Rückwirkung und Übergangsrecht, S. 307 ff.; in Rede stehen hierbei insbesondere Steuergesetze.

zulässige oder unzulässige Eigentumsbeschränkung vorliegt. Hierbei wird auf die Schwere des Eingriffs abgestellt[261] und nach Eigentumsobjekten, Rechtsgebieten, Regelungszusammenhängen und Reichweite des Vergangenheitsrückgriffs differenziert.[262] Bei besonders schweren und unzumutbaren Eingriffen in Art. 14 GG ist danach ein rückwirkender Eigentumseingriff unzulässig und damit auch das rückwirkende Gesetz als solches. Neben Art. 14 GG benennt *Pieroth* mit den Art. 33 V, 6 I und 2 I GG weitere Verfassungsrechtssätze. Da die vermögensrechtlichen Bezüge hier nur sekundärer Natur sind und die beiden erstgenannten Grundrechte zudem einen sehr begrenzten persönlichen Schutzbereich aufweisen, sind sie allerdings nur von geringer praktischer Relevanz.[263] Auf das Rechtsstaatsprinzip wird, dem Konzept der Verfassungsnormorientierung entsprechend, lediglich subsidiär zurückgegriffen.[264] Faktisch liegt damit der Prüfungsschwerpunkt von rückwirkenden Gesetzen bei Art. 14 GG.

Kritisch ist zu hierzu Folgendes zu sagen: *Pieroth`s* Prinzip der "Gesetzesnormdifferenzierung" ist vom Ansatz her insoweit zuzustimmen, als bei der begrifflichen Erfassung der Rückwirkung die unterschiedlichen Normstrukturen und die rechtlichen Mechanismen temporaler Verknüpfung mit zu berücksichtigen sind.[265] Dieser Forderung nach differenzierterer Begriffsbildung ist das Bundesverfassungsgericht inzwischen durch seine neuere Rückwirkungsjudikatur entgegengekommen. Der Zweite Senat verfolgt auf dieser Grundlage mit der Unterscheidung von tatbestandlicher Rückanknüpfung und Rückbewirkung von Rechtsfolgen eine normstrukturelle Systembildung. Der Tatbestand einer Norm wird danach in seiner spezifischen Korrelation zur jeweiligen Rechtsfolge als Parameter herangezogen, um auf diesem Normsatzgefüge aufbauend unterschiedliche Formen der Bezugnahme auf Vergangenes gegenüberzustellen. Die Mechanismen temporaler Verknüpfung und Rückerstreckung werden dabei unter Differenzierung zwischen sachlichem und zeitlichem Anwendungsbereich der Norm aufgezeigt.[266] Der neueren Rückwirkungsjudikatur sind mithin Tendenzen der Gesetzesnormdifferenzierung immanent.

---

261 Vgl. *Pieroth,* Rückwirkung und Übergangsrecht, S. 346.

262 *Pieroth,* Rückwirkung und Übergangsrecht, S. 347 ff. Im Steuerrecht ist die Intensität der Besteuerung ein wesentlicher Gesichtpunkt, während im Sozialrecht Art und Ausmaß einer Rückerstattungspflicht als Beurteilungsmaßstab in Betracht kommen.

263 S. dazu *Pieroth,* Rückwirkung und Übergangsrecht, S. 360, 367.

264 *Pieroth,* Rückwirkung und Übergangsrecht, S. 230.

265 Zu Pieroth`s Konzept der Gesetzesnormdifferenzierung s. *Pieroth,* Rückwirkung und Übergangsrecht, S. 95 f.

266 Vgl. zum Ganzen § 8 A III und § 8 B.

Bedenken gegen das Konzept der Gesetzesnormdifferenzierung ergeben sich daraus, dass der Ansatz auf sieben Normtypen beschränkt ist. Rückwirkung stellt indes eine Gesetzestechnik dar, die bei jeder Norm relevant werden kann. Es erscheint deshalb fragwürdig, bei einer Differenzierung nach Normtypen nur bestimmte Rechtsgebiete im Hinblick auf Rückwirkungsanordnungen zu erfassen und andere Gebiete von der Untersuchung auszuschließen.[267] Genau in diesem Bereich liegt die Janusköpfigkeit des vorerwähnten Ansatzes. Würde man andererseits das Prinzip der Gesetzesnormdifferenzierung ad infinitum für alle Rechtsgebiete durchführen, so wäre die Konsequenz eine undurchschaubare, kasuistische Ansammlung von Indizien für rückwirkende Gesetze, ohne jegliche begriffliche Eingrenzung. Vorzugswürdig erscheint demgegenüber eine normstrukturelle Systembildung auf einer Abstraktionsebene jenseits der einzelnen Normtypen, bei der die rechtsnormologischen Aspekte dieser Gesetzestechnik im Vordergrund stehen.

Die neuere Begriffsbildung des Bundesverfassungsgerichts bietet hierfür einen adäquaten Ansatz. Mit der Bezugnahme auf Tatbestand und Rechtsfolge einer Norm sowie deren zeitlichen und sachlichen Anwendungsbereich sind normprägende Spezifika einer jeden gesetzlichen Regelung bezeichnet, mit deren Hilfe zudem die verschiedenen Formen der Bezugnahme auf Vergangenes i.S.e. Normendifferenzierung voneinander abgegrenzt werden können. Diese Spezifika lassen sich bei jedem Normtypus herausfiltern, ohne dabei derart abstrakt zu sein, als dass eine konkrete Problembezogenheit nicht mehr gegeben wäre. Insgesamt ist damit dem normstrukturellen - abstrakteren - Ansatz des Bundesverfassungsgerichts der Vorzug zu geben.

Unabhängig davon bleibt *Pieroth`s* Konzept der "Verfassungsnormorientierung" bedeutsam. Die Rückwirkung von Gesetzen stellt sich als spezifisches verfassungsrechtliches Problem dar, so dass die Zulässigkeitsgrenzen dieses Gesetzestypus den Normen des Grundgesetzes zu entnehmen sind.[268] Die primäre Orientierung an Art. 14 GG sieht sich aber ähnlichen Kritikpunkten ausgesetzt, wie sie bereits gegenüber *Schmidt* und *Aschke* erhoben wurden.[269] Zwar erkennt *Pieroth* an, dass neben Art. 14 GG auch andere Verfassungsnormen wie Art. 6 I GG und Art. 33 V GG als Rückwirkungsgrenzen in Betracht kommen können. Jedoch wird auch hier das Charakteristikum rückwirkender Gesetze in einer spezifischen

---

267 *Iliopoulos-Strangas*, Rückwirkung und Sofortwirkung von Gesetzen, S. 153, bezeichnet diese Vorgehensweise sogar als willkürlich. Eine derart harsche Kritik ist jedoch überzogen, da die von *Pieroth* ausgewählten Normtypen regelmäßig Gegenstand bundesverfassungsgerichtlicher Entscheidungen waren.

268 Zur Thesensetzung der "Verfassungsnormorientierung" vgl. *Pieroth*, Rückwirkung und Übergangsrecht, S. 96.

269 S. oben § 10 B II.

Vermögensbezogenheit gesehen, so dass der Einwand einer Verengung der Rückwirkungsproblematik bestehen bleibt. Darüber hinaus können inhalts- und schrankenbestimmende bzw. enteignende Gesetze verfassungsdogmatisch nicht mit solchen Gesetzen gleichgesetzt werden, die eine Rückwirkung entfalten. Rückwirkung und Eigentumsbeeinträchtigungen sind nach Voraussetzung und Wirkung zweierlei. Die Besonderheit eines rückwirkenden Gesetzes besteht darin, dass nachträglich an ein Verhalten andere Rechtsfolgen geknüpft werden. Dieser spezifische Vergangenheitsbezug ist Eigentumseingriffen nicht notwendigerweise immanent, denn diese können auch gegenwarts- oder zukunftsbezogen sein. Da Art. 14 GG dieser temporalen Besonderheit unter Rückwirkungsaspekten nicht hinreichend Rechnung trägt, erscheint eine verfassungsrechtliche Verortung der Rückwirkungsproblematik hier zweifelhaft.

C. Der Gemeinwohlvorbehalt als maßgebliche Zulässigkeitsgrenze

Die Zulässigkeit rückwirkender Gesetze wird schließlich daran gemessen, ob ein legitimes öffentliches Interesse besteht.[270] Insoweit stellt sich der Gemeinwohlvorbehalt und hiermit korrespondierend das Prinzip der Güterabwägung als wichtigste, wenn nicht einzige Zulässigkeitsgrenze rückwirkender Gesetze dar. Hinsichtlich der verfassungsrechtlichen Herleitung einer derartigen Rückwirkungsgrenze sind unterschiedliche Wege erkennbar. Teilweise wird auf das Rechtsstaatsprinzip Bezug genommen.[271] Andere dogmatische Ableitungen sind durch eine Grundrechtsorientierung gekennzeichnet, die auf Art. 2 I GG abstellt.[272]

Der am Rechtsstaatsprinzip orientierte Ansatz, der von *Salzwedel* und *Hahn* und in der jüngeren Literatur insbesondere von *Zeug* und zuletzt von *Rensmann* vertreten wird, geht davon aus, dass die Gewährung von Vertrauensschutz sich

---

270 Vgl. *Zeug*, Vertrauensschutz im Beamtenversorgungsrecht, S. 104; *Grabitz*, Vertrauensschutz als Freiheitsschutz, in: DVBl 1973, 675 (683); *Salzwedel*, Verfassungsrechtlich geschützte Besitzstände und ihre "Überleitung" in neues Recht, in: Die Verwaltung 1972, 11 (16); *Niehues*, Die Zulässigkeit der Rückwirkung von Gesetzen nach dem Recht der Bundesrepublik Deutschland, S. 136 f.

271 *Hahn*, Zur Rückwirkung im Steuerrecht, S. 68 ff; *Zeug*, Vertrauensschutz im Beamtenversorgungsrecht, S. 98 f., 104; *Salzwedel*, Verfassungsrechtlich geschützte Besitzstände und ihre "Überleitung" in neues Recht, in: Die Verwaltung 1972, 11(16, 31); s. auch *Stern*, Das Staatsrecht der Bundesrepublik Deutschland, Bd. I, S. 836.

272 *Grabitz*, Vertrauensschutz als Freiheitsschutz, in: DVBl 1973, 675 (682); *Niehues*, Die Zulässigkeit der Rückwirkung von Gesetzen nach dem Recht der Bundesrepublik Deutschland, S. 138.

im Spannungsfeld zwischen Fortgeltung und Modifikation der Rechtsordnung bewegt.[273] Dabei muss der Gesetzgeber aus Gründen des Allgemeinwohls Neuregelungen treffen können, um den Erfordernissen der sich wandelnden Lebensverhältnisse gerecht zu werden. In diesem Zusammenhang können - wie zuletzt *Lang* für den Bereich des Steuerrechts herausgestellt hat - Rückwirkungsanordnungen erforderlich sein.[274] Ein voller Individualschutz zugunsten des Fortbestands der bisherigen Gesetzeslage würde anderenfalls den dem Gesamtwohl verpflichteten Gesetzgeber in wichtigen Bereichen gegenüber den Einzelinteressen lähmen. Dies würde das Gesamtwohl schwerwiegend gefährden und eine Versteinerung der Gesetzgebung bedeuten.[275] Der Ausgleich zwischen der Verlässlichkeit der Rechtsordnung und der Notwendigkeit ihrer Änderung erfolgt dann in unvertretbarer Weise zu Lasten des Gemeinwohls. Um derartigen Tendenzen entgegenzuwirken, werden rückwirkende Gesetze für zulässig erklärt, sofern sie durch zwingende Gründe des Gemeinwohls gerechtfertigt sind.[276] Letzt-

---

273 *Zeug* stellt diesen Ansatz an mehreren Stellen heraus, s. *Zeug*, Vertrauensschutz im Beamtenversorgungsrecht, S. 104, 133, 140, 193; s. auch *Salzwedel*, Verfassungsrechtlich geschützte Besitzstände und ihre "Überleitung" in neues Recht, in: Die Verwaltung 1972, 11 (16, 31); ferner *Hahn*, Zur Rückwirkung im Steuerrecht, S. 56, 61, 62 f., 68 f; zuletzt auch *Rensmann*, Reformdruck und Vertrauensschutz, in: JZ 1999, 168 (172 ff.), ebenso *Brüning*, Die Rückwirkung von Legislativakten, in: NJW 1998, 1525 (1528).

274 *Lang* hält derartige Rückwirkungsanordnungen als "gemeinwohlbezogene Gesetzesänderungen" für zulässig, *Lang*, Verfassungsrechtliche Zulässigkeit rückwirkender Steuergesetze, in WPg 1998, 163 (172 f.), s. auch *ders*, in: *Tipke/Lang*, Steuerrecht, S. 109.

275 *Salzwedel* merkt in diesem Zusammenhang an, dass das Reformbedürfnis des Gesetzgebers vorgehen müsse, ansonsten "würde die Demokratie von heute im Dickicht der privaten Dispositionen stecken bleiben..." S. *Salzwedel*, Verfassungsrechtlich geschützte Besitzstände und ihre "Überleitung" in neues Recht, in: Die Verwaltung 1972, 11 (16).

276 *Zeug* formuliert den Charakter des Gemeinwohlvorbehaltes als ausschließliche Zulässigkeitsgrenze wie folgt: "Es erscheint daher methodisch sinnvoller zu sein, Ausnahmen vom relativen Rückwirkungsverbot auf die Fälle der Anordnung wegen zwingender Gründe des gemeinen Wohls zu beschränken." Vgl. *Zeug*, Vertrauensschutz im Beamtenversorgungsrecht, S. 104 - als absolutes Rückwirkungsverbot bezeichnet Zeug Art. 103 II GG. In diese Richtung tendierend auch *Stern*, der ausführt: "Die dem rechtsstaatlichen Prinzip immanente Rechtssicherheit verlangt, daß eine rückwirkende belastende Norm grundsätzlich verfassungswidrig ist. Soll sie es ausnahmsweise nicht sein, so müssen hierfür zwingende Gründe vorhanden sein. Als solche können überragende Gemeinwohlbelange dienen..." S. *Stern*, Das Staatsrecht der Bundesrepublik Deutschland, Bd. I, S. 836; auch *Hahn*, Zur Rückwirkung im Steuerrecht, S. 68: "In bestimmten Fällen ist eine Rückwirkung von Gesetzen allerdings zulässig. Es handelt sich um solche Fälle, in denen das Gemeinwohl eine solche Rückwirkung gebietet."

lich ist die ausnahmsweise Zulässigkeit einer Rückwirkung damit das Ergebnis eines Abwägungsvorganges.[277]

Auch der grundrechtliche Begründungsansatz von *Grabitz* und *Niehues* geht davon aus, dass die Problematik rückwirkender Gesetze im Spannungsverhältnis zwischen individuellem Interesse am Fortbestand einer Gesetzeslage und dem gesetzgeberischen Anliegen einer Veränderung derselben besteht. Die verfassungsrechtliche Verortung erfolgt jedoch nicht mit Hilfe des Rechtsstaatsprinzips, sondern des Rechts auf freie Entfaltung der Persönlichkeit gemäß Art. 2 I GG.[278] Die Normaussage des Art. 2 I GG besteht hiernach darin, die freie Persönlichkeitsentfaltung zu gewährleisten, sofern nicht gegen die verfassungsmäßige Ordnung verstoßen wird. Das Grundrecht aus Art. 2 I GG entfaltet demzufolge Ausstrahlungskraft nach zwei Seiten hin, wobei im Mittelpunkt die Frage steht, inwieweit die gemeinwohlgerichtete verfassungsmäßige Ordnung gegen die Freiheit der Persönlichkeitsentfaltung durchgesetzt werden kann.[279]

Dieser Frage kommt auch im Rahmen des Gemeinwohlvorbehaltes zentrale Bedeutung zu, denn auch hier stehen die Interessen des Gemeinwohls denen des Individuums gegenüber. Der Gemeinwohlvorbehalt entspricht danach strukturell der Schrankenregelung des Art. 2 I GG.[280] Den übrigen vom Bundesverfassungsgericht entwickelten Ausnahmetatbeständen wird eine derartige Strukturgleichheit mit Art. 2 I GG abgesprochen, so dass letztlich nur beim Gemeinwohlvorbehalt verfassungsdogmatische Verortung und konkrete Ausgestaltung von Zulässigkeitsgrenzen miteinander korrespondieren.[281] Hieraus ergibt sich die Konsequenz, die Prüfung der Zulässigkeit rückwirkender Gesetze auf den Gemeinwohlvorbehalt zu beschränken.[282]

---

277 *Rensmann*, Reformdruck und Vertrauensschutz, in: JZ 1999, 168 (175), *Brüning*, Die Rückwirkung von Legislativakten, in: NJW 1998, 1525.

278 *Grabitz*, Vertrauensschutz als Freiheitsschutz, in: DVBl 1973, 675 (682); *Niehues*, Die Zulässigkeit der Rückwirkung von Gesetzen nach dem Recht der Bundesrepublik Deutschland, S. 138.

279 *Niehues* nennt diese zweiseitige Ausstrahlungswirkung den Doppelcharakter des Art. 2 I GG; *Niehues*, Die Zulässigkeit der Rückwirkung von Gesetzen nach dem Recht der Bundesrepublik Deutschland, S. 117, 124.

280 Vgl. insoweit *Niehues*, Die Zulässigkeit der Rückwirkung von Gesetzen nach dem Recht der Bundesrepublik Deutschland, S. 136; *Grabitz*, Vertrauensschutz als Freiheitsschutz, in: DVBl 1973, 675 (682 f.).

281 *Niehues*, Die Zulässigkeit der Rückwirkung von Gesetzen nach dem Recht der Bundesrepublik Deutschland, S. 136.

282 *Niehues*, Die Zulässigkeit der Rückwirkung von Gesetzen nach dem Recht der Bundesrepublik Deutschland, S. 137; nachdem *Niehues* die vom BVerfG entwickelten vier Ausnahmetatbestände dargestellt hat - "rechnenmüssen", unklare Rechtslage, nichtiges Gesetz und als vierten Ausnahmetatbestand den Gemeinwohlvorbehalt - konstatiert er: "Die entsprechenden Konsequenzen für die Prüfung der Zulässigkeit

Die konkrete Ausformung dieser Zulässigkeitsgrenze erfolgt nach beiden dogmatischen Ansätzen im Wesentlichen in Anlehnung an die Judikatur des Bundesverfassungsgerichts zum Gemeinwohlvorbehalt.[283] Es findet insbesondere eine Güterabwägung zwischen Gemeinwohl- und Individualinteressen statt.[284] Dabei sind auf Seite des staatlichen Interesses die gesetzgeberischen Gründe für eine Neuregelung zu berücksichtigen.[285] Bei den Individualbelangen ist insbesondere die Schwere der individuellen Gesamtbelastung mit in die Abwägung einzubeziehen.[286] Rückwirkungsanordnungen sind danach ausnahmsweise zulässig, wenn das öffentliche Interesse an einer rückwirkenden Neugestaltung der Rechtslage zur Abwehr von Gefahren für wichtige Gemeinschaftsgüter das Interesse des Einzelnen am Fortbestand der Rechtslage überwiegt.[287]

Für eine am Gemeinwohlvorbehalt orientierte Güterabwägung als Rückwirkungsgrenze hat sich in jüngerer Zeit auch *Compes* ausgesprochen.[288] Er begreift die vom Bundesverfassungsgericht aufgestellten Ausnahmetatbestände als nicht ausschließlichen Katalog von Konstellationen, in denen das Gemeinwohlinteresse die Individualbelange letztlich überwiegt.[289] Diese Ausnahmetatbestände stellen Anwendungsfälle des Verhältnismäßigkeitsgrundsatzes und der ihm immanenten Güterabwägung dar. Beides sieht er sowohl in den Grundrechten als auch im Rechtsstaatsprinzip verwirklicht, so dass es keinen Unterschied macht, welcher dieser Verfassungssätze zur dogmatischen Herleitung von Rückwirkungsgrenzen herangezogen wird.[290]

Diesem Ansatz ist insoweit zuzustimmen, als er den grundkonzeptionellen Charakter des Gemeinwohlvorbehaltes im Bereich der Rückwirkungsgrenzen

---

der Rückwirkung von Gesetzen hat das BVerfG nicht gezogen. Diese Konsequenzen laufen darauf hinaus, die oben zitierten ersten drei Ausnahmen wegfallen zu lassen..."

283 *Zeug*, Vertrauensschutz im Beamtenversorgungsrecht, S 104; *Grabitz*, Vertrauensschutz als Freiheitsschutz, in: DVBl 1973, 675 (683).

284 Vgl. *Salzwedel*, Verfassungsrechtlich geschützte Besitzstände und ihre "Überleitung" in neues Recht, in: Die Verwaltung 1972, 11 (16, 18).

285 S. *Hahn*, Zur Rückwirkung im Steuerrecht, S. 69.

286 *Salzwedel*, Verfassungsrechtlich geschützte Besitzstände und ihre "Überleitung" in neues Recht, in: Die Verwaltung 1972, 11 (33).

287 *Zeug*, Vertrauensschutz im Beamtenversorgungsrecht, S. 104; *Niehues*, Die Zulässigkeit der Rückwirkung von Gesetzen nach dem Recht der Bundesrepublik Deutschland, S. 137.

288 *Compes*, Der gesetzgeberische Eingriff in nach altem Recht bestehende Rechtspositionen, S. 132 ff.

289 *Compes*, Der gesetzgeberische Eingriff in nach altem Recht bestehende Rechtspositionen, S. 133.

290 Vgl. insoweit *Compes*, Der gesetzgeberische Eingriff in nach altem Recht bestehende Rechtspositionen, S. 132 f.

herausstellt. Jedoch werden dann die vom Bundesverfassungsgericht aufgestellten Ausnahmetatbestände als spezifische Ausprägungen dieses Vorbehaltes übernommen, ohne dass eine eingehende Auseinandersetzung mit der gegen sie vorgebrachten Kritik erfolgt.[291] Auch die dogmatische Herleitung von Rückwirkungsgrenzen entweder aus dem Rechtsstaatsprinzip oder aus den Grundrechten vermag nicht zu überzeugen. Auf diese Weise wird eine Art verfassungsrechtliche Wahlfeststellung vorgenommen, die - im Sinne *Pieroth`s* - einer konkreten Verfassungsnormorientierung und damit letztlich dem rechtsstaatlichen Bestimmtheitsgebot widerspricht.

Die grundrechtsorientierten Konzepte von *Grabitz* und *Niehues* stellen demgegenüber die Wechselbezüglichkeit zwischen dem Gesetzesvorbehalt des Art. 2 I GG und der Rückwirkungsproblematik klar heraus. Die Berufung auf Vertrauen betrifft die formelle und materielle Verfassungsmäßigkeit von Gesetzen; dies folgt aus dem Gesetzesvorbehalt der verfassungsmäßigen Ordnung gemäß Art. 2 I GG. Versteht man in diesem Sinne den Vertrauensschutz des Bürgers auf die Verfassungsmäßigkeit der Gesetzeslage als besondere Ausprägung des Art. 2 I GG, so kann hier im Gegensatz zu anderen an Art. 2 I GG orientierten Rückwirkungskonzepten der Vorwurf des Verstoßes gegen den Spezialitätsgrundsatz nicht erhoben werden.

Allerdings ist zu berücksichtigen, dass der Vorbehalt der verfassungsmäßigen Ordnung sich auf die Gesamtheit *aller* bestehenden Rechtssätze bezieht. Demgemäß wird von Art. 2 I GG nicht in erster Linie das Vertrauen darauf geschützt, dass in die derzeitige verfassungskonforme Rechtslage nicht nachträglich durch Rückwirkungsanordnungen eingegriffen wird. Der Vertrauensschutz des Art. 2 I GG ist allgemein auf die Verfassungsmäßigkeit der Gesetzeslage ausgerichtet. Ein darüber hinausweisender spezifischer Schutz gegen die Verabschiedung rückwirkender Gesetze kann diesem Grundrecht nicht entnommen werden, so dass letztlich die am Rechtsstaatsprinzip orientierte Gemeinwohlkonzeption, wie sie u.a. von *Zeug* vertreten wird, in den Vordergrund rückt.

§ 11 Zusammenfassende Bewertung der unterschiedlichen Rückwirkungskonzeptionen

Die konzeptionellen Ansätze der Ausgestaltung der Zulässigkeitsgrenzen der Rückwirkung von Gesetzen sind in ihrer Grundorientierung durch einen Dualismus gekennzeichnet. Rückwirkungsgrenzen werden seitens des Bundesverfas-

291 S. dazu *Compes*, Der gesetzgeberische Eingriff in nach altem Recht bestehende Rechtspositionen, S. 133 f.

sungsgerichts und Teilen der Literatur dem Rechtsstaatsprinzip, einer anderen Literaturmeinung zufolge den Grundrechten entnommen. Dies betrifft sowohl die verfassungsdogmatische Herleitung als auch die konkrete Ausformung der Zulässigkeitsgrenzen rückwirkender Gesetze. Beide Konzeptionen sollen im Folgenden einer zusammenfassenden Bewertung unterzogen werden.

A. Das Rechtsstaatsprinzip als verfassungsdogmatische Grundlage der Rückwirkung

Diejenigen Rückwirkungskonzepte, die sich für eine grundrechtliche Lösung aussprechen, stellen verfassungsrechtsdogmatisch auf den Spezialitätsgrundsatz ab. Danach sind zunächst die speziellen Grundrechte in Ansatz zu bringen, erst dann kann auf allgemeine Strukturprinzipien wie das Rechtsstaatsprinzip abgestellt werden. Der Spezialitätsgrundsatz kann für den Bereich der Rückwirkung indes nur Bestand haben, wenn es sich bei der Rückwirkung von Gesetzen tatsächlich um ein Verfassungsproblem handelt, das speziell von den Grundrechten erfasst wird. Sollte sich Rückwirkung jedoch nicht in erster Linie als Problem des Grundrechtsschutzes erweisen, sondern als ein Phänomen, das primär an anderen Verfassungsnormen zu messen ist, wäre bereits der dogmatischen Basis eines solchen Ansatzes der Boden entzogen.

Das Charakteristikum rückwirkender Gesetze liegt in der nachträglichen Änderung von Rechtsfolgen für ein bereits der Vergangenheit zugehöriges Verhalten.[292] Durch diese Rückbewirkung von Rechtsfolgen wird belastend in bestehende Rechtspositionen eingegriffen. Der Bürger vertraut indes darauf, dass die Rechtslage, die er bei Vornahme seiner Handlungen und Dispositionen vorfindet, tatsächlich gilt und nicht mehr zur Disposition des Gesetzgebers steht.[293] Sein Vertrauen richtet sich auf das Fortbestehen der rechtlichen Rahmenbedingungen einer einmal vorgenommenen Handlung. Durch rückwirkende Gesetze wird der Bürger in diesem Vertrauen grundsätzlich verletzt, da seine Rechtspositionen im Gegensatz zur Garantie, die ihm das frühere Recht gegeben hatte, nachträglich entwertet werden. Rückwirkung stellt sich insoweit als verfassungsrechtliches Problem des Vertrauensschutzes dar.[294] Hinsichtlich der dogmatischen Verortung der Rückwirkung ist aber gerade fraglich, ob Vertrauensschutz umfassend und typischerweise durch die Grundrechte gewährleistet wird.

---

292 Vgl. *BVerfGE* 72, 200 (241 f.).

293 *Muckel*, Kriterien des verfassungsrechtlichen Vertrauensschutzes bei Gesetzesänderungen, S. 75.

294 *Zeug*, Vertrauensschutz im Beamtenversorgungsrecht, S. 130; *Muckel*, Kriterien des verfassungsrechtlichen Vertrauensschutzes bei Gesetzesänderungen, S. 74 f.

Grundrechte gewähren dem Einzelnen grundsätzlich staatsgerichtete subjektiv-öffentliche Rechte.[295] Sie sind Rechte des Individuums und verpflichten den Staat.[296] Insoweit haben Grundrechte eine starke abwehrrechtliche Ausrichtung. Sie schützen in erster Linie Individualfreiheiten und -freiräume sowie die der freien Verfügung des Einzelnen überlassenen Rechtsgüter gegen widerrechtliche staatliche Eingriffe.[297] Grundrechte sind in ihrer klassischen Funktion somit Abwehrrechte, die Bestandsschutz gewähren.[298]

Mit diesem grundrechtlichen Bestandsschutz ist der rückwirkungsrelevante Vertrauensschutz nicht deckungsgleich. Zwar können auch Rückwirkungsanordnungen in den Schutzbereich von Grundrechten eingreifen und damit den Bestandsschutz individueller Rechtspositionen berühren. Dies ist jedoch kein Spezifikum rückwirkender Gesetze, da auch jedes normale Gesetz einen Eingriff in Grundrechte bewirken kann. Die Besonderheit des rückwirkenden Gesetzestypus liegt vielmehr darin, dass individualrechtliche Positionen ex tunc entzogen werden, während sich Probleme des Bestandsschutzes bereits bei einer Beeinträchtigung per legem ex nunc ergeben. Rückwirkungsanordnungen sind verfassungsrechtlich in erster Linie deshalb problematisch, weil *im Nachhinein* an das Verhalten des Einzelnen andere Rechtsfolgen geknüpft werden. Der Gesetzgeber hebt die originäre zeitliche Verbindung zwischen Tatbestand und Rechtsfolge einer Norm nachträglich mit Wirkung ex tunc auf. Dies geschieht in der Weise, dass dem nicht mehr korrigierbaren Individualverhalten auf Tatbestandsebene eine andere Rechtsfolge zugeordnet wird, als sie von dem ursprünglich geltenden Recht angeordnet war. Damit beeinträchtigen Rückwirkungsanordnungen die Verlässlichkeit der Rechtsordnung, der der Staatsbürger hinsichtlich seiner Dispositionen vertraut.

Verlässlichkeit der Rechtsordnung und individueller Vertrauensschutz sind jedoch Kategorien, die typischerweise dem Rechtsstaatsprinzip unterfallen und allenfalls sekundär dem grundrechtlichen Bestandssschutz.[299] Der freiheitliche Rechtsstaat garantiert dem Einzelnen, dass sein Verhalten und die hiermit zeitlich verbundenen Rechtsfolgen nicht im Nachhinein zur Dispositionsbefugnis des Ge-

---

295 *Stein*, Staatsrecht, S. 205; *Badura*, Staatsrecht, S. 75 f.; *Hesse*, Grundzüge des Verfassungsrechts der Bundesrepublik Deutschland, S. 129 ff.

296 *Dreier*, Grundgesetz-Kommentar, vor Art. 1, Rdnr. 44 ff.; *Pieroth /Schlink*, Staatsrecht II, S. 19 ff.

297 Diese abwehrrechtliche, klassische Grundrechtsfunktion wird von *Jellinek* als status negativus bezeichnet; vgl. *Jellinek*, System der subjektiven öffentlichen Rechte, S. 105 ff.

298 *Zeug*, Vertrauensschutz im Beamtenversorgungsrecht, S. 121.

299 Vgl. *Herzog*, in: *Maunz/Dürig*, Grundgesetz-Kommentar, Art. 20 VII, Rdnr. 57 f.; *Stern*, Staatsrecht I, S. 831; ebenso *Brüning*, Die Rückwirkung von Legislativakten, in: NJW 1998, 1525 (1527).

setzgebers stehen. Das Prinzip der Rechtsstaatlichkeit sichert dem Bürger zu, dass sein dem jeweils geltenden Recht entsprechendes Verhalten auch weiterhin von der Rechtsordnung mit allen mit ihm verbundenen Konsequenzen anerkannt bleibt. Die Rückwirkung von Gesetzen als verfassungsrechtliches Problem des Vertrauensschutzes ist demnach in Übereinstimmung mit dem Bundesverfassungsgericht im Rechtsstaatsprinzip zu verorten.

Diese Zuordnung wird dadurch gefestigt, dass Rückwirkungsanordnungen existieren, die keinem konkreten Grundrechtsschutzbereich unterfallen.[300] Betroffen hiervon sind beispielsweise öffentlich-rechtliche Vermögenspositionen, die nicht das Äquivalent eigener Leistung sind.[301] Derartige öffentliche Leistungen unterliegen weder dem Eigentumsschutz des Art. 14 GG, noch dem Schutzbereich des Art. 2 I GG.[302] Das Problem des Vertrauensschutzes stellt sich jedoch auch hier, sofern derartige Positionen rückwirkend beeinträchtigt oder entzogen werden. Grundrechte können hier mangels Schutzbereichsbetroffenheit nicht als Maßstab des Vertrauensschutzes herangezogen werden, so dass ein Defizit an verfassungsrechtlichem Schutz zu besorgen ist.[303] Grundrechte können nach allem zwar Bestandsschutz für private Rechtspositionen gewähren, jedoch keinen umfassenden Vertrauensschutz.[304] Die dogmatische Verortung der Rückwirkung in den Grundrechten vermag insoweit nicht zu überzeugen; Grundrechte sind allenfalls ergänzend zu berücksichtigen.[305] Sie können im Rahmen der Rückwir-

300 Dies verkennen *Möller/Rührmair*, die rückwirkende Gesetze verfassungsrechtsdogmatisch anhand der Grundrechte beurteilen und die Rückwirkungsproblematik bei der Verhältnismäßigkeit des Grundrechtseingriffs verorten. Abgesehen davon erscheint es fraglich, ob das letztlich auf einen Abwägungsvorgang hinauslaufende Verhältnismäßigkeitsprinzip angesichts der Vielzahl möglicher Rückwirkungskonstellationen eine hinreichend ausdifferenzierbare, dem individuellen Vertrauensschutz genügende Rückwirkungsgrenze bildet. Dies gilt umso mehr, als sowohl die Rückbewirkung von Rechtsfolgen als auch die tatbestandliche Rückanknüpfung anhand dieses Kriteriums geprüft wird. S. *Möller/Rührmair*, Die Bedeutung der Grundrechte für die verfassungsrechtlichen Anforderungen an rückwirkende Gesetze, in: NJW 1999, 908 (910 f.).

301 Vgl. *Bryde*, in: *v. Münch/Kunig*, Grundgesetz-Kommentar, Art. 14 GG, Rdnr. 25 ff.; *Schmidt-Bleibtreu*, in: *Schmidt-Bleibtreu/Klein*, Grundgesetz-Kommentar, Art. 14 GG, Rdnr. 4.

302 S. hierzu *BVerfGE* 14, 288 (293 ff.); 45, 142 (170); 53, 257 (289 ff.); 69, 272 (298 ff.); 72, 175 (193 ff.).

303 Vgl. insoweit *BVerfGE* 69, 272 (309 ff.); 72, 175 (196 ff.).

304 So auch *Zeug*, Vertrauensschutz im Beamtenversorgungsrecht, S. 129 f.

305 In diese Richtung tendierend auch *Zeug*, Vertrauensschutz im Beamtenversorgungsrecht, S. 130, *Iliopoulos-Strangas*, Rückwirkung und Sofortwirkung von Gesetzen, S. 182 ff; vgl. in jüngster Zeit auch *Brüning*, Die Rückwirkung von Legislativakten, in: NJW 1998, S. 1525 (1527).

kungsdiskussion auch als Optimierungsgebote angesehen werden.[306] Keine rückwirkende Norm darf letztlich in ihrer verfassungsrechtlichen Gesamtbewertung gegen Grundrechte verstoßen.

Die Kritik gegenüber den grundrechtlichen Lösungskonzepten betrifft indes nicht nur die dogmatische Herleitung von Zulässigkeitsgrenzen, sondern auch deren konkrete grundrechtsorientierte Ausgestaltung. Die meisten dieser Konzeptionen wählen einen monokausalen Ansatz, der die Rückwirkungsproblematik auf das Betroffensein jeweils eines Grundrechts beschränkt. Rückwirkungsspezifischer Vertrauensschutz ist danach gleichbedeutend mit dem Freiheitsschutz des Art. 2 I GG, Gleichheitsschutz nach Art. 3 I GG, Statusschutz i.S.v. Art. 12 I GG oder Vermögensschutz nach Art. 14 GG. Zutreffend ist, dass hiermit Problemlagen angesprochen werden, die jedenfalls *auch* im Zusammenhang mit rückwirkenden Gesetzen relevant werden können. Wie bereits dargelegt, behandeln diese Ansätze jedoch nur Teilaspekte der Rückwirkung. Sie führen jeweils zu einer Verengung der Rückwirkungsproblematik und sind aus diesem Grund nur begrenzt tragfähig.

Die Verfassungsnormorientierung bezüglich der Rückwirkung von Gesetzen findet stattdessen in dem in Art. 20 III GG verankerten Rechtsstaatsprinzip ihren Ausdruck. Dies kann jedoch nicht dahin gehen, jede Rückwirkungsanordnung per se für verfassungsrechtlich unzulässig zu erklären, so wie dies von Teilen der Literatur gefordert worden ist.[307] Anderenfalls wäre es dem Gesetzgeber nahezu unmöglich, auf Veränderungen der Rechtswirklichkeit zu reagieren. Modifikation und Reform der Rechtsordnung als Reaktionsinstrumente sind regelmäßig auch vergangenheitsbezogen und beinhalten z.T. deshalb nahezu zwangsläufig Rückwirkungsanordnungen. Diejenigen Konzepte, die ein absolutes Rückwirkungsverbot fordern, schränken die Gestaltungsmöglichkeiten des Gesetzgebers zu sehr ein.

Dies gilt auch für die ergänzende Einbeziehung des Demokratieprinzips bei der Ausformung von Rückwirkungsgrenzen, wonach Rückwirkungsanordnungen nur zulässig sein sollen, wenn die zu ändernde Rechtslage auf der Entscheidung eines demokratisch nicht legitimierten Gesetzgebers beruht oder Verstöße gegen eine demokratische Verfassung beseitigt werden sollen.[308] Hiernach wären rückwirkende Gesetze grundsätzlich nur dann zulässig, wenn es um die Substituierung von Normen eines Unrechtsregimes geht.

---

306 Zu Grundrechten als Optimierungsgebote vgl. *Alexy*, Theorie der Grundrechte, S. 71 ff, 122 ff.

307 Vgl. *Burmeister*, Vertrauensschutz im Prozeßrecht, S. 15, FN 10; *Leisner*, Das Gesetzesvertrauen des Bürgers, in: Berber-Festschrift, S. 273 (295).

308 Vgl. *Iliopoulos-Strangas*, Rückwirkung und Sofortwirkung von Gesetzen, S. 297 ff.

Die Zulässigkeitsgrenzen rückwirkender Gesetze sollten stattdessen unter Berücksichtigung der jüngsten Ansätze so formuliert sein, dass sowohl das gemeinwohlorientierte Anliegen des Gesetzgebers, die Rechtsordnung der sich ständig verändernden Rechtswirklichkeit anzupassen, als auch das Individualinteresse am Fortbestand der Rechtslage Berücksichtigung finden.[309] Hierin spiegelt sich zugleich das Grundproblem rückwirkender Gesetze wider. Als Orientierungsmaßstab hierfür können die vom Bundesverfassungsgericht formulierten Zulässigkeitsgrenzen aufgegriffen werden und unter Berücksichtigung der gegen sie vorgebrachten Kritikpunkte - soweit erforderlich - modifiziert werden.

B. *Das übergreifende Prinzip des Gemeinwohlvorbehaltes und die Herausbildung einer Typologie von Gemeinwohlkriterien*

Die Analyse der bestehenden Rückwirkungsjudikatur hat ergeben, dass das Bundesverfassungsgericht dem Gemeinwohlvorbehalt eine spezifische Bedeutung zumisst und in seiner aktuellen Judikatur - BVerfGE 97,67 - durch verstärkte Akzentuierung des Gemeinwohls diese Auffassung bekräftigt hat.[310] Zugleich tendieren neuere Literaturansätze in diese Richtung und sehen den Gemeinwohlvorbehalt insoweit zugleich als Ausprägung des Rechtsstaatsprinzips.[311] Diese Verortung verdient Zustimmung. Der Gemeinwohlvorbehalt kennzeichnet die Abgrenzung zwischen individueller und staatlicher Sphäre. Die Bejahung zwingender Gemeinwohlinteressen bedeutet die ausnahmsweise Zulässigkeit einer rückwirkenden Gesetzesausgestaltung durch den Gesetzgeber. Insoweit dient der Gemeinwohlvorbehalt der Legitimation rechtsstaatlichen Handelns.

Im Folgenden soll das übergreifende Prinzip des Gemeinwohlvorbehaltes stärker akzentuiert und damit zugleich eingegrenzt werden. Die inhaltliche Ausformung dieser Rückwirkungsgrenze ist mit dem Problem konfrontiert, dass es sich beim Begriff des Gemeinwohls um einen unbestimmten Rechtsbegriff handelt. Dieser gleicht einer terra incognita, die als solche zwar entdeckt, aber nicht hinreichend vermessen ist.[312] Die dem Gemeinwohltopos immanente Gene-

---

309 S. *Zeug*, Vertrauensschutz im Beamtenversorgungsrecht, S. 104, 133, 140; *Compes*, Der gesetzgeberische Eingriff in nach altem Recht bestehende Rechtspositionen, S. 132 f.

310 So explizit die Leitentscheidung *BVerfGE* 72, 200 (258); vgl. zuletzt *BVerfGE* 97, 67 (79 ff.) zur Sonderabschreibung für Handelsschiffe, ferner § 9 A IV.

311 Zuletzt *Rensmann*, Reformdruck und Vertrauenschutz, in: JZ 1999, 168 (169 ff.).

312 Vgl. *Häberle*, Öffentliches Interesse als juristisches Problem, S.22. *Häberle* wählt in diesem Zusammenhang eine "Vermessungstechnik", die er als "normative Gemeinwohltypologie" bezeichnet. Er erarbeitet eine Typologie der Erscheinungsformen

ralklauselartigkeit wird insofern vom Schrifttum nicht ohne Grund als einer der Hauptkritikpunkte angeführt.[313]

Dies ist in jüngster Zeit im Zusammenhang mit BVerfGE 97, 67, der Entscheidung zur Abschaffung von Sonderabschreibungen für Handelsschiffe, erneut in den Vordergrund gerückt.[314] Danach ist die rückwirkende Abschaffung derartiger Subventionen aus zwingenden Gemeinwohlgründen zulässig, wenn sie wirtschaftlich unsinnig sind.[315] Die Kritik zielt darauf, dass die einzelnen Voraussetzungen des Gemeinwohlvorbehaltes nicht hinreichend klar herausgestellt werden. Es wird danach weder abstrakt festgelegt, welche Fälle unter diesen Rechtfertigungsgrund zu fassen sind, noch im Einzelnen begründet, worin im konkreten Fall zwingende Gründe des Gemeinwohls liegen sollen.[316] Stattdessen ziehe der Senat sich auf den generalklauselartigen Begriff der wirtschaftlichen Sinnlosigkeit zurück und weite damit den Ausnahmetatbestand des Gemeinwohlvorbehaltes bedenklich aus.[317] Diese Kritik ist trotz der zu begrüßenden verstärkten Fokussierung auf das Gemeinwohl berechtigt. Sofern es bei der rückwirkenden Änderung gesetzlicher Regelungen nur darauf ankommen soll, ob der Gesetzgeber die zu ändernde Vorschrift für - wirtschaftlich - unsinnig hält, dürften insbesondere bei der Abschaffung steuerlicher Vergünstigungen rückwirkende Regelungen zukünftig der Regelfall sein. Die verstärkte Akzentuierung des Gemeinwohls hat insofern auf andere, im Weiteren darzulegende Weise zu erfolgen.

---

des Gemeinwohls und deckt auf diese Weise spezifische Gemeinwohlkriterien auf, *Häberle*, a.a.O., S. 32 ff; allgemein zur typologischen Betrachtung der Gesetze auch *Schulze-Fielitz*, Theorie und Praxis parlamentarischer Gesetzgebung, S. 39 f. *Krawietz* verlangt neben einer typologischen Herausbildung von Gemeinwohlkriterien insbesondere die Berücksichtigung der Spezifika des jeweiligen Einzelfalles, da rechtliche Entscheidungen nicht ausschließlich durch Fortschreibung des normativ aufbereiteten Entscheidungsmaterials gefunden werden können, sondern individuell gefällt und verantwortet werden müssen; *Krawietz*, Unbestimmter Rechtsbegriff, öffentliches Interesse und gesetzliche Gemeinwohlklauseln als juristisches Entscheidungsproblem, in: Der Staat 1972, 349 (365).

313 S. dazu *Iliopoulos-Strangas*, Rückwirkung und Sofortwirkung von Gesetzen, S. 79; *Pieroth*, Rückwirkung und Übergangsrecht, S. 89.

314 Vgl. *Spindler*, Verfassungsrechtliche Grenzen einer Rückwirkung von Steuergesetzen, in: DStR 1998, 953 (957 f.); *Mittermaier*, Rückwirkung in der Rechtsprechung des Bundesverfassungsgerichts, in: DStZ 1998, 549 (551); *Arndt/Schumacher*, Echte Fortschritte bei der unechten Rückwirkung?, in: NJW 1998, S. 1538f.; *Stapperfend*, Urteilsanmerkung zu *BVerfG* NJW 1998, 1547 ff., in: FR 1998, 383 (384).

315 *BVerfG* NJW 1998, 1547 (1549) = *BVerfGE* 97, 67 (81); vgl. auch bereits § 9 A IV.

316 *Stapperfend*, Urteilsanmerkung zu *BVerfG* NJW 1998, 1547 ff, in: FR 1998, 383 (384).

317 *Spindler*, Verfassungsrechtliche Grenzen einer Rückwirkung von Steuergesetzen, in: DStR 1998, 953 (958).

Unabhängig von dieser Entscheidung bildet das Gemeinwohl bzw. seine äquivalent rechtssprachliche Umschreibung als öffentliches Wohl oder öffentliches Interesse[318] gleichwohl einen der am häufigsten verwendeten Rechtsbegriffe des öffentlichen Rechts,[319] der ungeachtet seiner Konkretisierungsbedürftigkeit einen der Leitbegriffe der öffentlich-rechtlichen Rechtsordnung darstellt.[320] Seine grundsätzliche Infragestellung gerade für den Bereich der Rückwirkung ist problematisch. Anderenfalls müssten weite Bereiche des öffentlichen Rechts, für die der Begriff des Gemeinwohls ebenfalls bedeutsam ist, als zu unbestimmt qualifiziert werden.

Die Notwendigkeit eines Rekurses auf das Gemeinwohl gilt im Übrigen auch für die grundrechtsorientierten Lösungskonzepte. Auch diese laufen letztlich auf einen Abwägungsvorbehalt hinaus, wie insbesondere die Schrankenregelungen der Art. 12 GG und 14 GG belegen. Bei Art. 12 GG sind rückwirkende Gesetze letztlich nur verfassungsgemäß, wenn Gefahren für wichtige Gemeinschaftsgüter bestehen. Nach Art. 14 GG sind Rückwirkungsanordnungen mit Enteignungswirkung nur zum Wohle der Allgemeinheit zulässig.

Es wird im Folgenden darzulegen sein, dass eine Konkretisierung des Begriffs des Gemeinwohls durch die Herausbildung einer Typologie von Gemeinwohlkriterien möglich ist. Hierbei ist auf einer ersten Stufe darauf abzustellen, in welchen Regelungssituationen der Gesetzgeber den Begriff des Gemeinwohls ansonsten typischerweise verwendet.[321] Aus dieser Typisierung können Hinweise ge-

---

318 Zur synonymen Verwendbarkeit der Begriffe Gemeinwohl, öffentliches Wohl und öffentliches Interesse vgl. *Klein*, Zum Begriff des öffentlichen Interesses, S. 69.

319 Vgl.dazu beispielsweise § 60 I 2 VwVfG Bd.: "schwere Nachteile für das Gemeinwohl", § 51 S. 1 GewO: " wegen überwiegender Nachteile und Gefahren für das Gemeinwohl", Art. 14 III GG: "zum Wohle der Allgemeinheit", § 87 BauGB: "Wohl der Allgemeinheit", § 49 II Nr. 5 VwVfG Bd.: "schwere Nachteile für das Gemeinwohl", § 7 II FAG: "nur aus Gründen des öffentlichen Interesses", § 76 Nr. 1 HandwO: "das Gemeinwohl gefährdet", § 19 S. 1 GO NW, § 8 nds. GO: "bei öffentlichem Bedürfnis", § 3 III 1 BundesleistungsG: " Interessen der Allgemeinheit", § 32 I BVerfGG: "zum gemeinen Wohl", § 36 III Nr.3 BörsenG: "Schädigung erheblicher allgemeiner Interessen", § 25 IV WpHG: "dem öffentlichen Interesse zuwiderlaufen", § 2 IV FStrG: "überwiegende Gründe des öffentlichen Wohls".

320 *Häberle*, Öffentliches Interesse als jurisitisches Problem, S. 204; *ders.*, Buchrezension zu "Wohl der Allgemeinheit und öffentliche Interessen", in: DÖV 1969, S. 437; *v. Zezschwitz* bezeichnet den Rechtsbegriff des Gemeinwohls als eine "allgemeine staatsrechtliche Fundamentalnorm", *v. Zezschwitz*, Das Gemeinwohl als Rechtsbegriff, S. 13.

321 Zur Typologie als Instrumentarium der rechtlichen Systembildung vgl. *Pawlowski*, Methodenlehre für Juristen, S. 75 ff.; *Zippelius*, Juristische Methodenlehre, S. 65 ff.: *Larenz*, Wegweiser zu richterlicher Rechtsschöpfung, in: Nikisch-Festschrift, S. 275 (292. ff.); *ders.*, Methodenlehre der Rechtswissenschaft, S. 349 ff.; *Leenen*, Typus

wonnen werden für eine Konkretisierung im Bereich der Rückwirkung, die keinen Anspruch auf Vollständigkeit erhebt, aber doch strukturelle Einsichten ermöglicht.

Der Begriff des Gemeinwohls bzw. seine Begriffssynonyme erfährt seitens des Gesetzgebers regelmäßig eine typische Verwendung in bestimmten Regelungsbereichen des öffentlichen Rechts, so dass die Möglichkeit besteht, einzelne Gemeinwohlkriterien aufzudecken. Er findet insbesondere Anwendung im Rahmen staatlicher Eingriffsregelungen, die die Rechtssphäre des Bürgers nachteilig berühren. Hiervon umfasst sind z.B. die Bereiche ordnungsrechtlicher Maßnahmen[322] und die Auferlegung zwangsweiser staatlicher Verpflichtungen.[323] Der Gemeinwohlbegriff dient insoweit als konstitutives Merkmal ordnungsrechtlicher und zwangsbegründender Eingriffsregelungen. In anderen Konstellationen wiederum ist der Gemeinwohlbegriff in Normen eingebunden, deren Ratio es ist, die Anpassung an Veränderungen zu bewirken.[324] Sofern hiervon neben öffentlichen auch private Interessen betroffen sind, führt die gemeinwohlmotivierte Veränderung des rechtlichen Status quo i.d.R. zu Eingriffen in individuelle Rechtspositio-

---

und Rechtsfindung, S. 80 ff.; *Kaufmann*, Rechtsphilosophie im Wandel, S. 310 ff.; *Engisch*, Die Idee der Konkretisierung in Recht und Rechtswissenschaft unserer Zeit, S. 239 ff.; *Hassemer*, Tatbestand und Typus, S. 109 ff.; *Jørgensen*, Typologie und "Realismus" in der neueren Rechtswissenschaft, in: Nachrichten der Akademie der Wissenschaften zu Göttingen 1971, S. 55 (65 ff.).

322 Vgl. § 51 S. 1 GewO: Benutzungsuntersagung für gewerbliche Anlagen "wegen überwiegender Nachteile und Gefahren für das Gemeinwohl"; § 76 Nr. 1 HandwO: Auflösung der Handwerksinnung, sofern durch gesetzeswidriges Verhalten "das Gemeinwohl gefährdet" wird; § 4 I Nr. 3 GaststättenG: Versagung einer Gaststättenerlaubnis, wenn der Betrieb im Hinblick auf örtliche Lage und Verwendung der Räume "dem öffentlichen Interesse widerspricht"; § 20 III 1 BImSchG: Betriebsuntersagung für eine genehmigungspflichtige Anlage, sofern die Untersagung u.a. "zum Wohl der Allgemeinheit geboten ist".

323 § 19 S. 1 GO NW, § 8 nds. GO: Anschluss- und Benutzungszwang "bei öffentlichem Bedürfnis". Dem Bereich der Auferlegung zwangsweiser staatlicher Verpflichtungen ist auch die Fallgruppe der Enteignungen zuzuordnen. Eine Enteignung ist gem. Art. 14 III 1 GG "nur zum Wohle der Allgemeinheit zulässig"; s. dazu auch § 87 I BauGB: Zulässigkeit einer Enteignung unter baurechtlichen Gesichtpunkten, sofern "das Wohl der Allgemeinheit sie erfordert".

324 S. hierzu § 60 I 2 VwVfG Bd.: Behördliche Kündigung eines öffentlich-rechtlichen Vertrages, um "schwere Nachteile für das Gemeinwohl" zu verhüten bzw. zu beseitigen; des Weiteren § 49 II Nr. 3, 4 VwVfG Bd.: Widerruf eines begünstigenden Verwaltungsaktes, wenn ohne Widerruf "das öffentliche Interesse" gefährdet wäre; § 2 IV FStrG: Einziehung von Bundesfernstraßen bei Veränderungen des Verkehrsnetzes, sofern "überwiegende Gründe des öffentlichen Wohls" vorliegen; § 64 FlurbG: Änderung eines Flurbereinigungsplanes, wenn"öffentliche Interessen" es erfordern.

nen.[325] Ferner können Aspekte der Gleichbehandlung von Normadressaten auf Gründen des Gemeinwohls beruhen.[326] Auch dem Rechtsmissbrauch kann unter Gemeinwohlaspekten entgegengewirkt werden. Die nachträgliche Beseitigung missbräuchlich erlangter Rechtspositionen steht insoweit unter dem Gemeinwohlvorbehalt.[327] Das Gemeinwohl ist des Weiteren normativ vertypt in gesetzlichen Ausnahmetatbeständen. Hierbei sind Ausnahmen vom Regelungsinhalt eines Gesetzes zulässig, wenn sie durch Gründe des Gemeinwohls gerechtfertigt werden können.[328] Sofern diese Ausnahmen eingreifender Natur sind, dient das Gemeinwohl in diesem Fall als Kompetenzvorbehalt für Ausnahmeregelungen mit Belastungswirkung.

Die Rückwirkung von Gesetzen greift im Vergleich mit sonstigen legislativen Erscheinungsformen des Gemeinwohlvorbehaltes ebenfalls nachträglich belastend in bereits bestehende Rechtspositionen von Normadressaten ein. Ihr kommt eine Eingriffswirkung zu, die der Wirkung anderer unter dem Vorbehalt des Gemeinwohls stehender Eingriffe entspricht. Darüber hinaus umschreibt das Gemeinwohl im Rahmen der Rückwirkungsproblematik, wie in anderen Regelungsbereichen des öffentlichen Rechts, einen Ausnahmetatbestand hinsichtlich der Zulässigkeit rückwirkender Gesetze. Ebenso ist diesem Gesetzestypus das gesetzgeberische Ziel immanent, eine legislative Anpassung an Veränderungen zu erreichen. Der Gemeinwohlvorbehalt im Bereich der Rückwirkung ist danach mit anderen öffentlich-rechtlichen Problemlagen, bei denen dieser Topos ebenfalls von Relevanz ist, vergleichbar. Bei der inhaltlichen Ausgestaltung eines rückwirkungsspezifischen Gemeinwohlvorbehaltes kann insoweit eine Orientierung an den vorerwähnten allgemeinen normativ vertypten Gemeinwohlkriterien erfolgen.

Mit der bisherigen beispielhaften Herausbildung von Gemeinwohlkriterien ist ein Gemeinwohlvorbehalt allerdings lediglich abstrakt umschrieben. Die Konkretisierung des Vorbehaltes soll auf einer zweiten Stufe durch Orientierung am

---

325 § 60 I 2 VwVfG Bd.; § 49 II Nr. 3 VwVfG Bd..

326 § 9 S. 1 GO NW, § 8 nds. GO: Anschluss- und Benutzungszwang "bei öffentlichem Bedürfnis".

327 Vgl. insoweit § 48 II VwVfG Bd.: Rücknahme von Verwaltungsakten, wobei die Schutzwürdigkeit des individuellen Vertrauens "unter Abwägung mit dem öffentlichen Interesse" zu ermitteln ist. Hinsichtlich der Rücknahme rechtswidriger begünstigender Verwaltungsakte ist ein individueller Vertrauensschutz ausgeschlossen, sofern der Verwaltungsakt rechtsmissbräuchlich erwirkt wurde. Die Rücknahme erfolgt in derartigen Fällen rückwirkend, d.h. mit Wirkung für die Vergangenheit.

328 § 8 I GWB: ausnahmsweise Beschränkung des Wettbewerbs aus "überwiegenden Gründen der Gesamtwirtschaft und des Gemeinwohls"; § 7 II FAG: ausnahmsweiser Ausschluss vom öffentlichen Fernmelde- und Telegrammverkehr "nur aus Gründen des öffentlichen Interesses".

gesetzlichen Funktionszusammenhang erfolgen.[329] Der Begriff des Gemeinwohls erschließt seinen vollständigen Sinngehalt somit neben der abstrakt-typologischen Erfassung aus einer Zusammenschau der jeweiligen gesetzlichen Zweck- und Zielrichtung, in die er eingebettet ist. Diese gesetzesimmanente Konkretisierung führt dazu, die Besonderheiten des konkreten Falles adäquat zu berücksichtigen.[330] Bei dieser auf die positivierten Normgehalte zu richtenden Betrachtung ist hinsichtlich des Vorliegens zwingender Gemeinwohlgründe letztlich eine Abwägung zwischen den Gemeinwohlbelangen und den hiermit im Einzelfall kollidierenden Individualinteressen vorzunehmen.

Bei der Ausbalancierung der Interessenantagonismen ist auf Gemeinwohlebene unter Einbeziehung der herausgearbeiteten Determinanten der konkrete gesetzgeberische Regelungsanlass zu berücksichtigen, ferner die gesetzliche Zielfixierung, die Folgen der jeweiligen Gesetzesänderung für den Rechtsverkehr und insbesondere Grund, Erheblichkeit sowie Dringlichkeit des öffentlichen Interesses an einer rückwirkenden Neugestaltung der Rechtslage. Des Weiteren ist zu berücksichtigen, welche Konsequenzen die Nichtänderung der Gesetzeslage hätte. Auf Seiten der Individualbelange ist zunächst das Ausmaß des Individualinteresses am Fortbestand der Rechtslage abwägungsrelevant. Daneben sind insbesondere die Intensität des rückwirkenden gesetzlichen Eingriffs, ferner der Umfang der zeitlichen Rückerstreckung sowie individuelle Aspekte der Gleichbehandlung und der Einzelfallgerechtigkeit zu berücksichtigen.[331] Das Vorliegen zwingender Gemeinwohlgründe erfolgt konkret im Wege einer Gesamtwürdigung dieser paradigmatisch angeführten Abwägungskriterien. Diese gesetzesimmanente Konkretisierung beinhaltet zusammen mit der abstrakt-typologischen Herausbildung von Gemeinwohlkriterien eine Mehrzahl von Kriterien hinsichtlich der Ausgestaltung des Gemeinwohlvorbehaltes, so dass sich nach allem hinrei-

---

329 Bzgl. der Konkretisierung des Gemeinwohltopos durch Rekurs auf den gesetzlichen Funktionszusammenhang vgl. *Krawietz*, Unbestimmter Rechtsbegriff, Öffentliches Interesse und gesetzliche Gemeinwohlklauseln als juristisches Entscheidungsproblem, in: Der Staat 1972, 349 (356); *v. Zezschwitz*, Das Gemeinwohl als Rechtsbegriff, S. 17 ff.; *Rupp*, Wohl der Allgemeinheit und öffentliche Interessen - Bedeutung der Begriffe im Verwaltungsrecht, in: Wohl der Allgemeinheit und öffentliche Interessen, S. 116 (120); *Ule*, Allgemeines Wohl und öffentliche Interessen in der Rechtsprechung der Verfassungs- und Verwaltungsgerichte, in: Wohl der Allgemeinheit und öffentliche Interessen, S. 125 (126).

330 Auf den Aspekt der gesetzesimmanenten Konturierung und Konkretisierung stellt insbesondere *Krawietz* ab, vgl. *Krawietz*, Unbestimmter Rechtsbegriff, Öffentliches Interesse und gesetzliche Gemeinwohlklauseln als juristisches Entscheidungsproblem, in: Der Staat 1972, 349 (356, 365 f.).

331 Vgl. dazu auch *Wernsmann*, Grundfälle zur verfassungsrechtlichen Zulässigkeit rückwirkender Gesetze, in: JuS 2000, 39 (42).

chende inhaltliche Maßstäbe hinsichtlich des Vorliegens zwingender Gründe des Gemeinwohls herausarbeiten lassen.

C. Bestimmung eines verfassungsrechtlichen Korrektivs

Bei der Bestimmung der Zulässigkeitsgrenzen der Rückwirkung ist des Weiteren zu berücksichtigen, dass der Gemeinwohlvorbehalt - wie bereits dargelegt - wegen seines grundkonzeptionellen Charakters letztlich als verfassungsrechtliche Untergrenze zu bewerten ist, die als Evidenzkontrolle für die Zulässigkeit rückwirkender Gesetze dient.[332] Dies spiegelt sich auch in der bisherigen Rückwirkungsjudikatur wider. Das Bundesverfassungsgericht hat rückwirkende Gesetze bislang niemals ausschließlich aufgrund des Gemeinwohlvorbehaltes für verfassungsmäßig erklärt. Sofern das Vorliegen zwingender Gemeinwohlgründe angenommen wurde, stellte es darüber hinaus jeweils auch auf das Vorhandensein weiterer Ausnahmetatbestände ab. Diese Prüfungsfolge hat das Gericht unter verstärkter Akzentuierung des Gemeinwohls auch in jüngster Zeit beibehalten.[333] Zwingende Gemeinwohlgründe als solche reichen danach allein nicht aus, die ausnahmsweise Zulässigkeit einer Rückwirkung zu begründen.[334]

Die sonstigen Ausnahmetatbestände bilden demnach auf einer weiteren Stufe ein verfassungsrechtliches Korrektiv. Hierbei ist zu berücksichtigen, dass gegenüber diesen Tatbeständen zu Recht der Vorwurf eines überspannten Vorhersehbarkeitsmaßstabes erhoben worden ist.[335] Insoweit sind auf dieser Stufe Aspekte des individuellen Vertrauensschutzes stärker zu akzentuieren, was im Folgenden geschehen soll. Ein rückwirkendes Gesetz ist danach nur insofern als zulässig zu qualifizieren, als das schutzwürdige Vertrauen der von der gesetzlichen Regelung betroffenen Normadressaten nicht berührt wird. Rückwirkungsanordnungen, die individuell vorhersehbar sind, führen demgegenüber zur Versagung des Vertrauensschutzes und damit zur Verfassungskonformität einer rückwirkenden Norm.

Was die Zulässigkeit einer Rückwirkung aufgrund eines nichtigen Gesetzes betrifft, so nimmt das Bundesverfassungsgericht als Zeitpunkt der Vorhersehbarkeit die Tatbestandsverwirklichung des Gesetzes an.[336] Die temporale Festlegung auf die Verwirklichung des Tatbestandes der nichtigen Norm ist jedoch proble-

---

332 Vgl. hierzu bereits § 9 C II.

333 *BVerfGE* 97, 67 (79 ff.).

334 *BVerfGE* 13, 215 (225); 22, 330 (349), s. in jüngster Zeit auch *BVerfGE* 97, 67 (79 ff.).

335 Vgl. § 9 D.

336 Vgl. dazu *BVerfGE* 7, 89 (93); 22, 330 (347).

matisch. Zu diesem Zeitpunkt kann der Normadressat regelmäßig nicht schon voraussehen, dass die seiner Disposition zugrundeliegende Vorschrift nichtig ist. Dem Adressaten einer Rechtsnorm würde ansonsten ein höherer juristischer Kenntnisstand abverlangt als dem Gesetzgeber selbst, der die später als nichtig erkannte Rechtsnorm schließlich zunächst zu geltendem Recht erhoben hat. Hinsichtlich des Vorhersehbarkeitszeitpunktes sollte insoweit auf diejenigen Wertentscheidungen abgestellt werden, die die Verfassungsordnung selbst enthält.

Die vorangegangene Analyse der Ausnahmetatbestände hat u.a. ergeben, dass das Verfassungsprozessrecht die rückwirkende Ersetzung nichtiger Gesetze ermöglicht.[337] Als Zeitpunkt der Vorhersehbarkeit der Rückwirkung könnte insoweit das Datum angenommen werden, zu dem das Bundesverfassungsgericht die fragliche Norm gemäß § 78 BVerfGG für nichtig erklärt hat.[338] Von diesem Zeitpunkt an ist die Nichtigkeit einer Norm explizit festgestellt. Der Nichtigerklärung kommt gemäß § 31 II BVerfGG Gesetzeskraft zu, mit der Folge, dass sie allgemeinverbindlich ist. Der Gesetzgeber hat insoweit unter Vertrauensschutzgesichtspunkten eine Wertung dahingehend getroffen, dass Dispositionen, die während der Übergangsphase vom Zeitpunkt der Nichtigerklärung bis zur Verabschiedung einer Neuregelung vorgenommen werden, nicht schützenswert sind. Der Ausnahmetatbestand der Zulässigkeit einer Rückwirkung aufgrund der Substituierung eines nichtigen Gesetzes sollte demnach auf die Fallgestaltungen beschränkt werden, in denen eine Norm bereits gemäß § 78 BVerfGG für nichtig erklärt wurde und die anschließende Neuregelung auf den Zeitpunkt der Nichtigerklärung zurückwirkt.

Die Rückwirkung von Gesetzen kann darüber hinaus im Fall der Ersetzung einer vorläufigen durch eine endgültige Regelung voraussehbar sein. Dieser Ausnahmetatbestand kam bislang zur Anwendung, sofern essentielle gesellschaftliche Veränderungen eine rasche Änderung gesetzlicher Regelungen erforderten.[339] Vorläufigkeitscharakter kommt primär denjenigen Normen zu, die geprägt durch das bisherige gesellschaftliche Umfeld geschaffen wurden und später mit der Veränderung der gesellschaftlichen Rahmenbedingungen nicht mehr vereinbar erschienen. Die rückwirkende Ersetzung solcher Regelungen durch endgültige Normen dient dem gesetzgeberischen Zweck, auf gesellschaftliche Veränderungen mit einer Anpassung des Normenwerkes zu reagieren, um so eine Kongruenz zwischen Rechtsnorm und Rechtswirklichkeit zu erreichen. In diesem Zu-

337 Vgl. § 9 A III.

338 Eine derartige Beschränkung der Zulässigkeitsgrenze "nichtiges Gesetz" ist angedacht worden in *BVerfGE* 19, 187 (196). Sie hat jedoch keinen Niederschlag in der weiteren Entscheidungspraxis gefunden.

339 S. *BVerfGE* 13, 39 (43); 16, 254 (274 f.); 18, 196 (203); 30, 367 (383); 38, 128 (133).

sammenhang besteht z.T. die Notwendigkeit, für vergangene Sachverhalte rückwirkend andere Rechtsfolgen zu normieren, da anderenfalls der Vorläufigkeitscharakter der zu ersetzenden Norm nach wie vor Bestand hätte. Derartige Rückwirkungsanordnungen können mit der Einschränkung als vorhersehbar angesehen werden, dass der Vorläufigkeitscharakter bei verständiger Würdigung erkennbar ist. Hiervon ist insbesondere auszugehen, wenn politische oder wirtschaftliche Umwälzungen in Rede stehen. Sofern in derartigen Konstellationen durch reformatorische Rückwirkungsgesetze Missständen politischer bzw. wirtschaftlicher Natur abgeholfen wird, ist die Vorläufigkeit der zu ersetzenden Normen erkennbar. Insofern sind Rückwirkungsanordnungen voraussehbar, die dem gesetzgeberischen Anliegen dienen, ein Fortwirken der betreffenden Normen zu verhindern.

Bei den bisher entschiedenen Fällen, die rückwirkende Regelungen in der Nachkriegszeit und während der Wiedervereinigung betrafen, war der vorläufige Charakter der Normen und damit ihre rückwirkende Substituierung jeweils erkennbar. Was die Nachkriegszeit betrifft, so war in legislativer Hinsicht vorherzusehen, dass nationalsozialistisch geprägte Normen im Zuge des demokratischen Neubeginns zu ersetzen waren.[340] Derartigen Regelungen konnte wegen ihrer antirechtsstaatlichen und antidemokratischen Ausrichtung kein endgültiger Charakter zukommen, so dass ihre rückwirkende Ersetzung voraussehbar war.[341] Im Hinblick auf die Wiedervereinigung war ebenfalls erkennbar, dass mit dem Beitritt der Deutschen Demokratischen Republik zum Geltungsbereich des Grundgesetzes eine neue politische und wirtschaftliche Ordnung übernommen werden würde. Der neuen Wirtschaftsordnung entgegenstehendes DDR-Recht konnte daher seit der Währungs-, Wirtschafts- und Sozialunion nur vorläufigen Charakter haben, so dass mit der rückwirkenden Ersetzung dieser Normen auf eben jenen Zeitpunkt gerechnet werden musste.[342]

Diejenigen Normen, die darüber hinaus in einem unerträglichen Ausmaß gegen allgemeine Menschenrechtsgrundsätze verstoßen, entfalten, wie bereits dargelegt[343], unter Zugrundelegung der Radbruch`schen Formel von Anfang an keinerlei Geltung, da anderenfalls extremes staatliches Unrecht legitimiert würde. Das positive Recht erfährt damit, sofern es sich als extremes staatliches Unrecht darstellt, eine Wertkorrektur durch naturrechtliche Grundsätze. Ein spezifisches Rückwirkungsproblem liegt darin nicht, da die fraglichen Normen bereits zum Zeitpunkt der Normverwirklichung kein Recht waren. Insoweit wird die Rechts-

---

340 *BVerfGE* 16, 254 (274 f.).

341 Vgl. insoweit *BVerfGE* 15, 167 (207); 16, 254 (275).

342 S. hierzu die Entscheidung des BVerfG zum sog. *Zinsanpassungsgesetz*, *BVerfGE* 88, 384 (403 ff.), vgl. auch bereits § 7 B.

343 Vgl. § 7 B.

lage nicht rückwirkend geändert, sondern festgestellt, wie sie sich zum Zeitpunkt der Normverwirklichung darstellt.[344]

Als Vorhersehbarkeitskriterium einer Rückwirkung kommt des Weiteren die Beseitigung einer systemwidrigen oder unklaren Rechtslage in Betracht.[345] Diese Rückwirkungsgrenze findet, wie die bisherige Untersuchung gezeigt hat, ihre Rechtfertigung in den gesetzestechnischen Problemlagen komplexer Gesetzeswerke. In vielschichtigen Regelungsmaterien besteht die Gefahr, dass abstrakt im Gesetzgebungsverfahren Normen verabschiedet werden, die sich ex post nicht in den normativen Regelungszusammenhang einfügen und insoweit systemwidrig sind.[346] Der Gesetzgeber kann sich in derartigen Konstellationen erst aus Vollzug und Anwendung des Gesetzes Klarheit über seine Systemgerechtigkeit schaffen und insoweit erst im Nachhinein Korrekturen vornehmen. Hierin liegt aber zugleich die Ambivalenz dieses Ausnahmetatbestandes.

Die Rechtsordnung eines hochkomplizierten Staats- und Gesellschaftssystems enthält in den unterschiedlichsten Erscheinungsformen Normen, deren systematische Einordnung in den normativen Regelungszusammenhang problematisch sein kann.[347] Für den Normadressaten ist im Einzelnen schwer vorhersehbar, welche Regelungen der Gesetzgeber als systemwidrig und damit rückwirkend ersetzbar qualifiziert bzw. welche Normen trotz einer Kollision mit dem Normenumfeld nach wie vor Bestand haben sollen. Es existieren mithin sowohl systemwidrige Normen, die der Gesetzgeber für änderungsbedürftig hält, als auch solche, die er nicht rückwirkend ändert. Beide Gesetzestypen weisen für ihre Adressaten der Sache nach dasselbe Erscheinungsbild auf. Die Normadressaten sind aufgrund dieser Phänomenologie zu einer exakten Einschätzung der Systemgerechtigkeit der Rechtslage kaum in der Lage. Es existiert zudem kein Klarheit schaffendes prozessuales Rechtsinstitut, das die Systemwidrigkeit einer Norm allgemeinverbindlich, vergleichbar der Nichtigerklärung gemäß § 78 BVerfGG, feststellt. Rückwirkungsanordnungen sollten in diesem Bereich insofern nur dann als zulässig qualifiziert werden, wenn eine Systemwidrigkeit evident ist, so dass die rückwirkende Änderung der Gesetzeslage aus Gründen der Systemgerechtigkeit zwingend geboten ist. Eine solche Evidenzlage ist zu bejahen, wenn eine Norm die Systematik eines Gesetzes ohne jeglichen sachlichen Grund durchbricht und sich der Systembruch als unerträglich darstellt. Für alle anderen Fallkonstellationen erscheint es vorzugswürdig, systemwidrige Normen nur für die Zukunft mit Wirkung ex nunc zu ersetzen.

344 Vgl. insoweit auch *Alexy*, Mauerschützen, S. 33.
345 *BVerfGE* 7, 129 (151); 13, 215 (224); 19, 187 (197); 30, 367 (388).
346 Vgl. *BVerfGE* 7, 129 (151); 13, 215 (220).
347 Vgl. dazu *Pieroth*, Rückwirkung und Übergangsrecht, S. 88.

Hinsichtlich der rückwirkenden Ersetzung unklarer Normen tritt eine Verschärfung der vorerwähnten Kritik ein. Das Bundesverfassungsgericht definiert Normen als unklar, deren Sinngehalt sich erst in einer Zusammenschau von Wortlaut, Entstehungsgeschichte, Systematik und gesetzgeberischer Zielsetzung erschließt.[348] Das wesentliche Merkmal unklarer Normen besteht insoweit darin, dass sie Auslegungsprobleme aufweisen, die jedoch durch kumulative Anwendung des Auslegungsinstrumentariums beseitigt werden können. Sofern die Klärung des Normenaussagegehaltes mit Hilfe der allgemeinen Auslegungsmethoden erfolgen kann, erscheint ein Rückgriff auf das Korrektiv rückwirkender Gesetzesänderungen unzulässig. Die Auslegung von Normen ist das klassische methodische Instrument der juristischen Problemlösung. Falls auf diese Weise Normunklarheiten beseitigt werden können, verbietet es bereits der verfassungsrechtliche Grundsatz der Verhältnismäßigkeit, ein eingriffsintensives Instrument wie die Rückwirkung von Gesetzen zur Anwendung zu bringen. Die Beseitigung unklarer Rechtslagen sollte demnach ausschließlich durch Gesetzesänderungen mit Wirkung ex nunc erfolgen.

Bezüglich des Zeitpunktes der Vorhersehbarkeit eines rückwirkenden Gesetzes benennt das Bundesverfassungsgericht den Gesetzesbeschluss einer rückwirkenden Regelung im Bundestag gemäß Art. 77 I GG.[349] Die betroffenen Normadressaten sollen von diesem Zeitpunkt an nicht mehr damit rechnen können, dass das derzeit noch gültige Recht entgegen dem vom Bundestag ausdrücklich manifestierten Willen weiterhin Bestand haben werde. Die Orientierung am Gesetzesbeschluss des Bundestages setzt den Maßstab für die Voraussehbarkeit einer Rückwirkung allerdings zu hoch an. Aufgrund der Fülle und Komplexität der Rechtsetzung wird der Bürger kaum in der Lage sein, das Gesetzgebungsverfahren so weit zu überblicken, dass ihm auch noch nicht verkündete Gesetze bekannt sind.

Außerdem trägt diese Vorhersehbarkeitsrechtsprechung den Besonderheiten des Gesetzgebungsverfahrens nicht hinreichend Rechnung.[350] Die Ausrichtung auf den Gesetzesbeschluss des Bundestages lässt die Rolle der anderen am Zustandekommen eines Gesetzes beteiligten Verfassungsorgane außer Acht. Zum einen wird die Mitwirkungsbefugnis des Bundesrates übersehen, insbesondere die Möglichkeit der Ablehnung von Gesetzesbeschlüssen bei zustimmungsbedürftigen Gesetzen.[351] Damit wird ein wesentlicher Teil des Gesetzgebungsverfahrens ignoriert, wie die Diskussion um die Steuerreform 1998 und deren

---

348 *BVerfGE* 50, 177 (194).
349 *BVerfGE* 13, 261 (273); 30, 272 (287); 72, 200 (260 ff.); 72, 302 (326); 89, 48 (67).
350 Vgl. *Iliopoulos- Strangas*, Rückwirkung und Sofortwirkung von Gesetzen, S. 78 f.
351 Vgl. auch *Wyduckel*, Der Bundesrat als Zweite Kammer, in: DÖV 1989, 181 (185 f.)

Scheitern aufgrund der Nichtzustimmung des Bundesrates beispielhaft belegt. Ferner werden Arbeit und Funktion des Vermittlungsausschusses nicht hinreichend berücksichtigt. Schließlich wird das Normprüfungsrecht des Bundespräsidenten verkannt, der die Ausfertigung von Gesetzen jedenfalls dann verweigern kann, wenn er sie in formeller Hinsicht für verfassungswidrig hält.[352] Mit dem Gesetzesbeschluss allein steht mithin noch nicht fest, ob ein rückwirkendes Gesetz auch tatsächlich zustande kommt. Die Vorhersehbarkeit einer Rückwirkung kann insoweit nicht allein vom Gesetzesbeschluss des Bundestages abhängen.

Bei der Bestimmung des Zeitpunktes der Vorhersehbarkeit einer Rückwirkungsanordnung sollten die normativen Wertentscheidungen der Verfassung selbst zugrunde gelegt werden. Vorzugswürdiger Zeitpunkt ist danach der normenontologische Bezugspunkt der Verkündung des Gesetzes.[353] Die Verkündung ist, wie im Rahmen der rechtstheoretischen Erörterungen dargelegt, der formelle Publikationsakt, mit dem das Gesetzgebungsverfahren seinen Abschluss findet. Das Gesetz ist in normenontologischer Hinsicht von jenem Zeitpunkt an rechtlich existent.[354] Für den Normadressaten hat die Verkündung zur Konsequenz, dass er sich eine gesetzliche Regelung von nun an entgegenhalten lassen muss.[355] Mit diesem in Art. 82 I GG normierten Prinzip der formellen Publikation kommt die verfassungsrechtliche Wertung zum Ausdruck, dass eine Neuregelung generell vom Zeitpunkt der Verkündung an als vorhersehbar anzusehen ist. Gleiches sollte für Rückwirkungsanordnungen gelten, denn es ist nur schwer nachvollziehbar, weshalb rückwirkende Gesetze zu einem früheren Zeitpunkt voraussehbar sein sollen als der Normaltypus des Gesetzes. Die Formstrenge der Gesetzesverkündung soll ja gerade dem Normadresaten diejenige Rechtssicherheit vermitteln, die das Rückwirkungsverbot zu gewährleisten hat.[356]

Zusammenfassend bleibt hinsichtlich der stärkeren Akzentuierung des individuellen Vertrauensschutzes Folgendes festzuhalten: Die Gründe für die Verabschiedung rückwirkender Gesetze können in der Systemwidrigkeit, Unklarheit

---

352 Hinsichtlich der Tragweite des Prüfungsrechts des Bundespräsidenten kann vorliegend dahinstehen, ob sich das Prüfungsrecht auf die formelle Verfassungsmäßigkeit von Gesetzen beschränkt oder ob es auch deren materielle Verfassungsmäßigkeit mitumfasst. In jedem Fall besitzt das Prüfungsrecht des Bundespräsidenten eine eigenständige Funktion im Gesetzgebungsverfahren.

353 In diese Richtung tendierte bereits der Verfassungsrichter *v. Schlabrendorff* in einem Sondervotum zur Rückwirkungsproblematik, vgl. *v. Schlabrendorff*, in *BVerfGE* 37, 363 (419 f.); ebenso in jüngster Zeit *Lang*, Verfassungsrechtliche Zulässigkeit rückwirkender Steuergesetze, in: WPg 1998, 163 (172).

354 S. hierzu bereits § 1 A.

355 Vgl. dazu *Noll*, Gesetzgebungslehre, S. 196 ff.

356 Vgl. *Lang*, Verfassungsrechtliche Zulässigkeit rückwirkender Steuergesetze, in: WPg 1998, 163 (172).

oder Verworrenheit von Rechtsnormen oder in ihrer Nichtigkeit liegen, ferner sind Aspekte des Gesetzgebungsverfahrens maßgeblich bzw. national überlagerndes Recht bedeutsam, auf das noch näher einzugehen sein wird.[357] Hierbei handelt es sich um Risiken, die in die Sphäre des Gesetzgebers fallen. Sie dürfen deshalb nicht ohne Weiteres auf den Bürger abgewälzt werden. Der Voraussehbarkeitsmaßstab des Bundesverfassungsgerichts für derart motivierte Rückwirkungsanordnungen sollte insofern unter Berücksichtigung der normativen Entscheidungen der Verfassungsordnung wie dargelegt eingegrenzt werden.

D. Fazit

Das Bundesverfassungsgericht trägt mit der am Rechtsstaatsprinzip orientierten Ausgestaltung von Rückwirkungsgrenzen spezifischen Problemlagen aus den Bereichen des Gesetzgebungsverfahrens, der Gesetzgebungstechnik, der inhaltlichen Gesetzesausgestaltung sowie gesetzgeberischen Korrekturerfordernissen Rechnung. Seine Judikatur ist seitens der Literatur insbesondere aufgrund des weit gefassten individuellen Vorhersehbarkeitsmaßstabes zu Recht kritisiert worden. Der Vielzahl der divergierenden Rückwirkungskonzepte sind zwei Hauptströmungen immanent, die Rückwirkungsgrenzen entweder aus dem Rechtsstaatsprinzip oder aus den Grundrechten ableiten.

Der grundrechtliche Lösungsansatz vermag für sich allein nicht zu überzeugen, da das Problem der Rückwirkung verfassungsdogmatisch mit dem durch die Grundrechte verbürgten Individualschutz nicht identisch ist und im Übrigen die konkrete grundrechtsorientierte Ausgestaltung von Rückwirkungsgrenzen nur Teilaspekte der Rückwirkung erfasst.

Die Zulässigkeitsgrenzen rückwirkender Gesetze sind stattdessen dem in Art. 20 III GG verankerten Rechtsstaatsprinzip zu entnehmen, wobei sowohl gemeinwohlorientierte Belange des Gesetzgebers als auch Individualbelange der betroffenen Normadressaten angemessen zu berücksichtigen sind. Der Gemeinwohlvorbehalt als Ausprägung des Rechtsstaatsprinzips hat insoweit strukturierende Wirkung. Er bildet wegen seines grundkonzeptionellen Charakters sowie seiner bisherigen Ausformung durch die verfassungsgerichtliche Judikatur, die ihn bislang noch nie allein zur Rechtfertigung einer Rückwirkungsanordnung herangezogen hat, die verfassungsrechtliche Untergrenze. Durch Herausbildung einer Typologie von Gemeinwohlkriterien dient diese Grenze als Evidenzkontrolle für die Zulässigkeit rückwirkender Gesetze. Zwingende Gemeinwohlinteressen sind danach für sich allein gesehen nicht geeignet, die ausnahmsweise Zulás-

357 S. unten Viertes Kapitel.

sigkeit eines rückwirkenden Gesetzes zu begründen. Auf einer weiteren Stufe ist auf der Grundlage der sonstigen vom Bundesverfassungsgericht entwickelten Ausnahmetatbestände kumulativ dem Aspekt des individuellen Vertrauensschutzes als verfassungsrechtliches Korrektiv Rechnung zu tragen.

Viertes Kapitel
Die Rückwirkung von Gesetzen und ihre europarechtlichen Implikationen

Die Problematik der Zulässigkeitsgrenzen rückwirkender Gesetze lässt sich zureichend nicht ohne ihre europarechtliche Dimension behandeln. Die fortschreitende europäische Integration bewirkt eine zunehmende Vernetzung und rechtsordnungsübergreifende Verschränkung des Rechts und bildet damit zugleich einen der maßgeblichen Gesichtspunkte in der aktuellen Verfassungsentwicklung.[1] Rückwirkungsanordnungen können vor diesem Hintergrund sowohl ausschließlich nationale Problemkreise berühren als auch solche mit europarechtlichem Bezug.

Das Bundesverfassungsgericht selbst hat diese Wechselbezüglichkeit bereits angedeutet, indem es Rückwirkungsanordnungen als verfassungsrechtlich zulässig qualifiziert, die durch national überlagerndes Recht rechtlich vorgegeben sind.[2] Für den weiteren verfassungsrechtlichen Untersuchungsgang bedeutet dies, dass hinsichtlich des Problems der Rückwirkung von Gesetzen gemeinschaftsrechtliche Berührungspunkte einzubeziehen sind.

§ 12 Europarechtlicher Rahmen der Rückwirkungsproblematik

A. Wechselseitige Verflechtung von Europäischem Gemeinschaftsrecht und bundesdeutschem Recht

Der europarechtliche Rahmen der Rückwirkung wird durch die Art und Weise der Verflechtung von bundesdeutschem und gemeinschaftsrechtlichem Rechtssystem vorgezeichnet. Beide Rechtsordnungen sind zwei selbständige, voneinander verschiedene Rechtsordnungen. Sie stehen als rechtliche Regelsysteme jedoch nicht isoliert nebeneinander, sondern sind in vielfältiger Weise aufeinander bezogen, miteinander verschränkt und gegenseitigen Einwirkungen geöffnet.[3] Es lie-

---

1 *Schwarze*, Verfassungsgericht und Verfassungsgerichtsbarkeit im Zeichen Europas, S. 7.

2 *BVerfGE* 45, 142 (173 ff.); s.hierzu bereits § 9 A I 3.

3 Vgl. dazu *v. Bogdandy*, Skizzen einer Theorie der Gemeinschaftsverfassung, in: Auf dem Wege zu einer Europäischen Staatlichkeit, S. 9 (14 ff.); *Hesse*, Deutsche Verfassungsgerichtsbarkeit an der Schwelle zum neuen Jahrhundert, in: Verfassungsrecht und Verfassungsgerichtsbarkeit im Zeichen Europas, S. 169 (179).

gen insoweit zwei osmotische Normensysteme vor.[4] Diese wechselseitige Beeinflussung und Abhängigkeit von Gemeinschaftsrecht und deutschem Recht, die auch mit dem Begriff der "Verzahnung"[5] erfasst wird, hat in beiden Rechtsordnungen spezifische Ausprägungen erfahren.

Im Folgenden ist zunächst die wechselseitige Verflechtung beider Rechtsordnungen herauszuarbeiten, die dann auf ihre konkrete Rückwirkungsrelevanz hin zu untersuchen ist. Hierbei soll angesichts der Verzahnung beider Rechtsordnungen der Frage nachgegangen werden, ob die Zulässigkeitsgrenzen der Rückwirkung auch durch das Europarecht beeinflusst bzw. vorgegeben werden können.

Im bundesdeutschen Recht äußert sich die Verzahnung beider Normensysteme in einer zunehmenden Durchdringung der innerstaatlichen Rechtsordnung durch Europäisches Gemeinschaftsrecht. Neben den drei Gründungsverträgen, EGKSV, EAGV und vor allem aber dem EGV, die die Mitgliedstaaten unmittelbar binden,[6] sind insbesondere die von diesen Verträgen abgeleiteten sekundärrechtlichen *Verordnungen* ein legislatives Instrumentarium, um gemeinschaftsrechtliche Regelungen in das innerstaatliche Recht einfließen zu lassen.[7] Verordnungen sind gemäß Art. 249 II EG[8] in allen ihren Teilen verbindlich und gelten in jedem Mitgliedstaat.[9] Entscheidendes Merkmal dieser Rechtsnormen ist ihre unmittelbare Geltung, ohne dass es hierfür eines nationalen Transformationsaktes

---

4 Zu dieser Terminologie vgl *Steinberger*, Aspekte der Rechtsprechung des Bundesverfassungsgerichts zum Verhältnis zwischen Europäischem Gemeinschaftsrecht und deutschem Recht, in: Staat und Völkerrechtsordnung, S. 951 (955).

5 Der Begriff der "Verzahnung" ist maßgeblich von *Streinz* geprägt worden; vgl. *Streinz*, Europarecht, S. 61; *ders*, Der Vollzug des Europäischen Gemeinschaftsrechts durch deutsche Staatsorgane, in: *Isensee/Kirchhof*, HStR VII, § 182, Rdnr. 6. Zu dieser Begrifflichkeit s. auch bereits *Everling*, Europäisches Gemeinschaftsrecht und nationales Recht in der praktischen Rechtsanwendung, in: NJW 1967, 465 (470).

6 Neben der Bindung der Mitgliedstaaten können die Normen der Gründungsverträge auch unmittelbare Rechte und Pflichten für die Bürger der Mitgliedstaaten begründen. Diese als unmittelbare Anwendbarkeit bezeichnete Bindungswirkung gilt für solche Normen, die ohne weitere Konkretisierungsakte anwendbar sind. Sie dürfen keine Bedingungen für ihre Anwendung erkennen lassen und den Mitgliedstaaten keinen Ermessensspielraum gewähren; s. zum Ganzen *Streinz*, Europarecht, S. 117.

7 Bzgl. der hiermit verbundenen Entziehung nationaler legislativer Befugnisse und der Gefahr der "Entparlamentarisierung" der nationalen Rechtsetzung vgl. *Pieper*, Quo vadis Grundgesetz? - Gedanken zur Lage der Verfassung im europäischen Integrationsprozeß, in: Europa '93 - Auf dem Weg zur Europäischen Union, S. 197 (203 f.).

8 Art. 189 II EGV a.F.

9 *Klein*, Unmittelbare Geltung, Anwendbarkeit und Wirkung von Europäischem Gemeinschaftsrecht, in: Vorträge, Reden und Berichte aus dem Europa-Institut, Nr. 119, S. 11.

bedarf.[10] Alle deutschen Staatsorgane, in erster Linie deutsche Gerichte und Verwaltungsbehörden, sind verpflichtet, diese gemeinschaftsrechtlichen Rechtsquellen anzuwenden.[11] Verordnungen sind insoweit direkter Bestandteil der innerstaatlichen Rechtsordnung; sie fließen in dieses Normensystem ein, ohne ihren Charakter als Gemeinschaftsrecht zu verlieren. Sofern eine Verordnung mit innerstaatlichem Recht kollidiert, geht sie entsprechend den seit der Solange II-Entscheidung anerkannten Vorgaben dem nationalen Recht grundsätzlich vor, um die einheitliche Geltung des Gemeinschaftsrechts zu sichern.[12]

Die Wechselseitigkeit wird dadurch verstärkt, dass deutsche Rechtsvorstellungen ihrerseits bei der Entstehung und Formulierung europäischen Rechts durch die deutsche Vertretung im Rat wirksam werden können. Das aus deutschen Rechtsquellen gespeiste, neu gebildete europäische Recht wirkt dann wiederum auf nationales Recht zurück.[13] Die durch den Vertrag über die Europäische Union (EUV) begründeten Kompetenzerweiterungen der Gemeinschaften beschleunigen diesen Prozess und führen zu einem weiteren Bedeutungszuwachs des EG-Rechts in der deutschen Rechtsordnung.[14]

---

10 Zu dieser sog. Durchgriffswirkung von Verordnungen vgl. *Schweitzer/Hummer*, Europarecht, S. 103; *Fastenrath/Müller-Gerbes*, Europarecht, S. 110.

11 Vgl. *Geiger*, Grundgesetz und Völkerrecht, S. 248 ff.; *Fuß*, Die Verantwortung der nationalen Gerichte für die Wahrung des europäischen Gemeinschaftsrechts, in: Das Europa der zweiten Generation Bd. I, S. 171 (186 f.).

12 Diese Auffassung vom "Vorrang des Gemeinschaftsrechts" vertritt der EuGH seit der Rechtssache 6/64 (Costa/ENEL), Slg.1964, S.1251 (1269 f.) in ständiger Rechtsprechung. Das BVerfG ist dieser Judikatur mit einer an Art. 24 I GG und 59 II 1 GG orientierten Argumentationsführung in der *Solange II-Entscheidung* gefolgt - *BVerfGE* 73, 339 (375): "Aus dem Rechtsanwendungsbefehl des Zustimmungsgesetzes zum EWG-Vertrag, der sich auf Art. 189 Abs. 2 EWGV erstreckt, ergibt sich die unmittelbare Geltung der Gemeinschaftsverordnungen für die Bundesrepublik Deutschland und ihr Anwendungsvorrang gegenüber innerstaatlichem Recht." Dies hat das BVerfG auch seit seiner *Maastricht-Entscheidung* nicht dadurch in Frage gestellt, dass es ein "Kooperationsverhältnis" zum EuGH formulierte, in dem der EuGH den Grundrechtsschutz in jedem Einzelfall für das Gebiet der Europäischen Gemeinschaften garantiert, während das BVerfG sich auf die Gewährleistung eines unabdingbaren Grundrechtsstandards beschränkt, vgl. *BVerfGE* 89, 155 (175). Das BVerfG ist insoweit bislang nicht in Widerspruch zu den Solange II-Vorgaben getreten. Dies belegt auch die *Euro-Entscheidung*, in der das Gericht die Verfassungsbeschwerden gegen die Teilnahme Deutschlands an der Währungsunion unter Hinweis auf die rechtlichen Vorgaben des Maastricht-Vertrages als offensichtlich unbegründet verworfen hat, vgl. *BVerfG*, EuGRZ 1998, 164 (169 ff.).

13 Vgl. hierzu *v. Simson/Schwarze*, Europäische Integration und Grundgesetz, in: *Benda/Maihofer/Vogel*, Handbuch des Verfassungsrechts, S. 53 (120).

14 Zur Zeit der Entstehung der Europäischen Union beruhten nach Einschätzung des ehemaligen Präsidenten der Europäischen Kommission *Delors* und des Mitglieds

Auf der Ebene des Europäischen Gemeinschaftsrechts zeigt sich die Verflechtung beider Rechtsordnungen insbesondere beim Vollzug des Gemeinschaftsrechts durch deutsche Staatsorgane. Die EU selbst verfügt über keinen Verwaltungsapparat, der vom Umfang her den Vollzug des gesamten europäischen Rechts bewältigen könnte.[15] Der gemeinschaftsunmittelbare Vollzug stellt insoweit einen Ausnahmefall dar, der nur zur Anwendung kommt, wenn das primäre Gemeinschaftsrecht dies unmittelbar vorsieht.[16] Die Vollziehung von Gemeinschaftsrecht, d.h. seine praktische Umsetzung und Ausführung, obliegt somit im Regelfall den Mitgliedstaaten.[17] Dieser mitgliedstaatliche Vollzug richtet sich grundsätzlich nach nationalem Recht.[18] Im deutschen Recht sind damit überwiegend die Regelungen des VwVfG einschlägig.[19] Hinsichtlich der konkreten Ausgestaltung der Vollziehung ist zwischen zwei Vollzugstypen zu differenzieren.[20] Bei der unmittelbaren mitgliedstaatlichen Vollziehung handeln deutsche Behörden direkt auf der Grundlage des EG-Rechts; beispielhaft hierfür ist die Regelungsmaterie der Verordnung.[21] Die mittelbare Vollziehung setzt zunächst den Erlass deutscher Ausführungsvorschriften voraus, so etwa die Transformations-

---

der Kommission *Bangemann* schon nahezu 50 % aller deutschen Gesetze auf Gemeinschaftsrecht. Vgl zu diesen Angaben das *Maastricht-Urteil* des BVerfG, *BVerfGE* 89, 155 (173).

15 S. *Mögele*, Deutsches und europäisches Verwaltungsrecht - wechselseitige Einwirkungen, in: BayVBl 1993, 552 (553). Darüber hinaus verfügen die Gemeinschaften grds. nicht über Sanktionsmöglichkeiten gegenüber den Mitgliedstaaten, vgl. Art. 228 EG (Art. 171 EGV a.F.) bzgl. der Wirkung und Durchsetzung von Urteilen und Art. 256 EG (Art. 192 EGV a.F.) hinsichtlich vollstreckbarer Titel.

16 Vgl. insoweit Art. 274 I EG (Art. 205 I EGV a.F.) bzgl. des Haushaltsvollzuges.

17 *Streinz*, Der Vollzug des Europäischen Gemeinschaftsrechts durch deutsche Staatsorgane, in: *Isensee/Kirchhof*, HStR VII, § 182 Rdnr. 1 ff.; *Hatje*, Europäische Rechtseinheit durch einheitliche Rechtsdurchsetzung, in: EuR 1998, 7 (8).

18 *Ehlers*, Die Einwirkungen des Rechts der Europäischen Gemeinschaften auf das Verwaltungsrecht, in: *Erichsen*, Allgemeines Verwaltungsrecht, S. 75 (108).

19 Vgl. *Schmidt-Aßmann*, Deutsches und Europäisches Verwaltungsrecht - Wechselseitige Einwirkungen - in: DVBl 1993, 924 (927 f.); *Papier*, Die Einwirkungen des europäischen Gemeinschaftsrechts auf das nationale Verwaltungs- und Verfahrensrecht, in: Die Bedeutung der Europäischen Gemeinschaften für das deutsche Recht und die deutsche Gerichtsbarkeit, S. 51 (53 f.); ebenso *Bleckmann*, der darüber hinaus eine Verflechtungstendenz neuerer Zeit aufzeigt, wonach für den Vollzug des Gemeinschaftsrechts durch nationale Behörden zunehmend auch eigene europäische Rechtssätze zu entwickeln sind, *Bleckmann*, Methoden der Bildung europäischen Verwaltungsrechts, in: DÖV 1993, S. 837 f.

20 *Weber*, Rechtsfragen der Durchführung des Gemeinschaftsrechts in der Bundesrepublik, S. 45; *Rengeling*, Deutsches und europäisches Verwaltungsrecht - wechselseitige Einwirkungen, in: VVDStRL 51 (1993), 202 (205 f.).

21 S. *Fastenrath/Müller-Gerbes*, Europarecht, S. 142.

regeln im Bereich der Richtlinien. Der anschließende Vollzug richtet sich nach diesen Regeln.[22] Der damit eröffneten Anwendung nationalen Rechts sind insoweit Grenzen gesetzt, als es die Tragweite des Gemeinschaftsrechts nicht ignorieren darf.[23]

Die Verflechtung beider Regelsysteme beschränkt sich indes nicht auf die Rechtsnormebene. Zwischen deutschem und europäischem Recht bestehen Verzahnungen auch auf der Ebene der Gerichtsbarkeit, die vor allem auf dem sog. Vorabentscheidungsverfahren gemäß Art. 234 EG[24] beruhen, nach dem der Europäische Gerichtshof auf Vorlage deutscher Gerichte über Fragen der Auslegung des EGV sowie über solche der Gültigkeit und Auslegung der Akte der Gemeinschaftsorgane entscheidet.[25] Eine Verflechtung der Gerichtsbarkeiten bewirkt insbesondere Art. 234 III EG.[26] Hiernach besteht unter bestimmten Voraussetzungen eine Vorlagepflicht gegenüber dem Europäischen Gerichtshof für letztinstanzliche deutsche Gerichte.[27] Zudem entfaltet die Sachentscheidung des Gerichtshofs über die vorgelegte Frage Bindungswirkung für das jeweilige nationale Gericht.[28] Die Bindungswirkung erstreckt sich nicht nur auf das vorlegende Ge-

---

22 *Streinz*, Europarecht, S. 175.

23 Vgl. *Schwarze*, Das Verwaltungsrecht unter europäischem Einfluß, S. 154 ff.

24 Art. 177 EGV a.F.

25 S. hierzu *Gersdorf*, Das Kooperationsverhältnis zwischen deutscher Gerichtsbarkeit und EuGH, in: DVBl 1994, 674 (683); *Oppermann*, Die Dritte Gewalt in der Europäischen Union, in: DVBl 1994, 901 (906); *Zuleeg*, Die Rolle der rechtsprechenden Gewalt in der europäischen Integration, in: JZ 1994, 1 (3 f.); *Schröder*, Das Bundesverfassungsgericht als Hüter des Staates im Prozeß der europäischen Integration, in: DVBl 1994, 316 (323); *Weber*, Das Verhältnis der Kompetenzen von europäischen und nationalen Gerichten, in: DÖV 1997, 624 (626 ff.).

26 Art. 177 III EGV a.F.- vgl insoweit auch *Oppermann*, Die Dritte Gewalt in der Europäischen Union, in: DVBl 1994, 901 (906).

27 Als letztinstanzliche Gerichte sind hierbei alle Gerichte zu betrachten, die im konkreten Verfahren letzte Instanz sind. Ratio des Vorabentscheidungsverfahrens ist die Sicherung der einheitlichen Anwendung des Gemeinschaftsrechts. Insoweit kann z.B. auch ein deutsches Amtsgericht zur Vorlage verpflichtet sein, wenn seine Entscheidung wegen Nichterreichens der Berufungssumme unanfechtbar ist. Zu dieser Problematik vgl. *Seidel*, Die Praxis der Bundesregierung und der anderen Mitgliedstaaten in Verfahren, vor allem Vorabentscheidungsverfahren, vor dem Gerichtshof der Europäischen Gemeinschaften, in: Der Europäische Gerichtshof als Verfassungsgericht und Rechtsschutzinstanz, S. 95 (96).

28 Vgl. *Tomuschat*, Die gerichtliche Vorabentscheidung nach den Verträgen über die europäischen Gemeinschaften, S. 134 ff.; *Dauses*, Das Vorabentscheidungsverfahren nach Artikel 177 EG-Vertrag, S. 118; *Streil*, Das Vorabentscheidungsverfahren als Bindeglied zwischen europäischer und nationaler Rechtsprechung, in: Der Europäische Gerichtshof als Verfassungsgericht und Rechtsschutzinstanz, S. 69 (78).

richt, sondern auf alle Instanzgerichte, die in der gleichen Rechtssache zu entscheiden haben.[29]

Art. 234 EG bildet somit ein prozessuales Instrumentarium, um gemeinschaftsbezogene Rechtsfragen mitgliedstaatlicher Gerichte in Übereinstimmung mit der Rechtsauffassung des Europäischen Gerichtshofs zu lösen und damit zugleich die Einheitlichkeit des Gemeinschaftsrechts zu gewährleisten.[30] Auf diese Weise wird eine Kohärenz der Gerichtsbarkeiten erreicht.[31] Vorlageverpflichtung und Bindungswirkung der Sachentscheidung für deutsche Gerichte führen so zu einer seit der Solange II-Entscheidung anerkannten funktionellen Verschränkung des Europäischen Gerichtshofs mit der innerstaatlichen Gerichtsbarkeit Deutschlands.[32]

Die wechselseitigen Verflechtungen von deutschem und europäischem Regelsystem haben zur Folge, dass Rückwirkungsanordnungen neben ihrem Bezug zum deutschen Recht auch europarechtliche Implikationen beinhalten können.

Zu unterscheiden ist zunächst zwischen der Berechtigung und der Verpflichtung zum Erlass rückwirkender Regelungen. Nach einer bereits vom Bundesverfassungsgericht in BVerfGE 45, 142 entschiedenen Fallkonstellation enthielt das Gemeinschaftsrecht die Ermächtigung für den bundesdeutschen Gesetzgeber, regulierende gesetzliche Maßnahmen im Hinblick auf den Gemeinsamen Markt zu ergreifen.[33] Insofern *berechtigt* das Gemeinschaftsrecht den natio-

---

29 Vgl. *Lieber*, Über die Vorlagepflicht des Art. 177 EWG-Vertrag und deren Mißachtung, S. 117 ff.; bzgl. einer darüber hinausgehenden erga omnes-Bindungswirkung insb. bei Ungültigkeitsurteilen vgl. *Koenig*, Einführung in das EG-Prozeßrecht, S. 252 ff;

30 *Ipsen*, Die Verfassungsrolle des Europäischen Gerichtshofs für die Integration, in: Der Europäische Gerichtshof als Verfassungsgericht und Rechtsschutzinstanz, S. 29 (35); *Daig*, Auslegung und Anwendung von Art. 177 EWG-Vertrag durch den Gerichtshof der Europäischen Gemeinschaften, in: Europäische Gerichtsbarkeit und nationale Verfassungsgerichtsbarkeit, S. 79 (80).

31 Vgl. hierzu *Lieber*, Über die Vorlagepflicht des Art. 177 EWG-Vertrag und deren Mißachtung, S. 121; *Ehlers*, Die Einwirkung des Rechts der Europäischen Gemeinschaften auf das Verwaltungsrecht, in *Erichsen*, Allgemeines Verwaltungsrecht, S. 75 (113).

32 Das BVerfG hat in der sog. *Solange II-Entscheidung* eine solche funktionelle Verschränkung der Gerichtsbarkeiten angenommen und in diesem Zusammenhang den EuGH als gesetzlichen Richter i.S.d. Art. 101 I 2 GG angesehen; s. *BVerfGE* 73, 339 (366 ff.). S. hierzu auch *Zimmermann*, Durchsetzung der Vorlagepflicht nach Art. 177 Abs. 3 EWG-Vertrag mittels deutschen Verfassungsrechts, in: Staat und Völkerrechtsordnung, S. 1033 ff.

33 Die Kommission hatte den bundesdeutschen Gesetzgeber nach Art. 226 EGV zur Verabschiedung gesetzlicher Maßnahmen ermächtigt.

nalen Gesetzgeber zur Verabschiedung entsprechender Rechtsakte.[34] Dabei kann er den zeitlichen Normanwendungsbereich, der ihm vom Gemeinschaftsrecht her eröffnet wird, voll ausschöpfen.[35] Die Berechtigung kann sich demnach so weit erstrecken, dass sie dem deutschen Gesetzgeber auch die Verabschiedung von Normen mit rückwirkender Kraft ermöglicht, die auf den Zeitpunkt der Ermächtigung zurückwirken.[36]

Der bundesdeutsche Gesetzgeber kann kraft Gemeinschaftsrechts zum Erlass rückwirkender Regelungen aber auch *verpflichtet* werden. Diese Konstellation betrifft das sog. Vertragsverletzungsverfahren nach Art. 226, 227 EG[37], mit dem Verstöße der Mitgliedstaaten gegen den EGV und sekundäres Gemeinschaftsrecht klageweise geltend gemacht werden können. Sofern der Europäische Gerichtshof das Vorliegen eines Vertragsverstoßes feststellt, hat die Bundesrepublik als nationale Instanz gemäß Art. 228 EG[38] die sich aus dem Urteil ergebende Vertragsverletzung zu beseitigen. Ein solches Urteil kann die Verpflichtung zur rückwirkenden Beseitigung der Vertragsverletzung beinhalten. Die nationalen Gesetzgebungsorgane haben dann gemeinschaftsrechtswidrige innerstaatliche Rechtsnormen mit rückwirkender Kraft durch konforme Regelungen zu ersetzen.[39]

Die vorerwähnten Konstellationen zeigen im Hinblick auf die eingangs aufgeworfene Fragestellung nach der europarechtlichen Beeinflussung der Rückwirkungsproblematik, dass das Gemeinschaftsrecht Rechtsgrundlage für Rückwirkungsanordnungen des bundesdeutschen Gesetzgebers sein kann, indem es diesen berechtigt oder verpflichtet, Gesetze mit rückwirkender Kraft zu erlassen.

Darüber hinaus können Verordnungen selbst eine rückwirkende Regelung enthalten, die aufgrund ihrer unmittelbaren Geltung wie ein genuin innerstaatliches rückwirkendes Gesetz zu behandeln ist. In dieser Konstellation werden deutsche Normadressaten mit einer rückwirkenden Norm konfrontiert, ohne dass der nationale Gesetzgeber tätig geworden wäre. In prozessualer Hinsicht hat dies zur Konsequenz, dass die Normadressaten nicht unmittelbar gegen die EG-Verordnung vor dem Bundesverfassungsgericht vorgehen können. Insbesondere ist es nicht möglich, Verfassungsbeschwerde nach Art. 93 I Nr. 4 a GG zu erheben, da

---

34 *BVerfGE* 45, 142 (143 f., 173 ff.).

35 So ausdrücklich *BVerfGE* 45, 142 (175).

36 *BVerfGE* 45, 142 (174 ff.); vgl. dazu auch *EuGH* RS 37/70 (Rewe-Zentrale), Slg. 1971, S. 23 (36 f.); s. auch *BVerfG*, EuR 1978, S. 142 (143 ff.), ebenso die diesbezügliche Urteilsanmerkung von *Ipsen*, EuR 1978, S. 151 ff.

37 Art. 169, 170 EGV a.F.

38 Art. 171 EGV a.F.

39 Vgl. hierzu *Karpenstein*, in *Grabitz/Hilf*, Kommentar zur Europäischen Union, Art. 171 EGV, Rdnr. 15.

es sich nicht um einen Akt der deutschen öffentlichen Gewalt handelt.[40] Das Europäische Rechtsschutzsystem eröffnet ebenfalls keine Klagemöglichkeit unmittelbar gegen EG-Verordnungen; auch die Nichtigkeitsklage gemäß Art. 230 II, IV EG[41] umfasst nicht die Kontrolle von Normativakten der EG.[42]

Bei dieser Sachlage können Normadressaten allenfalls den auf der Verordnung beruhenden bundesdeutschen Ausführungsakt abwarten.[43] Hierdurch erhöht sich der Grad rückwirkungsrelevanter Verzahnungen. Neben der Existenz gemeinschaftsrechtlicher Verordnungen wird auch deren Vollzug durch deutsche Verwaltungsbehörden relevant, denn die rückwirkende Verordnung kann wiederum von deutschen Behörden z.B. als Ermächtigungsgrundlage für den Erlass von Verwaltungsakten herangezogen werden. Hierbei besteht die Besonderheit, dass die zugrundeliegende rückwirkende Rechtsnorm gemeinschaftsrechtlichen Ursprungs ist, während der konkrete Ausführungsakt sich nach deutschem Recht bemisst.

Gegen den betreffenden Verwaltungsakt kann Klage vor einem deutschen Gericht erhoben werden. Hat das Gericht Zweifel hinsichtlich der Gültigkeit der als Ermächtigungsgrundlage dienenden Verordnung, wird es diesbezüglich eine Vorabentscheidung des Europäischen Gerichtshofs nach Art. 234 EG einholen.[44] In diesem Verfahren prüft der Gerichtshof die Rechtmäßigkeit der Verordnung nach den Grundsätzen des Gemeinschaftsrechts, so dass das vorlegende deutsche Gericht bei Kollisionslagen die nationale Rechtsprechung mit gegenläufigen gemeinschaftsrechtlichen Vorgaben in Einklang zu bringen hätte.[45] Prüfungsmaßstab ist hierbei die gemeinschaftsrechtliche Rückwirkungsdogmatik.

B. Notwendigkeit einer europarechtlich bedingten Perspektivenerweiterung

Die Ausführungen zum Ineinandergreifen von bundesdeutschem und europäischem Recht zeigen, dass die deutsche Rechtsordnung nicht isoliert von anderen rechtlichen Regelsystemen zu betrachten ist. Zwischen deutschem Recht und

40 S. hierzu *Eibach*, Das Recht der Europäischen Gemeinschaften als Prüfungsgegenstand des Bundesverfassungsgerichts, S. 24 f.

41 Art. 173 II, IV EGV a.F.

42 *Bleckmann*, Europarecht, S. 312; ferner *Oppermann*, Europarecht, S. 243.

43 *Groß*, Verfassungsrechtliche Grenzen der europäischen Integration, in: Jura 1991, 575 (578 f.).

44 Zu einer vergleichbaren Konstellation s. bereits die *Solange II-Entscheidung* des BVerfG, *BVerfGE* 73, 339 (344-349).

45 Vgl. hierzu *Schwarze*, Die Befolgung von Vorabentscheidungen des Europäischen Gerichtshofs durch deutsche Gerichte, S. 19 f.

dem Normensystem des Europäischen Gemeinschaftsrechts bestehen wechselseitige Verflechtungen, die auch die Problematik rückwirkender Gesetze berühren. So existieren Rückwirkungskonstellationen im deutschen Recht, die sich erst aus der rechtsordnungsübergreifenden Verzahnung mit Europäischem Gemeinschaftsrecht ergeben. Das EG-Recht kann selbst rückwirkende Regelungen enthalten, die unmittelbare innerstaatliche Geltung entfalten, bzw. es kann den nationalen Gesetzgeber zu derartigen Regelungen berechtigen oder verpflichten. Die Zulässigkeitsgrenzen der Rückwirkung können insoweit auch durch das Europarecht vorgegeben sein. Die Rückwirkung von Gesetzen erhält hierdurch eine zusätzliche Perspektive.

Vor diesem Hintergrund besteht Klärungsbedarf über Ausprägung und Behandlung der Rückwirkung von Gesetzen im Europäischen Gemeinschaftsrecht. Das Gemeinschaftsrecht enthält ebenso wie die deutsche Rechtsordnung keine Vorschrift, die die Rückwirkung von Gesetzen explizit regelt. Die Besonderheiten dieses Rechtsinstituts sind primär richterrechtlich konkretisiert worden.[46] Insofern ist die einschlägige Judikatur des Europäischen Gerichtshofs nachfolgend zu erörtern.

§ 13 Die Rückwirkungsjudikatur des Europäischen Gerichtshofs

Der Europäische Gerichtshof hat bezüglich des Problemkreises rückwirkender Gesetze mangels gemeinschaftsrechtlicher Regelung eine Rückwirkungsjudikatur entwickelt, die am Normtypus der Verordnung orientiert ist. Hinsichtlich der begrifflichen Erfassung der Rückwirkung kann auf die im ersten Kapitel herausgearbeiteten rechtstheoretischen Rahmenbedingungen Bezug genommen werden, denn die Kriterien der Normenontologie und Normenlogik sind formale Kategorien, die von einer konkreten Rechtsordnung unabhängig sind, mithin auch auf das Europäische Gemeinschaftsrecht Anwendung finden.[47]

A. Verordnungen als rückwirkungsrelevante Regelungsmaterie

Verordnungen sind aufgrund ihrer unmittelbaren Geltung das wichtigste und zugleich wirksamste Rechtsetzungsinstrument des Gemeinschaftsrechts.[48] Sie sind

46 *Heukels*, Die Rückwirkungsjudikatur des EuGH, S. 1.

47 Vgl. dazu § 3 B.

48 Verordnungen werden deshalb auch als das "Europäische Gesetz" bezeichnet, s. *Oppermann*, Europarecht, S. 174; vgl. auch *Schweitzer*, Staatsrecht III, S. 103.

insoweit als die eigentliche rückwirkungsrelevante Regelungsmaterie anzusehen und damit zentraler Gegenstand der Rückwirkungsjudikatur des Europäischen Gerichtshofs.[49]

Im Bereich der Richtlinien, der anderen Rechtsquelle des Gemeinschaftsrechts mit Rechtsnormcharakter, stellt sich die Problematik der Rückwirkung demgegenüber nur selten. Der Europäische Gerichtshof sah bislang kaum Anlass zu einer eingehenden Befassung mit dieser Thematik.[50] Die mangelnde Rückwirkungsrelevanz dieses Normtypus ist auf die spezifische legislative Konstruktion der gestuften Verbindlichkeit zurückzuführen.[51] Richtlinien entfalten gemäß Art. 249 III EG[52] für die Mitgliedstaaten, an die sie gerichtet sind, hinsichtlich des zu erreichenden Ziels verbindliche Kraft. Sie überlassen den Mitgliedstaaten jedoch die Art und Weise der Umsetzung in innerstaatliches Recht.[53] Wegen dieser legislativen Konstruktion kommen Rückwirkungsanordnungen im Bereich der Richtlinien nur in Ausnahmefällen vor.[54]

B. Abgeschlossenheit eines Tatbestandes als Anknüpfungspunkt der echten und unechten Rückwirkung

Der Europäische Gerichtshof unterscheidet zwischen zwei Erscheinungsformen legislativer Rückerstreckung, der echten und unechten Rückwirkung. Insoweit bestehen terminologische Bezüge zur älteren Rechtsprechung des Bundesverfassungsgerichts. Im Gegensatz zum deutschen Rückwirkungskonzept erfolgt jedoch keine Beschränkung auf diese begriffsorientierte Differenzierung. Der Gerichtshof bezieht in seine Judikatur auch normstrukturelle Elemente ein, indem er auf den zeitlichen Anwendungsbereich der jeweils betroffenen Norm abstellt.[55] Die

---

49 Vgl. dazu *Schlockermann*, Rechtssicherheit als Vertrauensschutz in der Rechtsprechung des EuGH, S. 61; *Heukels*, Intertemporales Gemeinschaftsrecht, S. 24 f.

50 Vgl. *Schwarze*, Europäisches Verwaltungsrecht, Bd II, S. 1110 ff.

51 Der Terminus der "gestuften Verbindlichkeit" ist auf *Ipsen* zurückzuführen, vgl. *Ipsen*, Europäisches Gemeinschaftsrecht, S. 458.

52 Art. 189 III EGV a.F.

53 S. hierzu *Bleckmann*, Europarecht, S. 163.

54 Eine solche Konstellation ist ausnahmsweise gegeben bei der rückwirkenden Implementierung von Richtlinien, bei der die Mitgliedstaaten eine Richtlinie zunächst nicht fristgerecht umgesetzt haben und im Nachhinein eine Transformation mit rückwirkender Kraft vornehmen. Vgl. hierzu RS 80/87 (Dik), Slg. 1988, S. 1601 (1617).

55 S. *Schwarze*, Europäisches Verwaltungsrecht Bd. II, S. 1084; *Heukels*, Die Rückwirkungsjudikatur des EuGH, S. 15 ff.; *ders.*, Intertemporales Gemeinschaftsrecht, S. 66 ff.

begriffliche Erfassung der Rückwirkung vereint insoweit Teilaspekte der beiden bundesdeutschen Konzeptionen miteinander.

Anknüpfungspunkt für die Abgrenzung der unterschiedlichen Formen der Bezugnahme auf Vergangenes ist zunächst das Kriterium der Abgeschlossenheit des Tatbestandes. Bei Vorliegen eines abgeschlossenen Tatbestandes kommt eine echte Rückwirkung in Betracht, im anderen Fall eine unechte Rückwirkung. Diese Systembildung ist Ausgangspunkt für die begriffliche Einordnung der jeweiligen legislativen Rückerstreckung. So liegt eine echte Rückwirkung vor, wenn eine Verordnung ihre Rechtsfolgen auf Sachverhalte erstreckt, die bereits in der Vergangenheit vollkommen abgeschlossen waren.[56]

Auf der Grundlage einer am Einzelfall orientierten Judikatur bildet bei Fällen mit abgabenrechtlicher Relevanz z.B. das Wirtschaftsjahr das Kriterium für die Abgeschlossenheit eines Tatbestandes.[57] Die Wiedereinführung einer Produktionsabgabe für ein bereits zurückliegendes Wirtschaftsjahr ist insoweit als eine echte Rückwirkung anzusehen.[58] Den verbundenen Rechtssachen 331, 376 und 378/85 liegt ebenfalls ein abgabenrechtlicher Sachverhalt zugrunde.[59] Der Europäische Gerichtshof nimmt ausdrücklich auf das Kriterium der Tatbestandsabge-

---

56 Vgl hierzu die RS 17/67 (Neumann), Slg. 1967, S. 592 (610 f.); RS 7/76 (IRCA), Slg. 1976, S. 1213 (1227); RS 108/81 (Amylum), Slg. 1982, S 3107 (3129 f.); RS 331, 376 und 378/85 (Bianco und Girard), Slg. 1988, S. 1099 (1118 f.). Die Terminologie des EuGH ist schwankend; i.d.R. spricht der Gerichtshof von "Rückwirkung" oder "Rückwirkung im eigentlichen Sinne". Die eigentliche terminologische Festlegung auf den Begriff "echte Rückwirkung" sowie auf das Abgrenzungskriterium der Tatbestandsabgeschlossenheit erfolgt explizit im Rahmen der Schlußanträge der Generalanwälte, s. insoweit GA *Roemer* in der RS 1/73 (Westzucker), Slg. 1973, S. 723 (738); GA *Warner* in der RS 7/76 (IRCA), Slg. 1976, S. 1213 (1236 f.); GA *Reischl* in den RS 98/78 (Racke) und 99/78 (Decker), Slg. 1979, S. 69 (97); *ders.* in der RS 108/81 (Amylum), Slg. 1982, S. 3107 (3142 ff.); GA *Slynn* in der RS 84/81 (Staple Dairy Products), Slg. 1982, S. 1763 (1783).

57 Es handelt sich bei diesen abgabenrechtlichen Fallgestaltungen um die sog. Isoglukose-Fälle - RS 108/81 (Amylum), Slg. 1982, S. 3107 ff.; RS 110/81 (Roquette Frères), Slg. 1982, S. 3159 ff.; RS 114/81 (Tunnel Refineries Limited), Slg. 1982, S. 3189 ff. Ausgangspunkt jener Fälle war eine EG-Verordnung, die eine Produktionsabgabe für Isoglukose im Zuckerwirtschaftsjahr 1977/78 normierte. Diese Verordnung wurde aufgrund formaler Mängel aufgehoben. Später erfolgte die Wiedereinführung der Abgabe für das bereits zurückliegende Wirtschaftsjahr 1977/78 durch eine rückwirkende Verordnung vom 10.02.1981. Hierin lag eine echte Rückwirkung.

58 GA *Reischl* spricht bzgl. der RS 108/81 (Amylum) von der Einwirkung auf "in der Vergangenheit vollkommen abgeschlossene Vorgänge" und bejaht insoweit eine echte Rückwirkung. Vgl. GA *Reischl* in der RS 108/81 (Amylum), Slg. 1982, S. 3107 (3142).

59 RS 331, 376 und 378/85 (Bianco und Girard), Slg. 1988, S.1099 ff.

schlossenheit Bezug, indem er als rückwirkungsspezifisches Merkmal herausstellt, dass eine Bestimmung "auf zurückliegende Sachverhalte Anwendung findet."[60] In dieser Entscheidung war der Erhebungszeitpunkt der Abgaben maßgeblich. Die nachträgliche Anknüpfung an diesen Zeitpunkt stellt somit eine Rückwirkungsanordnung dar.[61] Im Bereich des agrarrechtlichen Währungsausgleichs liegt demgegenüber bei bereits abgewickelten Geschäften ein abgeschlossener Tatbestand vor.[62] Die nachträgliche Änderung der Währungsausgleichsbeträge für derartige bereits dem WAB-Mechanismus unterfallende Geschäfte ist danach eine echte Rückwirkung.[63]

In Abgrenzung zu diesen Fallkonstellationen liegt eine unechte Rückwirkung vor, wenn eine Normänderung auch die künftigen Wirkungen der unter altem Recht begonnenen Sachverhalte erfasst.[64] Kennzeichen eines solchen Gesetzestypus ist die Einwirkung auf noch nicht abgeschlossene Tatbestände.[65] Der Europäische Gerichtshof stellt bei dieser Form legislativer Rückerstreckung fest, dass sie "keine rückwirkende Kraft im eigentlichen Sinne" entfaltet.[66] Als einzige Form der Rückwirkung ist demnach die echte Rückwirkung anzusehen.

Die Problematik der unechten Rückwirkung betrifft vor allem den Bereich des Agrarrechts. Sie wird relevant, wenn Normänderungen sich auf laufende Verträge im Agrarbereich auswirken. Von dieser Fallgestaltung sind z.B. Handelsgeschäfte betroffen, bei denen nach der Erteilung von Ausfuhrlizenzen, aber vor der Ausfuhr der Agrarprodukte, die Erstattungsregelungen für die vertragsrelevanten Produkte geändert werden. Die Neuregelungen erstrecken ihre Wirkung i.d.R. auch auf die noch nicht abgewickelten Verträge. Derartige noch laufende Verträge stellen unter Rückwirkungsgesichtspunkten einen nicht abgeschlossenen Tatbestand dar, so dass die Einwirkung hierauf als unechte Rückwir-

---

60 RS 331, 376 und 378/85 (Bianco und Girard), Slg. 1988, S.1099 (1119).

61 GA *Slynn* in den RS 331, 376 und 378/85 (Bianco und Girard), Slg. 1988, S. 1099 (1112).

62 Vgl. RS 7/76 (IRCA), Slg. 1976, S. 1213 (1227); RS 84/81 (Staple Diary), Slg. 1982, S. 1763 (1776 ff.).

63 GA *Warner* in der RS 7/76 (IRCA), Slg. 1976, S. 1213 (1236 f.).

64 RS 1/73 (Westzucker), Slg. 1973, S. 723 (729). Der Begriff der unechten Rückwirkung wurde ebenfalls ausdrücklich von den Generalanwälten aufgegriffen. Zur terminologischen Fixierung auf den Begriff "unechte Rückwirkung" vgl. GA *Roemer* in der RS 1/73 (Westzucker), Slg. 1973, S. 723 (738 ff.), ebenso GA *Reischl* in der RS 108/81 (Amylum), Slg. 1982, S. 3107 (3142).

65 *Schwarze*, Der Schutz des Gemeinschaftsbürgers durch allgemeine Verwaltungsrechtsgrundsätze im EG-Recht, in: NJW 1986, 1067 (1071); *ders.*, Europäisches Verwaltungsrecht Bd. II, S. 1085.

66 RS 74/74 (CNTA), Slg. 1975, S. 533 (548).

kung zu qualifizieren ist.[67] Im Verfahrensrecht sind für das Vorliegen dieser Form der legislativen Rückerstreckung prozessrechtsspezifische Bezugspunkte maßgeblich. Die Nichtabgeschlossenheit eines Tatbestandes ist gegeben, sofern ein anhängiger Prozess betroffen ist. Eine unechte Rückwirkung liegt vor, wenn eine neue Verfahrensvorschrift auch für bereits anhängige Prozesse Wirkung entfaltet.[68] Für andere Regelungsbereiche ergeben sich die Maßstäbe für einen nicht abgeschlossenen Tatbestand zum Teil im Wege eines Umkehrschlusses aus den zur echten Rückwirkung entwickelten Grundsätzen. So ist im Hinblick auf das rückwirkungsrelevante Merkmal des Wirtschaftsjahres eine unechte Rückwirkung zu bejahen, wenn legislative Änderungen nicht erst nach Beendigung, sondern bereits im Laufe eines Wirtschaftsjahres vorgenommen werden.[69]

C. Konstitutive Einbeziehung normstruktureller Elemente

Das Kriterium der Abgeschlossenheit eines Tatbestandes ist nur als Teilaspekt der bestehenden Rückwirkungskonzeption anzusehen. Dieses Abgrenzungsmerkmal dient lediglich als *ein* Anknüpfungspunkt für die begriffliche Einordnung einer legislativen Rückerstreckung als echte oder unechte Rückwirkung.[70] Der Europäische Gerichtshof beschränkt sich bei seiner Systembildung jedoch nicht auf dieses begriffsorientierte Merkmal. Er erstreckt seine Konzeption auch und vor allem auf den Aspekt normstruktureller Elemente der Rückwirkung, indem konstitutiv auf den zeitlichen Anwendungsbereich der jeweiligen Norm abgestellt wird.

Die Orientierung an normstrukturellen Kriterien erfolgte erstmalig im Jahr 1979. In den Rechtssachen 98/78 (Racke) und 99/78 (Decker) hielt der Europäische Gerichtshof als normprägendes Kriterium einer echten Rückwirkung fest, dass der "Beginn der Geltungsdauer eines Rechtsakts der Gemeinschaft auf einen Zeitpunkt vor dessen Veröffentlichung" vorverlegt wird.[71] Diese Betrach-

67 Vgl zum Ganzen die RS 1/73 (Westzucker), Slg. 1973, S. 723 (729): s. dazu auch *Fastenrath/Müller-Gerbes*, Europarecht, S. 108 f.

68 S. hierzu RS 312/84 (Continentale), Slg. 1987, S. 841 (865); RS 60/72 (Campogrande), Slg. 1973, S. 489 (493).

69 Vgl. dazu RS 278/84 (Deutschland/Kommission), Slg. 1987, S.1 (47).

70 *Heukels* konstatiert insoweit, dass das Kriterium der Tatbestandsabgeschlossenheit im Rahmen der gemeinschaftsrechtlichen Rückwirkungsdogmatik "vorwiegend sekundäre Relevanz" habe; *Heukels*, Intertemporales Gemeinschaftsrecht, S. 68.

71 RS 98/78 (Racke), Slg. 1979, S. 69 (86); RS 99/78 (Decker), Slg. 1979, S. 101 (111).

tungsweise erweist sich seither als Grundstein der Rückwirkungsjudikatur.[72] Ihr liegt eine Rückwirkungskonzeption zugrunde, die durch die schwerpunktmäßige Fixierung auf normstrukturelle Parameter gekennzeichnet ist. Maßgebliche Kriterien sind in diesem Zusammenhang die Geltungsdauer einer Regelung sowie der Zeitpunkt ihrer Veröffentlichung.

Die Geltungsdauer ist ein normenlogisches Kriterium. Sie betrifft den zeitlichen Anwendungsbereich der Norm, der die temporale Reichweite einer gesetzlichen Regelung bestimmt. Die Zuordnung der Rechtsfolgen ist an diesem zeitlichen Rahmen orientiert.[73] Die Veröffentlichung stellt demgegenüber ein in Art. 254 I EG[74] geregeltes normenontologisches Kriterium dar. Die Veröffentlichung einer Verordnung im Amtsblatt der EG ist Ausdruck der Normenpublizität im Gemeinschaftsrecht.[75] Sie bedeutet zugleich den formellen Abschluss des Normsetzungsverfahrens. Insoweit entspricht sie dem Rechtsinstitut der Verkündung im bundesdeutschen Recht.[76]

Vor diesem Hintergrund bedeutet echte Rückwirkung in normstruktureller Hinsicht die Rückerstreckung des zeitlichen Normanwendungsbereichs auf einen Zeitpunkt vor der Veröffentlichung des Rechtsaktes.[77] Hiermit geht eine Rückerstreckung bei der Zuordnung von Rechtsfolgen einher. Es treten Rechtsfolgen für einen vor der Veröffentlichung liegenden Zeitraum ein.[78] Im Umkehrschluss ist eine echte Rückwirkung zu verneinen, wenn keine Rückerstreckung des zeitlichen Normanwendungsbereichs vor den Bezugspunkt der Veröffentlichung gegeben ist. In einer solchen Fallkonstellation kommt eine unechte Rückwirkung in Betracht, die keine Rückwirkung im eigentlichen Wortsinn ist.[79] Insoweit ist auch unter normstrukturellen Gesichspunkten die echte Rückwirkung als einzige

---

72 RS 258/80 (Rumi/Kommission), Slg. 1982, S. 487 (503); RS 276/80 (Padana), Slg. 1982, S. 517 (541); RS 84/81 (Staple Dairy Products); Slg. 1982, S. 1763 (1777); RS 108/81 (Amylum), Slg. 1982, S. 3107 (3132); RS 235/82 (Ferriere San Carlo), Slg. 1983, S. 3949 (3965); RS 368/89 (Crispoltoni), Slg. 1991, S. 3695 (3719); verbundene RS 260/91 und 261/91 (Diversinte), Slg. 1993, S. 1885 (1911); RS 244/95 (Moskof), Slg. 1997, S. 6441 (6486).

73 Vgl. § 2 B.

74 Art. 191 I EGV a.F.

75 Vgl. dazu *Tomuschat*, Normenpublizität und Normenklarheit in der Europäischen Gemeinschaft, in: Europäische Gerichtsbarkeit und nationale Verfassungsgerichtsbarkeit, S. 461 (466 f.).

76 S. hierzu *Ehle*, Inkrafttreten von EWG-Verordnungen und Rückwirkungsverbot, in: DVBl 1970, 600 (601 f.). Das Gemeinschaftsrecht folgt ebenso wie das bundesdeutsche Recht dem Prinzip des sog. "formellen Publikation"; vgl. dazu auch § 1 A.

77 RS 108/81 (Amylum), Slg. 1982, S. 3107 (3132).

78 Vgl. dazu die RS 98/78 (Racke), Slg. 1979, S. 69 (71 ff.); RS 99/78 (Decker), Slg. 1979, S. 101 (103 f.).

79 Vgl. dazu RS 278/84 (Deutschland/Kommission), Slg. 1987, S. 1 (47).

Rückwirkungsform zu betrachten. Die begriffliche Eingrenzung der Rückwirkung erfolgt damit in ähnlicher Weise wie im deutschen Recht bei der Rechtsfigur der Rückbewirkung von Rechtsfolgen. Die Art und Weise der Ausgestaltung des zeitlichen Anwendungsbereichs einer Norm dient als Hauptkriterium für die begriffliche Erfassung der Rückwirkung. Die auf diesem normstrukturellen Rückwirkungsbegriff beruhende Systembildung von echter und unechter Rückwirkung ist maßgebend auch für die Ausgestaltung der Zulässigkeitsgrenzen der Normtypen.

D. Ausnahmsweise Zulässigkeit echter Rückwirkung aufgrund der "Racke-Formel"

Der Europäische Gerichtshof verfolgte hinsichtlich der Zulässigkeit einer echten Rückwirkung zunächst keine konsistente Linie. Eine sukzessive Ausformung von Rückwirkungsgrenzen war demnach nicht erkennbar; stattdessen wurden Problemlagen mit Rückwirkungsrelevanz im Wege eines einzelfallbezogenen Pragmatismus behandelt. Die Zulässigkeit einer Rückwirkungsanordnung wurde vielfach unter starker Betonung des Effektivitätsgedankens gebilligt. Die erste Entscheidung, in der sich der Gerichtshof ausdrücklich mit dem Problem der Rückwirkung auseinandersetzte, reicht zurück bis in das Jahr 1970. In der Rechtssache 37/70 (Rewe-Zentrale)[80] wurde die Zulässigkeit einer Rückwirkung damit begründet, dass in einer Wirtschaftsrechtsordnung die ökonomischen Gegebenheiten oft Anlass und Grundlage eines Rechtsaktes seien.[81] Stellt sich hierbei die Rückbezogenheit einer Regelung als erforderlich heraus, sind Rückwirkungsanordnungen zulässig.[82] Die Rückwirkung wird damit unter Berufung auf die Erforderlichkeit und Effektivität einer Maßnahme für rechtmäßig erklärt. Vertrauensschutzerwägungen fließen bei der Frage der Zulässigkeit der Rückwirkung insoweit zunächst nicht ein.

---

80 RS 37/70 (Rewe-Zentrale), Slg. 1971, S. 23 ff.

81 In dem zugrundeliegenden Fall ermächtigte die Kommission die Bundesrepublik Deutschland, gem. Art. 226 EGV Schutzmaßnahmen zur Aufrechterhaltung des Preisniveaus im Agrarsektor zu ergreifen. Der Fall weist die Besonderheit auf, dass die Ermächtigung der Kommission rückwirkend erfolgte. Hierbei handelte es sich jedoch nicht um einen Normativakt mit Rückwirkung, sondern um eine Entscheidung i.S.d. Art. 189 IV EGV. Allerdings ermächtigte die Entscheidung zu normativen Maßnahmen, so dass Generalanwalt und EuGH die Rückwirkung dem normativen Bereich zurechneten. Instruktiv hierzu *Schlockermann*, Rechtssicherheit als Vertrauensschutz in der Rechtsprechung des EuGH, S. 67.

82 Vgl. RS 37/70 (Rewe-Zentrale), Slg. 1971, S. 23 (37); ebenso GA *Dutheillet de Lamothe*, in der RS 37/70 (Rewe-Zentrale), Slg. 1971, S. 46.

Eine erstmalige Berücksichtigung von Vertrauensschutzaspekten ist der Rechtssache 7/76 (IRCA) zu entnehmen.[440] In dieser Entscheidung wurde die nachträgliche Änderung von Währungsausgleichsbeträgen zunächst mit dem Argument systemimmanenter Notwendigkeiten gerechtfertigt, was bedeutet, dass auch hier Erforderlichkeits- und Effektivitätserwägungen im Vordergrund stehen. Der Europäische Gerichtshof wies darauf hin, dass es nach dem System des Währungsausgleichs zum Teil unvermeidbar sei, für einen bestimmten Zeitraum geltende Ausgleichsbeträge erst nachträglich festzusetzen, da die für die Berechnung erforderlichen Faktoren vielfach erst gegen Ende des Zeitraums festgestellt werden könnten.[441] Darüber hinaus stellte er aber auch auf vertrauensschutzrelevante Gesichtspunkte ab. Die in Rede stehende Regelung war danach zulässig, da sie für die beteiligten Kreise vorhersehbar war. Dies vor allem deshalb, da die Normadressaten ihrerseits Kenntnis von den systembedingten Besonderheiten des Währungsausgleichs hatten.[442] Mit dieser Entscheidung wurden erstmals, wenngleich noch vage, die Zulässigkeitsvoraussetzungen einer echten Rückwirkung umrissen. Sie ist nur dann als rechtmäßig zu qualifizieren, wenn die Erforderlichkeit einer rückwirkenden Regelung gegeben ist und des Weiteren ein etwaiger Vertrauensschutztatbestand der Normadressaten nicht verletzt wird.

Der Gerichtshof knüpfte im Jahr 1979 mit zwei richtungsweisenden Entscheidungen an diese ansatzweise umrissenen Zulässigkeitsgrenzen einer Rückwirkung an. In den Urteilen zu den Rechtssachen 98/78 (Racke) und 99/78 (Decker) vom 25.01.1979 wurde den Maßstäben Kontur verliehen, nach denen sich die Zulässigkeit einer rückwirkenden Regelung bestimmt, und grundlegend ausgeführt: "Der Grundsatz der Rechtssicherheit verbietet es zwar im allgemeinen, den Beginn der Geltungsdauer eines Rechtsakts der Gemeinschaft auf einen Zeitpunkt vor dessen Veröffentlichung zu legen; *dies kann aber ausnahmsweise dann anders sein, wenn das angestrebte Ziel es verlangt und das berechtigte Vertrauen der Betroffenen gebührend beachtet ist.*"[443]

Diese leitsatzartige Formulierung konkretisiert sowohl die verfassungsdogmatische Grundlage als auch die Zulässigkeitsgrenzen der Rückwirkung. Aus dem Prinzip der Rechtssicherheit und dem zu berücksichtigenden Vertrauen des Normadressaten ergibt sich, dass rückwirkende Gesetze grundsätzlich als unzulässig zu qualifizieren sind. Dogmatische Grundlage dieses grundsätzlichen

440 RS 7/76 (IRCA), Slg. 1976, S. 1213 (1227 f.); der EuGH konkretisierte in dieser Entscheidung die Zulässigkeitsvoraussetzungen einer echten Rückwirkung, obgleich er für die in Rede stehende Konstellation eine rückwirkende Regelung verneinte.

441 RS 7/76 (IRCA), Slg. 1976, S. 1213 (1227).

442 RS 7/76 (IRCA), Slg. 1976, S. 1213 (1227).

443 RS 98/78 (Racke), Slg. 1979, S. 69 (86); RS 99/78 (Decker), Slg. 1979, S. 101 (111) - Hervorhebung TB.

Rückwirkungsverbots sind demnach die Gebote von Rechtssicherheit und Vertrauensschutz, die ihrerseits Ausprägung des allgemeinen Rechtsgrundsatzes der Rechtsstaatlichkeit sind.[87] Die gemeinschaftsrechtliche Verortung eines grundsätzlichen Rückwirkungsverbots erfolgt somit in Einklang mit der entsprechenden deutschen Judikatur. Ausnahmsweise ist eine rückwirkende Regelung jedoch als zulässig zu erachten, wenn die mit der Regelung verfolgte Zielsetzung es verlangt und darüber hinaus der individuelle Vertrauensschutz nicht beeinträchtigt wird.[88] Die Ausgestaltung der Rückwirkungsgrenzen erfolgt somit durch zwei Ausnahmetatbestände, deren kumulatives Vorliegen Bedingung ist.[89] Diese als "Racke-Formel" bezeichnete Ausgestaltung der Zulässigkeitsgrenzen rückwirkender Gesetze ist seither das prägende Spezifikum der Rückwirkungsjudikatur des Europäischen Gerichtshofs.[90]

---

87 *Fastenrath/Müller-Gerbes*, Europarecht, S. 106 ff.; *Schwarze*, Europäisches Verwaltungsrecht, Bd. II.

88 Diese Ausnahmetatbestände lagen in den RS 98/78 (Racke) und 99/78 (Decker), die die rückwirkende Einbeziehung neuer Warengruppen in das System der Währungsausgleichsbeträge betrafen, vor. Die Erforderlichkeit der Rückwirkung ergab sich ebenso wie in der RS 7/76 (IRCA) aus systemimmanenten Notwendigkeiten des Währungsausgleichs. Der individuelle Vertrauensschutz wurde nicht verletzt, weil die Normadressaten mit den Besonderheiten des Währungsausgleichssystems vertraut waren, so dass eine etwaige Rückwirkungsanordnung vorhersehbar war, vgl. RS 98/78 (Racke), Slg 1979, S. 69 (86); RS 99/78 (Decker), Slg. 1979, S. 101 (111).

89 Vgl. hierzu *Maiwald*, Rückwirkung im Europäischen Gemeinschaftsrecht, in: NJW 1983, 1951 (1952); *Schlockermann*, Rechtssicherheit als Vertrauensschutz in der Rechtsprechung des EuGH, S. 78; *Gilsdorf*, Vertrauensschutz, Bestandsschutz und Rückwirkungsbegrenzung im Gemeinschaftsrecht, in: RIW 1983, 22 (28).

90 Zur Terminologie vgl. *Heukels*, Intertemporales Gemeinschaftsrecht, S. 240. Die Bezeichnung geht auf die gleichnamige Leitentscheidung zurück, in der der EuGH erstmalig die Zulässigkeitsgrenzen rückwirkender Gemeinschaftsrechtsakte expressis verbis formulierte. - RS 98/78 (Racke), Slg. 1979, S. 69 (86). Bzgl. der Rezeption der "Racke - Formel" in der weiteren Rückwirkungsjudikatur vgl. RS 84/81 (Staple Dairy Products), Slg. 1982, S. 1763 (1777); RS 108/81 (Amylum), Slg. 1982, S. 3107 (3130 ff.); RS 224/82 (Meiko-Konservenfabrik), Slg. 1983, S. 2539 (2548); RS 235/82 (Ferriere San Carlo), Slg. 1983, S. 3949 (3965); RS 331/88 (Fedesa), Slg. 1990, S. 4023 (4069); RS 337/88 (SAFA), Slg. 1990, S. 1 (18 f.); RS 368/89 (Crispoltoni), Slg. 1991, S. 3695 (3720); verbundene RS 260/91 und 261/91 (Diversinte), Slg. 1993, S. 1885 (1911); RS 244/95 (Moskof), Slg. 1997, S. 6441 (6486); vgl. in jüngster Zeit auch RS 324/96 (Petridi), Slg. 1998, S. 1333 (1366 ff.).

I. Erforderlichkeit der Rückwirkung aufgrund eines zwingenden Gemeinwohlinteresses

Die erste Voraussetzung, von der die ausnahmsweise Zulässigkeit der echten Rückwirkung abhängig ist, ist die Erforderlichkeit einer Rückwirkungsanordnung. Die Gemeinschaftslegislative darf den Beginn der Geltungsdauer einer Rechtsnorm nur dann auf einen Zeitpunkt vor der Veröffentlichung festsetzen, wenn das angestrebte Ziel der Regelung dies erfordert. Für die Bejahung der Erforderlichkeit ist nicht bereits jede Zweckmäßigkeitserwägung ausreichend, vielmehr muss ein zwingendes öffentliches Interesse zu bejahen sein.[91] Eine Rückwirkungsanordnung kann nur dann als zulässig qualifiziert werden, wenn triftige Gründe des allgemeinen Wohls vorliegen.[92] Bei der Ausgestaltung dieser Rückwirkungsgrenze besteht insoweit eine Affinität zum Gemeinwohlvorbehalt im deutschen Recht.[93]

Der Europäische Gerichtshof hat im Laufe der Zeit Kriterien für das Vorliegen zwingender Gemeinschaftsinteressen und damit für die Erforderlichkeit einer Rückwirkung herausgearbeitet. Die als zwingend anerkannten Gründe entstammen zunächst dem wirtschaftlichen Bereich, da hier die Hauptausrichtung des Europäischen Integrationsprozesses liegt.[94] In diesem Zusammenhang ist die Sicherung der Funktionsfähigkeit des Gemeinsamen Marktes das praktisch bedeutsamste Gemeinwohlinteresse. Rückwirkungsanordnungen, die der Marktstabilisierung[95] dienen oder der Vermeidung von Umgehungsmanövern[96], sind insoweit zulässig. Ein zwingendes öffentliches Interesse kann sich des Weiteren aus dem Erfordernis einer systembedingten Rückwirkung ergeben. Rückwirkungsanordnungen sind hiernach rechtmäßig, sofern die Systematik eines Rechtsgebietes, z.B. im Bereich der Währungsausgleichsbeträge, legislative Rücker-

---

91 Vgl. GA *Slynn* in der RS 84/81 (Staple Dairy Products), Slg. 1982, S. 1763 (1783).

92 S. GA *Reischl*, in der RS 108/81 (Amylum), Slg. 1982, S. 3107 (3146, 3148), ferner GA *Verloren van Themaat*, in der RS 9/83 (Eisen und Metall AG), Slg. 1984, S. 2071 (2094).

93 Die Affinität zwischen dem bundesdeutschen Gemeinwohlvorbehalt und der ersten Zulässigkeitsgrenze für Rückwirkungsanordnungen im Gemeinschaftsrecht wird von GA *Reischl* in der RS 108/81 (Amylum) expressis verbis herausgestellt. Vgl. GA *Reischl* in der RS 108/81 (Amylum), Slg. 1982, S. 3107 (3144). Die Gleichartigkeit dieser beiden Zulässigkeitsgrenzen wird auch von *Heukels* hervorgehoben, s. *Heukels*, Intertemporales Gemeinschaftsrecht, S. 264.

94 *Heukels*, Intertemporales Gemeinschaftsrecht, S. 265.

95 RS 108/81 (Amylum), Slg. 1982, S. 3107 (3131 f.).

96 RS 258/80 (Rumi), Slg. 1982, S. 487 (503); RS 338/85 (Fratelli Pardini), Slg. 1988, S. 2041 (2078).

streckungen zur Durchsetzung der gesetzlichen Regelungsintentionen erfordert.[97] Ein besonderes Gemeinwohlinteresse ist dabei insbesondere zu bejahen, wenn die Vermeidung eines Rechtsvakuums angestrebt wird. Die Zulässigkeit einer Rückwirkungsanordnung ergibt sich dabei aus der Notwendigkeit, die zeitliche Kontinuität einer Gesetzeslage wiederherzustellen. So kann die Verabschiedung einer Verordnung mit rückwirkender Kraft erforderlich sein, wenn eine zeitlich befristete Verordnung nicht rechtzeitig verlängert wurde und die dadurch entstandene Rechtslücke das ordnungsgemäße Funktionieren der Regelungsmaterie gefährden würde.[98]

In methodischer Hinsicht prüft der Gerichtshof die gemeinwohlorientierte Erforderlichkeit einer Rückwirkung im Wege eines hypothetischen Verfahrens. So wird gefragt, ob die im allgemeinen Interesse angestrebten Ziele auch ohne Rückwirkungsanordnung hätten erreicht werden können. Ergibt diese "Was-wäre-wenn" Prüfung, dass die gesetzgeberischen Ziele ohne eine rückwirkende Regelung nicht durchgesetzt werden können, so folgt hieraus e contrario die Erforderlichkeit einer Rückwirkung.[99] Diese Argumentation erweist sich insoweit als Konkretisierung des allgemeinen Grundsatzes der Verhältnismäßigkeit.[100]

Die Überprüfung der Erforderlichkeit erfährt eine Einschränkung dadurch, dass bei rechtsetzenden Maßnahmen ein Ermessensspielraum des Gesetzgebers besteht. Der Europäische Gerichtshof legt sich insoweit bei seiner Rechtskontrolle große Zurückhaltung auf. Seine Überprüfung beschränkt sich auf die Frage, ob der Normgeber die Grenzen des gesetzgeberischen Ermessens offenkundig überschritten hat.[101] Die Rückwirkung eines Gemeinschaftsrechtsaktes ist unter Erforderlichkeitsgesichtspunkten nur dann für unzulässig zu erklären, wenn evident ist, dass die Erreichung des verfolgten gemeinwohlbezogenen gesetzgeberischen Zwecks keine Rückwirkungsanordnung verlangt hätte. Die erste Voraussetzung der "Racke-Formel", die Erforderlichkeit einer Rückwirkung auf-

---

97 Vgl hierzu die Leitentscheidungen RS 98/78 (Racke), Slg. 1979, S. 69 (86); RS 99/78 (Decker), Slg. 1979, S. 101 (111); in diese Richtung tendierend bereits die RS 7/76 (IRCA), Slg. 1976, S. 1213 (1227).

98 S. dazu die RS 84/81 (Staple Dairy Products), Slg. 1982, S. 1763 (1777).

99 In der RS 84/81 (Staple Dairy Products) konstatierte der EuGH für den Bereich des Währungsausgleichs, dass ohne die entscheidungsrelevante Rückwirkungsanordnung ein rechtsfreier Raum entstanden wäre. Dies hätte zu Störungen des gesamten agrarmonetären Systems führen können. Eine Rückwirkung war insoweit zulässig, vgl. RS 84/81 (Staple Dairy Products), Slg. 1982, S. 1763 (1777). Hinsichtlich des hypothetischen Prüfungsverfahrens s. auch RS 108/81 (Amylum), Slg. 1982,S. 3107 (3131); RS 338/85 (Fratelli Pardini), Slg. 1988, S. 2041 (2078).

100 *Heukels*, Intertemporales Gemeinschaftsrecht, S. 264.

101 *Heukels*, Die Rückwirkungsjudikatur des EuGH: Grundlagen und Tendenzen, S. 28 f.

grund eines zwingenden Gemeinwohlinteresses, ist vor diesem Hintergrund als eine Untergrenze für die Zulässigkeit rückwirkender Gesetze zu bewerten.

Dieser Befund wird durch die Entscheidungsanalyse belegt. Die Erforderlichkeit einer Rückwirkung wurde erstmals in einer Entscheidung aus dem Jahr 1991 verneint. In der Rechtssache 368/89 (Crispoltoni I) stand eine rückwirkende Verordnung aus dem Jahr 1988 in Rede, die durch Einführung von Höchstgarantiemengen die Eindämmung des Tabakanbaus bewirken sollte. Das Verordnungsziel als solches, nämlich die Eindämmung der Überproduktion von Tabak, ist nicht zu beanstanden.[102] Es dient letztlich dem Zweck, die Politik der schrittweisen Verringerung der Tabakerzeugnisse in der Gemeinschaft durchzusetzen.[103] Dieses Ziel konnte indes für die Tabakernte 1988 nicht mehr erreicht werden, da die Anpflanzungen bereits erfolgt waren und die Ernte bereits begonnen hatte. Die Rückwirkung erwies sich aus diesem Grund als nicht mehr erforderlich und damit, jedenfalls für das Jahr 1988, als unzulässig.[104]

II. Nichtbeeinträchtigung des individuellen Vertrauensschutzes

Zweite Voraussetzung für die ausnahmsweise Zulässigkeit einer echten Rückwirkung ist die Nichtbeeinträchtigung des schutzwürdigen Vertrauens der Betroffenen.[105] Hierbei sind zwei konstitutive Elemente einer schützenswerten Vertrauenslage maßgeblich.[106] Zum einen ist das Vorliegen eines objektiven Vertrauenstatbestandes erforderlich; darüber hinaus ist in subjektiver Hinsicht die Vorhersehbarkeit der in Rede stehenden Rückwirkungsanordnung bedeutsam. Das Vorliegen eines objektiven Vertrauenstatbestandes setzt zunächst ein vertrauensbegründendes Verhalten eines Gemeinschaftsorgans voraus.[107] Das in der "Racke-Formel" zum Ausdruck gebrachte grundsätzliche Rückwirkungsverbot ist für sich bereits geeignet, eine derartige objektiv vertrauensbegründende Situation zu schaffen.[108] Hinzu kommen muss eine Vertrauensbetätigung des Normadressaten. Sofern dieser unter der Geltung der ursprünglichen, nunmehr rück-

---

102 S. die verbundenen RS 133/93, 300/93 und 362/93 (Crispoltoni II), Slg. 1994 S. 4863 (4901 ff.); RS 372/96 (Pontillo), Slg. 1998, S. 5105 (5114 ff.).

103 Vgl. RS 324/96 (Petridi), Slg. 1998, S. 1333 (1366 ff.).

104 Vgl. RS 368/89 (Crispoltoni I), Slg. 1991, S. 3695 (3720); ebenso die diesbezüglichen Schlußanträge des GA *Mischo*, S. 3707 ff. S. zum Ganzen auch *Gilsdorf/Bardenhewer*, Das EuGH-Urteil im Fall "Crispoltoni" und die Rückwirkungsproblematik, in: EuZW 1992, 267 (268 ff.).

105 RS 98/78 (Racke), Slg. 1979, S. 69 (86); RS 99/78 (Decker), Slg. 1979, S. 101 (111).

106 Instruktiv hierzu *Heukels*, Intertemporales Gemeinschaftsrecht, S. 272.

107 Vgl. dazu GA *Reischl* in der RS 108/81 (Amylum),Slg. 1982, S. 3107 (3148 f.).

108 *Heukels*, Die Rückwirkungsjudikatur des EuGH: Grundlagen und Tendenzen, S. 30.

wirkend ersetzten Rechtslage konkrete Dispositionen getroffen hat, ist in objektiver Hinsicht die Existenz eines Vertrauenstatbestandes zu bejahen.[109]

Maßgebliches subjektives Element des Vertrauensschutzes ist die Frage der Vorhersehbarkeit einer Rückwirkungsanordnung.[110] Das Vorhersehbarkeitskriterium ist aufgrund seines subjektiv-individuellen Einschlags das wichtigste Kriterium für die Prüfung der Nichtbeeinträchtigung des Vertrauensschutzes.[111] Der Beurteilung des individuellen Vertrauensschutzes liegt ein objektivierter Vorhersehbarkeitsmaßstab zugrunde.[112] Kriterium für die Voraussehbarkeit einer Rückwirkung ist, vergleichbar mit der bundesdeutschen Rechtsprechung[113], nicht die alleinige subjektive Einschätzung des betroffenen Normadressaten. Entscheidend ist stattdessen, womit der Adressat aufgrund der geltenden Rechtslage vernünftigerweise rechnen musste.[114] Die Rechtsprechung geht hierbei von einem informierten, besonnenen und umsichtig handelnden Normadressaten aus, der insbesondere im wirtschaftlichen Bereich mit den Marktgegebenheiten vertraut ist.[115]

Der Gerichtshof hat im Rahmen seiner Rückwirkungsjudikatur sukzessiv eine Reihe von Vorhersehbarkeitsfaktoren entwickelt, die erhebliche Sachkenntnisse von den betroffenen Normadressaten verlangen. Die Beurteilungskriterien für die Annahme der Vorhersehbarkeit einer Rückwirkung lassen sich systematisch in verschiedene Kategorien aufgliedern. Einerseits können rechtslageimmanente Gesichtspunkte ein solches Kriterium sein. Darüber hinaus stellt die Vorinformation der Normadressaten einen maßgeblichen Faktor für die Nichtbeeinträchtigung des individuellen Vertrauensschutzes dar.

Die Voraussehbarkeit einer Rückwirkung unter rechtslageimmanenten Aspekten betrifft zunächst den Fall, dass eine Rückwirkungsanordnung bereits durch das geltende Recht selbst vorgezeichnet ist. So müssen Regelungs-

---

109 *Heukels* spricht in diesem Zusammenhang von einem Dispositions- und Kausalitätserfordernis, s. *Heukels*, Die Rückwirkungsjudikatur des EuGH: Grundlagen und Tendenzen, S. 29 f.

110 RS 98/78 (Racke), Slg. 1979, S. 69 (86); RS 99/78 (Decker), Slg. 1979, S. 101 (111).

111 S. hierzu RS 84/81 (Staple Dairy Products), Slg. 1982, S. 1763 (1777 f.); RS 108/81 (Amylum), Slg. 1982, S. 3107 (3132 f.); RS 338/85 (Fratelli Pardini), Slg. 1988, S. 2041 (2078).

112 Vgl. dazu GA *Reischl* in der RS 108/81 (Amylum), Slg. 1982, S. 3107 (3148).

113 S. *BVerfGE* 32, 111 (123).

114 RS 338/85 (Fratelli Pardini), Slg. 1988, S. 2041 (2078). Der EuGH erklärte in dieser Entscheidung eine Rückwirkungsanordnung für zulässig, da die Normadressaten "vernünftigerweise mit einer solchen Veränderung ihrer Situation rechnen mußten."

115 S. RS 84/81 (Staple Dairy Products), Slg. 1982, S. 1763 (1777 f.); RS 108/81 (Amylum), Slg. 1982, S. 3107 (3132 f.); RS 338/85 (Fratelli Pardini), Slg. 1988, S. 2041 (2078).

adressaten von zeitlich befristeten, bislang nicht verlängerten Normen grundsätzlich mit einer Neuregelung rechnen, die auf den Zeitpunkt des Fristablaufs zurückwirkt. Die Voraussehbarkeit einer solchen Rückwirkung ergibt sich aus Zielsetzung und Geltungsbereich der alten Regelungslage.[116] Darüber hinaus kann eine Rückwirkung durch das bestehende Recht vorgezeichnet sein, wenn sie auf einem rechtslageimmanenten Änderungsautomatismus beruht. Sofern dieser Automatismus, wie im Bereich der Währungsausgleichsbeträge, regelmäßig rückbezogene Änderungen beinhaltet, ist eine derartige Rückwirkung voraussehbar.[117] Ein rechtslageimmanenter Vorhersehbarkeitsfaktor für eine Rückwirkung kann sich ebenso aus der Nichtigkeit einer Rechtsnorm ergeben.[118] Normadressaten können nicht darauf vertrauen, dass eine vom Gemeinschaftsgesetzgeber als nichtig erkannte gemeinschaftsrechtliche Regelung weiterhin Bestand hat. Das Prinzip der Rechtsstaatlichkeit postuliert die Richtigkeit der gemeinschaftsrechtlichen Rechtslage. Nur diejenigen Normen, die im Einklang mit dem Gemeinschaftsrecht stehen, können dauerhaft Rechtssicherheit gewähren. Insoweit müssen die Adressaten einer nichtigen Rechtsnorm damit rechnen, dass die nichtige Regelung rückwirkend durch eine rechtmäßige Norm ersetzt wird.[119]

Ein weiteres bedeutsames Vertrauensschutzkriterium bildet die Vorinformation der betroffenen Adressatenkreise. Das Vertrauen in den Grundsatz der Nichtrückwirkung von Gesetzen gilt nicht als schutzwürdig, wenn die am Gesetzgebungsverfahren beteiligten Gemeinschaftsorgane die Normadressaten durch frühzeitige Unterrichtung rechtzeitig auf eine beabsichtigte Rückwirkungsanordnung aufmerksam gemacht haben.[120] Vertrauenszerstörende Wirkung haben vor allem diejenigen im Amtsblatt angekündigten Vorschläge der Kommission an den Rat, die auf eine rückwirkende Änderung der Verordnungslage abzielen.[121] Neben Ankündigungen im Amtsblatt kommen als Medium der Vorinformation auch Sitzungen der Kommission mit beteiligten Adressatenkreisen[122] oder Mitteilungen

---

116 S. zum Ganzen RS 84/81 (Staple Dairy Products); Slg. 1982, S. 1763 (1778).

117 Vgl. RS 98/78 (Racke), Slg.1979, S. 69 (86); RS 99/78 (Decker), Slg.1979, S.101(111).

118 RS 108/81 (Amylum), Slg. 1982, S. 3107 (3132 f.).

119 S. RS 110/81 (Roquette Frères), Slg. 1982, S. 3159 (3178 ff.); RS 114/81 (Tunnel Refineries), Slg. 1982, S. 3189 (3206 ff.); RS 331/88 (Fedesa), Slg. 1990, S. 4057 (4068 f.).

120 Vgl. bereits die Leitentscheidungen RS 98/78 (Racke), Slg. 1979, S. 69 (86); RS 99/78 (Decker), Slg. 1979, S. 101 (111).

121 S. hierzu ABl. 1987, L 170/39; durch eine "Bekanntmachung für die Marktbeteiligten" wurden die betroffenen Normadressaten davon in Kenntnis gesetzt, dass bestimmte Regelungsinhalte "gemäß dem Kommissionsvorschlag vom 27. Februar 1987 (ABl. Nr. C 89 vom 3.4.1987, S. 7) rückwirkend geändert werden könnten."

122 RS 235/82 (Ferriere San Carlo), Slg. 1983, S. 3949 (3966).

in Pressediensten[123] in Betracht. Des Weiteren können fernschriftliche Mitteilungen an die nationalen Verwaltungsinstanzen, zusammen mit der damit für die Normadressaten verbundenen Möglichkeit, entsprechende Erkundigungen bei diesen Stellen einzuholen, die Vorankündigung einer Rückwirkung bewirken.[124] Insbesondere die letztgenannte Konstellation verdeutlicht, dass es, vergleichbar mit der deutschen Rechtslage, nicht auf die tatsächliche Kenntnisnahme von der Vorinformation ankommt, sondern dass bereits die Möglichkeit der Kenntniserlangung ausreicht, einen etwaigen Vertrauensschutz zu zerstören.

Eine Rückwirkung ist schließlich nur dann zulässig, wenn der Vertrauensschutz des Einzelnen "gebührend" berücksichtigt wurde.[125] Die rückwirkungsspezifische Bedeutung dieser Formulierung lässt sich dahin interpretieren, dass nur Beeinträchtigungen von einem gewissen Ausmaß als vertrauensschutzrelevant zu werten sind. Geringfügige Belastungen, denen die Normadressaten durch rückwirkende Änderungen der Rechtslage ausgesetzt sind, unterfallen demnach nicht dem Vertrauensschutz. Der gemeinschaftsrechtlichen Rückwirkungssystematik ist insoweit ebenfalls ein dem deutschen Recht vergleichbarer Bagatellvorbehalt eigen.[126]

E. *Grundsätzliche Zulässigkeit unechter Rückwirkung*

Anders als die echte Rückwirkung gilt die unechte Rückwirkung grundsätzlich als zulässig. Der Europäische Gerichtshof stellte diese Maxime bereits im Jahr 1973 auf, indem er in der Rechtssache 1/73 (Westzucker III) ausführte: "Nach einem allgemeinen anerkannten Grundsatz sind Gesetzesänderungen, soweit nichts Abweichendes bestimmt ist, auf die künftigen Wirkungen unter dem alten Recht entstandener Sachverhalte anwendbar."[127] Diese Formulierung hat sich

---

123 *Borchardt*, Vertrauensschutz im Europäischen Gemeinschaftsrecht, in: EuGRZ 1988, 309 (313).

124 GA *Reischl* in der RS 98/78 (Racke), Slg. 1979, S. 69 (98).

125 RS 98/78 (Racke), Slg. 1979, S. 69 (86); RS 99/78 (Decker), Slg. 1979, S. 101 (111).

126 In diese Richtung tendierend auch *Heukels*, Intertemporales Gemeinschaftsrecht, S. 284.

127 RS 1/73 (Westzucker III), Slg. 1973, S. 723 (729). Der EuGH hatte sich bereits in der RS 17/67 (Neumann) mit dem Problem der unechten Rückwirkung zu befassen. Dort führte das Gericht jedoch lediglich aus, dass eine derartige Gesetzestechnik der richterlichen Kontrolle des Gerichtshofs unterliegt. Eine über die Bejahung der Prüfungskompetenz hinausgehende Definition etwaiger Zulässigkeitsgrenzen erfolgte in dieser Entscheidung noch nicht. Vgl. RS 17/67 (Neumann), Slg. 1967, S. 591 (611).

seitdem zu einer Standardformel verfestigt, mit der der Gerichtshof in ständiger Rechtsprechung die Anwendbarkeit von Gesetzesänderungen auf noch nicht abgeschlossene Sachverhalte rechtfertigt.[128] Der Leitentscheidung liegt in dogmatischer Hinsicht die Auffassung zugrunde, dass die unechte Rückwirkung keine "rückwirkende Kraft im eigentlichen Sinne" entfaltet, so dass das Postulat vom grundsätzlichen Verbot rückwirkender Gesetze hier nicht gilt.[129]

Die weite Dispositionsbefugnis des Gesetzgebers bezüglich der unechten Rückwirkung erfährt Einschränkungen durch das Prinzip des Vertrauensschutzes. Danach ist eine unechte Rückwirkung ausnahmsweise unzulässig, wenn gegen berechtigte Vertrauensschutzinteressen der betroffenen Normadressaten verstoßen wird.[130] In Abgrenzung zur echten Rückwirkung gilt hierbei ein abgeschwächter Vertrauensschutztatbestand.[131] Bei der Anwendbarkeit neuer Gemeinschaftsrechtsakte auf die künftigen Wirkungen noch nicht abgeschlossener Tatbestände findet eine Abwägung zwischen öffentlichen Belangen einerseits und individuellen Vertrauensschutzinteressen andererseits statt. Das Vertrauen der Normadressaten auf die Stabilität der unter altem Recht geltenden Rahmenbedingungen ist nur dann schützenswert, wenn es das Gemeinschaftsinteresse an einer unechten Rückwirkung im Einzelfall überwiegt.[132] Die Ausgestaltung dieser Zulässigkeitsgrenze ist insoweit mit der Rückwirkungsjudikatur des Ersten Senats im bundesdeutschen Recht vergleichbar.[133]

Die Wertigkeit des Individualinteresses richtet sich maßgeblich nach Art und Verfestigungsgrad der jeweiligen, im Vertrauen auf Rechtskontinuität getroffenen Dispositionen. Bewertungsmaßstab ist hierbei u.a., wie weit ein zugrundeliegendes Rechtsverhältnis zwischen Normadressaten und Gemeinschaftsorganen aus-

---

128 Vgl. RS 143/73 (Sopad/Forma und Firs), Slg. 1973, S. 1433, (1441); RS 96/77 (Bauche), Slg. 1978, S. 383 (400); RS 84/78 (Tomadini), Slg. 1979, S. 1801 (1814 ff.); RS 270/84 (Licata/WSA), Slg. 1986, S. 2305 (2318); RS 278/84 (Deutschland/Kommission), Slg. 1987, S. 1 (47).

129 RS 74/74 (CNTA), Slg. 1975, S. 533 (548); s. dazu auch die RS 278/84 (Deutschland/Kommission). Dort stellte der Gerichtshof heraus, dass die unechte Rückwirkung "nichts mit einer Rückwirkung im eigentlichen Wortsinn zu tun" habe - RS 278/84 (Deutschland/Kommission), Slg. 1987, S. 1 (47).

130 RS 84/78 (Tomadini), Slg.1979, S.1801(1814 f.); RS 278/84 (Deutschland/Kommission), Slg. 1987, S. 1 (47).

131 *Borchardt*, Vertrauensschutz im Europäischen Gemeinschaftsrecht, in: EuGRZ 1988, 309 (311); *Gilsdorf/Bardenhewer*, Das EuGH-Urteil im Fall "Crispoltoni" und die Rückwirkungsproblematik, in: EuZW 1992, 267.

132 Vgl. dazu RS 84/78 (Tomadini), Slg. 1979, S. 1801 (1814 f.); RS 112/80 (Dürbeck), Slg. 1981, S. 1095 (1121.); RS 278/84 (Deutschland/Kommission), Slg. 1987, S. 1 (47).

133 S. § 6 B III.

gestaltet ist.[134] In diesem Zusammenhang kann beispielsweise aus individueller Sicht die Übernahme rechtsverbindlicher vertraglicher Verpflichtungen gegenüber EU-Behörden zu einer Verdichtung der in diesem Vertrauen getätigten Dispositionen zu einem Vertrauenstatbestand führen.[135] Ferner ist bei der Abwägung von Bedeutung, ob Rechtspositionen bereits weitgehend konkretisiert sind oder lediglich vage Chancen und Erwartungen in Rede stehen.[136] Des Weiteren beeinflusst das Verhalten der Gemeinschaftsorgane selbst die Schutzwürdigkeit des Individualinteresses. So kann die bisherige Gesetzgebungs- und Gesetzesanwendungspraxis Anlass zu der Überzeugung geben, die Rechtslage werde nicht verändert, mit der Folge, dass seitens der Normadressaten ein Stabilitätsvertrauen entsteht.[137]

Das individuelle Vertrauen auf Rechtskontinuität ist jeweils gegen das Gemeinschaftsinteresse an der Erstreckung einer Neuregelung auf noch nicht abgeschlossene Sachverhalte abzuwägen. Öffentliche Belange, die den Individualinteressen im Einzelfall übergeordnet sind, können sich hierbei insbesondere unter dem Gesichtspunkt der Sicherung der Funktionsfähigkeit des Gemeinsamen Marktes ergeben.[138] Der Gerichtshof hat diesem abstrakten Abwägungskriterium in diversen Entscheidungen Kontur verliehen und Untergruppen gebildet. So ist z.B. die Unterbindung spekulativer Handelsgeschäfte ein dem individuellen Anliegen übergeordnetes Gemeinschaftsinteresse. Gesetzgeberische Korrekturmaßnahmen, die im Rahmen einer Neuregelung auch laufende Geschäfte mit einbeziehen, sind insoweit zulässig.[139] Überwiegende öffentliche Belange sind ferner zu bejahen, wenn die Aufrechterhaltung des Marktgleichgewichts das Ziel einer unechten Rückwirkung ist. Individuelle Interessen treten insoweit hinter vergangenheitsbezogenen Maßnahmen zurück, die der Verhinderung von Versorgungsschwierigkeiten einerseits[140] bzw. der Bekämpfung von Überproduktion anderer-

---

134 *Schwarze*, Europäisches Verwaltungsrecht Bd. II, S. 1095 f.

135 S. hierzu RS 74/74 (CNTA), Slg. 1975, S. 533 (548 f.); vgl auch RS 315/96 (Lopex Export), Slg. 1998, S. 317 (342) mit ausdrücklichem Verweis auf RS 74/74 (CNTA).

136 *Fuß*, Der Schutz des Vertrauens auf Rechtskontinuität im deutschen Verfassungsrecht und europäischen Gemeinschaftsrecht, in: Europäische Gerichtsbarkeit und nationale Verfassungsgerichtsbarkeit, S. 201 (212 ff.).

137 Vgl. GA *Reischl* in der RS 125/77 (Scholten Honig), Slg. 1978, S. 1991 (2032).

138 RS 84/78 (Tomadini), Slg. 1979, S.1801 (1814 f.); RS 112/80 (Dürbeck), Slg. 1981, S. 1095 (1121); RS 241/95 (Accrington Beef), Slg. 1996, S. 6699 (6731); RS 315/96 (Lopex Export), Slg. 1998, S. 317 (342 f.).

139 Vgl. dazu RS 96/77(Bauche), Slg. 1978, S. 383 (400); RS 127/78 (Spitta), Slg. 1979, S. 171 (180).

140 RS 78/77 (Lührs), Slg. 1978, S. 169 (177).

seits dienen.[141] Schließlich bildet die Sicherung der Effektivität der gemeinschaftlichen Marktlenkungsmechanismen ein den Individualschutz überwiegendes Gemeinschaftsinteresse.[142]

Bei der konkret vorzunehmenden Abwägung der gegenläufigen Individual- und Gemeinwohlinteressen ist eine über den jeweiligen Einzelfall hinausgehende übergreifende Tendenz erkennbar. Im Konfliktfall ist i.d.R. ein Vorrang der Gemeinschaftsinteressen zu bejahen.[143] Diese Abwägung zugunsten der Gemeinschaftsbelange ergibt sich daraus, dass dem Gemeinschaftsgesetzgeber ein weiter Handlungsrahmen in bezug auf Art und Tragweite der zu ergreifenden legislativen Maßnahmen zusteht. Normadressaten können insoweit grundsätzlich nicht darauf vertrauen, dass neue Rechtsakte ohne jeglichen Vergangenheitsbezug erlassen werden.[144] Der Vertrauensschutz kann dem gesetzgeberischen Handlungsspielraum bei legislativen Rückerstreckungen mit unechter Rückwirkung daher nur im Ausnahmefall Grenzen setzen.[145]

F. Würdigung

Der Europäische Gerichtshof hat in seiner Rechtsprechung zur Rückwirkungsproblematik in rechtsschöpferischer Judikatur eine Reihe von Grundsätzen herausgebildet, die in ihrer Gesamtheit ein ausgeprägtes Rückwirkungskonzept darstellen. Die Grundlage bildet die Differenzierung zwischen echter und unechter Rückwirkung. Hierin ist jedoch, anders als in der älteren bundesdeutschen Judikatur, keine ausschließlich begriffsorientierte Systembildung zu sehen, was bedeutet, dass die bereits dargelegten Schwächen dieses Ansatzes vermieden werden.[146] Der Gerichtshof stellt stattdessen in erster Linie auf die - bessere Abgrenzungen bietende - Normenstruktur der jeweiligen Regelung ab, indem er als maßgebliches Rückwirkungskriterium den Beginn der Geltungsdauer einer Regelung in Beziehung zum Zeitpunkt ihrer Veröffentlichung nennt.

---

141 RS 44/79 (Hauer), Slg. 1979, S. 3727 (3743).

142 RS 84/78 (Tomadini), Slg. 1979, S. 1801 (1814 ff.); RS 112/80 (Dürbeck), Slg. 1981, S. 1095 (1121).

143 S. hierzu die RS 1/73 (Westzucker III), Slg. 1973, S. 723 (729); RS 78/77 (Lührs), Slg. 1978, S. 169 (177); RS 96/77 (Bauche), Slg. 1978, S. 383 (400); RS 84/78 (Tomadini), Slg. 1979, S. 1801 (1815); des Weiteren RS 278/84 (Deutschland/ Kommission), Slg. 1987, S. 1 (47).

144 Vgl. dazu *Borchardt*, Vertrauensschutz im Europäischen Gemeinschaftsrecht, in: EuGRZ 1988, 309 (315); *Heukels*, Intertemporales Gemeinschaftsrecht, S. 201.

145 Diese Wertung liegt bereits der Leitentscheidung RS 1/73 (Westzucker III), Slg. 1973, S. 723 (729) zugrunde.

146 Vgl. insoweit § 8.

Diese Konzeption hat zur Folge, dass die "unechte Rückwirkung" nicht als Rückwirkung im eigentlichen Sinne angesehen wird.[147] Sie stellt insoweit einen Abgrenzungstopos zur verfassungsrechtlich relevanten Form der echten Rückwirkung dar. Auch diese Wertung ist zu begrüßen. Maßgebliches Kriterium für die begriffliche Erfassung der Rückwirkung ist die Art und Weise der Ausgestaltung des zeitlichen Normanwendungsbereiches.[148] Sofern diesbezüglich, wie im Fall der unechten Rückwirkung, keine Rückerstreckung erfolgt, ist das Vorliegen eines rückwirkenden Gesetzes zu verneinen.

Hinsichtlich der - echten - Rückwirkung hat der Gerichtshof ein ausdifferenziertes System von Zulässigkeitsgrenzen entwickelt. Die "Racke-Formel" berücksichtigt in einem ersten Prüfungsschritt das gesetzgeberische Anliegen, auf gesellschaftliche Veränderungen, soweit erforderlich, mit rückwirkenden Regelungen zu reagieren. Insoweit wird die Anpassungsfähigkeit der Gemeinschaftslegislative gesichert. Im weiteren Prüfungsgang findet der individuelle Vertrauensschutz Berücksichtigung. Nur wenn beide Voraussetzungen vorliegen, gilt eine Rückwirkungsanordnung als zulässig. Mit diesem zweistufigen Verfahren wird sowohl den öffentlichen Interessen des Gesetzgebers als auch den privaten Belangen der Normadressaten Rechnung getragen. Die verstärkte Sicherung der Individualinteressen wird dadurch gewährleistet, dass die Nichtbeeinträchtigung des Vertrauensschutzes den Schwerpunkt der Zulässigkeitsprüfung bildet. Rückwirkende Regelungen sollen auf der Grundlage dieser Judikatur ein Ausnahmefall bleiben, der gerichtlich in vollem Maße überprüfbar ist.

Gleichwohl hat die Rückwirkungsjudikatur des Europäischen Gerichtshofs im Schrifttum neben Zustimmung[149] auch Kritik[150] erfahren. Die Kritik ist vor allem auf die Ausgestaltung der Zulässigkeitsgrenzen für rückwirkende Normen gerichtet. Als Hauptkritikpunkt wird angeführt, dass die Maßstäbe für die Vorhersehbarkeit einer Rückwirkung zu hoch angesetzt seien, weil die den Normadressaten abverlangten juristischen Sachkenntnisse und Beurteilungsfähigkeiten

---

147 RS 278/84 (Deutschland/Kommission), Slg. 1987, S. 1 (47).

148 S. § 8 A III.

149 Vgl. *Heukels*, Intertemporales Gemeinschaftsrecht, S. 329; *ders.*, Die Rückwirkungsjudikatur des EuGH; Grundlagen und Tendenzen, S. 41 f.; *Schwarze*, Europäisches Verwaltungsrecht Bd. II, S. 1129 f.; *Schlockermann*, Rechtssicherheit als Vertrauensschutz in der Rechtsprechung des EuGH, S. 153 ff.

150 *Fuß*, Der Schutz des Vertrauens auf Rechtskontinuität im deutschen Verfassungsrecht und europäischen Gemeinschaftsrecht, in: Europäische Gerichtsbarkeit und nationale Verfassungsgerichtsbarkeit, S. 201 (206); vgl. des Weiteren *Borchardt*, Vertrauensschutz im Europäischen Gemeinschaftsrecht, in: EuGRZ 1988, 309 (313); *Schmitz*, Die Haftung der Europäischen Wirtschaftsgemeinschaft für Verordnungsunrecht im Abgaben- und Beihilfenrecht, S. 152.

nicht der Realität entsprächen.[151] Es werden danach vom Marktbürger Kenntnisse gefordert, die er realiter nicht besitzt. Insoweit verlangt die Rückwirkungsjudikatur ein überspanntes Maß an Marktbeobachtung.[152] Zudem müssen die Normadressaten mit Inhalt und Systematik komplexer Regelungsmechanismen vertraut sein, um z.B. die Zulässigkeit einer Rückwirkung aufgrund der Nichtigkeit einer Norm oder eines rechtslageimmanenten Änderungsautomatismus voraussehen zu können.[153] Gegen die gemeinschaftsrechtliche Rückwirkungskonzeption wird demnach ebenso wie gegen die bundesdeutsche Judikatur der Vorwurf erhoben, sie gehe von der Fiktion des perfekten Normadressaten aus.

Dieser nicht ohne Grund erhobene Vorwurf relativiert sich hingegen im Gemeinschaftsrecht. Zwar wird den Marktteilnehmern in der Tat ein hohes Maß an Marktbeobachtung und Kenntnis von Regelungsmechanismen abverlangt. Zu berücksichtigen ist jedoch, dass die rückwirkungsrelevanten Fälle überwiegend dem Wirtschaftsrecht zuzuordnen sind. In diesem Bereich kann Marktlenkung nur funktionsfähig sein, wenn damit die Befugnis verbunden ist, auf Veränderungen am Markt kurzfristig zu reagieren. Hoheitliche Eingriffe in das Marktgeschehen und kurzfristige Normänderungen sind aufgrund des ständigen Wechsels der ökonomischen Faktoren für die beteiligten Wirtschaftskreise damit nichts Ungewöhnliches.[154] Bei Teilnehmern des Gemeinsamen Marktes ist insofern mit Hinblick auf eigene Interessenwahrnehmung von deren Marktkenntnis und -beobachtung auszugehen.

Vor diesem Hintergrund hat auch das Bundesverfassungsgericht für die deutsche Rückwirkungsjudikatur zu Recht die Voraussehbarkeit einer durch das Gemeinschaftsrecht vorgegebenen Rückwirkungsanordnung bejaht und dabei den Vorhersehbarkeitsmaßstab auf den ausgeprägten Kenntnisstand der Marktteilnehmer und die Besonderheiten der gemeinschaftsrechtlichen Regelungsmaterien abgestimmt.[155] Letztlich wird durch derartige rückwirkende Regelungen nicht das Gesetzesvertrauen des "quivis ex populo" berührt, sondern es steht das Vertrauen von Marktteilnehmern in Rede, die über den rechtlichen Ordnungsrahmen ihrer

---

151 *Fuß*, Der Schutz des Vertrauens auf Rechtskontinuität im deutschen Verfassungsrecht und europäischen Gemeinschaftsrecht, in: Europäische Gerichtsbarkeit und nationale Verfassungsgerichtsbarkeit, S. 206.

152 S. dazu *Schmitz*, Die Haftung der Europäischen Wirtschaftsgemeinschaft für Verordnungsunrecht im Abgaben- und Beihilfenrecht, S. 152.

153 Vgl. *Fuß*, Der Schutz des Vertrauens auf Rechtskontinuität im deutschen Verfassungsrecht und europäischen Gemeinschaftsrecht, in: Europäische Gerichtsbarkeit und nationale Verfassungsgerichtsbarkeit, S. 212.

154 Vgl. dazu *Tomuschat*, Normenpublizität und Normenklarheit in der Europäischen Gemeinschaft, in: Europäische Gerichtsbarkeit und nationale Verfassungsgerichtsbarkeit, S. 461 (469 f.).

155 Vgl. *BVerfGE* 45, 142 (175 ff.)

Wirtschaftstätigkeit und die gesetzlichen Lenkungsmechanismen im Allgemeinen informiert sind.[156] Der Vertrauensschutzmaßstab des Europäischen Gerichtshofs ist nach allem zwar als hoch, jedoch nicht als überhöht zu bewerten.

§ 14 Aspekte einer judikativen Kohärenz

Die Zulässigkeitsgrenzen der Rückwirkung von Gesetzen sind im deutschen Verfassungsrecht wie im Europäischen Gemeinschaftsrecht vor allem von der Rechtsprechung konzipiert und ausgeformt worden. Die rechtsordnungsübergreifende Verzahnung dieser Problematik führt dazu, dass Rückwirkungsfragen auch durch das Gemeinschaftsrecht beeinflusst sein können. Insoweit können die jeweiligen Rückwirkungskonzeptionen nicht isoliert voneinander betrachtet werden. Dies gilt insbesondere auch im Hinblick auf das gemeinschaftsrechtliche Kohärenzgebot, so dass im Folgenden Aspekte einer judikativen Kohärenz im Blickpunkt stehen.

Der Begriff der Kohärenz ist im Gemeinschaftsrecht nicht ausdrücklich definiert. Ausgehend von dem allgemeinen in Art. 3 EU[157] normierten Kohärenzgebot, bei dem Kohärenz allgemein im Sinne von "Stimmigkeit"[158] zu verstehen ist, lässt sich eine Binnendifferenzierung hinsichtlich unterschiedlicher Erscheinungsformen der Kohärenz vornehmen. Zu unterscheiden ist zwischen innerer, äußerer und inhaltlicher Kohärenz.[159] Diese wiederum kann in den verschiedenen Regelungsbereichen unterschiedliche Ausprägungen haben.[160] Verpflichtete Zurechnungssubjekte des Kohärenzgebots sind neben den Mitgliedstaaten die Organe der Union.[161] Die Union selbst kann mangels Rechtsfähigkeit nicht Pflichtenträger dieses Gebots sein.[162]

---

156 So auch *Schlockermann*, Rechtssicherheit als Vertrauensschutz in der Rechtsprechung des EuGH, S. 153 f; *Heukels*, Intertemporales Gemeinschaftsrecht, S. 329.

157 Art. C EUV a.F.

158 Vgl. *Zuleeg*, Die Organisationsstruktur der Europäischen Union, in: Konsolidierung und Kohärenz des Primärrechts nach Amsterdam, S. 151 (154).

159 Vgl. *Müller-Graff*, Einheit und Kohärenz der Vertragsziele von EG und EU, in: EuR 1998, 67 (74 ff.); *Koenig*, Die Europäische Union als bloßer materiellrechtlicher Verbundrahmen, in: Konsolidierung und Kohärenz des Primärrechts nach Amsterdam, S. 139 (143).

160 Zur Kohärenz im Agrarrecht vgl. beispielsweise *Schmidt*, Kohärenz und Konflikte des Agrarrechts und des Rechts der Entwicklungszusammenarbeit, in: Agrarrecht 1997, 169 ff.

161 Dies sind insbesondere der Rat und die Kommission.

162 S. *Koenig*, Die Europäische Union als bloßer materiellrechtlicher Verbundrahmen, in: Konsolidierung und Kohärenz des Primärrechts nach Amsterdam, S. 139 (143).

Die innere Kohärenz ist auf den Zusammenhalt von Mitgliedstaaten und Union im Innenverhältnis gerichtet; der Begriff der äußeren Kohärenz bezieht sich demgegenüber auf das gemeinsame außen-, sicherheits- und entwicklungspolitische Auftreten gegenüber Drittstaaten und internationalen Organisationen. Die inhaltliche Kohärenz schließlich zielt auf die stimmige, zumindest nicht widersprüchliche Gestaltung von Rechtshandlungen.[163]

Für die Judikative stellt der bereits angesprochene[164] Art. 234 EG eine spezifische Ausprägung des Kohärenzgebots dar.[165] Die Vorlageverpflichtung gemäß Art. 234 III EG für letztinstanzliche Gerichte sowie die inhaltliche Bindungswirkung der Entscheidungen des Europäischen Gerichtshofs für die nationalen Gerichte sollen letztlich die übereinstimmende Behandlung von Rechtsfragen mit gemeinschaftsrechtlichem Bezug - im Sinne einer judikativen Kohärenz - sicherstellen. Unter Zugrundelegung der vorerwähnten Einordnung ist hierin zugleich eine Form von inhaltlicher Kohärenz zu sehen. Im Folgenden soll untersucht werden, inwieweit dem gemeinschaftsrechtlichen Kohärenzgebot im Bereich der Rückwirkung bereits Rechnung getragen ist und welche Folgerungen sich bei etwaigen Divergenzen ergeben.

---

163 Zum Ganzen *Koenig*, Die Europäische Union als bloßer materiellrechtlicher Verbundrahmen, in: Konsolidierung und Kohärenz des Primärrechts nach Amsterdam, S. 139 (143).

164 Vgl. § 12 A.

165 Art. 177 EGV a.F. - vgl. hierzu *Ehlers*, Die Einwirkung des Rechts der Europäischen Gemeinschaften auf das Verwaltungsrecht, in *Erichsen*, Allgemeines Verwaltungsrecht, S. 75 (113); ebenso *Wohlfahrt*, in: *Grabitz/Hilf*, Kommentar zur Europäischen Union, Art. 177 EGV, Rdnr. 2 f., 7, der auf den Begriff der Kohärenz abstellt und hinsichtlich Art. 177 EGV von einem Verfahren "richterlicher Zusammenarbeit" spricht. Vgl. ferner *Krück*, in: *von der Groeben/Thiesing/Ehlermann*, Kommentar zum EG-Vertrag, Art. 177 EGV, Rdnr. 5 ff., der unter Hinweis auf den Begriff der Kohärenz das Zusammenwirken der mitgliedstaatlichen Gerichtsbarkeiten mit dem EuGH betont. Instruktiv auch *Geiger*, Kommentar zum EG-Vertrag, Art. 177 EGV, Rdnr. 1, der hinsichtlich des Verfahrens der Zusammenarbeit des EuGH mit den mitgliedstaatlichen Gerichten von einem "Dialog der Richter" spricht. In diese Richtung tendiert auch *Ipsen*, der unter Verwendung der Terminologie des Maastricht-Urteils feststellt, dass allein Art. 177 EGV eine spezielle Rechtsgrundlage zur Kooperation von BVerfG und EUGH liefert; s. *Ipsen*, Zehn Glossen zum Maastricht-Urteil, in: EuR 1994, 1 (10).

A. *Konzeptionelle Übereinstimmungstendenzen von Bundesverfassungsgericht und Europäischem Gerichtshof*

Die Beurteilung der Rückwirkung von Gesetzen weist im bundesdeutschen Recht und im Europäischen Gemeinschaftsrecht in weiten Bereichen konzeptionelle Übereinstimmungen auf. Eine Entscheidungsanalyse zeigt, dass die EuGH-Rechtsprechung sich konzeptionell an der bundesdeutschen Rückwirkungsjudikatur orientiert hat; andererseits hat der Europäische Gerichtshof Spezifika der neueren Rechtsprechung des Zweiten Senats des Bundesverfassungsgerichts jedenfalls teilweise antizipiert.

Bereits in den Schlussanträgen zur Rechtssache 7/76 (IRCA), einer der maßgeblichen Entscheidungen in der Rückwirkungsjudikatur des Europäischen Gerichtshofs[166], hat Generalanwalt *Warner* die bundesdeutsche Judikatur als Lösungsansatz hinsichtlich der Rückwirkungsproblematik im Gemeinschaftsrecht herangezogen.[167] Da der Gerichtshof zu diesem Zeitpunkt die Zulässigkeitsgrenzen für rückwirkende Gesetze selbst noch nicht ausdrücklich umrissen hatte, legte *Warner* die verfassungsrechtliche Wertentscheidung des Bundesverfassungsgerichts zugrunde, wonach rückwirkende Gesetze unzulässig sind, wenn sie unvorhersehbar sind und damit das schutzwürdige Vertrauen der Normadressaten verletzen.[168] Dieser Grundsatz hatte fortan auch im Gemeinschaftsrecht Bestand. Er führte dazu, dass erstmalig Vertrauensschutzaspekte in der Rückwirkungsjudikatur des Europäischen Gerichtshofs Berücksichtigung fanden[169], nachdem zuvor Rückwirkungsanordnungen unter Betonung des Effektivitätsgedankens grundsätzlich als zulässig qualifiziert wurden.[170]

Vor diesem Hintergrund sind auch die Leitentscheidungen der Rechtssachen 98/78 (Racke) und 99/78 (Decker) von der bundesdeutschen Rückwirkungsjudikatur beeinflusst worden. In seinen Schlussanträgen stellte Generalanwalt *Reischl* heraus, dass eine Rückwirkung im Europäischen Gemeinschaftsrecht nicht grundsätzlich ausgeschlossen ist. Mit ausdrücklichem Verweis auf das bundesdeutsche Recht erklärte *Reischl* Rückwirkungsanordnungen für zulässig, soweit es an einem schutzwürdigen Vertrauen der betroffenen Normadressaten fehlt.[171] Im Einklang mit diesem am Vertrauensschutz orientierten Vorbringen

166 Vgl. bereits § 13 D.

167 GA *Warner* in der RS 7/76 (IRCA), Slg.1976, S. 1213 (1236 f.).

168 *BVerfGE* 13, 261 (272 f.).

169 RS 7/76 (IRCA), Slg. 1976, S. 1213 (1227 f.).

170 RS 37/70 (Rewe-Zentrale), Slg. 1971, S. 23 (37).

171 Vgl. GA *Reischl* in den RS 98/78 (Racke) und 99/78 (Decker), Slg. 1979, S. 69 (97) unter Bezugnahme auf die Schlußanträge des GA *Warner* in der RS 7/76 (IRCA), Slg. 1976, S. 1213 (1236 f.).

formulierte der Gerichtshof sodann erstmalig selbst die Grenzen für rückwirkende Gesetze anhand der "Racke-Formel".[172]

Die Formulierung der Zulässigkeitsgrenzen der unechten Rückwirkung weist ebenfalls auf eine Orientierung an der deutschen Judikatur hin. Der Gerichtshof hält Normen mit unechter Rückwirkung seit der Rechtssache 1/73 (Westzucker III) grundsätzlich für zulässig, sofern nicht ausnahmsweise ein Verstoß gegen Vertrauensschutzinteressen der betroffenen Normadressaten vorliegt.[173] Diese vertrauensschutzbezogene Zulässigkeitsgrenze formulierte Generalanwalt *Roemer* in den betreffenden Schlußanträgen zu Westzucker III unter konkreter Bezugnahme auf die deutsche Rückwirkungskonzeption.[174] Da das Gemeinschaftsrecht eine eindeutige Lösung dieses Problemfeldes nicht bereithält, griff er insoweit auf die im deutschen Recht entwickelten Grundsätze zurück.[175] Die unechte Rückwirkung wird seither im Gemeinschaftsrecht ausnahmsweise als unzulässig qualifiziert, wenn der Grundsatz des individuellen Vertrauensschutzes bei Abwägung der gegenläufigen Gemeinschafts- und Individualinteressen im Einzelfall verletzt ist.[176]

Was schließlich den Begriff der Rückwirkung betrifft, so sind mit der gemeinschaftsrechtlichen Differenzierung zwischen echter und unechter Rückwirkung die Übereinstimmungstendenzen zur herkömmlichen Judikatur des Bundesverfassungsgerichts evident.[177] Diese maßgeblich durch die Schlussanträge der Generalanwälte geprägte Terminologie orientiert sich ebenfalls an der deutschen Konzeption. Als Abgrenzungskriterium wird insoweit unter ausdrücklicher Bezugnahme auf das deutsche Recht zunächst auf das Merkmal der Abgeschlossenheit eines Tatbestandes abgestellt.[178]

Auch im Hinblick auf rechtstheoretische Kriterien lassen sich hinsichtlich der begrifflichen Erfassung der Rückwirkung inhaltliche Gemeinsamkeiten feststellen, wie sich der Argumentation des Europäischen Gerichtshofs in den Rechtssachen Racke und Decker ablesen lässt. Indem der Gerichtshof in diesen Entscheidungen erstmalig im Jahr 1979 das Vorliegen einer Rückwirkung zusätzlich anhand derartiger Kriterien prüfte, bezog er bereits frühzeitig normstrukturelle

---

172 RS 98/78 (Racke), Slg. 1979, S. 69 (86); RS 99/78 (Decker), Slg. 1979, S. 101 (111).

173 Vgl. hierzu RS 1/73 (Westzucker III), Slg. 1973, S. 723 (729).

174 GA *Roemer* in der RS 1/73 (Westzucker III), Slg. 1973, S. 723 (738 ff.).

175 GA *Roemer* in der RS 1/73 (Westzucker III), Slg. 1973, S. 723 (738, 740).

176 RS 84/78 (Tomadini), Slg. 1979, S. 1801 (1814 f.); RS 278/84 (Deutschland/Kommission), Slg. 1987, S. 1 (47).

177 S. hierzu auch *Schwarze*, Europäisches Verwaltungsrecht Bd. II, S. 1084.

178 Vgl. insoweit GA *Roemer* in der RS 1/73 (Westzucker III), Slg. 1973, S. 723 (738); GA *Warner* in der RS 7/76 IRCA), Slg. 1976, S. 1213 (1236).

Kriterien ein.[179] Er griff damit der neueren Systembildung des Zweiten Senats des Bundesverfassungsgerichts, die unabhängig von der derzeit bereits bestehenden europarechtlichen Rückwirkungsjudikatur erfolgte, vor.[180] Zusammenfassend bleibt festzuhalten, dass konzeptionelle Übereinstimmungen zwischen den beiden Rückwirkungsjudikaturen sich sowohl auf den Begriff der Rückwirkung als auch auf die Zulässigkeitsgrenzen erstrecken. Beide bilden insoweit die maßgeblichen Übereinstimmungskriterien.

B. *Rückwirkungsbegriff und Zulässigkeitsgrenzen als Übereinstimmungskriterien*

Der Rückwirkungsbegriff im bundesdeutschen Recht einerseits und im Gemeinschaftsrecht andererseits weist insoweit eine Übereinstimmung auf, als beide Rückwirkungskonzeptionen durch eine normstrukturelle Begriffsbildung geprägt sind. Der Europäische Gerichtshof bejaht eine Rückwirkung, sofern der Beginn der Geltungsdauer eines Rechtsakts der Gemeinschaft auf einen Zeitpunkt vor dessen Veröffentlichung vorverlegt worden ist, wobei die Geltungsdauer den zeitlichen Anwendungsbereich der Norm betrifft.[181] Im Vergleich hierzu entfaltet eine Norm nach der neueren Begriffsdefinition des Bundesverfassungsgerichts Rückwirkung, wenn der Beginn ihres zeitlichen Anwendungsbereichs normativ auf einen Zeitpunkt festgelegt ist, der vor dem Zeitpunkt liegt, zu dem die Norm rechtlich existent, d.h. gültig geworden ist.[182] Die rechtliche Existenz betrifft hierbei den Zeitpunkt der ordnungsgemäßen Verkündung.

Die synoptische Gegenüberstellung verdeutlicht, dass beide Konzeptionen hinsichtlich des Begriffs der Rückwirkung auf rechtstheoretische Parameter abstellen. Maßgeblich ist die Ausgestaltung des zeitlichen Normanwendungsbereichs, der die temporale Reichweite der gesetzlichen Regelung sowie die Zuordnung von Rechtsfolgen im Hinblick auf den Zeitpunkt der Veröffentlichung bzw. Verkündung festlegt. Diese Kriterien sind Strukturmerkmale beider Rechtsordnungen. Sie bewirken rechtsordnungsübergreifende Gemeinsamkeiten hinsicht-

---

179 RS 98/78 (Racke), Slg. 1979, S. 69 (86); RS 99/78 (Decker), Slg. 1979, S. 101 (111).

180 Weder das Sondervotum *Steinbergers* noch die Leitentscheidungen *BVerGE* 63, 343 und *BVerfGE* 72, 200 nehmen insoweit auf die europarechtliche Rückwirkungsjudikatur Bezug, vgl. *Steinberger*, *BVerfGE* 48, 1 (23); *BVerfGE* 63, 343 (353); 72, 200 (242).

181 Verbundene RS 260/91 und 261/91 (Diversinte), Slg. 1993, S. 1885 (1911); RS 244/95 (Moskof), Slg. 1997, S. 6441 (6486).

182 *BVerfGE* 72, 200 (241).

lich der rechtstheoretischen Rahmenbedingungen der Rückwirkung und des damit verbundenen normstrukturellen Rückwirkungsbegriffs.[183] Unabhängig vom jeweiligen Regelsystem ist eine Rückwirkung demnach zu bejahen, wenn sich der zeitliche Anwendungsbereich einer Norm auf einen Zeitpunkt vor der Verkündung zurückerstreckt. Ein Indiz hierfür bildet die Rückdatierung des In-Kraft-Tretens vor das Verkündungsdatum. Mit der Verschiebung des zeitlichen Normanwendungsbereichs korrespondiert eine Rückerstreckung bei der temporalen Zuordnung der Rechtsfolgen, so dass jedenfalls bei der nachträglichen Änderung der ursprünglichen Rechtsfolgenlage eine Rückwirkung vorliegt. Dieser, beiden Judikaturen eigene normstrukturelle Ansatz verdient insoweit Zustimmung, als er die Veränderung der zeitlichen Wirkungsweise von Normen als Wesensmerkmal der Rückwirkung exakt erfasst.

Andere Formen legislativer Rückerstreckung, die den sachlichen Normanwendungsbereich betreffen, werden in konzeptioneller Übereinstimmung begrifflich nicht als Rückwirkung gewertet.[184] Hiermit wird zu Recht dem Faktum Rechung getragen, dass Gesetze regelmäßig Bezugspunkte zur Vergangenheit aufweisen. Bei der Ausgestaltung des gesetzlichen Tatbestandes sind vielfach Lebenssachverhalte mit Vergangenheitsbezug zu berücksichtigen, die zu einer Rükkerstreckung des sachlichen Anwendungsbereichs führen. Dies ist indes ein Phänomen, das vielen Gesetzestypen immanent ist. Es geht insoweit nicht um ein Charakteristikum der Rückwirkung, so dass es auch begrifflich nicht so bezeichnet werden sollte.

Bezüglich der Zulässigkeitsgrenzen der Rückwirkung lassen sich ebenfalls in weiten Bereichen Übereinstimmungen feststellen. Sowohl der Europäische Gerichtshof als auch das Bundesverfassungsgericht gehen hinsichtlich der rechtlichen Beurteilung der Rückwirkung von einem Regel-Ausnahme-Verhältnis aus. Sie statuieren ein grundsätzliches Rückwirkungsverbot, das Ausnahmen nur unter bestimmten Zulässigkeitsvoraussetzungen zulässt.[185] Die dogmatische Herleitung dieses Verbots folgt aus dem Rechtsstaatsprinzip und den ihm immanenten Geboten von Rechtssicherheit und Vertrauensschutz.[186]

---

183 Vgl. § 3 B.

184 Das BVerfG stellt dies in seiner Leitentscheidung explizit heraus, vgl. BVerfGE 72, 200 (241). Der EuGH konstatiert bei sonstigen Formen legislativer Rückerstreckung, dass sie "keine rückwirkende Kraft im eigentlichen Sinne" entfalten, s. dazu RS 74/74 (CNTA), Slg. 1975, S. 533 (548).

185 *BVerfGE* 13, 261 (271 f.); 72, 200 (257 ff.); *EuGH* RS 98/78 (Racke), Slg. 1979, S. 69 (86); RS 99/78 (Decker), Slg. 1979, S. 101 (111).

186 Vgl. *BVerfGE* 72, 200 (257); *EuGH* RS 244/95 (Moskof), Slg. 1997, S. 6441 (6486).

Die konkrete Ausgestaltung der Rückwirkungsgrenzen weist demgegenüber auf den ersten Blick eine grundlegende Systemdivergenz auf. Das Bundesverfassungsgericht legt mit seinem falltypisch entwickelten Ausnahmekatalog ein einstufiges System zugrunde, das Ausprägung des Grundgedankens ist, dass zwingende Gründe des gemeinen Wohls eine Rückwirkung im Einzelfall rechtfertigen können.[544] Die gemeinschaftsrechtliche Judikatur beruht demgegenüber auf einer zweistufigen Konzeption. Rückwirkungsanordnungen sind danach nur zulässig, wenn zwingende Gemeinschaftsinteressen dies erfordern und - kumulativ - das berechtigte Vertrauen der Betroffenen gebührend berücksichtigt worden ist.[545] Diese zweistufige Prüfungsfolge legt die Vermutung nahe, dass die EuGH-Judikatur insgesamt ein höheres Schutzniveau gewährleistet.

Bei näherer Betrachtung zeigt sich jedoch, dass beide Konzeptionen hinsichtlich der Beurteilung der Zulässigkeitsgrenzen rückwirkender Gesetze jedenfalls im Ergebnis übereinstimmen.[546] Im bundesdeutschen Recht fungiert der Gemeinwohlvorbehalt wegen seines grundkonzeptionellen Charakters ebenfalls als verfassungsrechtliche Untergrenze. Die Rechtsprechungsanalyse hat ergeben, dass das Bundesverfassungsgericht diesem Befund insoweit Rechnung trägt, als es die Zulässigkeit eines rückwirkenden Gesetzes bislang nicht ausschließlich aufgrund des Gemeinwohlvorbehaltes annimmt.[547] Sofern das Gericht zwingende Gründe des Gemeinwohls bejaht, prüft es kumulativ stets auch, ob die Rückwirkung im Übrigen für die betroffenen Normadressaten voraussehbar ist.[548] Damit sind letztlich auch hier Aspekte des individuellen Vertrauensschutzes maßgeblich. Durch die bereits angesprochene stärkere Akzentuierung des Vertrauensschutzes könnten derartige Aspekte jedoch noch deutlicher in den Vordergrund gerückt werden.[549]

Die Übereinstimmungstendenzen zwischen der deutschen und der gemeinschaftsrechtlichen Rückwirkungsjudikatur stellte in der bundesdeutschen Rechtsprechung bereits früh der Bundesfinanzhof explizit heraus. Im Urteil, das im Anschluss an sein Vorabentscheidungsersuchen bezüglich der Rechtssachen Racke und Decker erging, führte er im Hinblick auf die vom Europäischen Ge-

---

544 *BVerfGE* 72, 200 (258).

545 RS 368/89 (Crispoltoni), Slg. 1991, S. 3695 (3720); RS 244/95 (Moskof), Slg. 1997, S. 6441 (6486); RS 324/96 (Petridi), Slg. 1998, 1333 (1366 ff.).

546 vgl. hierzu auch *Maiwald*, Rückwirkung im europäischen Gemeinschaftsrecht, in: NJW 1983, 1951 (1952).

547 Hierauf weist auch *Heukels* hin, der feststellt, dass beide Rückwirkungskonzeptionen letztlich zu ähnlichen Ergebnissen gelangen, *Heukels*, Intertemporales Gemeinschaftsrecht, S. 304.

548 Vgl. insoweit *BVerfGE* 13, 215 (225); 22, 330 (349); *BVerfG* NJW 1998, 1547 (1548 f.).

549 Vgl. § 11 C.

richtshof leitsatzartig formulierten Rückwirkungsgrenzen aus: "Die Grundsätze dieser Entscheidung des Gerichtshofs der Europäischen Gemeinschaften ... stimmen überein mit den Grundsätzen, die das Bundesverfassungsgericht zu der Frage der echten Rückwirkung belastender Gesetze entwickelt hat ... Die oben zitierten Gründe der Vorabentscheidung des Gerichtshofs der Europäischen Gemeinschaften machen deutlich, dass der Gerichtshof der Europäischen Gemeinschaften ohne jede Einschränkung von der gleichen rechtlichen Beurteilung ausgeht."[193] Dem ist aufgrund der zuvor dargelegten Rechtsprechungsanalyse zu folgen, so dass auch hinsichtlich der verfassungsrechtlichen Zulässigkeitsgrenzen der Rückwirkung eine Übereinstimmung der Judikaturen zu bejahen ist.

C. Gemeinschaftsrechtliches Kohärenzgebot

Das allgemeine in Art. 3 EU kodifizierte gemeinschaftsrechtliche Kohärenzgebot ist, wie bereits dargelegt, im Rahmen der Rückwirkungsproblematik in seiner Ausprägung der inhaltlichen Kohärenz bedeutsam, die auf die stimmige Gestaltung von Rechtshandlungen zielt.

Die vorangegangene Untersuchung hat hinsichtlich der Behandlung der Rückwirkungsproblematik weitgehende konzeptionelle Übereinstimmungen von Bundesverfassungsgericht und Europäischem Gerichtshof ergeben. Sie betreffen sowohl die begriffliche Erfassung der Rückwirkung als auch die Ausformung ihrer Zulässigkeitsgrenzen. Hieraus resultiert im Ergebnis ein für die jeweils betroffenen Normadressaten vergleichbares Schutzniveau. Dies zeigt zusammenfassend, dass beide Judikaturen zueinander stimmige Rückwirkungskonzepte entwickelt haben.

Kollisionsprobleme, die sich aus der Verschränkung der Gerichtsbarkeiten durch das Vorabentscheidungsverfahren nach Art. 234 EG ergeben können, sind damit bereits weitgehend entschärft. Im Rahmen dieses Verfahrens, in dem deutsche Gerichte bei Zweifeln hinsichtlich der Gültigkeit einer rückwirkenden EG-Verordnung eine Vorlage zum Europäischen Gerichtshof tätigen, prüft dieser die Rechtmäßigkeit der Verordnung nach den Grundsätzen des Gemeinschaftsrechts. Für das vorlegende deutsche Gericht besteht in diesem Zusammenhang das Problem, die nationale Rechtsprechung mit etwaigen widersprechenden gemeinschaftsrechtlichen Vorgaben in Einklang zu bringen.[194] Dies ist aber nur dann von Bedeutung, wenn beide Rückwirkungsjudikaturen grundlegende Diver-

193 *BFH*, RIW/AWD 1979, 772 (773).

194 Vgl. *Schwarze*, Die Befolgung von Vorabentscheidungen des Europäischen Gerichtshofs durch deutsche Gerichte, S. 19 f.

genzen aufweisen. Das einzelstaatliche Recht wäre in diesem Fall an das Gemeinschaftsrecht anzupassen.[195] Auf dieses Anpassungsbedürfnis bei Divergenzen im Vorabentscheidungsverfahren hat auch das europäische Parlament in einer Entschließung vom 09. Februar 1983 hingewiesen.[196] Es betont insoweit die Notwendigkeit, dass die Mitgliedstaaten die Unvereinbarkeit des einzelstaatlichen Rechts zu beseitigen und das jeweilige nationale Recht in Übereinstimmung mit dem Gemeinschaftsrecht auszugestalten haben.[197]

Aufgrund der dargelegten konzeptionellen Übereinstimmungen ist eine derartige Kollisionslage im bundesdeutschen Recht derzeit jedenfalls nicht zu besorgen. Im Bereich der Rückwirkung ist dem gemeinschaftsrechtlichen Kohärenzgebot damit bereits weitgehend Rechnung getragen.

D. Fazit

Die Rückwirkung von Gesetzen ist als legislatives Problem nicht auf das bundesdeutsche Verfassungsrecht beschränkt. Angesichts der Verzahnung von bundesdeutscher und gemeinschaftsrechtlicher Rechtsordnung ergeben sich Rückwirkungskonstellationen aus der wechselseitigen Verflechtung beider Regelsysteme. Das Gemeinschaftsrecht selbst kann, insbesondere im Bereich der Verordnungen, rückwirkende Regelungen beinhalten, die unmittelbare, innerstaatliche Geltung entfalten. Es kann den bundesdeutschen Gesetzgeber aber auch zu derartigen Regelungen berechtigen oder verpflichten. Die Zulässigkeitsgrenzen der Rückwirkung können insoweit auch durch das Gemeinschaftsrecht vorgeben sein. Die Rückwirkung erhält hierdurch eine zusätzliche europarechtsbezogene Perspektive.

Die Behandlung der Rückwirkung im Europäischen Gemeinschaftsrecht ist mangels spezifischer gemeinschaftsrechtlicher Regelung primär richterrechtlich geprägt. Der Europäische Gerichtshof hat im Laufe seiner Judikatur ein Rückwirkungskonzept entwickelt, das maßgebliche Übereinstimmungstendenzen mit dem des Bundesverfassungsgerichts aufweist. Beide Judikaturen verlaufen hinsichtlich der Erfassung des Realseins einer rückwirkenden Norm sowie seiner verfassungsrechtlichen Grenzen weitgehend kohärent.

Die deutsche Judikatur hat aufgrund der aufgezeigten Übereinstimmungen die Entwicklung einer gemeinschaftsrechtlichen Rückwirkungskonzeption jedenfalls

---

195 S. *Streil*, Das Vorabentscheidungsverfahren als Bindeglied zwischen europäischer und nationaler Rechtsprechung, in: Der Europäische Gerichtshof als Verfassungsgericht und Rechtsschutzinstanz, S. 69 (80).

196 ABl. C 68/1983, S. 32 ff.

197 Vgl. insoweit ABl C 68/1983, S. 33.

partiell mitgetragen. Sie erweist sich vor dem Hintergrund der europarechtlichen Verflechtungen insofern sowohl als gemeinschaftsrechtsbeeinflussend als auch als gemeinschaftsrechtskonform. Das gemeinschaftsrechtliche Kohärenzgebot ist aufgrund der konzeptionellen Übereinstimmungen insoweit bereits weitgehend verwirklicht, so dass die deutsche Judikatur hinsichtlich der verfassungsrechtlichen Problematik der Rückwirkung von Gesetzen ihren Beitrag zur Verfestigung der Integration leistet.

Thesenartige Zusammenfassung und Ausblick

1.

Die Rückwirkung von Gesetzen betrifft ein Rechtsproblem, das eng mit der Dynamik gesellschaftlicher Veränderungen verbunden ist. Rückwirkende Gesetze sind ein gesetzgeberisches Instrument, um bestehende Rechtsbeziehungen an neues Recht und damit zugleich die Rechtsordnung insgesamt den sich ständig verändernden gesellschaftlichen Gegebenheiten anzupassen. Die hiermit verbundene Problematik der Zulässigkeitsgrenzen der Rückwirkung ist eingebettet in das Spannungsverhältnis zwischen dem Interesse des Einzelnen am unveränderten Fortbestand seiner Rechte und dem Anliegen des Gesetzgebers, die Rechtsordnung kontinuierlich mit Veränderungen der Rechtswirklichkeit in Einklang zu bringen. Die verfassungsrechtliche Bewertung der Rückwirkung erfolgt dabei auf der Grundlage des positiven Rechts. Lediglich in Ausnahmekonstellationen, wie der des Nationalsozialismus oder der Wiedervereinigung, in denen gesellschaftliche Veränderungen zugleich auch die legislative Aufarbeitung extremen staatlichen Unrechts erfordern können, erfährt das positive Recht - basierend auf der Radbruch`schen Formel - eine Wertkorrektur durch naturrechtliche Grundsätze.

Die Rückwirkungsproblematik erhält eine zusätzliche Dimension durch die fortschreitende europäische Integration, die zu einer wechselseitigen Durchdringung von bundesdeutschem Recht und Europäischem Gemeinschaftsrecht führt. Insoweit können rückwirkende Gesetze sowohl ausschließlich nationale Problemkreise als auch solche mit europarechtlicher Implikation berühren.

2.

Die rechtstheoretischen Rahmenbedingungen der Rückwirkung sind normenontologisch und normenlogisch geprägt. In normenontologischer Hinsicht ist Rückwirkung anhand zweier formaler temporaler Bezugspunkte aus dem Bereich der Normwerdung, der Verkündung und dem In-Kraft-Treten gemäß Art. 82 I, II GG, präzisierbar. Eine Rückwirkung im formal-ontologischen Sinne liegt vor, wenn der Gesetzgeber einen Zeitpunkt des In-Kraft-Tretens bestimmt, der vor dem der Verkündung liegt. Die gesetzestechnische Zulässigkeit dieses rückdatierten In-Kraft-Tretens ergibt sich aus Art. 82 II GG. Damit ist zugleich der Grundtypus des rückwirkenden Gesetzes bezeichnet.

Die Rückwirkung weist darüber hinausweisende normenlogische Aspekte auf. Danach können Gesetze zulässigerweise nur rechtlich und nicht verhaltensgebunden zurückwirken, da Rechtssätze nicht steuernd auf Verhaltensabläufe in der Vergangenheit einwirken können. Einem Verhalten werden insoweit im Nachhinein lediglich andere Rechtsfolgen zugeordnet. Der verhaltensmotivierende Effekt rückwirkender Gesetze wird im Wege einer Fiktion erreicht. Die Formen legislativer Rückerstreckung sind hierbei formal abhängig einerseits von der Ausgestaltung des zeitlichen Anwendungsbereichs der Norm, der die temporale Reichweite einer gesetzlichen Regelung bestimmt, sowie andererseits vom sachlichen Normanwendungsbereich, von dem abhängt, auf welche Sachverhalte und Rechtsbeziehungen ein neues Regelungswerk anzuwenden ist.

Diese rechtstheoretischen Strukturmerkmale rückwirkender Gesetze lassen sich unabhängig von einer konkreten Rechtsordnung anhand der vorbezeichneten formalen Kriterien der Normenontologie und Normenlogik bestimmen. Die Unabhängigkeit der Kriterien von bestimmten Rechtsordnungen ist auf strukturelle Invarianzen in rechtlichen Regelsystemen zurückzuführen.

3.

Die Zulässigkeitsgrenzen der Rückwirkung sind mangels ausdrücklicher gesetzlicher Regelung maßgeblich durch die Rechtsprechung des Bundesverfassungsgerichts ausgeformt worden. In seiner anfänglichen Judikatur erachtete das Gericht - insbesondere der Erste Senat - aufgrund der Tatsache, dass keine Bestimmung des positiven Rechts existiert, die diese Gesetzestechnik insgesamt ausschließt, rückwirkende Gesetze grundsätzlich für zulässig (BVerfGE 1, 264; 2, 237). Infolge dieser Rechtsauffassung war auch kein Anlass zur exakten Fixierung eines Rückwirkungsbegriffs gegeben. Bereits in seinen frühen Entscheidungen deutet das Gericht indes an, dass es verfassungsrechtliche Grenzen für rückwirkende Gesetze geben kann, sofern der individuelle Vertrauensschutz der Normadressaten berührt wird (BVerfGE 7, 89).

Im Jahr 1961 erfolgt erstmals eine Differenzierung zwischen zwei verschiedenen Rückwirkungsformen, die der Grundkonstellation nach fortan Bestand hatten. Bei einer echten Rückwirkung, die vorliegt, wenn ein Gesetz nachträglich ändernd in bereits abgeschlossene Tatbestände eingreift, ist das Vertrauen der Betroffenen regelmäßig schutzwürdig, so dass eine derartige Regelung grundsätzlich unzulässig ist (BVerfGE 13, 261). Die unechte Rückwirkung, die auf gegenwärtige, noch nicht abgeschlossene Tatbestände einwirkt, ist demgegenüber grundsätzlich als zulässig zu qualifizieren, sofern nicht ausnahmsweise das

Individualvertrauen das gesetzgeberische Änderungsinteresse überwiegt (BVerfGE 13, 274).

Diese eher begriffsorientierte Unterscheidung, die seitens des Schrifttums von Anfang an aufgrund ihrer Differenzierungsmaßstäbe sowie der Ausgestaltung der Rückwirkungsgrenzen zu Recht kritisiert wurde, gab der Zweite Senat im Jahr 1986 zugunsten einer normstrukturellen Systembildung auf (BVerfGE 72, 200). Danach entfalten Gesetze nur dann Rückwirkung, wenn der Beginn ihres zeitlichen Anwendungsbereichs auf einen Zeitpunkt vor ihrer Verkündung vorverlegt wird. Damit geht eine Rückerstreckung auf Rechtsfolgenebene einher. Eine derartige Rückbewirkung von Rechtsfolgen ist, wie zuvor die echte Rückwirkung, grundsätzlich unzulässig. Demgegenüber werfen sog. tatbestandliche Rückanknüpfungen, die für die Zukunft bereits vorgefundene Rechtslagen regeln und damit durch eine Rückerstreckung ihres sachlichen Anwendungsbereichs auch an Tatbestände in der Vergangenheit anknüpfen, keine Fragen der Rückwirkung auf. Sie sind grundsätzlich zulässig und unterliegen den allgemeinen, durch die Grundrechte gezogenen verfassungsrechtlichen Grenzen.

Die derzeitige Judikatur ist durch ein Nebeneinander der beiden Rückwirkungskonzepte gekennzeichnet, da der Erste Senat nach wie vor an der urprünglichen Unterscheidung von echter und unechter Rückwirkung festhält. Im Vergleich dazu geht der Zweite Senat von einem anderen systematischen Ansatz aus, der die rechtstheoretischen Aspekte des rückwirkenden Gesetzestypus mitberücksichtigt. Diese Konzeption ermöglicht klarere Abgrenzungen, da nicht mehr auf das gesetzestechnisch manipulierbare Differenzierungskriterium der Abgeschlossenheit eines Tatbestandes und dessen kasuistische und z.T. inkonsistente Anwendung durch das Bundesverfassungsgericht abgestellt werden muss. Mit der Orientierung an normenontologischen sowie normenlogischen Kriterien wird eine Systembildung gewählt, die die Veränderung der zeitlichen Wirkungsweise von Normen als Wesensmerkmal der Rückwirkung erfasst. Rückwirkung kommt insoweit nur denjenigen Normen zu, die eine Rückerstreckung des zeitlichen Normanwendungsbereichs vor den Verkündungszeitpunkt und damit korrespondierend eine nachträgliche Veränderung der ursprünglichen Rechtsfolgenlage aufweisen. Dem rückdatierten In-Kraft-Treten im Sinne des formal-ontologischen Rückwirkungsbegriffs kommt hierbei indizielle Wirkung zu.

4.

Die Zulässigkeitsgrenzen der Rückwirkung sind seitens des Bundesverfassungsgerichts falltypisch anhand eines Kataloges von Ausnahmetatbeständen entwikkelt worden, dessen verfassungsrechtsdogmatische Grundlage das Rechtsstaatsprinzip bildet. Die konkrete Ausgestaltung dieser Grenzen trägt insbesondere rückwirkungsspezifischen Problemlagen aus den Bereichen des Gesetzgebungsverfahrens und der Gesetzgebungstechnik sowie legislativen Korrekturerfordernissen Rechnung. Rückwirkungsanordnungen sind danach ausnahmsweise zulässig, wenn die Normadressaten mit einer rückwirkenden Regelung rechnen mussten, die Beseitigung einer unklaren oder systemwidrigen Rechtslage in Rede steht, ein nichtiges Gesetz durch ein verfassungsmäßiges zu ersetzen ist oder zwingende Gründe des Gemeinwohls vorliegen, wobei derartige Konstellationen nach der neueren Rechtsprechung des Zweiten Senats nicht dazu führen dürfen, dass der grundrechtlich geschützte Bereich der Normadressaten verletzt wird.

Die Zulässigkeitsgrenzen weisen in ihrer Zusammenschau strukturelle Gemeinsamkeiten auf. Der Gemeinwohlvorbehalt und dessen Abwägungsgebot stellt sich als eine ihnen inhärente Grundkonzeption dar. Das ihm immanente Verfassungsverständnis, wonach zwingende Gründe des Gemeinwohls eine Rückwirkungsanordnung im Einzelfall rechtfertigen können, spiegelt sich auch in den anderen Ausnahmetatbeständen wider. Insoweit hat der Gemeinwohlvorbehalt strukturierende Wirkung für die Zulässigkeitsgrenzen der Rückwirkung.

Die inhaltliche Ausgestaltung der einzelnen Zulässigkeitsgrenzen ist seitens der Literatur insbesondere aufgrund des weit gefassten individuellen Vorhersehbarkeitsmaßstabes zu Recht kritisiert worden. Den divergierenden Literaturansätzen sind zwei Hauptströmungen eigen, die darauf zielen, die Rückwirkungsgrenzen entweder aus dem Rechtsstaatsprinzip oder den Grundrechten abzuleiten. Der grundrechtliche Ansatz überzeugt jedoch für sich allein genommen nicht, da das Problem der Rückwirkung verfassungsrechtsdogmatisch nicht deckungsgleich mit dem durch die Grundrechte verbürgten Individualrechtsschutz ist und im übrigen die konkrete grundrechtsorientierte Ausgestaltung der Zulässigkeitsgrenzen nur Teilaspekte der Rückwirkung erfasst. Insoweit können Grundrechte i.S.d. neueren Judikatur allenfalls ergänzend in die verfassungsrechtliche Prüfung einbezogen werden.

Die Zulässigkeitsgrenzen der Rückwirkung sind stattdessen auf der Grundlage des in Art. 20 III GG verankerten Rechtsstaatsprinzips zu bestimmen, wobei sowohl gemeinwohlorientierte Belange des Gesetzgebers als auch die Individualbelange der Normadressaten angemessen zu berücksichtigen sind. Der Gemeinwohlvorbehalt kann angesichts seines grundkonzeptionellen Charakters sowie seiner bisherigen Ausformung durch die verfassungsgerichtliche Rechtsprechung, die zuletzt eine verstärkte Gemeinwohlakzentuierung erkennen lässt (BVerfGE 97, 67), als verfassungsrechtliche Untergrenze bewertet werden. Diese Grenze dient auf einer ersten Stufe als Evidenzkontrolle für die Zulässigkeit rückwirkender Gesetze, wobei dem Vorwurf der Generalklauselartigkeit durch Herausbildung einer Typologie von Gemeinwohlkriterien zu begegnen ist. Zwingende Gemeinwohlinteressen sind allerdings für sich gesehen noch nicht geeignet, die ausnahmsweise Zulässigkeit eines rückwirkenden Gesetzes zu begründen. Der Gemeinwohlvorbehalt wurde bislang noch nicht allein zur Rechtfertigung eines rückwirkenden Gesetzes herangezogen. Auf einer zweiten Stufe ist vielmehr auf der Grundlage der sonstigen vom Bundesverfassungsgericht formulierten Ausnahmeregeln kumulativ der Aspekt des individuellen Vertrauensschutzes als verfassungsrechtliches Korrektiv mit heranzuziehen.

Tatbestandliche Rückanknüpfungen sind demgegenüber aufgrund ihrer mangelnden Rückwirkungsrelevanz nicht an rückwirkungsspezifischen Zulässigkeitsgrenzen zu messen. Vielmehr hat entsprechend der allgemeinen Rechtsnatur dieses Normtypus eine materielle Gesetzesprüfung am Maßstab allgemeiner verfassungsrechtlicher Rechtmäßigkeitsvoraussetzungen zu erfolgen. Prüfungsmaßstab sind damit in dieser Konstellation zu Recht die Grundrechte.

5.

Die Rückwirkung von Gesetzen weist schließlich europarechtliche Bezugspunkte auf. Zwischen deutschem Recht und Europäischem Gemeinschaftsrecht bestehen Verflechtungen; beide Rechtsordnungen sind durch eine wechselseitige Durchdringung gekennzeichnet. Insoweit existieren Rückwirkungskonstellationen im deutschen Recht, die sich erst aus der Verzahnung beider rechtlicher Regelsysteme ergeben. Das Gemeinschaftsrecht kann insbesondere im Bereich der Verordnungen rückwirkende Regelungen enthalten, die unmittelbare innerstaatliche Geltung entfalten. Ebenso kann es den bundesdeutschen Gesetzgeber berechtigen oder verpflichten, Gesetze mit rückwirkender Kraft zu erlassen. Die Zulässigkeitsgrenzen der Rückwirkung können danach auch durch das Gemeinschaftsrecht beeinflusst sein. Die Rückwirkung erhält hierdurch eine zusätzliche Dimension.

Im Europäischen Gemeinschaftsrecht ist die Rückwirkungsproblematik aufgrund fehlender gesetzlicher Regelung ebenfalls richterrechtlich geprägt. Der Europäische Gerichtshof hat in seiner Rechtsprechung ein Rückwirkungskonzept entwickelt, das am Normtypus der Verordnung orientiert ist (RS 98/78 - Racke -; RS 99/78 - Decker -). Auf der Grundlage der Differenzierung zwischen echter und unechter Rückwirkung ist das Abgrenzungskriterium der Tatbestandsabgeschlossenheit erster Anknüpfungspunkt einer primär normstrukturell geprägten Begriffsbildung. Das Spezifikum der Rückwirkung liegt darin, dass der Beginn des zeitlichen Anwendungsbereichs einer Norm auf einen Zeitpunkt vor ihrer Veröffentlichung vorverlegt und dabei zugleich die ursprüngliche Rechtsfolgenlage verändert wird. Die echte Rückwirkung bildet insoweit die einzige Rückwirkungsform. Sie ist ausnahmsweise zulässig, wenn in einem ersten Prüfungsschritt die Rückwirkungsanordnung aufgrund eines zwingenden Gemeinwohlinteresses erforderlich ist und darüber hinaus der individuelle Vertrauensschutz nicht beeinträchtigt wird. Demgegenüber ist die unechte Rückwirkung nicht als Rückwirkung anzusehen, sondern als begrifflicher Abgrenzungstopos hierzu. Sie ist grundsätzlich zulässig, es sei denn, das Individualinteresse überwiegt das Gemeinschaftsinteresse an der Änderung der Rechtslage.

Die Analyse der Rückwirkung zeigt im deutschen Recht und im Gemeinschaftsrecht in weiten Bereichen Übereinstimmungen. Die gemeinschaftsrechtliche Rechtsprechung hat sich konzeptionell an der bundesdeutschen Rückwirkungsjudikatur orientiert; andererseits hat der Europäische Gerichtshof seinerseits Ansätze der neueren Rechtsprechung des Zweiten Senats teilweise antizipiert. Die Übereinstimmungstendenzen betreffen sowohl die Erfassung der rechtlichen Existenz einer rückwirkenden Norm als auch ihre verfassungsrechtlichen Zulässigkeitsgrenzen, so dass letztlich für die jeweils betroffenen Normadressaten ein vergleichbares Schutzniveau besteht. Angesichts dieser Sach- und Rechtslage sind etwaige Kollisionsprobleme, die sich aus der Verschränkung der Gerichtsbarkeiten durch das Vorabentscheidungsverfahren nach Art. 234 EG ergeben können, weitgehend entschärft.

Die deutsche Rückwirkungsjudikatur erweist sich unter Berücksichtigung der europarechtlichen Verflechtungen nicht nur als gemeinschaftsrechtsbeeinflussend, sondern zugleich als gemeinschaftsrechtskonform. Dem gemeinschaftsrechtlichen Kohärenzgebot ist aufgrund der konzeptionellen Übereinstimmungen damit bereits weitgehend Rechnung getragen. Aufgrund dieser judikativen Kohärenz leistet die deutsche Rückwirkungsjudikatur hinsichtlich des verfassungsrechtlichen Problemkreises der Rückwirkung von Gesetzen einen Beitrag zur europäischen Rechtsangleichung sowie zur weiteren Verfestigung der Integration. Zukünftige Entwicklungen innerhalb der Rückwirkungsjudikatur des Bundesverfassungsgerichts sollten vor diesem Hintergrund des zunehmend wichtiger werdenden europarechtlichen Einflusses stets auch unter dem Gesichtspunkt der Integrationseignung gesehen werden.

Entscheidungsregister

Bundesverfassungsgericht

Reichsgericht in Zivilsachen

Bundesfinanzhof

Gerichtshof der Europäischen Gemeinschaften

EuGH	368/ 89	184, 187, 190, 205
EuGH	260/ 91	184, 187, 203
EuGH	261/ 91	184, 187, 203
EuGH	133/ 93	190
EuGH	300/ 93	190
EuGH	362/ 93	190
EuGH	241/ 95	195
EuGH	244/95	184, 187, 203, 204, 205
EuGH	315/ 96	195
EuGH	324/ 96	187, 190, 205
EuGH	372/96	190

Literaturverzeichnis

Aarnio, Aulis: Denkweisen der Rechtswissenschaft. Einführung in die Theorie der rechtswissenschaftlichen Forschung, Wien 1979

— (u.a. Hrsg.): Rechtsnorm und Rechtswirklichkeit. Festschrift für Werner Krawietz zum 60. Geburtstag, Berlin 1993

Achterberg, Norbert: Allgemeines Verwaltungsrecht, 2. Aufl., Heidelberg 1986

—: Diskussionsbeitrag, in: VVDStRL 32 (1974), S. 233-234

—: Rechtsprechung als Staatsfunktion. Rechtsprechungslehre als Wissenschaftsdisziplin, in: — (Hrsg.), Rechtsprechungslehre. Internationales Symposium, Münster 1984, S. 3-23

— (Hrsg.): Rechtsprechungslehre. Internationales Symposium, Münster 1984

Alchourrón, Carlos E./*Bulygin*, Eugenio: Normative Systems, Wien 1971

Alexy, Robert: Theorie der Grundreche, 1. Aufl., Baden-Baden 1985

—: Mauerschützen, Zum Verhältnis von Recht, Moral und Strafbarkeit, Hamburg 1993

—: Begriff und Geltung des Rechts, Freiburg 1992

Amelung, Knut: Die strafrechtliche Bewältigung des DDR-Unrechts durch die deutsche Justiz, Dresden 1996

Arndt, Claus: Zur Gültigkeit rückwirkender Gesetze, in: DVBl 73 (1958), S.120-124

Arndt, Hans-Wolfgang: Probleme rückwirkender Rechtsprechungsänderung. Dargestellt anhand der Rechtsprechung des Bundesgerichtshofes, des Bundesfinanzhofes, des Bundesarbeitsgerichts und des Bundesverfassungsgerichts, Frankfurt a.M. 1974

Arndt, Hans-Wolfgang/*Schumacher*, Andreas: Echte Fortschritte bei der unechten Rückwirkung?, in: NJW 51 (1998), S. 1538-1539

Arnold, Jörg: Bundesverfassungsgericht contra Einigungsvertrag. Der "Mauerschützen"-Beschluß des BVerfG auf dem strafrechtlichen Prüfstand, in: NJ 1997, S. 115-120

Aschke, Manfred: Übergangsregelungen als verfassungsrechtliches Problem, Frankfurt a.M. 1987

Bachof, Otto: Der Richter als Gesetzgeber?, in: Gernhuber, Joachim (Hrsg.), Tradition und Fortschritt im Recht. Festschrift gewidmet der Tübinger Juristenfakultät zu ihrem 500 jährigen Bestehen 1977, Tübingen 1977, S. 177-192

Badura, Peter: Staatsrecht. Systematische Erläuterung des Grundgesetzes für die Bundesrepublik Deutschland, 2. Aufl., München 1996: *Battis*, Ulrich: Neue Rechtsprechung des Bundesverfassungsgerichts zum Beamtenrecht,in: ZBR 33(1985), S.33-37

Bauer, Hartmut: Bundesverfassungsgericht und Rückwirkungsverbot, in: JuS 24 (1984), S. 241-249

—: Geschichtliche Grundlagen der Lehre vom subjektiven öffentlichen Recht, Berlin 1986

—: Neue Tendenzen in der bundesverfassungsgerichtlichen Rechtsprechung zum Rückwirkungsverbot, in: NVwZ 3 (1984), S. 220-223

—: Verfassungsrechtliche Grenzen rückwirkender Anwaltsgebührenerhöhungen, Berlin 1984

Benda, Ernst/*Maihofer*, Werner/*Vogel*, Hans-Jochen (Hrsg.): Handbuch des Verfassungsrechts der Bundesrepublik Deutschland, 2. Aufl, Berlin 1994

Benda, Ernst/*Klein*, Eckart: Lehrbuch des Verfassungsprozeßrechts, Heidelberg 1991

Bieber, Roland (u.a. Hrsg.): Das Europa der zweiten Generation Bd. I. Gedächtnisschrift für Christoph Sasse, Baden-Baden 1981

Biedenkopf, Kurt H.: Fortschritt in Freiheit. Umrisse einer politischen Strategie, München 1974

Bischoff, Peter: Das Problem der Rückwirkung bei einer Änderung der Rechtsprechung. Eine rechtstheoretische Untersuchung für den Bereich der Finanzgerichtsbarkeit, Münster 1980

Bleckmann, Albert: Europarecht. Das Recht der Europäischen Union und der Europäischen Gemeinschaften, 6. Aufl., Köln 1997

—: Methoden der Bildung europäischen Verwaltungsrechts, in: DÖV 46 (1993), S. 837-846

—: Staatsrecht II - Die Grundrechte, 4. Aufl., Köln 1997

Blumenwitz, Dieter/*Randelzhofer*, Albrecht (Hrsg.): Festschrift für Friedrich Berber zum 75. Geburtstag, München 1973

Bockelmann, Paul (u.a. Hrsg.): Festschrift für Karl Engisch zum 70. Geburtstag, Frankfurt a.M. 1969

Bötticher, Eduard (u.a. Hrsg.): Festschrift für Arthur Nikisch, Tübingen 1958

v. Bogdandy, Armin: Skizzen einer Theorie der Gemeinschaftsverfassung, in: v. Danwitz, Thomas (u.a. Hrsg.), Auf dem Wege zu einer Europäischen Staatlichkeit. 33. Tagung der Wissenschaftlichen Mitarbeiterinnen und Mitarbeiter der Fachrichtung "Öffentliches Recht", Stuttgart 1993, S. 9-29

—/Ehlermann, Carl-Dieter (Hrsg.): Konsolidierung und Kohärenz des Primärrechts nach Amsterdam, 1. Aufl, Baden-Baden 1998

Borchardt, Klaus-Dieter: Vertrauensschutz im Europäischen Gemeinschaftsrecht. Die Rechtsprechung des EuGH von Algera über CNTA bis Mulder und von Deetzen, in: EuGRZ 15 (1988), S. 309-315

Brockmeyer, Hans Bernhard: Kommentierung zu Art. 20 GG, in: Schmidt-Bleibtreu,Bruno/Klein, Franz (Hrsg.), Kommentar zum Grundgesetz, 9. Aufl., Neuwied 1999

Broekman, Jan M.: Zur Ontologie des juristischen Sprechaktes, in: Krawietz, Werner/Ott, Walter (Hrsg.), Formalismus und Phänomenologie im Rechtsdenken der Gegenwart. Festgabe für Alois Troller zum 80. Geburtstag, Berlin 1987, S. 231-242

Brüning, Christoph: Die Rückwirkung von Legislativakten, in: NJW 51 (1998), S. 525-528.

Brusiin, Otto: Über das juristische Denken, in: Commentationes Humanarum Litterarum 17 (1951), S. 1-164

—: Der Mensch und sein Recht, in: Kangas, Urpo (Hrsg.), Der Mensch und sein Recht. Ausgewählte rechtstheoretische Schriften, Berlin 1990

Bryde, Brun-Otto: Kommentierung zu Art. 14 GG, in: v. Münch, Ingo/Kunig, Philip (Hrsg.), Grundgesetz-Kommentar. Band 1 (Präambel bis Art. 20), 4. Aufl., München 1992

Burmeister, Joachim: Vertrauensschutz im Prozeßrecht. Ein Beitrag zur Theorie vom Dispositionsschutz des Bürgers bei Änderung des Staatshandelns. Vortrag, gehalten vor der Berliner Juristischen Gesellschaft am 12. Juli 1978 - erweiterte Fassung - Berlin 1979

Bydlinski, Franz: Juristische Methodenlehre und Rechtsbegriff, 2. Aufl., Wien, 1991

—: Die normative Prämisse der Rechtsgewinnung, in: Rechtstheorie, 16 (1985), S. 1-64

Coen, Martin/*Hölscheidt*, Sven, *Pieper*, Stefan Ulrich (u.a. Hrsg): Europa '93 - Auf dem Weg zur Europäischen Union. Festschrift für Albert Bleckmann zum 60. Geburtstag, Herne 1993

Coing, Helmut: Grundsätzliches zur Rückwirkung von Gesetzen, in: BB 9 (1954), S. 137-141

—: Grundzüge der Rechtsphilosophie, 5. Aufl., Berlin 1993

Compes, Achim: Der gesetzgeberische Eingriff in nach altem Recht bestehende Rechtspositionen und deren weiche Überleitung in der Rechtsprechung des Bundesverfassungsgerichts, Köln 1993

Daig, Hans-Wolfram: Auslegung und Anwendung von Art. 177 EWG-Vertrag durch den Gerichtshof der Europäischen Gemeinschaften, in: Grewe, Wilhelm (u.a. Hrsg.), Europäische Gerichtsbarkeit und nationale Verfassungsge-

richtsbarkeit. Festschrift zum 70. Geburtstag von Hans Kutscher, Baden-Baden 1981, S. 79-93
Dannecker, Gerhard: Das intertemporale Strafrecht, Tübingen 1993
v. Danwitz, Thomas (u.a. Hrsg.): Auf dem Wege zu einer Europäischen Staatlichkeit. 33. Tagung der Wissenschaftlichen Mitarbeiterinnen und Mitarbeiter der Fachrichtung "Öffentliches Recht", Stuttgart 1993
Dauses, Manfred A.: Das Vorabentscheidungsverfahren nach Artikel 177 EG-Vertrag, 2. Aufl., München 1995
Degenhart, Christoph: Das allgemeine Persönlichkeitsrecht, Art. 2 I i.V. mit Art. 1 I GG, in: JuS 32 (1992), S. 361-368
—: Systemgerechtigkeit und Selbstbindung des Gesetzgebers als Verfassungspostulat, München 1976
Denninger, Erhard: Rückwirkungsverbot und Eigentumsgarantie bei der erbersatzsteuerlichen Behandlung von Familienstiftungen (I.), in: AG 23 (1978), S. 29-40
Doehring, Karl: Das Staatsrecht der Bundesrepublik Deutschland. Unter besonderer Berücksichtigung der Rechtsvergleichung und des Völkerrechts, 3. Aufl., Frankfurt a.M. 1984
Dreier, Horst (Hrsg.): Grundgesetz. Kommentar. Bd. I. Art.1-19, Tübingen 1996
—: Grundgesetz. Kommentar. Bd. II. Art. 20-82, Tübingen 1998
Dreier, Ralf: Was ist und wozu Allgemeine Rechtstheorie?, in: Recht und Staat 444/445 (1975), S. 4-34
Dreier, Ralf/*Paulson*, Stanley L. (Hrsg.): Rechtsphilosophie, Heidelberg 1999
Dürig, Günter: Diskussionsbeitrag, in: VVDStRL 32 (1974), S. 247-249
—: Kommentierung zu Art. 3 I GG, in: Maunz, Theodor/— (Hrsg.), Kommentar zum Grundgesetz. Band I (Art. 1 - 10 GG). Stand: 34. Lfg., München 1998
—: Zeit und Rechtsgleichheit, in: Gernhuber, Joachim (Hrsg.), Tradition und Fortschritt im Recht. Festschrift gewidmet der Tübinger Juristenfakultät zu ihrem 500 jährigen Bestehen 1977, Tübingen 1977, S. 21-46
Ebel, Wilhelm: Geschichte der Gesetzgebung in Deutschland, 2. Aufl., Göttingen 1958
Ehle, Dietrich: Inkrafttreten von EWG-Verordnungen und Rückwirkungsverbot, in: DVBl 85 (1970), S. 600-605
Ehlers, Dirk: Die Einwirkungen des Rechts der Europäischen Gemeinschaften auf das Verwaltungsrecht, in: Erichsen, Hans-Uwe (Hrsg.), Allgemeines Verwaltungsrecht, 11. Aufl., Berlin 1998, S. 75-112
Eibach, Gerhard: Das Recht der Europäischen Gemeinschaften als Prüfungsgegenstand des Bundesverfassungsgerichts. Verfassungsrechtliche und verfahrensrechtliche Möglichkeiten unter den Gesichtspunkten des deutschen sowie des europäischen Rechts und des Völkerrechts, Berlin 1986

Engisch, Karl: Die Idee der Konkretisierung in Recht und Rechtswissenschaft unserer Zeit, Heidelberg 1953

Engliš, Karel: Kritik der Normativen Theorie, in: Kubeš, Vladimír/Weinberger, Ota (Hrsg.), Die Brünner rechtstheoretische Schule (Normative Theorie), Wien 1980, S. 176-193

Erichsen, Hans-Uwe (Hrsg.): Allgemeines Verwaltungsrecht, 11. Aufl., Berlin 1998

Esser, Josef: Wert und Bedeutung der Rechtsfiktionen. Kritisches zur Technik der Gesetzgebung und zur bisherigen Dogmatik des Privatrechts, 2. Aufl., Frankfurt a.M. 1969

Essler, Wilhelm: Grundzüge der Logik. Bd. 1. Das logische Schließen, 3. Aufl., Frankfurt 1983

Everling, Ulrich: Europäisches Gemeinschaftsrecht und nationales Recht in der praktischen Rechtsanwendung, in: NJW 20 (1967), S. 465-473

Fastenrath, Ulrich/*Müller-Gerbes*, Maike: Europarecht, Freiburg 1996

Fechner, Oskar: Das System der ontischen Kategorien. Grundlegung der Allgemeinen Ontologie oder der Metaphysik, Hildesheim 1961

Fiedler, Jürgen: Neuorientierung der Verfassungsrechtsprechung zum Rückwirkungsverbot und zum Vertrauensschutz?, in: NJW 41 (1988), S. 1624-1631

Fikentscher, Wolfgang: Methoden des Rechts in vergleichender Darstellung. Band III. Mitteleuropäischer Rechtskreis, Tübingen 1976

Friauf, Karl Heinrich: Gesetzesankündigung und rückwirkende Gesetzgebung im Steuer- und Wirtschaftsrecht, in: BB 27 (1972), S. 669-678

—: Steuerrechtsänderung und Altinvestitionen, zum Verfassungsgebot der steuerlichen Investitionssicherheit, in: StbJb 38 (1986/87), S. 279-295

Fuß, Ernst-Werner: Der Schutz des Vertrauens auf Rechtskontinuität im deutschen Verfassungsrecht und europäischen Gemeinschaftsrecht, in: Grewe, Wilhelm (u.a. Hrsg.), Europäische Gerichtsbarkeit und nationale Verfassungsgerichtsbarkeit. Festschrift zum 70. Geburtstag von Hans Kutscher, Baden-Baden 1981, S. 201-214

—: Die Verantwortung der nationalen Gerichte für die Wahrung des europäischen Gemeinschaftsrechts, in: Bieber, Roland (u.a. Hrsg.), Das Europa der zweiten Generation. Bd. I. Gedächtnisschrift für Christoph Sasse, Baden-Baden 1981, S. 171-196

Gadamer, Hans-Georg: Wahrheit und Methode. Grundzüge einer philosophischen Hermeneutik, Tübingen 1960

Gegerle, Manfred: Die Verfassungsproblematik belastender Rückwirkungsgesetze, München 1960

Geiger, Rudolf (Hrsg.): EG-Vertrag. Kommentar zu dem Vertrag zur Gründung der Europäischen Gemeinschaft, 2. Aufl., München 1995

—: Grundgesetz und Völkerrecht. Die Bezüge des Staatsrechts zum Völkerrecht und Europarecht, 2. Aufl., München 1994

Gernhuber, Joachim (Hrsg.): Tradition und Fortschritt im Recht. Festschrift gewidmet der Tübinger Juristenfakultät zu ihrem 500 jährigen Bestehen 1977, Tübingen 1977

Gersdorf, Hubertus: Das Kooperationsverhältnis zwischen deutscher Gerichtsbarkeit und EuGH, in: DVBl 109 (1994), S. 674-685

Giese, Friedrich: Können Verfassungsgesetze sich rückwirkende Kraft beilegen?, in: DÖV 7 (1954), S. 321-324

Gilsdorf, Peter: Vertrauensschutz, Bestandsschutz und Rückwirkungsbegrenzung im Gemeinschaftsrecht, in: RIW 29 (1983), S. 22-29

Gilsdorf, Peter/*Bardenhewer*, Angela: Das EuGH-Urteil im Fall "Crispoltoni" und die Rückwirkungsproblematik, in: EuZW 3 (1992), S. 267-270

Götz, Volkmar: Bundesverfassungsgericht und Vertrauensschutz, in: Starck, Christian (Hrsg.), Bundesverfassungsgericht und Grundgesetz. Festgabe aus Anlaß des 25 jährigen Bestehens des Bundesverfassungsgerichts. Zweiter Band, Tübingen 1976, S. 421-452

Grabitz, Eberhard: Vertrauensschutz als Freiheitsschutz, in: DVBl 88 (1973), S. 675-684

Grabitz, Eberhard/*Hilf*, Meinhard (Hrsg.): Kommentar zur Europäischen Union. Vertrag über die Europäische Union/Vertrag zur Gründung der Europäischen Gemeinschaft. Bd. II: Art 137-248 EGV, EWGV, Stand: 12. Lfg., München 1998

Grewe, Wilhelm G. (u.a. Hrsg.): Europäische Gerichtsbarkeit und nationale Verfassungsgerichtsbarkeit. Festschrift zum 70. Geburtstag von Hans Kutscher, Baden-Baden 1981

von der Groeben, Hans/*Thiesing*, Jochen/*Ehlermann*, Claus-Dieter (Hrsg.): Kommentar zum EU-/EG- Vertrag. Bd. 4: Art. 137-209 a EGV, 5. Aufl., Baden-Baden 1997

Gross, Werner: Gesetze haben keine rückwirkende Kraft, in: BB 8 (1953), S. 93-94

Groß, Thomas: Verfassungsrechtliche Grenzen der europäischen Integration, in: Jura 13 (1991), S. 575-580

Gündisch, Jürgen: Europa und das Grundgesetz, in: AnwBl 43 (1993), S. 590-594

Habermas, Jürgen: Erkenntnis und Interesse, 5. Aufl., Frankfurt a.M. 1979

Häberle, Peter: Buchrezension zu "Wohl der Allgemeinheit und öffentliche Interessen". Schriftenreihe der Hochschule Speyer, Berlin 1968, in: DÖV 22 (1969), S. 437-438

—: Öffentliches Interesse als juristisches Problem. Eine Analyse von Gesetzgebung und Rechtsprechung, Bad Homburg 1970

Hahn, Hartmut: Zur Rückwirkung im Steuerrecht - Zugleich eine Kritik am Beschluß des Bundesverfassungsgerichts vom 14. Mai 1986, Bonn 1987

Hailbronner, Kay (u.a. Hrsg.): Staat und Völkerrechtsordnung. Festschrift für Karl Doehring, Berlin 1989

Hallier, Hans Joachim: Die Ausfertigung und Verkündung von Gesetzen und Verordnungen in der Bundesrepublik Deutschland, in: AöR 85 (1960), S. 391-422

Hamann, Andreas: Die Freiheit der Persönlichkeitsentfaltung im wirtschaftlichen Bereich, in: BB 10 (1955), S. 105-107

—: Zur Rechtsprechung zu den Artikeln 2 und 3 des Bonner Grundgesetzes, in: DÖV 5 (1952), S. 132-135

Hartmann, Nicolai: Der Aufbau der realen Welt. Grundriß der allgemeinen Kategorienlehre, Berlin 1940

—: Zur Grundlegung der Ontologie, 4. Aufl., Berlin 1965

Hasenjaeger, Gisbert: Einführung in die Grundbegriffe und Probleme der modernen Logik, Freiburg, München 1962

Hassemer, Winfried: Rechtstheorie, Methodenlehre und Rechtsreform, in: Kaufmann, Arthur (Hrsg.), Rechtstheorie. Ansätze zu einem kritischen Rechtsverständnis, Karlsruhe 1971, S. 27-33

—: Tatbestand und Typus. Untersuchungen zur strafrechtlichen Hermeneutik, Köln 1968

Hatje, Armin: Europäische Rechtseinheit durch einheitliche Rechtsdurchsetzung, in: EuR 33 (1998), Beiheft 1, S. 7-27

Heidegger, Martin: Sein und Zeit. Erste Hälfte, 6. Aufl., Tübingen 1949

Heiderich, Eberhart G.: Übergangsvorschriften in der neueren Gesetzgebungspraxis. Studien zur Formtypik und verfassungsrechtlichen Problematik von Übergangsvorschriften, Heidelberg 1967

—: Kommentierung zu Art. 20 GG, in: Maunz, Theodor/Dürig, Günter (Hrsg.), Kommentar zum Grundgesetz,.Bd. III. Art. 20-69, Stand: 34. Lfg., München 1998

Hesse, Konrad: Grundzüge des Verfassungsrechts der Bundesrepublik Deutschland, 20. Aufl., Heidelberg 1995

—: Deutsche Verfassungsgerichtsbarkeit an der Schwelle zum neuen Jahrhundert, in: Schwarze, Jürgen (Hrsg.),Verfassungsrecht und Verfassungsgerichtsbarkeit im Zeichen Europas, Baden-Baden 1998

Heukels, Ton: Intertemporales Gemeinschaftsrecht. Rückwirkung, Sofortwirkung und Rechtsschutz in der Rechtsprechung des Gerichtshofes der Europäischen Gemeinschaften, Baden-Baden 1990

—: Die Rückwirkungsjudikatur des EuGH: Grundlagen und Tendenzen. Vortrag vor dem Europa-Institut der Universität des Saarlandes, Saarbrücken,15. Januar 1992, in: Ress, Georg/Stein, Torsten (Hrsg.), Vorträge Reden und Berichte aus dem Europa-Institut, Nr. 256, Europa-Institut der Universität des Saarlandes 1992

Hofmann, Hasso: Das Postulat der Allgemeinheit des Gesetzes, in: Starck, Christian (Hrsg.), Die Allgemeinheit des Gesetzes. 2. Symposion der Kommission "Die Funktion des Gesetzes in Geschichte und Gegenwart" am 14. und 15. November 1986, Göttingen 1987

Hoppe, Werner (u.a. Hrsg.): Rechtsprechungslehre. Zweites internationales Symposium in Münster 1988, Köln 1992

Horn, Norbert (Hrsg.): Europäisches Rechtsdenken in Geschichte und Gegenwart. Festschrift für Helmut Coing zum 70. Geburtstag, München 1982

Huntemann, Eva Maria: Urteilsanmerkung zu BVerfGE 88, 384, in: DZWir 1994, S. 104-112

Iliopoulos-Strangas, Julia: Rückwirkung und Sofortwirkung von Gesetzen. Eine verfassungsrechtliche Untersuchung unter Berücksichtigung des deutschen und griechischen Steuerrechts, Baden-Baden 1986

Ipsen, Hans Peter: Europäisches Gemeinschaftsrecht, Tübingen 1972

—: Urteilsanmerkung zu BVerfG, EuR 13 (1978), in: EuR 13 (1978), S. 151-153

—: Die Verfassungsrolle des Europäischen Gerichshofs für die Integration in: Schwarze, Jürgen (Hrsg.), Der Europäische Gerichtshof als Verfassungsgericht und Rechtsschutzinstanz. Referate und Diskussionsberichte der Tagung des Arbeitskreises Europäische Integration e.V. in Hamburg vom 2. bis 4. Juni 1983, Baden-Baden 1983, S. 29-62

—: Zehn Glossen zum Maastricht-Urteil, in: EuR 29 (1994), S. 1-21

Isensee, Josef/*Kirchhof*, Paul (Hrsg.): Handbuch des Staatsrechts der Bundesrepublik Deutschland. Bd III. Das Handeln des Staates, Heidelberg 1988

— (Hrsg.): Handbuch des Staatsrechts der Bundesrepublik Deutschland. Bd. VII. Normativität und Schutz der Verfassung - Internationale Beziehungen, Heidelberg 1992

Jahr, Günther/*Maihofer*, Werner (Hrsg.): Rechtstheorie. Beiträge zur Grundlagendiskussion, Frankfurt a.M., 1971

Jarass, Hans D.: Kommentierung zu Art. 2 I GG, in: —/Pieroth, Bodo (Hrsg.), Grundgesetz für die Bundesrepublik Deutschland. Kommentar, 5. Aufl., München 2000

—: Das allgemeine Persönlichkeitsrecht im Grundgesetz, in: NJW 42 (1989), S. 857-862

Jarass, Hans D./*Pieroth*, Bodo (Hrsg.): Grundgesetz für die Bundesrepublik Deutschland. Kommentar, 5. Aufl., München 2000

Jekewitz, Jürgen: Der Zeitpunkt wirksamer Zerstörung des Vertrauensschutzes bei rückwirkenden Rechtsnormen, in: NJW 43 (1990), S. 3114-3119
Jellinek, Georg: Gesetz und Verordnung. Staatsrechtliche Untersuchungen auf rechtsgeschichtlicher und rechtsvergleichender Grundlage, Tübingen 1919
—: System der subjektiven öffentlichen Rechte, 2.Aufl., Neudruck der Ausgabe von 1905, Tübingen 1919
Jellinek, Walter: Gesetz, Gesetzesanwendung und Zweckmäßigkeitserwägung. Eine Staats- und Verwaltungsrechtliche Untersuchung, Tübingen 1913
Jørgensen, Stig: Recht und Gesellschaft, Göttingen 1971
—: Typologie und "Realismus" in der neueren Rechtswissenschaft, in: Nachrichten der Akademie der Wissenschaften zu Göttingen 1971, S. 55-74
Kangas, Urpo: Einführung in das Rechtsdenken Otto Brusiins, in: — (Hrsg.), Der Mensch und sein Recht. Ausgewählte rechtstheoretische Schriften, Berlin 1990, S. 9-55
— (Hrsg.): Der Mensch und sein Recht. Ausgewählte rechtstheoretische Schriften, Berlin 1990
Kannengießer, Christoph: Kommentierung zu Art. 2 I GG, in: Schmidt-Bleibtreu, Bruno/Klein, Franz (Hrsg.), Kommentar zum Grundgesetz, 9. Aufl., Neuwied 1999
Kant, Immanuel: Die Metaphysik der Sitten, in: Königlich Preußische Akademie der Wissenschaften (Hrsg.), Kant's gesammelte Schriften. Bd VI. Berlin 1914, S. 203-491
Karpen, Ulrich: Gesetzgebungs-,Verwaltungs- und Rechtsprechungslehre. Beiträge zur Entwicklung einer Regelungstheorie, Baden-Baden 1989
—: Gesetzgebungslehre und Rechtsprechungslehre, in: Hoppe, Werner (u.a. Hrsg.), Rechtsprechungslehre. Zweites internationales Symposium in Münster 1988, Köln 1992, S. 29-64
—: Urteilsanmerkung zu BVerfGE 78, 249, in: JZ 44 (1989), S. 395-396
Karpenstein, Peter: Kommentierung zu Art. 171 EGV, in: Grabitz, Eberhard/Hilf, Meinhard (Hrsg.), Kommentar zur Europäischen Union. Vertrag über die Europäische Union/Vertrag zur Gründung der Europäischen Gemeinschaft. Bd. II: Art. 137-248 EGV,EWGV, Stand: 12. Lfg., München 1998
Katz, Alfred: Staatsrecht. Grundkurs im öffentlichen Recht, 14. Aufl., Heidelberg 1999
Kaufmann, Arthur: Die ontologische Begründung des Rechts, Darmstadt 1965
—: Gedanken zu einer ontologischen Grundlegung der juristischen Hermeneutik, in: Horn, Norbert (Hrsg.), Europäisches Rechtsdenken in Geschichte und Gegenwart. Festschrift für Helmut Coing zum 70. Geburtstag, München 1982, S. 537-548

—: Rechtsphilosophie, Rechtstheorie, Rechtsdogmatik, in: —/Hassemer, Winfried (Hrsg.), Einführung in Rechtsphilosophie und Rechtstheorie der Gegenwart, 5. Aufl., Heidelberg 1989, S. 1-24

—: Rechtsphilosophie im Wandel. Stationen eines Weges, Frankfurt a.M. 1972

— (Hrsg.): Rechtstheorie. Ansätze zu einem kritischen Rechtsverständnis, Karlsruhe 1971

—: Über den Zirkelschluß in der Rechtsfindung, in: Lackner, Karl (u.a. Hrsg.), Festschrift für Wilhelm Gallas zum 70. Geburtstag, Berlin 1973, S. 7-20

Kaufmann, Arthur/*Hassemer*, Winfried (Hrsg.): Einführung in Rechtsphilosophie und Rechtstheorie der Gegenwart, 5. Aufl., Heidelberg 1989

Kelsen, Hans: Hauptprobleme der Staatsrechtslehre. Entwickelt aus der Lehre vom Rechtssatze, 2.Aufl., Tübingen 1923

—: Reine Rechtslehre. Mit einem Anhang: Das Problem der Gerechtigkeit, 2. Aufl., Wien 1960

—: Allgemeine Staatslehre, Berlin 1925

—: Allgemeine Theorie der Normen. Im Auftrag des Hans-Kelsen-Instituts aus dem Nachlaß hrsg. v. Kurt Ringhofer und Robert Walter, Wien 1979

Kirchhof, Paul: Die Rückwirkung steuerkonkurrenzlösender Rechtssätze, in: DStR 17 (1979), S. 275-283

Kisker, Gunter: Die Rückwirkung von Gesetzen. Eine Untersuchung zum angloamerikanischen und deutschen Recht, Tübingen 1963

Klein, Eckart: Unmittelbare Geltung, Anwendbarkeit und Wirkung von Europäischem Gemeinschaftsrecht. Vortrag vor dem Europa-Institut der Universität des Saarlandes. Saarbrücken, 2. Februar 1988, in: Ress, Georg/Will, Michael (Hrsg.), Vorträge, Reden und Berichte aus dem Europa-Institut. Nr. 119, Europa-Institut der Universität des Saarlandes 1988

Klein, Friedrich/*Barbey*, Günther: Bundesverfassungsgericht und Rückwirkung von Gesetzen, Bonn 1964

Klein, Walter: Zum Begriff des öffentlichen Interesses, Münster 1969

Kloepfer, Michael (u.a. Hrsg.): Die Bedeutung der Europäischen Gemeinschaften für das deutsche Recht und die deutsche Gerichtsbarkeit. Seminar zum 75. Geburtstag von Karl August Bettermann, Berlin 1989

—: Gesetzgebung im Rechtsstaat, in: VVDStRL 40 (1982), S. 63-96

—: Vorwirkung von Gesetzen, München 1974

Klug, Ulrich (u.a. Hrsg.): Gesetzgebungstheorie. Juristische Logik, Zivil- und Prozeßrecht. Gedächtnisschrift für Jürgen Rödig, Berlin 1978

—: Juristische Logik, 3. Aufl., Berlin 1966

Köster, Hans D.: Verfassungsrechtliche Schranken rückwirkender Gesetzgebung, in: BB 7 (1952), S. 93-95

Koenig, Christian: Die Europäische Union als bloßer materiellrechtlicher Verbundrahmen, in: von Bogdandy, Armin/Ehlermann, Carl-Dieter (Hrsg.), Konsolidierung und Kohärenz des Primärrechts nach Amsterdam, 1. Aufl, Baden-Baden 1998, S. 139-150
—: Einführung in das EG-Prozeßrecht, Tübingen 1997
Koller, Peter: Theorie des Rechts, Wien 1992
Kopp, Ferdinand O.: Um eine neue Begründung des Grundsatzes des Vertrauensschutzes im öffentlichen Recht, in: BayVBl 26 (1980), S. 38-40
Krawietz, Werner: Begriffsjurisprudenz, in: Ritter, Joachim (Hrsg.), Historisches Wörterbuch der Philosophie. Band 1: A-C, Basel/Stuttgart 1971, Sp. 809-813
—: Juristische Entscheidung und wissenschaftliche Erkenntnis. Eine Untersuchung zum Verhältnis von dogmatischer Rechtswissenschaft und rechtswissenschaftlicher Grundlagenforschung, Wien 1978
—: Juristische Methodik und ihre rechtstheoretischen Implikationen, in: Jahrbuch für Rechtssoziologie und Rechtstheorie 2 (1972), S. 12- 42
—: Juristische Logik, in: Ritter, Joachim/Gründer, Karlfried (Hrsg.), Historisches Wörterbuch der Philosophie. Band 5: L-Mn, Basel/Stuttgart 1980, Sp. 423-434
—: Das positive Recht und seine Funktion. Kategoriale und methodologische Überlegungen zu einer funktionalen Rechtstheorie, Berlin 1967
—: Recht als Regelsystem, Wiesbaden 1984
—: Unbestimmter Rechtsbegriff, öffentliches Interesse und gesetzliche Gemeinwohlklauseln als juristisches Entscheidungsproblem, in: Der Staat 11 (1972), S. 349-366
—: Neue Sequenzierung der Theoriebildung und Kritik der Allgemeinen Theorie sozialer Systeme, in: —/Welker, Michael, Kritik der Theorie sozialer Systeme, Frankfurt a.M. 1992, S. 14-42
— (u.a. Hrsg.): Theorie der Normen. Festgabe für Ota Weinberger zum 65. Geburtstag, Berlin 1984
Krawietz, Werner/*Ott*, Walter (Hrsg.): Formalismus und Phänomenologie im Rechtsdenken der Gegenwart. Festgabe für Alois Troller zum 80. Geburtstag, Berlin 1987
Krawietz, Werner/*Welker*, Michael (Hrsg.): Kritik der Theorie sozialer Systeme, Frankfurt a.M. 1992
Krawietz, Werner/*Wróblewski*, Jerzy (Hrsg.): Sprache, Performanz und Ontologie des Rechts. Festgabe für Kazimierz Opałek zum 75. Geburtstag, Berlin 1993
Kriele, Martin: Plangewährleistungsansprüche?, in: DÖV 20 (1967), S. 531-538
—: Theorie der Rechtsgewinnung. Entwickelt am Problem der Verfassungsinterpretation, 2. Aufl., Berlin 1976

Krück, Hans: Kommentierung zu Art. 177 EG-Vertrag, in: von der Groeben, Hans/Thiesing, Jochen/Ehlermann, Claus-Dieter (Hrsg.), Kommentar zum EU-/EG- Vertrag. Bd. 4: Art. 137-209a EGV, 5. Aufl., Baden- Baden 1997

Krüger, Herbert: Die Einschränkung von Grundrechten nach dem Grundgesetz, in: DVBl 65 (1950), S. 625-629

Krüger, Hildegard: Die Verfassungswidrigkeit der Lex Schörner, in: DVBl 70 (1955), S.791-796

Kubeš, Vladimír: Die kritisch ontologischen Aufgaben der Rechtsphilosophie,in: Krawietz, Werner/Wróblewski, Jerzy (Hrsg.), Sprache, Performanz und Ontologie des Rechts. Festgabe für Kazimierz Opałek zum 75. Geburtstag, Berlin 1993, S. 207-219

—: Ontologie des Rechts, Berlin 1986

—: Die Rechtsnorm, in: Krawietz, Werner (u.a. Hrsg.), Theorie der Normen. Festgabe für Ota Weinberger zum 65. Geburtstag, Berlin 1984, S. 407-420

Kubeš, Vladimír/*Weinberger, Ota* (Hrsg.): Die Brünner rechtstheoretische Schule (Normative Theorie), Wien 1980

Kunig, Philip: Das Rechtsstaatsprinzip. Überlegungen zu einer Bedeutung für das Verfassungsrecht der Bundesrepublik Deutschland, Tübingen 1986

—: Kommentierung zu Art. 2 I GG, in: v. Münch, Ingo/— (Hrsg.), Grundgesetz-Kommentar. Band 1 (Präambel bis Art. 20 GG), 4. Aufl., München 1992

Lachmayer, Friedrich: Grundzüge einer Normentheorie. Zur Struktur der Normen, dargestellt am Beispiel des Rechtes, Berlin 1977

—: Möglichkeiten einer Verwendung normentheoretischer Analysen für die Gesetzgebung, in: Rödig, Jürgen (Hrsg.), Studien zu einer Theorie der Gesetzgebung, Berlin 1976, S. 494-504

—: Norm und Prophetie, in: Krawietz, Werner (u.a. Hrsg.), Theorie der Normen. Festgabe für Ota Weinberger zum 65. Geburtstag, Berlin 1984, S. 557-566

Lackner, Karl (u.a. Hrsg.): Festschrift für Wilhelm Gallas zum 70. Geburtstag, Berlin 1973

Lang, Joachim: Verfassungsrechtliche Zulässigkeit rückwirkender Steuergesetze, in: WPg 1998, S. 163-174

Larenz, Karl: Methodenlehre der Rechtswissenschaft, 2., neubearbeitete Aufl. der 6. Aufl., Berlin 1992

—: Wegweiser zu richterlicher Rechtsschöpfung. Eine rechtsmethodologische Untersuchung, in: Bötticher, Eduard (u.a. Hrsg.), Festschrift für Arthur Nikisch, Tübingen 1958, S. 275-305

Lassalle, Ferdinand: Das System der erworbenen Rechte. Eine Versöhnung des positiven Rechts und der Rechtsphilosophie. Erster Teil: Die Theorie der erworbenen Rechte und der Kollision der Gesetze unter besonderer Berücksichtigung des Römischen, Französischen und Preußischen Rechts, Leipzig 1861

Lecheler, Helmut: Vertrauensschutz bei der Beamtenbesoldung und Beamtenversorgung, in: ZBR 38 (1990), S. 1-6

Leenen, Detlef: Typus und Rechtsfindung. Die Bedeutung der typologischen Methode für die Rechtsfindung dargestellt am Vertragsrecht des BGB, Berlin 1971

Leisner, Walter: Das Gesetzesvertrauen des Bürgers. Zur Theorie der Rechtsstaatlichkeit und der Rückwirkung der Gesetze, in: Blumenwitz, Dieter/Randelzhofer, Albrecht (Hrsg.), Festschrift für Friedrich Berber zum 75. Geburtstag, München 1973, S. 273-297

Lenk, Hans: Normen als Interpretationskonstrukte, in: Aarnio, Aulis (u.a. Hrsg.), Rechtsnorm und Rechtswirklichkeit. Festschrift für Werner Krawietz zum 60. Geburtstag, Berlin 1993, S. 25-40

Lieber, Dagmar: Über die Vorlagepflicht des Artikel 177 EWG-Vertrag und deren Mißachtung, München 1986

Lübbe, Christine: Grenzen der Rückwirkung bei Rechtsprechungsänderungen, Frankfurt a.M. 1998

Luhmann, Niklas: Positivität des Rechts als Voraussetzung einer modernen Gesellschaft, in: Jahrbuch für Rechtssoziologie und Rechtstheorie 1 (1970), S. 175-202

—: Positivität als Selbstbestimmtheit des Rechts, in: Rechtstheorie 19 (1988), S. 11-27

—: Das Recht der Gesellschaft, Frankfurt a.M. 1993

Mahrenholz, Ernst-Gottfried: Das richterliche Sondervotum, in: Hoppe, Werner (u.a. Hrsg.), Rechtsprechungslehre. Zweites internationales Symposium in Münster 1988, Köln 1992, S. 167-171

Maihofer, Werner: Die gesellschaftliche Funkton des Rechts, in: Jahrbuch für Rechtssoziologie und Rechtstheorie 1 (1970), S. 11-36

—: Recht und Sein. Prolegomena zu einer Rechtsontologie, Frankfurt a.M. 1954

—: Zum Verhältnis von Rechtssoziologie und Rechtstheorie, in: Jahr, Günter/— (Hrsg.), Rechtstheorie. Beiträge zur Grundlagendiskussion, Frankfurt a.M. 1971, S. 247-302

Maiwald, Beate: Rückwirkung im europäischen Gemeinschaftsrecht, in: NJW 36 (1983), S. 1951-1952

v. Mangoldt, Hermann/*Klein*, Friedrich/*Starck*, Christian (Hrsg.): Das Bonner Grundgesetz. Kommentar. Begründet von Hermann v. Mangoldt, fortgeführt von Friedrich Klein, 3. neubearbeitete Aufl. von Christian Starck, Band 1: Präambel, Art. 1 - 5, München 1985

Maunz, Theodor/*Zippelius*, Reinhold: Deutsches Staatsrecht. Begründet von Theodor Maunz, völlig neubearbeitet von Reinhold Zippelius, 30. Aufl., München 1998

Maunz, Theodor/*Dürig*, Günter (Hrsg.): Kommentar zum Grundgesetz. Band I (Art. 1-10 GG), Stand: 34. Lfg., München 1998

—: Kommentar zum Grundgesetz. Band III (Art. 20-69 GG), Stand: 34. Lfg., München 1998

Mayer - Maly, Theo: Rechtswissenschaft, 5. Aufl., München 1991

Medicus, Dieter: Über die Rückwirkung von Rechtsprechung, in NJW 48 (1995), S. 2577-2584

Meurer, Dieter: Die Fiktion als Gegenstand der Gesetzgebungslehre, in: Rödig, Jürgen (Hrsg.), Studien zu einer Theorie der Gesetzgebung, Heidelberg 1976, S. 281-295

Meyer-Cording, Ulrich: Die Rückwirkung von Gesetzen, in: JZ 7 (1952), S. 161-167

Mittermaier, Cornelia: Rückwirkung in der Rechtsprechung des Bundesverfassungsgerichts - Besprechung des Beschlusses des Zweiten Senats vom 3. Dezember 1997- 2 BvR 882/97, in: DStZ 86 (1998), S. 549-552

Mögele, Rudolf: Deutsches und europäisches Verwaltungsrecht - wechselseitige Einwirkungen,in: BayVBl 39 (1993), S. 552 - 559

Möller, Johannes/*Rührmair*, Alfred: Die Bedeutung der Grundrechte für die verfassungsrechtlichen Anforderungen an rückwirkende Gesetze, in: NJW 52 (1999), S. 908-911

Mondorf, Tony: Zur Frage der Rückwirkung von Gesetzen und Verordnungen im Steuerrecht, in: StbJb 3 (1951), S. 21-32

Muckel, Stefan: Kriterien des verfassungsrechtlichen Vertrauensschutzes bei Gesetzesänderungen, Berlin 1989

—: Die Rückwirkung von Gesetzen in der neueren Rechtsprechung des Bundesverfassungsgerichts, in: JA 26 (1994), S. 13-16

—: Urteilsanmerkung zu BVerfGE 88, 384, in: JA 25 (1993), S. 343-345

Müller, Friedrich: Strukturierende Rechtslehre, 2. Aufl., Berlin 1994

Müller, Hanswerner: Handbuch der Gesetzgebungstechnik, 2. Aufl., Köln 1968

Müller-Graff, Peter-Christian: Einheit und Kohärenz der Vertragsziele von EG und EU, in: von Bogdandy, Armin/Ehlermann, Carl-Dieter (Hrsg.), Konsolidierung und Kohärenz des Primärrechts nach Amsterdam, 1. Aufl, Baden-Baden 1998, S. 67-80

v. *Münch*, Ingo/*Kunig*, Philip (Hrsg.): Grundgesetz-Kommentar. Band 1 (Präambel bis Art. 20 GG), 4. Aufl., München 1992

Naucke, Wolfgang: Die Mißachtung des strafrechtlichen Rückwirkungsverbots 1933-1945. Zum Problem der Bewertung strafrechtlicher Entwicklungen als "unhaltbar", in: Horn, Norbert (Hrsg.), Europäisches Rechtsdenken in Geschichte und Gegenwart, Festschrift für Helmut Coing zum 70. Geburtstag, München 1982, S. 225-247

Nawiasky, Hans: Allgemeine Rechtslehre als System der rechtlichen Grundbegriffe, Einsiedeln 1941

Neubauer, Zdenék: Die Rückwirkung von Gesetzen, in: Kubeš, Vladimír/ Weinberger, Ota (Hrsg.), Die Brünner rechtstheoretische Schule (Normative Theorie), Wien 1980, S. 296-303

Niehues, Wolfgang: Die Zulässigkeit der Rückwirkung von Gesetzen nach dem Recht der Bundesrepublik Deutschland, Münster 1973

Noll, Peter: Gesetzgebungslehre, Hamburg 1973

Öhlinger, Theo: Das Gesetz als Instrument gesellschaftlicher Problemlösung und seine Alternativen. Skizzen zu einer Grundfrage der Gesetzgebungstheorie, in: — (Hrsg.) Methodik der Gesetzgebung. Legistische Richtlinien in Theorie und Praxis, Wien 1982, S. 17-49

— Hrsg.): Methodik der Gesetzgebung. Legistische Richtlinien in Theorie und Praxis, Wien 1982

Opałek, Kazimierz: Normen: Bedeutung und Performanz, in: Aarnio, Aulis (u.a. Hrsg.), Rechtsnorm und Rechtswirklichkeit. Festschrift für Werner Krawietz zum 60. Geburtstag, Berlin 1993, S. 41-51

—: Normen und performative Akte, in: Krawietz, Werner/Ott, Walter (Hrsg.), Formalismus und Phänomenologie im Rechtsdenken der Gegenwart. Festgabe für Alois Troller zum 80. Geburtstag, Berlin 1987, S. 243-256

Oppermann, Thomas: Die Dritte Gewalt in der Europäischen Union, in: DVBl 109 (1994), S. 901-908

—: Europarecht, 2. Aufl., München 1999

Ossenbühl, Fritz: Verfahren der Gesetzgebung, in: Isensee/Kirchhof (Hrsg.), Handbuch des Staatsrechts der Bundesrepublik Deutschland. Bd. III. Das Handeln des Staates, Heidelberg 1988, S. 351-385

—: Vertrauensschutz im sozialen Rechtsstaat, in: DÖV 25 (1972), S. 25-36

Osterloh, Lerke: Kommentierung zu Art. 3 I GG, in: Sachs (Hrsg.), Grundgesetz. Kommentar, München 1996

Ott, Walter: Der Rechtspositivismus. Kritische Würdigung auf der Grundlage eines juristischen Pragmatismus, 2. Aufl., Berlin 1992

Papier, Hans-Jürgen: Die Einwirkungen des europäischen Gemeinschaftsrechts aus das nationale Verwaltungs- und Verfahrensrecht, in: Kloepfer, Michael (u.a.Hrsg.), Die Bedeutung der Europäischen Gemeinschaften für das deutsche Recht und die deutsche Gerichtsbarkeit. Seminar zum 75. Geburtstag von Karl August Bettermann, Berlin 1989

Pawlowski, Hans Martin: Die drei Funktionen des staatlichen Gesetzes, in: Rechtstheorie 12 (1981), S. 9-27

—: Methodenlehre für Juristen. Theorie der Norm und des Gesetzes, 2. Aufl., Heidelberg 1991

Pescatore, Pierre: Gemeinschaftsrecht und staatliches Recht in der Rechtsprechung des Gerichtshofes der Europäischen Gemeinschaften, in: NJW 22 (1969), S. 2065-2071

Pestalozza, Christian: Verfassungsprozeßrecht, 3. Aufl., München 1991

Pieper, Stefan Ulrich: Quo vadis Grundgesetz? - Gedanken zur Lage der Verfassung im europäischen Integrationsprozeß, in: Coen, Martin/Hölscheidt, Sven/— (u.a. Hrsg.), Europa '93 - Auf dem Weg zur Europäischen Union. Festschrift für Albert Bleckmann zum 60. Geburtstag, Herne 1993

Pieroth, Bodo: Grundlagen und Grenzen verfassungsrechtlicher Verbote rückwirkender Gesetze, in: Jura 5 (1983), S. 122-133, 250-260

—: Die neuere Rechtsprechung des Bundesverfassungsgerichts zum Grundsatz des Vertrauensschutzes, in: JZ 39 (1984), S. 971-978

—: Die neuere Rechtsprechung des Bundesverfassungsgerichts zum Grundsatz des Vertrauensschutzes, in: JZ 45 (1990), S. 279-286

—: Rückwirkung und Übergangsrecht. Verfassungsrechtliche Maßstäbe für intertemporale Gesetzgebung, Berlin 1981

Pieroth, Bodo/*Schlink*, Bernhard: Grundrechte. Staatsrecht II, 15. Aufl., Heidelberg 1999

Platon: Der Staat, in: Platon, Hauptwerke. Ausgewählt und eingeleitet von Wilhelm Nestle, Stuttgart 1973, S. 151-254

Pleyer, Marcus C.F.: Verfassungswidrige Verlängerung der "Spekulationsfristen" durch das Steuerentlastungsgesetz 1999/2000/2002, in: NJW 52 (1999), S. 3156-3160

Preuß, Ulrich K.: Vertrauensschutz als Statusschutz, in: JA 9 (1977), S. 265-271

Quack, Klaus: Die Rückwirkung belastender Gesetze, in: DVBl 77 (1962), S. 289-295

Radbruch, Gustav: Die Erneuerung des Rechts, in: Rechtsphilosophie III, bearbeitet von Winfried Hassemer, Heidelberg 1990, S. 107-114

—: Gesetzliches Unrecht und übergesetzliches Recht, Heidelberg 1946

—: Kleine Schriften 1927-48, Tübingen 1948

Rengeling, Hans-Werner: Deutsches und europäisches Verwaltungsrecht - wechselseitige Einwirkungen, in: VVDStRL 52 (1994), S. 202-234

Rensmann, Thilo: Reformdruck und Vertrauensschutz. Neuere Tendenzen in der Rückwirkungsdogmatik des Bundesverfassungsgerichts, in: JZ 54 (1999), S. 168-175

Ress, Georg/*Will*, Michael (Hrsg.): Vorträge, Reden und Berichte aus dem Europa-Institut, Nr. 119, Europa-Institut der Universität des Saarlandes 1988
Ress, Georg/*Stein*, Torsten (Hrsg.): Vorträge, Reden und Berichte aus dem Europa-Institut, Nr. 256, Europa-Institut der Universität des Saarlandes 1992
Ringhofer, Kurt/*Walter*, Robert: Allgemeine Theorie der Normen. Im Auftrag des Hans-Kelsen-Instituts, Wien 1979
Ritter, Joachim (Hrsg.): Historisches Wörterbuch der Philosophie. Band 1: A-C, Basel/Stuttgart 1971
Ritter, Joachim/*Gründer*, Karlfried (Hrsg.): Historisches Wärterbuch der Philosophie. Band 5: L-Mn, Basel/Stuttgart 1980
Rödig, Jürgen (Hrsg.): Studien zu einer Theorie der Gesetzgebung, Berlin 1976
Röhl, Klaus F.: Allgemeine Rechtslehre, Köln 1995
Roellecke, Gerd: Der Begriff des positiven Gesetzes und das Grundgesetz, Mainz 1969
Ross, Alf: Theorie der Rechtsquellen. Ein Beitrag zur Theorie des positiven Rechts auf Grundlage dogmenhistorischer Untersuchungen, Neudruck der Ausgabe Leipzig und Wien 1929, Aalen 1989
Roth-Stielow, Klaus: Die verfassungswidrige Rückwirkung des § 1708 Abs. 1 Satz 1 BGB n.F. durch Art. 9 II Ziff. 2 FamRÄndG, in: NJW 16 (1963), S. 571-572
Rousseau, Jean-Jacques: Du Contrat Social. Ou Principes du droit politique. Éditions Classiques, Garnier Frères, Paris 1962
Rupp, Hans Heinrich: Wohl der Allgemeinheit und öffentliche Interessen. Bedeutung der Begriffe im Verwaltungsrecht, in: Wohl der Allgemeinheit und öffentliche Interessen. Vorträge und Diskussionsbeiträge der 36. Staatswissenschaftlichen Fortbildungstagung der Hochschule für Verwaltungswissenschaften Speyer, Schriftenreihe der Hochschule Speyer, Berlin 1968, S. 116-124
Sachs, Michael (Hrsg.): Grundgesetz. Kommentar, 2. Aufl., München 1999
—: Strafbarkeit der sog. Regierungskriminalität während des SED-Regimes - Tötung von Flüchtlingen an innerdeutscher Grenze, in: JuS 37 (1997), S. 749-751
Salzwedel, Jürgen: Verfassungsrechtlich geschützte Besitzstände und ihre "Überleitung" in neues Recht. Zur Theorie der gesetzesfesten Rechtspositionen, in: Die Verwaltung 5 (1972), S. 11-36
v. *Savigny*, Friedrich Carl: System des heutigen Römischen Rechts, Achter Band, Berlin 1849
Scheerbarth, Hans Walter: Die Anwendung von Gesetzen auf früher entstandene Sachverhalte. (Sogenannte Rückwirkung von Gesetzen), Berlin 1961
Schlaich, Klaus: Das Bundesverfassungsgericht, 4. Aufl., München 1997

Schlink, Bernhard: Abwägung im Verfassungsrecht, Berlin 1976

—: Rechtsstaat und revolutionäre Gerechtigkeit, in: NJ 1994, S. 433-437

Schlockermann, Michael: Rechtssicherheit als Vertrauensschutz in der Rechtsprechung des EuGH, München 1984

Schmidt, Gerold: Kohärenz und Konflikte des Agrarrechts und des Rechts der Entwicklungszusammenarbeit, in: Agrarrecht 1997, S. 169-175: *Schmidt*, Walter: "Vertrauensschutz" im öffentlichen Recht, in: JuS 13 (1973), S. 529-537

Schmidt-Aßmann, Eberhard: Deutsches und Europäisches Verwaltungsrecht - Wechselseitige Einwirkungen, in: DVBl 108 (1993), S. 924-936

Schmidt-Bleibtreu, Bruno: Kommentierung zu Art. 14 GG, in: —/Klein, Franz (Hrsg.), Kommentar zum Grundgesetz, 9. Aufl., Neuwied 1999

Schmidt-Bleibtreu, Bruno/*Klein*, Franz (Hrsg.): Kommentar zum Grundgesetz, 9. Aufl., Neuwied 1999

Schmitz, Bernhard: Die Haftung der Europäischen Wirtschaftsgemeinschaft für Verordnungsunrecht im Abgaben- und Beihilfenrecht, Frankfurt a.M. 1987

Schneider, Hans: Gesetzgebung, 2. Aufl., Heidelberg 1991

Schön, Wolfgang: Zur Verfassungsmäßigkeit der rückwirkenden Wertaufholung von Teilwertabschreibungen,in: BB 52 (1997), S. 1333-1339

Scholz, Rupert: Zur Problematik der Altkreditschulden in den neuen Bundesländern, in: BB 48 (1993), S. 1952-1964

Schröder, Meinhard: Das Bundesverfassungsgericht als Hüter des Staates im Prozeß der europäischen Integration - Bemerkungen zum Maastricht - Urteil, in: DVBl 109 (1994), S. 316-325

Schulte, Martin: Recht, Staat und Gesellschaft - rechtsrealistisch betrachtet, in: Aarnio, Aulis (u.a. Hrsg.), Rechtsnorm und Rechtswirklichkeit. Festschrift für Werner Krawietz zum 60. Geburtstag, Berlin 1993, S. 317-332

—: Rechtsprechungseinheit als Verfassungsauftrag. Dargestellt am Beispiel des Gemeinsamen Senats der obersten Gerichtshöfe des Bundes, Berlin 1986

Schulze-Fielitz, Helmuth: Kommentierung zu Art. 20 GG, in: Dreier, Horst (Hrsg.), Grundgesetz. Kommentar. Bd. II, Art. 20-82, Tübingen 1998

—: Theorie und Praxis parlamentarischer Gesetzgebung - besonders des 9. Deutschen Bundestages (1980-1983), Berlin 1988

Schwarze, Jürgen: Die Befolgung von Vorabentscheidungen des Europäischen Gerichshofs durch deutsche Gerichte. Ergebnisse einer rechtstatsächlichen Bestandsaufnahme, Baden-Baden 1988

— (Hrsg.): Der Europäische Gerichtshof als Verfassungsgericht und Rechtsschutzinstanz. Referate und Dikussionsberichte der Tagung des Arbeitskreises Europäische Integration e.V. in Hamburg vom 2. bis 4. Juni 1983, Baden-Baden 1983

—: Europäisches Verwaltungsrecht. Band II. Entstehung und Entwicklung im Rahmen der Europäischen Gemeinschaft, Baden-Baden 1988
—: Funktionen des Recht in der Europäischen Gemeinschaft, in: — (Hrsg.), Gesetzgebung in der Europäischen Gemeinschaft. Beiträge zu einem Kolloquium des Instituts für Integrationsforschung der Stiftung Europa-Kolleg Hamburg vom 9./10. November 1984, Baden- Baden 1985, S. 9-30
— (Hrsg.): Gesetzgebung in der Europäischen Gemeinschaft. Beiträge zu einem Kolloquium des Instituts für Integrationsforschung der Stiftung Europa-Kolleg Hamburg vom 9./10. November 1984, Baden- Baden 1985
—: Der Schutz des Gemeinschaftsbürgers durch allgemeine Verwaltungsrechtsgrundsätze im EG-Recht, in: NJW 39 (1986), S. 1067-1073
— (Hrsg.): Verfassungsrecht und Verfassungsgerichtsbarkeit im Zeichen Europas, Baden-Baden 1998
— (Hrsg.): Das Verwaltungsrecht unter europäischem Einfluß. Zur Konvergenz der mitgliedstaatlichen Verwaltungsrechtsordnungen in der Europäischen Union, Baden-Baden 1996
Schweitzer, Michael: Staatsrecht III. Staatsrecht, Völkerrecht, Europarecht, 6. Aufl., Heidelberg 1997
Schweitzer, Michael/*Hummer*, Waldemar: Europarecht. Das Recht der Europäischen Union - Das Recht der Europäischen Gemeinschaften (EGKS, EG, EAG) - mit Schwerpunkt EG, 5. Aufl., Neuwied 1996
Schwenke, Michael: Rückwirkung von Gesetzen und Vertrauensschutz im Lichte der aktuellen Steuerreformdiskussion, in: FR 79 (1997), S. 45-50
Seidel, Martin: Die Praxis der Bundesregierung und der anderen Mitgliedstaaten in Verfahren, vor allem Vorabentscheidungsverfahren, vor dem Gerichtshof der Europäischen Gemeinschaften, in: Schwarze, Jürgen (Hrsg.), Der Europäische Gerichtshof als Verfassungsgericht und Rechtsschutzinstanz. Referate und Diskussionsberichte der Tagung des Arbeitskreises Europäische Integration e.V. in Hamburg vom 2. bis 4. Juni 1983, Baden-Baden 1983, S. 95-116
Selmer, Peter: Rückwirkung von Gesetzen, Verwaltungsanweisungen und Rechtsprechung, in: Steuer-Kongress-Report 12 (1974), S. 83-27
Sendler, Horst: Vertrauensschutz im Wirtschaftsrecht, in: WiVerw 1979, S. 63-80
Seuffert, Walter: Die Rückwirkung von Steuergesetzen nach Verfassungsrecht, in: BB 27 (1972), S. 1065-1068
v. Simson, Werner/*Schwarze*, Jürgen: Europäische Integration und Grundgesetz. Maastricht und die Folgen für das deutsche Verfassungsrecht, in: Benda, Ernst/Maihofer, Werner/Vogel, Hans-Jochen (Hrsg.), Handbuch des Verfassungsrechts der Bundesrepublik Deutschland, 2. Aufl., Berlin 1994, S. 53-123

Spindler, Wolfgang: Verfassungsrechtliche Grenzen einer Rückwirkung von Steuergesetzen, in: DStR 36 (1998), S. 953-958

Stapperfend, Thomas: Urteilsanmerkung zu BVerfG NJW 1998, 1547 ff., in: FR 80 (1998), S. 383-384

Starck, Christian (Hrsg.): Die Allgemeinheit des Gesetzes. 2. Symposion der Kommission "Die Funktion des Gesetzes in Geschichte und Gegenwart" am 14. und 15. November 1986, Göttingen 1987

— (Hrsg.): Bundesverfassungsgericht und Grundgesetz. Festgabe aus Anlaß des 25 jährigen Bestehens des Bundesverfassungsgerichts. Zweiter Band, Tübingen 1976

—: Kommentierung zu Art. 1 III GG, in: v. Mangoldt, Hermann/Klein, Friedrich/— (Hrsg.), Das Bonner Grundgesetz. Kommentar. Band 1: Präambel, Art. 1-5, München 1985

—: Kommentierung zu Art. 3 I GG, in: v. Mangoldt, Hermann/Klein, Friedrich/— (Hrsg.), Das Bonner Grundgesetz. Kommentar. Band 1: Präambel, Art. 1-5, München 1985

—: Urteilsanmerkung zu BVerfGE 95, 96 (Mauerschützen), in: JZ 52 (1997), S. 147-149

Stein, Ekkehart: Staatsrecht, 16. Aufl., Tübingen 1998

Steinberger, Helmut: Aspekte der Rechtsprechung des Bundesverfassungsgerichts zum Verhältnis zwischen Europäischem Gemeinschaftsrecht und deutschem Recht, in: Hailbronner, Kay (u.a. Hrsg.), Staat und Völkerrechtsordnung. Festschrift für Karl Doehring, Berlin 1989, S. 951-968

Stern, Klaus: Das Staatsrecht der Bundesrepublik Deutschland. Band I. Grundbegriffe und Grundlagen des Staatsrechts, Strukturprinzipien der Verfassung, 2. Aufl., München 1984

—: Das Staatsrecht der Bundesrepublik Deutschland. Band III/2. Allgemeine Lehren der Grundrechte, München 1994

— *(Hrsg.)*: Vier Jahre Deutsche Einheit, München 1995

Stober, Rolf: Zur wirtschaftsverwaltungsrechtlichen Bedeutung des Rechtsstaatsprinzips, in: AöR 113 (1988), S. 497-531

—: Rechtsstaatliche Übersteuerung - Der Rechtsstaat in der Rechtsetzungsfalle, in: Stern, Klaus (Hrsg.), Vier Jahre Deutsche Einheit, München 1995, S. 65-96

Streil, Jochen: Das Vorabentscheidungsverfahren als Bindeglied zwischen europäischer und nationaler Rechtsprechung, in: Schwarze, Jürgen (Hrsg.), Der Europäische Gerichtshof als Verfassungsgericht und Rechtsschutzinstanz. Referate und Diskussionsberichte der Tagung des Arbeitskreises Europäische Integration e.V. in Hamburg vom 2. bis 4. Juni 1983, Baden-Baden 1983, S. 69-88

Streinz, Rudolf: Europarecht, 4. Aufl., Heidelberg 1999

—: Der Vollzug des Europäischen Gemeinschaftsrechts durch deutsche Staatsorgane, in: Isensee, Josef/Kirchhof, Paul (Hrsg.), Handbuch des Staatsrechts der Bundesrepublik Deutschland. Bd. VII, Normativität und Schutz der Verfassung - Internationale Beziehungen, Heidelberg 1992, S. 817- 854

Tammelo, Ilmar: Logical Structure of the Legal Norm and of Legal States of Affairs, in: Bockelmann, Paul (u.a. Hrsg.), Festschrift für Karl Engisch zum 70. Geburtstag, Frankfurt a.M. 1969, S. 143-149

—: Möglichkeiten und Perspektiven des formalen Rechtsdenkens, in: Klug, Ulrich (u.a. Hrsg.), Gesetzgebungstheorie, Juristische Logik, Zivil- und Prozeßrecht. Gedächtnisschrift für Jürgen Rödig, Berlin 1978, S. 191-198

Tietz, Edwin: Rückwirkung von Gesetzen, zugleich eine Kritik der neuen höchstrichterlichen Rechtsprechung, in: NJW 4 (1951), S. 468-470

Tipke, Klaus/*Lang*, Joachim: Steuerrecht, 15. Aufl., Köln 1996

Tomuschat, Christian: Normenpublizität und Normenklarheit in der Europäischen Gemeinschaft, in: Grewe, Wilhelm G. (u.a. Hrsg.), Europäische Gerichtsbarkeit und nationale Verfassungsgerichtsbarkeit. Festschrift zum 70. Geburtstag von Hans Kutscher, Baden-Baden 1981, S. 461-480

—: Verfassungsgewohnheitsrecht? Eine Untersuchung zum Staatsrecht der Bundesrepublik Deutschland, Heidelberg 1972

—: Die gerichtliche Vorabentscheidung nach den Verträgen über die europäischen Gemeinschaften, Köln 1964

v. Tuhr, Andreas: Der Allgemeine Teil des Deutschen Bürgerlichen Rechts. Erster Band. Allgemeine Lehren und Personenrecht, Leipzig 1910

—: Der Allgemeine Teil des Deutschen Bürgerlichen Rechts. Zweiter Band. Erste Hälfte. Die rechtserheblichen Tatsachen, insbesondere das Rechtsgeschäft, München 1914

Ule, Carl Hermann: Allgemeines Wohl und öffentliche Interessen in der Rechtsprechung der Verfassungs- und Verwaltungsgerichte, in: Wohl der Allgemeinheit und öffentliche Interessen. Vorträge und Diskussionsbeiträge der 36. Staatswissenschaftlichen Fortbildungstagung der Hochschule für Verwaltungswissenschaften Speyer. Schriftenreihe der Hochschule Speyer, Berlin 1968, S. 125-148

Umbach, Dieter/*Clemens*, Thomas (Hrsg.): Bundesverfassungsgerichtsgesetz. Mitarbeiterkommentar und Handbuch, Heidelberg 1992

Vogel, Klaus: Rechtssicherheit und Rückwirkung zwischen Vernunftrecht und Verfassungsrecht, in: JZ 43 (1988), S. 833-839

Wagner, Heinz/*Haag*, Karl: Die moderne Logik in der Rechtswissenschaft, Bad Homburg 1970

Weber, Albrecht: Rechtsfragen der Durchführung des Gemeinschaftsrechts in der Bundesrepublik, Köln 1987

Weber, Claus: Das Verhältnis der Kompetenzen von europäischen und nationalen Gerichten, in: DÖV 50 (1997), S. 624-629

Weber, Werner: Urteilsanmerkung zum DOG (Deutsches Obergericht) vom 13.04.1950, in: AöR 77 (1951/52), S. 84-86

Weinberger, Ota: Die Bedeutung der Brünner Schule der Reinen Rechtslehre für die Entwicklung der Normenlogik, in: Kubeš, Vladimír/Weinberger, Ota (Hrsg.), Die Brünner rechtstheoretische Schule (Normative Theorie), Wien 1980, S. 33-49

—: Logische Analyse in der Jurisprudenz, Berlin 1979

—: Normentheorie als Grundlage der Jurisprudenz und Ethik. Eine Auseinandersetzung mit Hans Kelsens Theorie der Normen, Berlin 1981

—: Recht, Institution und Rechtspolitik. Grundprobleme der Rechtstheorie und Sozialphilosophie, Stuttgart 1987

—: Rechtslogik, 2. Aufl., Berlin 1989

—: Studien zur Normenlogik und Rechtsinformatik, Berlin 1974

Wernsmann, Rainer: Grundfälle zur verfassungsrechtlichen Zulässigkeit rückwirkender Gesetze, in: JuS 39 (1999), S. 1177-1180; JuS 40 (2000), S. 39-43

Weyr, Franti´sek: Der Begriff der Norm, in: Kubeš, Vladimír/Weinberger, Ota (Hrsg.), Die Brünner rechtstheoretische Schule (Normative Theorie), Wien 1980, S. 50-59

Wild, Gisela: Die Ausfertigung von Gesetzen und Rechtsverordnungen und die Anordnung zu ihrer Verkündung, Heidelberg 1969

Winkler, Günther: Zeit und Recht. Kritische Anmerkungen zur Zeitgebundenheit des Rechts und des Rechtsdenkens, Wien 1995

Wohlfahrt, Jürgen: Kommentierung zu Art. 177 EGV, in: Grabitz, Eberhard/Hilf, Meinhard (Hrsg.), Kommentar zur Europäischen Union. Vertrag über die Europäische Union/Vertrag zur Gründung der Europäischen Gemeinschaft. Bd. II: Art. 137-248 EGV, EWGV, Stand: 12. Lfg., München 1998

Wolff, Karl: Grundlehre des Sollens. Zugleich eine Theorie der Rechtserkenntnis, Innsbruck 1924

Wrŏblewski, Jerzy: The Theory of Law - Multilevel, Empirical or Sociological?, in: Poznán Studies in the Philosophy of the Sciences and the Humanities, Vol. 5, 1979, S. 119-136

v. *Wright*, Georg Henrik: Bedingungsnormen, ein Prüfstein für die Normenlogik, in: Krawietz, Werner (u.a. Hrsg.), Theorie der Normen. Festgabe für Ota Weinberger zum 65. Geburtstag, Berlin 1984, S. 447-456

Wyduckel, Dieter: Gesetzgebungslehre und Gesetzgebungstechnik, aktueller Stand und künftige Entwicklungstendenzen, in: DVBl 97 (1982), S. 1175-1179
—: Normativität und Positivität des Rechts, in: Aarnio, Aulis (u.a. Hrsg.), Rechtsnorm und Rechtswirklichkeit. Festschrift für Werner Krawietz zum 60. Geburtstag, Berlin 1993, S. 437-474
—: Der Bundesrat als Zweite Kammer. Zur verfassungsrechtlichen Stellung des Bundesrates im Gesetzgebungsverfahren, in: DÖV 42 (1989), S. 181-192
Zeug, Gerhard: Vertrauensschutz im Beamtenversorgungsrecht, Baden-Baden 1991
v. *Zezschwitz*, Friedrich: Das Gemeinwohl als Rechtsbegriff, Marburg 1967
Zimmermann, Erich: Durchsetzung der Vorlagepflicht nach Art. 177 Abs. 3 EWG-Vertrag mittels deutschen Verfassungsrechts, in: Hailbronner, Kay (u.a. Hrsg.), Staat und Völkerrechtsordnung. Festschrift für Karl Doehring, Berlin 1989, S. 1033-1051
Zippelius, Reinhold: Juristische Methodenlehre. Eine Einführung, 6. Aufl., München 1994
Zuleeg, Manfred: Die Rolle der rechtsprechenden Gewalt in der europäischen Integration, in: JZ 49 (1994), S. 1-8
—: Die Organisationsstruktur der Europäischen Union. Eine Analyse der Klammerbestimmungen des Vertrages von Amsterdam, in: von Bogdandy, Armin/Ehlermann, Carl-Dieter (Hrsg.), Konsolidierung und Kohärenz des Primärrechts nach Amsterdam, 1. Aufl, Baden-Baden 1998, S. 151-163